ACCESO GRATIS **a la Lectura en la Nube**

Para visualizar el libro electrónico en la nube de lectura envíe junto a su nombre y apellidos una fotografía del código de barras situado en la contraportada del libro y otra del ticket de compra a la dirección:

ebooktirant@tirant.com

En un máximo de 72 horas laborables le enviaremos el código de acceso con sus instrucciones.

ANÁLISIS CRIMINOLÓGICO DE LA PERSONA DENUNCIANTE DE CORRUPCIÓN: ESPECIAL REFERENCIA A LA COMUNIDAD VALENCIANA

Procedimiento de selección de originales, ver página web:
www.tirant.net/index.php/editorial/procedimiento-de-seleccion-de-originales

ANÁLISIS CRIMINOLÓGICO DE LA PERSONA DENUNCIANTE DE CORRUPCIÓN: ESPECIAL REFERENCIA A LA COMUNIDAD VALENCIANA

María Cristina Fernández González

tirant lo blanch
Valencia, 2025

En caso de erratas y actualizaciones, la Editorial Tirant lo Blanch publicará la pertinente corrección en la página web www.tirant.com.

La aceptación de la presente obra ha tenido en consideración la evaluación y calificación otorgada por los expertos componentes del tribunal calificador de la tesis doctoral en la que se basa, cumpliendo con el criterio correspondiente de los revisores externos y ofreciendo la calidad debida a la presente edición.

EDITA: TIRANT LO BLANCH
C/ Artes Gráficas, 14 - 46010 - Valencia
TELFS.: 96/361 00 48 - 50
FAX: 96/369 41 51
Email: tlb@tirant.com
www.tirant.com
Librería virtual: www.tirant.es
DEPÓSITO LEGAL: V-4559-2024
ISBN: 978-84-1095-234-8

Si tiene alguna queja o sugerencia, envíenos un mail a: *atencioncliente@tirant.com*. En caso de no ser atendida su sugerencia, por favor, lea en *www.tirant.net/index.php/empresa/politicas-de-empresa* nuestro procedimiento de quejas.

Responsabilidad Social Corporativa: http://www.tirant.net/Docs/RSCTirant.pdf

A todos los denunciantes a los que aquí hemos dado voz cuando fueron silenciados; Eduardo Fabián Caparrós, Joan Llinares y Teresa Clemente, gracias, de corazón, por transmitirme vuestros principios.

Índice

Prólogo

La perspectiva criminológica del denunciante cumple una misión fundamental. Su reconocimiento y protección supone una ventaja que redunda en beneficio de todos y su ejercicio por parte del ciudadano constituye una rotunda opción por la cultura de la legalidad. En el ámbito de la administración pública, el papel del *whistleblower* adquiere aún más importancia. La inamovilidad de los funcionarios, tan denostada por amplios sectores, ha respondido a la idea de que la ley debe estar siempre por encima de las órdenes del superior jerárquico. En tal sentido, ha cumplido la misión de proteger a los servidores públicos de la posible arbitrariedad de los superiores, ofreciéndole la posibilidad de oponerse a acatar mandatos contrarios al orden establecido. De algún modo, la inamovilidad constituye un mecanismo orientado al control difuso de la legalidad vigente.

Sin embargo, ni todos los servidores públicos son inamovibles, ni quienes lo son agotan las prerrogativas que están a su alcance. Pocos están dispuestos a ser la "garganta profunda" de los *watergates* cotidianos. Alertar implica tomar una decisión. Supone tanto como renunciar a la complicidad silente y optar por la denuncia, asumiendo con ello el riesgo de posibles represalias. Alertar significa también adoptar una actitud que con frecuencia se enfrenta a contravalores que arraigan en nuestra placa base ideológica, como el rechazo social por el delator, soplón, chivato o acusica, términos todos ellos teñidos de connotaciones manifiestamente negativas. Desde niños nos inculcaron que no debemos juzgar si no queremos ser juzgados; que Roma no paga a traidores.

Todo alertador en potencia teme las consecuencias, y no es un miedo vano o inconsistente, sino la persistencia en su mente de lo que a otros les ha ocurrido en situaciones similares. Como en tantas ocasiones, la ponderación de costes y beneficios nos ayuda a explicar y, en última instancia, a proponer soluciones a esta cuestión. Si queremos incentivar esa cultura de la legalidad, pongámonos en los zapatos del denunciante, conozcamos su experiencia, valoremos su iniciativa y tratemos de analizar sus temores. Promovamos las ventajas y deprimamos los inconvenientes. En el terreno de la función pública, adoptar políticas orientadas al cumplir las normas significa tanto como fortalecer el Estado de Derecho. Con esa finalidad se aprobaron tanto la Directiva (UE) 2019/1937 como la Ley 2/2023 que la transpuso. También, las leyes autonómicas que, con mejor o peor fortuna, ha tratado de dar cobertura legal a este fenómeno.

Aunque al principio creí tenerlo claro, necesité tiempo para comprender lo que quería hacer Cristina. Concluido el grado en Criminología, cursó el master que aún dirijo sobre corrupción, y me planteó su proyecto. Desde mi perspectiva, la de un jurista, procuré echarle una mano ofreciéndole materiales que le sirvieran para su tesis doctoral. Luego supe por qué mi auxilio tenía sólo una importancia relativa y comprendí que era ella quien me estaba ayudando a entender el problema.

Cuando escribí mi tesis doctoral, tuve que enfrentarme al mismo problema que ella se vio obligada a resolver en su trabajo. Entonces fue la aprobación de un nuevo Código Penal; ahora, la Ley 2/2023. En ambos casos, necesitamos ajustar un planteamiento que estaba prácticamente terminado a una legalidad que había establecido una nueva regulación del problema. Yo lo tuve complicado casi treinta años antes, porque mi tesis era de derecho y no me quedaba más remedio que prestar toda mi atención al producto del legislador. Tal vez más complicado, valorado desde la perspectiva de las normas; pero su objetivo era otro. Lo que ella siempre quiso fue estudiar el fenómeno de los *whistleblowers* desde la perspectiva de los hechos. De la pura realidad de quien, pudiendo no hacerlo, decide poner de manifiesto una irregularidad en el seno de la administración; de su decisión, de los riesgos a los que se enfrenta en un contexto en el que lo cómodo consiste en dejar que ocurran los acontecimientos y que sean otros los que, en su caso, exijan responsabilidades. Luego estaba "eso del derecho", que da forma a los problemas y los pretende encauzar con garantías, pero que se instala sobre algo que ocurre y que hay que conocer en profundidad para construir buenas normas. Lo mío era lo que, como dijo Kirchmann, se convierte en papel de deshecho cuando el legislador pronuncia tres palabras presuntamente rectificadoras, mientras que su preocupación consistía en averiguar qué debía atender el legislador para cumplir con su trabajo como es debido.

Haber sido testigo de la evolución académica de la Dr. ª Fernández González ha supuesto un motivo de gran satisfacción. Espero haberle enseñado algo. De ella he aprendido mucho. Creo que es un ejemplo de perseverancia y de compromiso. Su trabajo a lo largo de todo este tiempo revela tanto su voluntad como su capacidad.

Mi presentación añade poco a su trabajo, pues el mérito está en su obra: esta monografía demuestra su valía. Por eso, aprovechando el privilegio que me ofrece la autora reservándome estas primeras líneas, quiero aquí manifestar también mi agradecimiento a Cristina por su labor a lo largo de todos estos años en la Universidad de Salamanca. Emprendió una aventura plagada de dificultades, integrándose con inagotable generosidad en el grupo de compañeros que conforman el Centro de Investigación para la Gobernanza Global (CIGG-USAL). Fueron tiempos complicados, pero ella tuvo siempre clara su vocación. Trabajadora a pie de obra, su colaboración con la *Agència Valenciana Antifrau* supuso para ella un impulso definitivo que quiero personalizar en mi querido amigo Joan Llinares, su entonces director. Mi sincero agradecimiento a él y a todo su equipo.

Tienes, Cristina, toda una vida profesional por delante.

Salamanca, septiembre de 2024.

EDUARDO A. FABIÁN CAPARRÓS
Profesor Titular de Derecho Penal
Universidad de Salamanca

Listado de abreviaturas

OCDE: Organización para la Cooperación y el Desarrollo Económico
DAJ: Dirección de Asuntos Jurídicos
AAI: Autoridad Administrativa Independiente
AVAF: Agència Valenciana Antifrau
EUROPOL: Oficina Europea de Policía
INTERPOL: Organización Internacional de Policía Criminal
WPA: Whisteblower Protection Act
FCA: False Claims Act
SOX: Sarbanes-Oxley
ICWPA: Intelligence Community Whistleblower Protection Act
CYES: Fundación Cultural y de Estudios Sociales
OVRA: Organizzazione per la Vigilanza e la Repressione dell'Antifascismo
FOIA: Freedom of Information Act
NSA: National Security Agency
FBI: Federal Bureau of Investigation
SEC: Securities and Exchange Commission
CNUCC: Convención de las Naciones Unidas contra la Corrupción
OIRESCON: Oficina Independiente de Regulación y Supervisión de la Contratación
ACA'S: Agencias Anticorrupción en la Constitución
SNCA: Servicio Nacional de Coordinación Antifraude
OLAF: Oficina europea de lucha contra el fraude
ONG: Organización No Gubernamental

Introducción

Hace dos mil años, Judas delató a Jesucristo por treinta piezas de plata, vendiéndolo a los líderes religiosos después de haberlo identificado con un beso en la mejilla. Esta acción le granjeó una animadversión generalizada en la cultura religiosa, convirtiendo su figura en un símbolo de traición. Con el paso del tiempo, términos como "chivato", "sapo" o "traidor" se asociaron a tal hazaña y a la figura del delator, incluso empleando el nombre de Judas de manera despectiva como sinónimo.

En una versión modificada de la historia, hace dos mil años, Judas denunció a Jesucristo por sacrilegio y profanación, dos delitos muy graves en esa época. Como resultado, las autoridades judías recompensaron a Judas con treinta piezas de plata por haber hecho más eficaz la resolución de estos delitos, y Jesucristo fue condenado a la crucifixión. A pesar de las promesas de lealtad de los doce discípulos, Judas Iscariote fue finalmente excluido por su papel de traidor por el grupo de iguales al que pertenecía.

Desde la famosa escena de la traición de Judas y una serie de eventos históricos anteriores (como el año 139 a.C.) relacionados con la delación, se ha arraigado en el refranero popular la expresión "Roma no paga traidores". Esta frase ha generado una connotación negativa hacia aquellos que denuncian actividades delictivas, aunque su origen no esté directamente ligado a tales circunstancias. Este estigma se ha visto reforzado por el utilitarismo de los delatores en épocas oscuras de la historia, como durante la Segunda Guerra Mundial o la Guerra Civil Española.

Sin embargo, a partir de la década de 1950, debido a diversos escándalos de corrupción en Norteamérica, como el caso

Watergate, se produjo un cambio significativo en la percepción pública. El término *whistleblower* nos trae a la mente figuras más contemporáneas que Judas o los cazadores de recompensas del cine. En la actualidad, pensamos en individuos como Edward Snowden, Hervé Falciani o la plataforma WikiLeaks, que facilita el acceso a la información libre. Aunque estos individuos difieren en sus motivaciones y métodos, comparten un riesgo común: las grandes represalias por parte de aquellos a quienes denuncian.

Los *whistleblowers,* aquellos que alertan públicamente sobre ilegalidades o injusticias, son considerados héroes por muchos ciudadanos en la actualidad. Sin embargo, aquellos que son objeto de sus denuncias no dudan en tildarlos de traidores o "gargantas profundas". Estos individuos enfrentan un dilema ético: ¿traicionar a su entorno y hacer públicos los delitos que presencian, o no denunciarlos? En esta ecuación, la percepción de traición y el temor a las represalias predominan, así como el uso de todas las herramientas legales disponibles para desacreditar su imagen de héroes.

Esta situación plantea un dilema ético complejo que requiere una exploración detallada en nuestra investigación. Para ello, es fundamental considerar las influencias externas que han impactado en nuestro sistema jurídico nacional con el objetivo de combatir la delincuencia económica. En las investigaciones relacionadas con este tema, tanto en el ámbito de la delincuencia corporativa como en el que nos ocupa, se tiende a pasar por alto la evolución del concepto desde una perspectiva multidisciplinar, particularmente desde el punto de vista criminológico. Este fenómeno, poco estudiado en nuestra disciplina, presenta ciertas peculiaridades que requieren un análisis detallado para comprender los dilemas a los que se enfrentan los denunciantes.

La hipótesis inicial se centra en los desafíos que enfrentan los individuos antes de presentar una denuncia por corrupción. Creemos que abordar estos factores y facilitar el proceso para los denunciantes es crucial si la estrategia adoptada implica que sean ellos quienes asuman la responsabilidad de denunciar. En tal sentido, la pregunta adecuada sería la siguiente: ¿es apropiado que los empleados del servicio público asuman la prevención y la voluntad de denunciar casos de corrupción sin realizar un análisis multifactorial?.

Si tratásemos de responder a esta pregunta de manera simplista, se sostiene que, a pesar de las respuestas legislativas destinadas a proteger y considerar de manera positiva a los denunciantes, la realidad de estos individuos presenta otras particularidades que hacen que la mera aprobación de medidas de protección sea insuficiente. Un ejemplo ilustrativo es el caso de la Comunidad Valenciana, donde si bien se han implementado recursos externos que han tenido resultados favorables, no garantizan una protección contra todas las posibles represalias para el denunciante.

CAPÍTULO 1:

HERRAMIENTAS PARA COMBATIR LA CRIMINALIDAD DE CUELLO BLANCO Y SUS ACTUALIZACIONES RESPECTO A LA CORRUPCIÓN

I. CONSIDERACIONES GENERALES SOBRE LA CORRUPCIÓN

1. Origen y concepto de la criminalidad de cuello blanco

Para hablar de corrupción, consideramos que debe establecerse un contexto sobre el nacimiento de este tipo de criminalidad y sus relaciones contextuales en aquellos casos en los que, debido a las relaciones laborales o institucionales, apreciamos que se produce una especie de relación influyente entre lo que consideramos criminalidad de cuello blanco y corrupción. En primera instancia, es necesario hablar de la criminalidad de cuello blanco desde su origen para entender su deriva hacia la delincuencia económica, centrándonos en el ámbito del concepto y su contexto.

Parece no haber confusión en que, el concepto de criminalidad de cuello blanco se acuña de manera oficial en 1949 a manos de Edwin Sutherland, que utiliza dicho término y define al fenómeno como aquellos delitos cometidos por personas respetables, de alto estatus social, y que realizan estos actos en el curso de su ocupación laboral, generalmente, en empresas.

El objetivo de la construcción del término era llamar la atención sobre los numerosos costes que generaba la criminalidad casi desconocida de los poderosos sobre la economía[1], y desterrar que el crimen estuviese estrechamente relacionado con la pobreza o condiciones sociopáticas asociadas en todo momento a la exclusión social[2].

Tal y como defiende BONGER, respecto a los diferentes estratos sociales, afirma que las condiciones económicas de los sujetos desempeñan un papel importante en la etiología de la delincuencia, especialmente en la delincuencia socioeconómica[3]. El mismo autor afirma que es el sistema socioeconómico actual el que debilita el desarrollo de un sentimiento común de pertenencia, y que acrecienta el egoísmo, sentimiento que influye sobre el aumento de delitos económicos dada la falta de empatía de las clases sociales más altas hacia las bajas[4].

Aunque varios autores ya habían estudiado el fenómeno de los estratos socioeconómicos, así como los crímenes de clase[5],

---

1 *Passim. Sutherland, E. (1945). Is "white collar crime" crime? American Sociological Review, 10(2), 132–139.*

2 Podgor, E. S., Israel, J. H., Borman, P. J., & Henning, P. J. (2018). *White collar crime* (2nd ed.). West Academic Publishing

3 Bonger, W. A. (1905). Criminalité et conditions économiques. G. P. Tieri. (p. 722).

4 Este punto será tratado más adelante – en el apartado de los efectos criminógenos del capitalismo y la globalización – poniendo como base que los intereses socioeconómicos suelen ser distintos dependiendo al área donde se encuentre la corrupción y el sector al que pertenezca el sujeto delincuente, pero se encuentra entre las conclusiones generales de BONGER, donde asocia la criminalidad como un producto del capitalismo que genera egoísmo frente al altruismo. Bonger, ibid.

5 Aunque el concepto de crímenes de clase sea desacertado siguiendo las teorías posteriores que trataremos, se habla de que la criminalidad viene influenciada por el sistema en el que cada individuo se encuentra. De ese modo, los estratos sociales se ven influenciados por el concepto

se popularizó y convirtió en etiqueta gracias al discurso de la *American Sociological Society*, atribuyéndose además a cierto número de delitos como el soborno, la malversación de fondos públicos, el impago de impuestos, fraudes, etc. En parte de ese discurso, y según el criterio de Sutherland, la criminalidad de cuello blanco se construía a través de la combinación entre hechos, y su relación con el crimen, considerándose estos como hechos socialmente perjudiciales[6] en el procedimiento de sus ocupaciones.

El concepto construido por SUTHERLAND fue posteriormente desarrollado, pues algunos autores no solo encontraron inconsistencias en dicho concepto, sino que, con la evolución posterior, la asociación de esta delincuencia a una clase social específica se habría convertido en un error que los expertos cuestionaban, pues se presentaba como una antítesis de la cri-

---

de egoísmo – que trataremos en la parte criminológica del presente estudio – y a su vez, el egoísmo se retroalimenta o coge fuerza del capitalismo como sistema económico, volviendo a los individuos mucho más egoístas, y aumentando la probabilidad de que las personas puedan ver reducida su fuerza moral, teniendo actitudes ambiciosas que pueden generar una propensión hacia la delincuencia. *Vid.* Bonger, W. *Criminality and Economic Conditions.* Forgotten Book's. 1916. En esa misma obra, autores como BECCARIA hace especial mención a la reunificación de los beneficios económicos o poderes sobre unos pocos miembros de la sociedad. En esa misma idea, ROUSSEAU identifica en el inicio de su discurso sobre "El origen y los fundamentos de la desigualdad entre los hombres" que él, como individuo perteneciente a una patria, ansiaba "una ciudad libre colocada entre varios pueblos que no tuvieran interés en invadirla, sino, al contrario, que cada uno lo tuviese en impedir a los demás que la invadieran; una república, en fin, que no despertara la ambición de sus vecinos y que pudiese fundadamente contar con su ayuda en caso necesario". https://www.cervantesvirtual.com/obra-visor/discurso-sobre-el-origen-de-la-desigualdad-entre-los-hombres—0/html/ff008a4c-82b1-11df-acc7-002185ce6064_5.html
Recuperado el 1 de junio de 2023.

6 Sutherland. *op.cit.* (p.132)

minalidad en las clases obreras. En esa línea de actualización, EDELHERTZ definió más tarde a la criminalidad de cuello blanco como "un acto o varios actos ilegales que se llevan a cabo por medios no físicos, a través del encubrimiento o la astucia para obtener capital o propiedades y evitar pagos o pérdida de dinero, así como también la obtención de ventajas en el mercado interior o exterior"[7], eliminando el sesgo de clase, pero aportando a su vez un elemento de pertenencia a la clase media o alta perteneciente al sector económico.

Esa controversia en torno al concepto llega cuando este tipo de criminalidad no solo es cometida por los individuos de un estatus alto, sino que los propios empleados de la entidad, sin ningún tipo de privilegio ni de posición que les facilite su comisión, comienzan también a delinquir. Este fenómeno, conocido como *blue-collar crime*, se refiere a aquellos delincuentes de clase social baja que recurren a oportunidades más bajas que los delincuentes de cuello blanco, y que, generalmente, tienen menos recursos, reconocidos como los trabajadores asalariados[8]. Dicho concepto también se presenta en ALLER cuando señala que las personas de bajo nivel social podían co-

---

7 En Podgor, Ellen S. et al. op.cit. se cita la obra de Edelhertz, Herbert (1970) *The nature, impact, and prosecution of white-collar crime.* National Institute of Law Enforcement and Criminal Justice, donde trata de aportar una mayor definición de la criminalidad de cuello blanco desde una perspectiva de la acción, y no en tanto de la posición del ofensor, posicionándose en que los elementos para categorizar a la criminalidad de cuello blanco recaían en la intención, el disimulo en el propósito, la ausencia de vigilancia de la víctima, y otros elementos recogidos en PODGOR en los que ya se empieza a asociar esta criminalidad hacia una víctima.

8 *Passim.* Marriott, L. (2017). The construction of crime: The presumption of blue-collar guilt and white-collar innocence. *Social Policy and Society,* 16(2), (pp. 237-251).

meter un delito de cuello blanco[9], sumando sujetos activos al delito, y aumentando la necesidad de tomar medidas urgentes para la prevención dentro de las empresas. Y, aunque en un primer momento la definición de criminalidad de cuello blanco descartase a los sujetos con menor nivel socioeconómico, se comenzó a aceptar debido a la distinta realidad que se presentaba: la mano de obra de las empresas ahora era mayor, aparentemente, el nivel socioeconómico ya no era decisivo en la criminalidad económica[10].

Esto se añade a la idea de SUTHERLAND cuando en la evolución del concepto, señala que la criminalidad de cuello blanco se comete en todas las ocupaciones, calificándolas como "prácticas corruptas"[11], que provocan en sí una deslegitimación de la profesión, afectan a las relaciones sociales y eliminan parte de la confianza de la sociedad. Es por ello por lo que el concepto no se queda en criminalidad de cuello blanco o azul, sino que evoluciona hacia una definición acorde a la vestimenta de los trabajadores, incluyendo la delincuencia de cuello *caqui* o delincuencia de cuello dorado para referirse a los miembros de monarquía respecto al último concepto, o funcionarios de alto rango[12].

A ello debemos añadir las rutinas sobre las que también la delincuencia económica se ve afectada[13]. En esa línea, y al

---

9 Aller, G. (2011). *Criminalidad del poder económico: Ciencia y práxis.* B de F, (p. 83).

10 Benson, M., & Simpson, S. (2018). *White-collar crime: An opportunity perspective* (3rd ed.). Routledge.

11 Rorie, M. L. (Ed.). (2019). *The handbook of white-collar crime.* John Wiley & Sons.

12 *Ibid.,* (p.18)

13 Ortiz de Urbina, Í. (2015). Tom much of a good thing? Marcus Felson, la teoría de las actividades cotidianas y la delincuencia de cuello blanco. En F. Miró Llinares et al. (Eds.), *Crimen, oportunidad y vida diaria. Libro*

hilo de las críticas sobre centrar un determinado delito únicamente en la clase social, FELSON señala que parte de la actual fuerza productiva de esas empresas, son trabajadores que efectivamente no pertenecen a una clase social alta, o a lo que SUTHERLAND calificaba como élite. Es en las élites donde FELSON y BOBA añaden factores como el egoísmo que se manifiesta en el delito[14], referido a la intencionalidad, y el acceso especializado al objeto del delito, por posición o profesión, ya que estas profesiones ofrecen rutas más prácticas para los objetivos, proporcionando una oportunidad delictiva a través del rol laboral a aquellos que pertenecen a un estrato social mucho más alto que los trabajadores corrientes[15].

A esas críticas realizadas, se añade también la de BRODY y KHIELE, cuando cuestionan que el término de "delito de cuello blanco" definido por SUTHERLAND es demasiado ambiguo si se centra exclusivamente en la figura del sujeto activo, y no en tanto en el hecho cometido, definiéndolo como un "acto ilegal o una serie de actos ilegales cometidos con ocul-

---

homenaje al Profesor Dr. Marcus Felson Dykinson S.L. (pp. 493 y ss.). donde se recogen las afirmaciones del estudio realizado por el profesor Marcus Felson en relación a dicha criminalidad, que actualmente, no solo se aprecia en las clases más altas de las entidades, sino que también se cuenta con la participación de la mano de obra que depende indirectamente del crecimiento de la entidad, sirviendo de personal trabajador, pero también delictivo dado el caso.

14 Dicho egoísmo, en no pocas ocasiones, se asocia a una mentalidad empresarial de búsqueda de beneficio a toda costa, implantada posteriormente en la clase trabajadora, con la imposición de objetivos sin personalidad crítica, manifestándose específicamente en sociedades liberales o entornos donde el capitalismo ha tenido una mayor acogida. *Apud:* Bonger,W; Pearce, F Y Fernández-Dussaq, E., & Terroba, U. (2019). *Del caos a la organización evolutiva: Metodología management by activity de gestión organizacional* (p. 15).

15 Felson, M., & Boba, R. L. (Eds.). (2010). *Crime and everyday life.* Sage. (pp. 115 y ss.)

tamiento y engaño, con objeto de obtener dinero y propiedades, o evitar perderlas"[16]. Por lo tanto, se conjuga con lo que bien recogen GARRIDO y REDONDO en su tratado, pues la definición anterior se correlaciona con lo que posteriormente se califica como una delincuencia ocupacional en referencia a aquellos individuos que se aprovechan de su posición en la empresa para delinquir[17].

En lo que si podemos estar de acuerdo como breve forma introductoria es que, a través de los distintos discursos realizados, SUTHERLAND y el resto de los investigadores terminaron por desterrar la idea tradicional de que el delito era un fenómeno único para los pobres y la marginalidad, con peculiaridades y críticas, pero con el cuestionamiento del sistema penal y sus beneficios hacia las clases altas. De este modo, se llegó a un acuerdo común en el concepto que, en el presente trabajo, sirve como forma de contextualizar el problema base: la evolución del fenómeno de la criminalidad económica, el cambio de concepto y las consecuencias de la globalización sobre este problema[18] que han provocado una mayor dificultad en su detección, haciendo precisa la toma de respuestas extraordinarias e informales en torno a este problema. Asimismo, también se destierra la idea de que solo la clase alta, dentro de la enti-

---

16 Brody, R. G., & Kiehl, K. A. (2010). From white-collar crime to red-collar crime. *Journal of Financial Crime,* 17(4) (pp. 351 y ss).

17 Redondo, S., & Garrido, V. (2013). *Principios de Criminología.* Tirant lo Blanch. (p. 786).

18 A pesar de ese cambio, y teniendo en cuenta la influencia del concepto sobre la posterior actuación estatal frente a estos delitos, vamos a utilizar los conceptos de criminalidad corporativa, criminalidad económica y criminalidad de cuello blanco alternativamente hasta que concluyamos sobre el uso de la corrupción como concepto genérico, considerando que, para esta investigación, como norma general, no perjudica al objetivo central del trabajo, aunque creamos que es importante delimitarnos estrictamente al ámbito de la corrupción en el sector público.

dad, puede delinquir, por lo que la aplicación de las medidas preventivas debe ir dirigida a toda la organización, sin distinguir el rango o la clase de los miembros.

2. Consideraciones breves en torno al concepto corrupción

Para encontrar sentido a las investigaciones sobre elementos o herramientas relacionadas con la corrupción, primero debe haber una aproximación, aunque sea un mínimo, que pueda recopilar diversas ideas del concepto de corrupción desde una visión general. SÁNCHEZ BERNAL nos acerca a un término legal desde la propia definición recogida en la Real Academia Española – en adelante RAE, donde se afirma que la corrupción es "en el ámbito de las organizaciones, especialmente en las públicas, una práctica consistente en la utilización de las funciones y medios de aquéllas, en provecho económico o de otra índole, de sus gestores"[19]. El mismo autor indica que el concepto jurídico es realmente indeterminado, y con él se recogen una serie de conductas que pueden abarcar diversos ámbitos, desde el "carácter público y privado, social y personal"[20], hasta llegar a un elemento que trataremos posteriormente: la consideración de corrupción dependerá de las normas, y, por ende, será cambiante y evolucionará dependiendo de lo que se trate de proteger.

Para hablar de corrupción desde una perspectiva ética, es importante remontarnos al siglo XVI y considerar la segunda definición de la RAE que la describe como un deterioro de valores, usos o costumbres. Esta perspectiva se adentra en un ámbito filosófico y ético, sin alejarse mucho del aspecto legal.

---

19 Sánchez Bernal, J. (2010). La corrupción en el sector privado: debate en torno a su inclusión en el Código Penal. *Cuadernos del Tomás*, 2, (p. 208).

20 Ibid, (p. 208)

En este siglo, las filosofías occidentales y el pensamiento político de las principales autoridades estudiosas analizaban estrictamente dicho concepto, acudiendo a las tendencias políticas contemporáneas para explicar el fenómeno de la corrupción como elemento disruptivo en el desarrollo de las sociedades. En este punto, LOBATO PRADO realiza una recopilación sobre la corrupción en la evolución de las sociedades, llegando incluso a contextualizar las primeras apariciones de corrupción sobre la elección de Adán al escoger la manzana, de tal forma que se sitúa a la corrupción como una acción que corrompe al hombre, y que tiene efectos irreversibles sobre él[21].

La idea que añade WALLIS es que, tras la constitución de los propios Estados en edades más avanzadas que la etapa antigua, y en el inicio de comenzar a percibir a los Estados de forma seccionada con una configuración jurídica, económica y social propia, la constitución de éstos se entiende como una fuente de corrupción. Esta idea se ve ampliada en que es la búsqueda de intereses económicos privados de aquellos que conforman el Estado lo que acaba generando la corrupción, construyendo un concepto que tiene influencia tanto sobre la economía como la política[22]. No obstante, en su idea de Estados, se pierde lo que LOBATO PRADO considera un elemento que también influye sobre la consideración de corrupción, pues en la creación de esos Estados, era la figura con poder aquella que desempeñaba, mayoritariamente, los actos corruptos. Sin embargo, la construcción del concepto es mucho más complicada, pues como bien afirma CERINA, es un concepto

---

21 Lobato Prado, F. (2013). *Corrupção pública e violação dos direitos humanos.* Paka-tatu, (pp. 25-39).

22 Wallis, J. J. (2004). The concept of systematic corruption in American political and economic history. National Bureau of Economic Research, p. 9. https://www.nber.org/papers/w10952
[Recuperado el 25 de enero de 2020].

que se ha visto implicado en diversas áreas en las últimas décadas, incluyendo la ciencia política, economía, derecho o psicología, así como también la sociología, ámbito que nos interesa de sobremanera por formar parte de la ciencia criminológica[23].

Centrándonos en una visión filosófica, COMTE pone el foco en que la corrupción no puede restringirse de forma única a entidades materiales o actuaciones, sino que también se encuentra presente en las ideas y pensamientos que motivan las actuaciones. Es decir, la imposición de los intereses privados frente a los intereses comunes en la idea de Estado de Derecho[24]. RENDTORFF hace alusión, precisamente, a que esos intereses privados inciden sobre el concepto moral de la corrupción: individuos que están dispuestos a venderse a uno mismo a cambio de bienes, dinero o privilegios[25], y que, por supuesto, generan una degradación de lo que, en antonimia a la corrupción, debería ser una sociedad íntegra. Por ese motivo es tan importante atender a lo que OCDE aconseja en materia de integridad, señalando que en el currículo escolar es donde se encuentra una de las claves para acabar con la corrupción, pues conformar a una sociedad integra desde la formación y edades tempranas ayuda no solo a prevenir la corrupción y los intereses privados negativos, sino también a una mejora de la calidad democrática de los países[26].

---

23 Cerina, G. D. (2021). *La insoportable levedad del concepto de corrupción. Una propuesta desde el Derecho Penal.* Tirant lo Blanch. (pp. 22-24).

24 Comte, A. (1856). *Social Physics: Positive Philosophy.* New York: Calvin Blanchard. Apud D. N. Pavón, *Sobre la naturaleza de la corrupción política. Revista de estudios políticos,* 1975, (p. 114).

25 Rendtorff, J. D. (2010). The concept of corruption: Moral and political perspectives. In A. Stachowicz-Stanusch (Ed.), *Organizational immunity to corruption: Building theoretical and research foundations* (p. 112).

26 OECD. (2018). *Education for Integrity. Teaching on Anti-corruption. Values and the Rule of Law.* https://www.oecd.org/gov/ethics/integrity-education.htm
Recuperado el 20 de enero de 2023

Tal y como afirma VILLORIA MENDIETA, cuando pensamos en esa idea de corrupción – tratando de simplificar el concepto a algo más visible – se nos presentan diversas ambigüedades que hacen del mismo un concepto expansivo, especialmente cuando no especificamos qué tipo de corrupción es, y desde qué disciplina se está tratando. Desde una visión general aportada por el mismo autor, hablar de corrupción, específicamente para el ámbito público, supone añadir necesariamente una serie de elementos en nuestro tablero: i) posición de poder; ii) abuso de poder; iii) búsqueda de beneficio privado; iv) el beneficio privado puede no ser para él individualmente, pero sí para un colectivo/individuo distinto[27].

Esta corrupción, tal y como añade MONTEIRO DA SILVA, se suele producir con carácter sistémico en la propia Administración Pública, introduciéndose reglas y patrones de comportamiento que son exigidos a los funcionarios. Sin embargo, esos patrones son distintos y presentan ciertas particularidades que la hacen distinta de la corrupción en el sector privado. Lo que, si tienen, independientemente de la disciplina sobre la que se esté hablando, es un aspecto común: los actores del proceso tienen intención de obtener un beneficio irregular a través de prácticas corruptas, incumpliendo – en aquellos casos donde hablemos de sistemas democráticos – una serie de deberes institucionales[28]. Estas dinámicas, según ACKERMAN se pueden dividir en dos fracciones o vertientes: la corrupción de encima hacia abajo, y aquella de abajo hacia arriba[29]. Este proceso es interesante a efectos del análisis que nos inicia, pues

---

27 Villoria Mendieta, M. (2019). *Combatir la corrupción.* Editorial Gedisa (pp. 17-18).

28 Monteiro da Silva, R. (2018). *Corrupção e controle social. A transparência como elemento de aperfeiçoamento da administração pública.* Lumen Juris (p. 19).

29 Ibid

hace una reflexión sobre la corrupción llevada a cabo por los altos mandos de la jerarquía (encima hacia abajo) y la corrupción que cometen los funcionarios públicos y, posteriormente, comparten los resultados con los superiores, conocedores del acto corrupto (abajo hacia arriba).

En otro orden, y acudiendo nuevamente a VILLORIA MENDIETA, se entiende que lo más importante – o al menos uno de los elementos con mayor importancia – del concepto de corrupción nace del bien a proteger, por lo que se transforma el concepto anterior y se califica a la corrupción como:

> "El uso de autoridad o el abuso de poder que otorga una organización a cualquiera de sus miembros, para beneficio propio, directo o indirecto, individual o corporativo, cuando estas personas interactúan con otras personas de organizaciones públicas o privadas y sus actos atentan contra la competencia leal y equitativa, y con ello, al bienestar de la comunidad"[30].

De esta manera, concluido el concepto, también podemos añadir las ideas expuestas por RENDTORFF, que habla precisamente de que son las actuaciones poco éticas las que ponen en riesgo no solo la economía de un Estado, sino la confianza entre ciudadanos y los representantes políticos, tanto de parte de la sociedad hacia la clase política, como entre los propios habitantes. En ese sentido, afirma que la corrupción pone en peligro las relaciones de confianza a todos los niveles, pues las relaciones se convierten en correspondencia de dependencia mutua para mantener el estado de ilegalidad generado por la corrupción[31], en el que el silencio es uno de los principales elementos a considerar en la relación.

---

30 Villoria Mendieta, ibid, p. 20

31 Más adelante trataremos de explicar esta relación de dependencia partiendo de la *Omertá* y su influencia posterior sobre el influjo de este código en la relación entre empleados del sector público y privado, empleados del sector público con carácter general, y las relaciones jerárquicas existentes

Recogiendo casi la misma argumentación que CERINA, definir la corrupción a efectos de esta obra, solo nos parece útil para contextualizar el entorno en el que se puedan hallar los sujetos estudio de esta investigación: los *whistleblower.* Todo ello porque si quisiéramos llegar a un acuerdo de concepto, RODRÍGUEZ-GARCÍA advierte que "presentar un concepto de lo que es la corrupción, es una tarea en la que han fracaso tanto particulares como las más altas organizaciones internacionales"[32]. El motivo de ese fracaso no es sólo por la amplitud del concepto y las acciones que abarca, sino también por la evolución y mutación de lo que se considera corrupción a lo largo de la historia, construyendo el concepto en base a juicios informales que no son más que un resultado de lo que, en un contexto determinado, se basa en estándares de actitudes o acciones consideradas como correctas o incorrectas, influenciadas por la ética[33].

Debemos atrevernos a concluir con carácter general que la corrupción es todo aquello que se sale de las normas que en nuestro Estado de Derecho se han aprobado en un determina-

---

en aquellas empresas o administraciones que terminan siendo relaciones de dependencia mutua concebidas como RENDTORFF las define. Este elemento es importante para entender posteriormente la toma de decisiones que trataremos en el último capítulo de esta investigación, pues la *Omertá* es un código que regula el silencio en las organizaciones dedicadas al desarrollo de actividades delictivas, pero se puede extrapolar a la Administración Pública tal y como se afirma el documental PANDORA BOX. "Corrupción: el organismo nocivo". Documental. 2015. En él, varios alertadores de corrupción – entonces denunciantes o testigos – hablan de la ley del silencio a la que se sometían en la propia Administración, realizando una similitud – sin hacer mención específica – hacia la *Omertá.*

32 Rodríguez-García, N. (2004). La necesaria flexibilización del concepto de soberanía en pro del control judicial de la corrupción. En *La corrupción en un mundo globalizado: análisis interdisciplinar.* Ratio Legis (p. 241).

33 Johnston, M. (2017). Right and wrong in American politics: Popular conceptions of corruption. En *Political Corruption.* Routledge.

do momento, pues dichas normas moralmente correctas han sido recogidas en un ordenamiento común, representativo de una sociedad en la que ciertas conductas se salen de lo éticamente correcto[34][35]. Como bien afirman BAIGÚN y BISCAY, el corpus criminológico define a este tipo de criminalidad - concretamente la delincuencia económica en general - como una "estrategia ilegal de acumulación de capital"[36], que además tiene una fuerte presencia en aquellos procesos donde la economía queda supeditada en determinados grupos, que son los más interesados en lograr objetivos de ganancias, independientemente de la forma y método. Esta estrategia, llegado un punto, comienza a considerarse éticamente incorrecta - al menos en materia de competitividad - pues no permite que los países, o sus empresas, compitan de manera justa en el mercado. De esta forma, tal y como veremos en los siguientes puntos, empieza a acordarse un concepto legal de corrupción para todos los países, tratando de unificar a través de él una serie de conductas punibles y no justas, intentando garantizar que las normas legislativas garanticen la ética y la libre competencia en un mercado globalizado.

Dichas conductas, en la actualidad, tal y como se recoge en Convención de Naciones Unidas contra la Corrupción - que trataremos con posterioridad como CNUC - se pueden enumerar en: i) malversación o peculado; ii) tráfico de influencias; iii) abuso de funciones; iv) enriquecimiento ilícito; v) soborno;

---

34 CERINA, ibid, pp .37-38.

35 Las afirmaciones recogidas respecto a las normas y su cumplimiento/aceptación por parte de la sociedad se pueden ver representadas en Becker, H. (2009). *Outsiders: hacia una sociología de la desviación.* Siglo veintiuno, editores.

36 Baigún, D., & Biscay, P. (2006). Actuación preventiva de los organismos estatales y no estatales en el ámbito de la corrupción y la criminalidad económica. En D. Baigún & N. García Rivas (Eds.), *Delincuencia económica y corrupción.* Ediar (p.16).

y, vi) blanqueo del producto del delito[37]. Estas mismas conductas han sido las recogidas por ACKERMAN y PALIFKA, que refieren como tipos de corrupción actos concretos: i) el soborno; ii) la extorsión; iii) el intercambio de favores; iv) el nepotismo; v) el amiguismo; vi) fraude judicial; vii) fraude en contabilidad; viii) fraude electoral; ix) fraude en el servicio público; x) la malversación; xi) la cleptocracia; xii) tráfico de influencias, y, por último, xiii) conflicto de interés[38].

Tanto las conductas constitutivas o conformadoras del concepto de corrupción expuestas por la CNUC, así como las indicadas por ACKERMAN y PALIFKA[39], parten de una base que nos interesa a efectos de esta investigación: el abuso de poder dentro de la Administración Pública para la búsqueda de los intereses propios de uno o varios individuos, especialmente cuando esta búsqueda de intereses proviene del poder político y su relación con los intereses privados[40], perjudica no solo a la economía, sino al ambiente de integridad que se pretende en la Administración.

Independientemente de esta distinción de conceptos, en las siguientes líneas abordaremos la problemática de la detección de la corrupción, tratando de establecer puntos neutrales donde la corrupción genera dificultades tanto en su medición como en su investigación.

---

37 Naciones Unidas. (2004). *Convención de Naciones Unidas contra la Corrupción.* Nueva York.

38 Rose-Ackerman, S., & Palifka, B. J. (2016). *Corruption and government: Causes, consequences, and reform.* Cambridge University Press. (pp. 8-9)

39 Ibid.

40 Baigún y Bascay, ibid.pp. 15-17

3. Problemática en la detección e investigación de la corrupción

Como resultado de los problemas que se plantearon en el concepto acuñado por Sutherland, y, posteriormente en las consideraciones del concepto de corrupción, así como las reseñas de los siguientes investigadores sucesores de los estudios en materia de criminalidad económica, la corrupción no dejó de ser un problema con su conceptualización, detección y posterior relación con otros tipos de delincuencia. Concretamente, con los grupos de delincuencia organizada y terroristas, así como posteriormente, con diversos grupos políticos y con organizaciones económicas licitas que se ayudaban de estas prácticas ilegales para la mayor obtención de beneficios, dicha delincuencia creció.

A esos elementos se le sumó posteriormente el difícil estudio y detección de los delitos, el aumento de oportunidades delictivas con una apertura de fronteras al delito, y como no, los efectos criminógenos individuales y colectivos derivados, – según parte de la criminología crítica – del capitalismo.

3.1. El crimen de cuello blanco, la corrupción y su relación con la criminalidad organizada

En beneficio de la entidad o de sí mismos, los trabajadores de una organización tenían la oportunidad de cometer delitos a través de la organización facilitándose de su posición. Aplicando las condiciones del concepto de corrupción, a través de las posiciones de poder, era mucho más fácil delinquir. SUTHERLAND y parte de la corriente criminológica dedicada a este estudio, empezaron a apreciar una relación de causalidad en ese fenómeno: la organización de la criminalidad económica. Dicha asociación comienza a apreciarse de manera más palpable EE.UU., a finales del siglo XIX, a través del famoso acontecimiento de la emigración siciliana, tal y como señala ANGUITA OLMEDO[41].

Como tal, la criminalidad organizada presentó determinadas características que hace que, cuando hablamos de la delincuencia corporativa o corrupción, no sea extraña su asociación con la criminalidad organizada. Tal y como bien señalaba FABIÁN CAPARRÓS[42], este tipo de criminalidad presenta determinados rasgos propios que, al menos de forma muy breve, debemos tener en cuenta para su estudio. Por norma general, esta criminalidad no era algo puntual, sino que el evento delictivo se cometía bajo una programación, prolongándose casi de forma indefinida, y bajo una conexión con otras redes de asociaciones criminales que actuaban en una frontera de lo legal o ilegal bastante difusa. Y hablamos de un espacio difuso porque, en determinados casos, la ilegalidad no está del todo percibida porque se proporciona al público determinados bienes y servicios bajo una apariencia de legalidad. A ello debemos añadir lo que señala EDELHERTZ, pues cuando aportó términos modernos a la definición de criminalidad de cuello blanco, mencionó que una de las mayores dificultades sobre este problema es la creación de un papel, una fachada organizacional o transnacional para disfrazar la verdadera naturaleza de una organización[43].

En ese señalamiento, intervienen ideas expuestas por CARRANZA FIGÓN cuando marca el problema conceptual y

---

41 Anguita Olmedo, C. (2010). La delincuencia organizada, un asunto interior de la Unión Europea: Concepto, características e instrumentos para su neutralización. *Revista española de relaciones internacionales, 2,* (pp. 155-ss.)

42 Fabián Caparrós, E. (1997). Criminalidad organizada. En M. L. Gutiérrez Francés (Coord.), *El nuevo código penal: primeros problemas de aplicación.* Universidad de Salamanca (p. 177).

43 Edelhertz., *op.cit.*

jurídico que recae sobre la consideración de delincuencia organizada, definida de ese modo bajo para referirse a aquellas operaciones delictivas que se realizaran en el seno de la mafia[44]. Al hilo de ese problema conceptual, acogiendo la Convención de Naciones Unidas contra la Delincuencia Organizada Transnacional y sus Protocolos del año 2004, concluye con que la mejor definición para esta concepción delictiva de empresas se recoge en el artículo 2:

> "Por "grupo delictivo organizado" se entenderá un grupo estructurado de tres o más personas que exista durante cierto tiempo y que actúe concertadamente con el propósito de cometer uno o más delitos graves o delitos tipificados con arreglo a la presente Convención con miras a obtener directa o indirectamente, un beneficio económico u otro beneficio de orden material. (...)
>
> Por "grupo estructurado" se entenderá un grupo no formado fortuitamente para la comisión inmediata de un delito y en el que no necesariamente se haya asignado a sus miembros funciones formalmente definidas ni haya continuidad en la condición de miembro o exista una estructura desarrollada"[45]

FABIÁN CAPARRÓS considera el elemento de organización como un factor que ha sido determinante para que la

---

44 Idea expuesta en la Tesis Doctoral defendida por Carranza Figón, L. (Tesis de doctorado no publicada). *Crimen organizado corporativo.* Universitat de Barcelona. http://diposit.ub.edu/dspace/bitstream/2445/121348/1/LCF_TESIS.pdf
Recuperado el 20 de enero de 2023.

45 Definiciones recogidas en la Convención para el tratamiento de la Delincuencia Organizada Transnacional, donde podemos extraer las ideas de que no necesariamente, la delincuencia organizada, se concibe específicamente desde la creación de grupos para delinquir, sino que también pueden considerarse dentro de este ámbito la empresa utilizada instrumentalmente para delinquir, aunque no fuera su objetivo principal de creación. Carranza Figón, ibid, pág.39-68.

criminalidad "haya alcanzado en nuestros días cotas tan altas de poder"[46]. Es por ese motivo por el que, junto a la profesionalización de ese trabajo, así como con la internacionalización de las actividades que se llevan a cabo en la empresa, se llevó a considerar el delito de cuello blanco como un tipo de delincuencia organizada.

Asimismo, dentro de la organización se cumple con los principios que menciona CRESSEY haciendo alusión a los modelos de organización de WEBER, destacando lo que en 1919 se defendía como el crimen moderno, centralizado, organizado y comercializado, considerando que, en esa época, la nación estadounidense comenzaba una expansión comercial de la que los delincuentes se aprovechaban para expandirse[47].

Al hilo de esa expansión, el concepto de banda organizada se amplía en las actividades delictivas definitorias de ese crimen, indicando que las conductas constitutivas de delito punible son los delitos transnacionales recogidos en la propia Convención de Palermo: blanqueo de dinero (art. 6), corrup-

---

[46] Fabián Caparrós, ibid.

[47] Dicho extracto pertenece a un artículo presentado en la "comisión del Crimen de Chicago", de Trasher, F. (1966). *The gang.* University of Chicago Press. Citado en el trabajo de Standing, A. (2003). Rival views of organised crime. *Institute for Security Studies Monographs, 2003,* 292 donde se analiza la compleja burocracia de las empresas y su posible relación con la evolución de los mercados hacia un ámbito criminal. Standing, en su artículo donde hemos acudido para recopilar la cita de Trasher, también presenta una perspectiva alternativa, que considera al crimen organizado como un fenómeno social y político más amplio, enraizado en las dinámicas del poder, la corrupción y la violencia en la sociedad. Esta perspectiva sugiere que las soluciones para combatir el crimen organizado deben ir más allá de simplemente perseguir y castigar a los delincuentes, y en su lugar, abordar las causas subyacentes que permiten que el crimen organizado prospere. Este punto es importante a tratar en cuanto a nuestro tercer capítulo, donde analizaremos la influencia del poder político en la corrupción.

ción (art. 8) y obstrucción de la justicia (art. 23). En el artículo 5 de la propia Convención se penaliza "el acuerdo con una o más personas de cometer un delito grave (...) que guarde relación directa o indirecta con la obtención de un beneficio económico u otro beneficio de orden material", considerando también la participación activa en las actividades ilícitas de la banda organizada, incluyéndose otras actividades que puedan contribuir a la finalidad delictiva de la misma.

Sin embargo, a la definición de expuesta por la Convención de Palermo debemos sumar aquellas características a considerar por parte de la Unión Europea, enumerando en un listado aquello que debe cumplirse para hablar de crimen organizado: i) más de dos sujetos activos; ii) distribución de labores entre los sujetos; iii) actuación prolongada en el tiempo; iv) disciplina o estructura interna; v) comisión de delitos graves; vi) extraterritorialidad internacional en la delincuencia; vii) utilización de la violencia; viii) utilización de estructuras económicas y comerciales; ix) relación con el blanqueo de capitales; x) tráfico de influencias o corrupción; xi) objetivo de búsqueda de beneficios o poder. Tal y como establece en dicho documento de EUROPOL, se precisan al menos seis de estos indicadores para ser un grupo organizado, indicándose que al menos el primero, tercero, quinto y decimoprimero deben figurarse[48].

A este fenómeno, además, debemos añadir una macro victimización, en la que todos los ciudadanos del estado podían verse afectados por el desfalco económico y de bienes, pues el objetivo sobre el que se trabaja es obtener un máximo beneficio a través de la creación de empresas. Ya no solo había un peligro vital por la presencia de bandas organizadas, sino que también

---

48 Listado incluido en el Documento 6204/2/97 Enfopol 35, Rev. 2 de EUROPOL. https://data.consilium.europa.eu/doc/document/ST-10415-2000-INIT/es/pdf
Recuperado el 20 de enero de 2023.

existía un riesgo económico debido al perfeccionamiento de las actividades delictivas hacia la obtención de ganancias económicas. Dicho beneficio se comienza a buscar en una aparente legalidad a través de su relación con otras empresas, o con la producción y distribución ilegal de productos ilegales[49] o legales. En esta ecuación se incluye la posible relación con grupos organizados específicamente para delinquir. Sin embargo, esa constitución o unión que conforma la empresa no se une a una mentalidad empresarial de eficiencia en su actividad, sino que el objetivo disiente del de las organizaciones, llegando a sus objetivos a través de la violencia, la construcción de jerarquías, y como no, "montar estructuras empresariales para desarrollar o enmascarar sus actividades"[50]. Esta experiencia se demuestra en *la Cosa Nostra* y su división y organización en varios pequeños grupos de familias criminales con sus miembros[51]. Esta organización, además de construirse a través de pequeños grupos, se convirtió en un "cártel y confederación de alcance nacional (...) que controla toda la delincuencia organizada de los Estados Unidos"[52], considerándose una especie de empresa, pues su estructura presentaba funciones claramente organizadas y complejas, similares a la estructura de una empresa licita.

---

49 Vid., siendo el caso más conocido durante la Ley Seca estadounidense, aflorando no solo el crecimiento de las mafias que traficaban con alcohol y otros productos, sino también la corrupción policial y política permisiva hacia un castigo de la cultura alcohólica que se había generado. Dicho caso de tráfico y distribución ilegal a través de una apariencia de legalidad por empresas legales se produce en el caso de Al Capone. Afirmaciones disponibles en Pasley, F. D. (2020). *AL CAPONE–The Biography of a Self-Made Man.* Edizioni Savine.

50 Anguita Olmedo. *Ibid.*

51 Standing, ibid., p. 4

52 Pearce, F. (1976). *Crimes of the powerful: Marxism, crime and deviance.* London: Pluto Press (p. 162).

Hasta determinado momento, como bien afirma CRESSEY, el problema que había generado *la Cosa Nostra* se presumía como un problema meramente legislativo y metodológico. No obstante, dicho conflicto iba mucho más lejos de la ley, pues la mafia se había enraizado en muchos departamentos económicos de EE.UU., al nivel de que, para acabar con dicha organización, habría que incluir métodos de ataque que pudieran ser permitidos por el Estado[53]. En el preciso momento de su análisis, en torno a 1970, ya se hablaba del problema de "destruir a los delincuentes organizados" y del inevitable aumento de los mismos, requiriendo de técnicas legislativas que, en semejanza con Italia, llegaban a rozar aspectos dictatoriales no permitidos por un Estado democrático, pero necesarios tanto para el entonces gobierno y algunos gobernados[54].

Por supuesto, esa delincuencia cometida a través de una organización, no siempre se daba desde dentro de una organización criminal con esos fines, sino que no era extraño que tanto políticos como sindicatos o empresas legales recibieran ayuda de verdaderas bandas criminales, dificultando cada vez más la detección y futura investigación de este nuevo modelo de criminalidad. En eso consistió durante la década de los años sesenta en adelante, cuando la criminalidad organizada dejó de estar en la opacidad de los grupos criminales, y saltó al gran comercio y las grandes empresas, así como también a la Administración Pública, tanto por el poder que éstas presentaban, como por la profesionalidad de sus agentes[55]. Sin embargo, esa opacidad y oscuridad del crimen se mantuvo, ya que, aunque

---

53 Cressey, D. R. (1970). Bet taking, Cosa Nostra, and Negotiated Social Order. Journal of Public Law, 19, (p. 14).

54 Ibid

55 *Apud.* Fernández Steinko, A. (2008). Crimen Organizado y unilateralismo norteamericano. *El viejo topo, 251*, 42-47. Consultado del texto ya citado de Anguita Olmedo, ibid.

las empresas fuesen legales, parte de su actividad y relaciones económicas no lo eran. Es ahí donde se encuentra una de las primeras manifestaciones importantes sobre qué instrumentos considerar para adentrarse en esa actividad opaca, pues el propio CRESSEY identifica que parte de la problemática metodológica para investigar mucho más sobre la delincuencia organizada radica en la imposibilidad de analizar y entrevistas a los informantes posibles de la propia organización: estudiar las normas informales, los valores y las reglas impuestas en esa sociedad informal[56].

Asimismo, por ese motivo, cobra sentido hablar de esa falta de detección no solo por la complejidad que presenta la delincuencia organizada, sino la relación intermedia con la delincuencia económica, que se produce de forma general en un entorno lícito[57], participando y manteniendo una relación estrecha con los mercados legítimos. Por lo tanto, cabe decir que dicha criminalidad ha sufrido una modernización a través de la creación de estructuras licitas y organizadas siguiendo diversos modelos[58].

---

56 Cressey, D. R. (1967). Methodological problems in the study of organized crime as a social problem. *The Annals of the American Academy of Political and Social Science, 374*(1) (p. 109).

57 Ortiz de Urbina Gimeno, I. (2015). To much of a good thing? Marcus Felson, la teoría de las actividades cotidianas y la delincuencia de cuello blanco. En F. Miró Llinares et al. (Eds.), *Crimen, oportunidad y vida diaria* (pp. 502 y ss).

58 Cressey, D. R. "Bet taking..." op.cit. pág.13, ha servido de ejemplo para estudios posteriores que analizan la criminalidad organizada estructurada tal y como el propio autor lo llegó a establecer, indicando que las organizaciones se inmiscuían en amplitud de departamentos económicos donde enraizaban sus tácticas para enriquecerse. Respecto a los modelos, él diferencia tres modelos mencionados en su análisis de las estructuras mafiosas, haciendo similitudes hacia lo que Weber calificaba como un modelo de burocracia neutral, eficaz y eficiente. El modelo que Weber defiende – y que posteriormente ha sido duramente criticado por parte

3.2. Modernización de la corrupción: la organización como instrumento delictivo

Alejándonos de la criminalidad organizada concebida como una estructura de origen ilícito y su relación con la criminalidad violenta conexa a determinados fenómenos[59], aparecen las estructuras organizativas lícitas materializadas en grandes empresas o pequeños entornos legales sobre los que realizar actividad comercial. Aunque poco se diferencie de la definición aportada por FABIÁN CAPARRÓS en torno a la criminalidad organizada, la estrategia organizacional difiere de la anterior, pues el objetivo por el que se constituye la empresa, desde un

---

de la academia por su ineficiencia – se presume como un sistema que garantiza las oportunidades o probabilidades personales de los actores privados, independientemente de su clase social. Por este motivo, Weber hace alusión a que, gracias a la burocracia y a la creación de un cuerpo funcionarial encargado de esta, con su carácter "racional" aniquila cualquier forma estructural de dominación tanto patriarcal como patrimonial. Aunque estas afirmaciones no vayan a servirnos a efectos objetivos para nuestra investigación, es interesante analizar la estructura propuesta por Weber para entender las estructuras existentes y desarrolladas tras la llegada del capitalismo y la globalización, pues la estructura administrativa estatal se ideó basándose en la burocracia profesional. Weber, M. (1993). *Economía y sociedad.* Fondo de Cultura Económica de España. (pp. 749-754).

59 Se aprecia una diferencia desde el propio Derecho Penal en la criminalidad organizada armada y en la criminalidad organizada no armada. Esto quiere decir que el tratamiento hacia ambos fenómenos es distinto, especialmente si tenemos en cuenta que sobre uno determinado hay criterios de flexibilidad expuestos en la propia obra de Pearce que hemos aplicado sobre las primeras de líneas de esta investigación, donde determinadas organizaciones no contaban con un endurecimiento o castigo que si recaía sobre otros sujetos delictivos. En Mendoza, J. F. (2021). De la criminalidad organizada a la organización delictiva. *Revi. Derecho (En Línea), 6*(2). Recuperado de https://repositorio.uniandes.edu.co/handle/1992/54872
Recuperado el 20 de enero de 2022.

inicio, es aparentemente distinto al de las organizaciones criminales: llegar a objetivos económicos a través de actividades licitas y sumarse a la carrera económica del mercado.

El objeto principal de la construcción de la entidad es el de participar en la economía, recibir ganancias y participar de forma legítima a favor de los clientes, por lo que coincide con uno de los indicadores mencionados como necesarios. Sin embargo, no es rara la ocasión en la que suelen nacer de intenciones ilegitimas desde un inicio a través de grupos u organizaciones criminales, sin perjuicio de que la intención delictiva pueda ser conocida únicamente por el creador y acompañantes. En otras palabras: no es raro que las organizaciones delictivas conformen empresas aparentemente lícitas – o contacten con ellas – para blanquear sus actividades ilícitas.

Dicha construcción puede verse a través del modelo jerárquico de coordinación delictiva de CRESSEY, del que extrae una visión de configurarse como delincuencia organizada como una entidad formal y racional que se basa en la división de roles específicos[60], siguiendo además el modelo de "burocracia" explicado por Weber[61]. Es justo en esa construcción, en la participación de las organizaciones creadas de forma ilícita en negocios legítimos y procesos políticos donde se encuentra el verdadero peligro de la criminalidad organizada, evolucionando de la misma forma que avanza la sociedad[62] a través de la adquisición de nuevas tecnologías o estrategias llevadas a cabo por uno o más sujetos ejecutores que actúan en nom-

---

60 Apud. Cressey, citado en el trabajo de Standing, A. op.cit. En donde Cressey construye lo que él mismo considera una organización criminal y su estructura interna, coincidiendo todas estas características con las de una empresa, o en cualquier caso, una empresa con actividad ilícita.

61 Vid. Nota 64.

62 Cressey, D. R. (1970). Organized crime and inner-city youth. Crime & Delinquency, 16(2), 130.

bre de la empresa. De esta forma, aunque los orígenes sean distintos y la creación de empresas responda a otros patrones, continúa siendo un riesgo y se constituye como una especie de modernización de esa delincuencia, dado que dicho sistema acaba tomando raíces sobre sistemas legítimos no solo en el libre mercado, sino también en la propia administración. Este modelo se acrecienta y perfecciona cuando, según CRESSEY[63], los empresarios más acomodados del sector económico acaban demandando los servicios del crimen organizado, de tal forma que, como consecuencia de esa relación, ambas partes perfeccionan su estrategia e intereses.

Parte del problema que se plantea en torno a este fenómeno se sitúa en la estructura organizativa[64], que de por sí, partía de un funcionamiento eficiente previo a la apertura de mercados y ante el crecimiento de multinacionales que comprobaremos en los siguientes puntos. Esa estructura cambia a mediados del siglo XX, pero sigue teniendo el mismo objetivo: obtener ganancias a través de su estructura legitima[65]. Sin embargo, por diversos factores, puede ocurrir que las corporaciones decidan alternar entre medios legítimos e ilegítimos, e incluso, ser legitimas estructuralmente, utilizando medios ilegítimos para llegar a los objetivos y metas por las presiones económicas del sistema socioeconómico actual[66].

---

63 Ibid

64 Huisman, W. (2019). Blurred lines: Collusions between legitimate and illegitimate organizations. En M. L. Benson & S. Simpson (Eds.), *The Handbook of White-Collar Crime*. Routledge. (pp. 139-158).

65 Ibid

66 Ibid. Sin querer posicionarnos en mundos contrarios al sistema capitalista, en Pearce se habla de que el crimen, con carácter general asociado a las organizaciones criminales – es decir, el crimen socioeconómico – "era una de las vías de acceso a la movilidad social en la vida norteamericana", debido a las dificultades a las que se enfrentaban especialmente la población italiana recién llegada a EE. UU. Pearce op. cit. p. 170. En

Consecuencia de esta nueva relación, surgen los problemas citados como la dificultad de detección de las actividades delictivas en las relaciones entre administración pública y entidades de derecho privado, así como entre la relación y comercio entre las propias empresas, pues "lo que empezó siendo una comisión individual de delitos, había pasado a ser una verdadera actividad empresarial"[67] en la que el descubrimiento del hecho delictivo se fundía en varios responsables de un mismo delito: las personas jurídicas.

Redefiniendo el objeto, el crimen corporativo o la criminalidad económica de la empresa, no se definirá del mismo modo que la criminalidad organizada por una de las principales diferencias: el crimen corporativo es la conducta de la corporación o de empleados que actúan en nombre de la corporación, que está proscrita y que es sancionable por la ley[68], cometido dentro de un contexto organizacional, y que queda respaldado por normas operativas o subculturas internas de la entidad[69].

Sin embargo, esta definición choca con las dificultades añadidas por la economía actual, que se sitúa en la muy tenue frontera existente entre la agresividad empresarial como resultado de una nueva economía, frente a la ilicitud de un hecho delictivo que puedan parecer técnicas agresivas de mercado. A ello añadimos lo señalado por FERNÁNDEZ-DUSSAQ y TE-

---

este contexto, Pearce nos viene a explicar que el crimen socioeconómico, especialmente en el contexto de la inmigración italiana a Estados Unidos, fue una vía de acceso a la movilidad social en la vida norteamericana. En otras palabras, para los italianos recién llegados a Estados Unidos, el crimen organizado podría ser una forma de superar las barreras socioeconómicas que enfrentaban en su nueva sociedad, ateniendo a las circunstancias socioeconómicas del *Sueño americano* y la criminalidad de clases.

67 Ibid

68 Simpson, S. S., et al. (2002). *Corporate crime, law, and social control.* Cambridge University Press, (pp. 7 y ss).

69 Ibid

RROBA, cuando estudian el comportamiento corporativo sin identidad, en el que el fin último y único de la persona jurídica es generar beneficios económicos, y el de sus empleados, cumplir órdenes sin capacidad crítica para interpretar la licitud, ilicitud, o inmoralidad de sus actividades[70]. En ese contexto, la línea que pueda separar la legalidad de la ilicitud de las actividades empresariales puede difuminarse dependiendo ya no solo de los mercados en los que participe, sino también del contexto particular de cada asociación.

En ese sentido, no se nos puede olvidar que, tal y como se señala en las siguientes obras de *White collar crime* tras un estudio de los diferentes casos enjuiciados de corporaciones, de las setenta analizadas, treinta de ellas tenían un origen ilegal o habían iniciado acciones ilegales tras haberse originado de forma lícita[71]. De esta forma, se obedece a la lógica de la competitividad, en la que se denota cierta agresividad en el mercado.

Tal es el problema, que, en esas nuevas formas de criminalidad relacionadas con la corrupción, no solo se ve afectado el mundo corporativo, sino que también se producen otros fenómenos en la Administración Pública, en el entorno específico de la ciberseguridad y sector bancario, sin descartar otros sectores donde también ha habido cierta incidencia delictiva. CRESSEY, incluso, se atreve a decir que el problema real del crimen organizado está bastante relacionado con la corrupción política, puesto que existe una connivencia de funcionarios públicos con el crimen organizado[72].

Concluyendo, uno de los máximos problemas que se presentan sobre el crimen corporativo y la relación con el sector público es su detección y falta de datos sobre los que trabajar

---

70 Fernández-Dussaq y Terroba, Ibid., (p. 15)

71 Sutherland, Ibid., (p. 25)

72 Cressey, Ibid., (p. 135); Cressey, D. R. Op. cit..

para analizar de forma exhaustiva su incidencia sobre la economía en el momento de la comisión. Por ello, en este punto, es importante tener en cuenta que la relación entre crimen organizado y crimen corporativo a veces es muy difusa, complicando la labor de los investigadores y su llegada a la información delictiva de las organizaciones o Administración, toda vez que estas se han inmiscuido en la licitud del mercado y su competencia.

Otro de los aspectos que nos interesa de este entra dentro de las dificultades añadidas, introduciendo otra de las causas que hacen más complicada la investigación: la relación de las actividades ilícitas de la empresa con la Administración Pública en todos sus niveles, yendo desde los Partidos Políticos, pasando por la gestión de la Administración Pública hasta el propio cuerpo funcionarial del Estado.

3.3. Relación entre la criminalidad organizada y miembros de la Administración Pública

Si ya era difícil la investigación de los delitos corporativos, esta cuestión creció cuando aumentó la relación y la actividad entre la Administración Pública y las entidades privadas, pues además de aumentar la complejidad de la criminalidad, aumentaron los actores y hechos posibles en su comisión, así como los recursos para su ejecución, tal y como bien hemos establecido en la evolución del concepto de corrupción. La calificación de este apartado viene de la afirmación de que los funcionarios públicos pueden verse involucrados en delitos asociados o en colaboración con la criminalidad organizada, existiendo este fenómeno en casos de criminalidad organizada o grupos dedicados a la industria de la droga[73].

---

[73] Croall, H. (2001). *Understanding white collar crime.* McGraw-Hill Education (UK), (p. 32).

Al hablar de la influencia de la criminalidad organizada hacia el sector público debemos hacer alusión hacia conceptos como la captura del Estado, así como también hacia acciones como la búsqueda de financiación para competir en unas elecciones en igualdad de condiciones. RINCÓN observa esta relación delictiva desde varias vertientes, calificando el fenómeno de la intervención de las organizaciones criminales en la Administración Pública como una "captura del Estado por corrupción"[74]. Este fenómeno acaba produciendo raíces en el sector público, creciendo por toda la Administración e incluso en el propio sector judicial, justificándose posteriormente que durante los años de la captura del Estado no haya intervención legislativa para frenar dicho fenómeno. Esta última afirmación es una de las características más importantes de la relación existente entre las organizaciones criminales y la Administración Pública, pues esa captura se produce cuando "las agrupaciones de criminalidad organizada se sirven de las autoridades del Estado para el cumplimiento de sus finalidades"[75], coincidentes con aquellas finalidades de llegar a los objetivos económicos marcados. Asimismo, el beneficio es doble, porque el o los funcionarios implicados también acaban lucrándose, por lo que los dos sujetos implicados en perjudicar a la estructura estatal terminan obteniendo beneficios.

Por otro lado, en lo que respecta a la búsqueda de financiación, CROALL incluye que el sistema de financiación de partidos también es un elemento que favorece la intromisión de la delincuencia en la actividad de la Administración Pública. Aunque sea hacia los Partidos Políticos y no en tanto a los funcionarios, se crea una dependencia de financiación ilegal en

---

74 Rincón Angarita, D. (2018). Corrupción y captura del Estado: la responsabilidad penal de los servidores públicos que toman parte en el crimen organizado. *Prolegómenos, 21*(42), p. 59.

75 Ibid, p.68

la que aquellas empresas lícitas o ilícitas interesadas en tener influencia acaban financiando – aunque el autor utilice el concepto "comprando" – al partido político sobre el que aprecian mayor probabilidad de influencia[76]. Esto tiene consecuencia sobre los funcionarios cuando se cuenta con altos cargos de naturaleza política, incluyendo en esa categoría a los funcionarios de confianza en la Administración, que eventualmente son elegidos por confianza política y, a su vez, pueden ser cesados por el mismo.

Considerando que estas categorías no nos corresponden en este punto: es importante considerar que los cargos de confianza suelen ser superiores, teniendo cierta relevancia sobre la estructura de los funcionarios, pues, haciendo una personificación: si la manzana podrida se encuentra en el puesto más alto, es mucho más sencillo que el resto de las manzanas puedan deteriorarse[77].

Este problema tiene una incidencia mayor cuando esta delincuencia no solo no se persigue aparentemente, sino que, además, se tolera[78]. En esa materia TIEDEMANN pone el foco en la corrupción de los funcionarios públicos como un problema no solo nacional, sino también de carácter internacional, que pone en riesgo la competitividad económica y las relaciones comerciales de los países. SÁNCHEZ BERNAL[79] afirma en línea similar que, uno de los problemas mayoritarios de la corrupción viene a ser el hecho de que se encuentra, en parte, bajo un perfil sistémico dentro de la Administración: en algunos países esta corrupción se tolera porque los propios

---

76 Croall, ibid, p.32

77 Phelps, W., Mitchell, T. R., & Byington, E. (2006). How, when, and why bad apples spoil the barrel: Negative group members and dysfunctional groups. *Research in Organizational Behavior, 27*, pp. 175-222.

78 Tiedemann, op.cit

79 Sánchez Bernal, Op. cit., p. 209.

ciudadanos perciben que la corrupción en un nivel sistémico les puede traer beneficios[80]. De este modo, las consecuencias sobre la legislación en materia anticorrupción se vuelven demasiado complejas, pues las respuestas que se tomen serán superficiales, sin querer perjudicar a los miembros de las entidades con los que podrían hacer tratos corruptos, así como resolver un problema que enriquece a diversos miembros de la Administración Pública.

En esa tipología de un Estado captado por la corrupción, siguiendo a RIVERA VÉLEZ y SANSÓ-RUBERT podemos apreciar como existe y una confluencia de elementos que facilitan la relación – o influencia – de la delincuencia organizada sobre la Administración Pública. Por un lado, porque parece haber una debilidad en aquellos Estados donde la criminalidad organizada ha podido influir sobre la Administración, pudiendo achacar dicho fenómeno a la ausencia de regulación específica de determinadas conductas[81]. Por otro lado, porque la rela-

---

80 No son pocos los casos en los que la corrupción funcionarial "beneficia" en cierto modo a la población, evitando las trabas burocráticas y determinadas sanciones al ciudadano, que, con un pequeño soborno, pueden evitar una sanción económica. Tal y como podría apreciarse según lo que recoge Salazar (2019), este tipo de actuaciones podrían recogerse como "pequeña corrupción", pues se entiende como un intercambio de cantidades de dinero para conceder favores en posiciones mucho menores que las esferas de poder, estableciéndose esta misma categoría diferenciadora en la Oficina de las Naciones Unidas contra la Droga y el Delito. Sin embargo, a nuestro entender, tiene incidencias bastante amplias, pues se presume que la pequeña corrupción no es más que un reflejo de la cultura corrompida que hemos podido apreciar en las definiciones filosóficas de corrupción. Vid: Salazar Méndez, D. (2019). Corrupción y derecho penal: una respuesta urgente. En N. Rodríguez-García et al. (Eds.), *Corrupción: compliance, represión y recuperación de activos.* Tirant lo Blanch, p. 19.

81 De ahí la necesidad de que los Estados armonicen sus ordenamientos siguiendo las recomendaciones de las organizaciones internacionales,

ción de la Administración Pública con la criminalidad organizada provoca lo que ya mencionábamos previamente: que los responsables de atajar la corrupción tomen "respuestas lentas y vacilantes"[82] hacia la corrupción. Este problema se agudiza cuando el Estado se ve incapaz de desalentar la actividad de la criminalidad organizada, especialmente cuando se percibe como una fuente económica importante para el bienestar económico[83][84]. Así las cosas, los Estados que toleran y dependen en cierto modo de esa alianza forjada entre políticos y organizaciones económicas acaban por omitir su respuesta legislativa, presentando graves carencias instrumentales para atajar la corrupción no solo de raíz, sino para modificar sus ordenamientos jurídicos.

BAIGÚN y BISCAY se suman a definir la problemática y ponen el foco sobre la "gravitación de las empresas sobre la vida social y política de los países"[85], pues con la adaptación de una economía de mercado y participación de las empresas, éstas han tenido un mayor protagonismo en la Administración Pública de los países, pudiendo contribuir a esa captura estatal. Esto se relaciona, a su vez, con las etapas mencionadas RIVERA VÉLEZ y SANSÓ-RUBERT, pues esa gravitación se produce a través de una estrategia "parasitaria"[86] en la que las empresas con actividad licita conocida pueden comportarse como la propia criminalidad organizada por llegar a los objetivos econó-

---

pues, así como ocurre con la corrupción, también la delincuencia organizada tiene un carácter transnacional, pudiendo influir en multitud de países y Administraciones. Esta necesidad se materializa en passim Tiedemann., op.cit.

82 Rivera Vélez, F., & Sansó-Rubert, D. (2021). *Crimen organizado y seguridad multimensional.* Tirant lo Blanch, pp. 116-120.

83 Ibid

84 Pearce, Op. cit., p. 75

85 Baigún y Biscay, Op. cit., p. 17.

86 Rivera Vélez y Sansó-Rubert, Ibid., p. 122

micos impuestos por el propio sistema socioeconómico, tal y como veremos posteriormente.

En otro orden, y siguiendo a MONTEIRO DA SILVA, la corrupción dentro de la Administración Pública presenta características sistémicas para que se puedan lograr objetivos de forma irregular, con carácter temporal: que esta corrupción se mantenga en el tiempo lo máximo posible. Esas conductas son reglas o patrones impuestos, por lo que, dentro de la propia Administración, a pesar de la existencia de normativa o códigos de buen funcionariado, se influye para la realización de esas malas prácticas, considerándose un comportamiento adecuado bajo el que el funcionario debe dar continuidad a las irregularidades[87]. Estas dinámicas resultan exitosas cuando el contexto se vuelve aún más turbulento: cuando existen alianzas entre partidos políticos – y, por ende, políticos – organizaciones delictivas y el "aparato de seguridad estatal"[88]. Por lo tanto, no solo se perjudica la futura creación de cuerpos normativos contra la corrupción, sino que además se reduce en cierta medida la persecución del delito por parte de unas autoridades involucradas, también, en la trama delictiva.

En aquellos casos en los que el funcionario no continúa las prácticas corruptas, se pone en alerta tanto el grupo organizado como la sección de la Administración a la que pertenezca, de ahí la importancia de proteger a los funcionarios públicos de los posibles sobornos a través de distintas Convenciones y Directivas que serán expuestas en los siguientes puntos.

Esta protección, a su vez, y entrando en materia respecto a lo que nos interesa de este aspecto, busca que los funcionarios que puedan detectar estas actividades ilícitas dentro de la Administración, así como posibles arrepentidos dentro de la or-

---

87 Monteiro da Silva, Ibid., p. 16..

88 Rivera Vélez y Sansó-Rubert, Ibid., p. 121

ganización criminal puedan denunciar. O lo que es lo mismo, pero desde otra perspectiva: que un individuo que interactúa en esa relación de Administración y organización criminal alce la voz contra la ilegalidad, otorgando al Estado información valiosa sobre el crimen. Por ese motivo, como bien recogen GARCÍA-MORENO u ORTIZ-PRADILLO surge en un escenario similar la necesidad de proteger a los funcionarios o miembros de esa organización delictiva[89][90].

---

89 García-Moreno califica dicha protección como un modelo de *whistleblowing competitivo*, haciendo alusión a los *insiders* que delatan – aun participando en la actividad delictiva – al resto de individuos, con la búsqueda de la atenuación de la pena por su participación. Sin embargo, en esta investigación, discreparemos sobre la similitud entre el *whistleblower* de aquellos que participan en la actividad ilícita, pues son figuras completamente distintas, recogido también en el propio ordenamiento jurídico español. Esta inclusión responde a la Convención de Naciones Unidas contra la criminalidad organizada, pues en su artículo 26 se recogen las medidas para intensificar la cooperación de las autoridades encargadas, a efectos de promover medidas que incentiven la participación de sujetos que hayan participado, o participen, en grupos delictivos, con la esperanza de que proporcionen información útil que sirva para la investigación. En ese sentido, la misma autora indica que dicho artículo, y el ordenamiento español, han estimado que se pueda mitigar la pena de la persona acusada (o imputada) si se presta una cooperación sustancial por parte el individuo. Naciones Unidas. (2004). *Convención de las Naciones Unidas contra la Delincuencia Organizada Transnacional y sus protocolos*. Nueva York.

90 En torno a esta herramienta, hablaremos en profundidad en los siguientes puntos respecto a los instrumentos incorporados por las organizaciones y las causas, puesto que para contextualizar la delación debemos retrotraernos a la estructura de la mafia italiana, país en el que se prestó mucha atención a los delatores durante la etapa más sangrienta del país. Para poner sobre la mesa el instrumento hemos acudido a la obra de Ortiz Pradillo, J. C. (2018). *Los delatores en el proceso penal: Recompensas, anonimato, protección y otras medidas para incentivar una colaboración eficaz con la justicia*. Wolters Kluwer..

Sin embargo, el problema analizado sobre la criminalidad organizada[91] y su influencia en los miembros de la Administración Pública no se soluciona incluyendo dichas medidas de protección en los ordenamientos nacionales, pues se agudiza cuando la criminalidad organizada tiene aristas en otros países, consecuencia de la globalización y apertura de las fronteras, aflorando y utilizando a las empresas para influir sobre los Estados y sus empleados.

Un ejemplo visual sobre esto es que en aquellos casos donde un alertador denuncie públicamente, en ausencia de legislación que pueda protegerle, puede huir a otro país que pueda

---

91 En el caso español, esa relación sistémica de corrupción apenas tiene incidencia – o al menos no hemos podido apreciar esa captura estatal de forma tan detallada como sí en otros países – puesto que la experiencia directa es extremadamente baja, tal y como se recoge en los estudios realizados sobre la percepción de corrupción. Considerando que el último Eurobarómetro realizado es del año 2012, y que desde entonces ha pasado una década, no podemos afirmar que esos datos sean representativos de la realidad actual, pero si pueden servirnos como ejemplo para la siguiente afirmación: en España se percibe una mayor corrupción por la influencia de los escándalos de corrupción y la percepción de impunidad, tal y como bien analiza Jiménez Sánchez (2014). Sin embargo, la corrupción se concentra, mayoritariamente, en la Administración Pública y su gestión política, pero hablaremos sobre estos asuntos en los últimos capítulos relacionados con la corrupción valenciana y la posible influencia de organizaciones criminales sobre políticos de la Comunidad. Jiménez Sánchez, F. (2014). *La corrupción en un país sin corrupción sistémica: Un análisis de los casos Bárcenas, Palau y ERE.* En *Informe sobre la Democracia en España/2014: Democracia sin política.* https://www.researchgate.net/profile/Fernando-Jimenez-32/publication/271523652_La_corrupcion_en_un_pais_sin_corrupcion_sistemica_un_analisis_de_los_casos_Barcenas_Palau_y_ERE/links/54cb6def0cf26a838e4ce025/La-corrupcion-en-un-pais-sin-corrupcion-sistemica-un-analisis-de-los-casos-Barcenas-Palau-y-ERE.pdf
Recuperado el 20 de enero de 2023.

ampararle, tal y como ha sucedido con casos como el de Edward Snowden o Hervé Falciani, pero ello supondrá no solo una tensión territorial entre los países involucrados, sino un huracán de nuevas circunstancias para los denunciantes que, no en todos los casos, pueden buscar esa respuesta por circunstancias económicas.

A su vez, también debemos aludir a la falta de datos que hace que la corrupción sea un delito opaco, que roza la invisibilidad, pero que llegado el momento se transforma en un problema visible en todos los ámbitos estatales debido a su afección en todos los ámbitos del sector público y privado. En tal caso, tanto la figura del delator como los *whistleblower* son un elemento más que ataja esa ausencia de datos para las autoridades.

3.4. El problema de la falta de datos en la criminalidad económica: ¿delincuencia invisible?

A falta de condenas y de que estos delitos fuesen raramente descubiertos, o ya de por sí, investigados, se hizo complicado demostrar el impacto de la criminalidad económica sobre la sociedad antes de percatarse del tamaño del problema. Básicamente, la corrupción era como la punta de un iceberg, del que muchos de sus datos se perdían por la propia dificultad en detectar dichas prácticas que nadie denunciaba, incluyendo en ese concepto a los funcionarios públicos encargados de su investigación.

La falta de estadísticas sobre la delincuencia socioeconómica[92], evasión de sanciones penales[93], así como el escaso número de enjuiciamientos sobre las empresas, y la evidente compleji-

---

92 Ortiz de Urbina Gimeno, Op. cit., p. 502.

93 Pearce, Op. cit., y también en Sutherland, E. Op. cit.

dad para detectar estos delitos son un asunto interesante para los *whistleblower.* Sin embargo, también es importante la ausencia de incentivos o protección específica para que los ciudadanos o empleados denuncien si son testigos de cualquier ilícito relacionado con la criminalidad económica, especialmente teniendo en cuenta el historial de *White collar crime* y el contexto de la misma.

Teniendo en cuenta las circunstancias históricas, si los delitos eran descubiertos, tal y como recoge PEARCE, "los delitos de mayor significado económico, los que cometen los ricos, son los que menos se divulgan, menos se investigan, y cuando se sancionan, dejan un estigma muy leve en los infractores"[94]. Estos elementos crearon en su debido momento una preocupación por la opacidad de esta delincuencia, ya que, descubierto el problema, ya se había entrado en un proceso de globalización que hacía mucho más complicada su detección.

En primer término, las estadísticas sobre la criminalidad económica no se recopilaban de la misma forma que los delitos comunes, como las encuestas de victimización, ya que, durante cierto tiempo, este tipo de delincuencia era procesada a través de vías administrativas, y no penales, tal y como señalaba SUTHERLAND en su primera aproximación al análisis de este delito. CRESSEY destaca el problema sobre la medición de la tasa de criminalidad, y no se olvida de que la recopilación de los datos sobre los delitos, en sí, presenta dificultades por la última de las variables que trataremos en este punto: su detección.

En segundo lugar, la evasión a las sanciones penales llega por tres motivos: i) la respetabilidad de los delincuentes de cuello blanco; ii) la falta de medidas para la detección de esta criminalidad; y iii) la escasez de procesos de investigación contra éstas por falta de mecanismos para detectarla. En todo su

---

[94] Pearce, Ibid, p. 109.

conjunto, PEARCE señalaba lo que era un aspecto importante del problema, y es que, gran parte de los que escribían las normas, eran quienes posteriormente las quebrantaban, emblandeciendo la legislación para poder evadir la sanción, o influyendo sobre los órganos encargados de sancionar[95].

En torno a la primera de las variables, y al hilo de quebrantar las normas YOUNG es contundente: los datos o porcentajes aportados por las instituciones encargadas de recolectar esos datos están fuertemente influenciados por los poderosos que, además, resultan ser criminales[96]. Esto, a su vez, deriva de que las instituciones de control social son las que se han encargado de etiquetar determinados hechos[97], que posteriormente han sido cuantificados, y que forman parte de las estadísticas que parte de la criminología rechaza globalmente porque no parecen ser datos reales, sino percibidos o moldeados.

Respecto a la segunda variable que interviene en la dificultad de medición de la delincuencia económica, podemos afirmar que se encuentra en su previa y escasa probabilidad de detección, retroalimentando que, si no se detecta tendrá menor presencia en las encuestas, o no será contabilizada a la hora de determinar su magnitud. En consecuencia, y atendiendo a que nuestros argumentos se establecen en un contexto previo a los instrumentos internacionales y a la adopción de medidas

---

95 Pearce, F. (Op. cit.), pág. 16, y en Young, J. (2013). *Working-class criminology*. En *Critical Criminology* (Routledge Revivals) (págs. 102 y ss.).

96 Ibid.

97 Si en un determinado momento no se identifican ni etiquetan los crímenes de cuello blanco, difícilmente podrán pertenecer o aparecer en cualquier estudio estadístico realizado por el propio Estado. Es, de esta forma, como aparecen las críticas de diversos *criminólogos de clase obrera* que ponen el foco en que además de no ser investigados, los delitos económicos tampoco son etiquetados de forma correcta como para cuantificarse. Young, J. (Apud García-Pablos de Molina, A.). *Tratado de Criminología*. Tirant lo Blanch, 2009

legales, uno de los factores que influye sobre la actividad ilícita referente a Estados Unidos, así como su desconocimiento para los estudios, es la presencia de "un sistema legal o judicial con una baja capacidad de detección y penalización"[98]. Dicha función correspondía a la comisión, que con su limitado personal se encargaba de investigar los hurtos, pero también los fraudes en los negocios, siendo este último el de mayor representatividad y vínculo con los funcionarios de la Comisión Federal del comercio[99]. Entendiendo que las ganancias económicas y personales son amplias, esta detección se dificulta cuando se amplía la dimensión delictiva, tanto en los paraísos fiscales, como en entornos de confianza[100].

En torno al último elemento debe decirse que es el resultado de una suma de las dos previas, pues ante la difícil medición, y la escasa detección, rara vez habrá una judicialización de este tipo de delincuencia[101]. Sobre ello habla HOFSTADTER cuando analiza la influencia de las leyes *antitrust* sobre los negocios, señalando que, con la llegada de esos mecanismos, el departamento de justicia empezó a ser sometido a presio-

---

98 Jiménez, M. del M. S., et al. (2007). *Corrupción y actividad económica: una visión panorámica*. Universidad de Extremadura e Instituto de Estudios Fiscales, España.

99 Pearce, Op. cit., pág. 132

100 Gottschalk, P. (2020). Types of Harm, Extent of Harm, and the Victims of Occupational Crimes. En Rorie, M. L. (Ed.), *The Handbook of White-Collar Crime*. Wiley Blackwell, pp. 52 y ss.

101 En esa suma tradicional, no intervenían los instrumentos de los que hablaremos una vez hayamos introducido el tema hacia los instrumentos internacionales y los convenios ratificados, pues las investigaciones internas, así como la externalización de funciones hacia los *whistleblower* fueron elementos estudiados a partir de los años ochenta como mecanismo eficaz por autores que tenemos como referencia para esta investigación: Miceli, M. P., & Near, J. P. (1985). Characteristics of organizational climate and perceived wrongdoing associated with whistle-blowing decisions. *Personnel Psychology, 38*(3), pp. 525-544.

nes[102], pues se había vuelto normal denunciar ante el departamento de justicia las infracciones que pueden dar merito al procesamiento[103]. A ello se añade la escasa probabilidad de ser sentenciados (25%) que se presentaba en 2006 por parte del Departamento de Justicia (en adelante, DOJ) de Estados Unidos[104] en aquellos casos en los que se hablase de delincuencia organizada, reflejando, una vez más, la difícil labor de detección e investigación de hechos relacionados con corrupción y delincuencia organizada.

A las anteriores afirmaciones, cabe decir que, en la génesis de la investigación de los delitos de cuello blanco, no se prestaba suficiente importancia a la gravedad de estos delitos. Entre los años treinta y cincuenta, estos delitos de mayor gravedad no eran ni tan siquiera una ocupación del FBI[105], por lo que la inversión de medios para acceder a su detección e investigación eran mucho menores. De este modo, aunque efectivamente estos delitos fuesen de mayor gravedad, no eran representados al mismo nivel que aquellos delitos de delincuentes jóvenes

---

102 Afirmaciones realizadas por Pearce (xxxx), donde hace alusión a los cálculos realizados por Hofstadter (1965) en su obra Hofstadter, R. (1965). *What happened to the antitrust movement? The paranoid style in American politics and other essays* (Vol. 107, donde se esclarece que, hasta la llegada del movimiento *antitrust*, la justicia y la política permitía determinadas acciones consideradas como justas y normales en la actividad económica americana, llegando a percatarse posteriormente que éstas eran delictivas o inmorales. Hofstadter (1965) examina el declive del movimiento antimonopolio en Estados Unidos, que se había desarrollado a fines del siglo XIX y principios del siglo XX con el objetivo de controlar la concentración de poder económico y combatir los monopolios y los trusts.

103 Pearce, op.cit. pág. 129

104 Redondo y Garrido op.cit. pp.818 y ss.

105 Pearce. Ibid, p. 108

de clase baja, encargados de forjar una opinión publica hacia otros fenómenos delictivos[106].

Dadas las características previas de las que hemos hablado respecto a la posición de los infractores, así como la opacidad de los grupos organizados y su transnacionalidad, en términos informales para concluir esta contextualización: todos los factores han confluido, siendo el más importante de todos ellos el de la internacionalización de la delincuencia como un aumento de terreno sobre el que delinquir. O lo que es lo mismo: la oportunidad de delinquir es mucho mayor por la confluencia de factores y un terreno mucho más amplio. Esto ha generado que la corrupción se aleje de lo que los ciudadanos conciben como un problema, pues la reacción de la sociedad ante casos de corrupción – durante esta etapa previa a las crisis económicas – no era tan relevante, dado que no se sentían víctimas de la corrupción y mucho menos percibían la gravedad de ésta.

La reacción social a esta delincuencia y a exigir unas mejoras legislativas se plasman en la sociedad moderna ante una acumulación de casos de corrupción y la percepción del resultado de estos delitos[107]. En ese término, tanto el conocimiento de los casos como la denuncia posterior, abre un mundo más amplio en cuanto a la posibilidad de concienciar a la ciudadanía de la importancia de denuncia y las consecuencias severas de la corrupción.

3.5. Criminalidad globalizada y capitalismo: contextualización de sociológica y crítica criminológica

Con la llegada de la globalización económica, los efectos de un cambio de pensamiento y proceder se hicieron latentes in-

---

106 Ibid

107 Sutherland, E. Op. cit., pp. 139.

cluso en el propio Derecho. Una sociedad en evolución habría experimentado el surgimiento de esos nuevos riesgos delictivos y nuevas relaciones entre lo licito e ilícito. Nada más lejos de la realidad, y, aunque ello no tuviese que ver de manera directa y exclusiva con la globalización económica, las oportunidades delictivas en el sector económico aumentaron. Ese proceso de globalización y liberalización del mercado, siguiendo las ideas de RIVERA y SANSÓ-RUBERT, aumentaron la mayor fluidez de las actividades ilícitas transfronterizas, partiendo de la idea de que existe una relación estrecha entre globalización, criminalidad económica y crimen organizado[108]. Esto confirmó las ideas de SUTHERLAND cuando sostenía que la desorganización social, concebida como un cambio en el sistema económico, así como la alteración de las normas sociales, favorecían y contribuían como causa fundamental a la delincuencia de cuello blanco[109]: la globalización, a esos efectos, supuso una desorganización social a la que los individuos debían adaptarse y organizarse, entendiéndose como una etapa de adaptación a las nuevas reglas de mercado.

En términos conceptuales, el capitalismo y la globalización no son términos que necesariamente tengan una relación. De hecho, no vamos a adentrarnos en sus orígenes o cuestiones relativas a la influencia de cada uno de los conceptos sobre la sociedad, sino que más bien, cada uno de los conceptos ha tenido – y sigue teniendo – influencia sobre el sistema jurídico de cada país.

Estrictamente, la globalización tiene diferentes definiciones y sería complicado, al igual que ocurre con la corrupción, definir de forma concreta este acontecimiento. Considerando las distintas dimensiones de la globalización, lo que nos interesa sobre este concepto es analizar las consecuencias de la interna-

---

108 Sánchez Bernal, Op. cit., pp. 45

109 Sutherland, E. H. (1961). *Op. cit.*, pp. 235-255.

cionalización sobre las normas y la cultura jurídica de los países. Aun así, según LECHNER, la globalización es "la difusión mundial de prácticas, la expansión de relaciones por todos los continentes, la organización a una escala global de la vida social y el crecimiento de una conciencia global compartida"[110]. En contraposición, para BECK, la globalización significa "la perceptible perdida de fronteras del quehacer cotidiano en las distintas dimensiones de la economía, la información, la ecología, la técnica, los conflictos transculturales y la sociedad civil"[111]. Este fenómeno, en palabras de RUIZ, ha supuesto una ruptura con las formas de producción tradicionales de cada Estado, restando protagonismo jurídico nacional para sumarse a lo que BAUMAN califica como "jerarquía global de movilidad"[112][113].

Terminada la Primera Guerra Mundial, la política norteamericana en materia de negocios sufrió una expansión internacional de importante magnitud. A través de la búsqueda de nuevos mercados y la libre competencia, así como también la escasa competitividad de aquellos países sobre los que se extendían económicamente, las relaciones exteriores se convirtieron en ganancias económicas[114]. Ese nuevo orden socioeconómico de búsqueda de mercados llevó a determinados países a ejercer un control económico sobre entornos subdesarrollados, y, a su vez, según BECK, a perjudicar a la economía nacional de los países, con una aparente búsqueda de restar valor a las políti-

---

110 Lechner (apud Ritzer, G.). En *The McDonaldization of Society 6.* Pine Forge Press, 2011.

111 Beck, U. (2001). *¿Qué es la globalización?: Falacias del globalismo, respuestas a la globalización. Frontera Norte,* 13(25).

112 Ruiz Ruiz, R. (2019). Globalización: ¿fin del orden westfaliano? En A. García Inda (Ed.), *Cultura jurídica y globalización. Crítica de una teoría imperfecta del derecho.* Tirant lo Blanch, p. 16.

113 Bauman, Z. (2003). *La globalización. Consecuencias humanas.* Reimpr.

114 Pearce,. op.cit. p. 145

cas estatales nacionales[115]. Sin embargo, a ojos de BAUMAN, este modelo de globalización responde a una paradoja mucho peor, pues este nuevo orden beneficiaba mucho más a las clases altas, y excluía en mayor medida a las clases bajas, llegando a marginar a dos tercios de la población mundial[116].

En otros términos, más positivos, esta globalidad significa que, aunque se rompiera la unidad el Estado nacional como unidad territorial delimitada, surgían nuevas relaciones con otros Estados, una competitividad, nuevas identidades y actores en procesos sociales transnacionales que, aunque crean conflictos nuevos, también facilitan el acceso a posibles respuestas y soluciones no apreciables si se conciben los problemas desde un ámbito nacional cerrado[117].

En lo referente al concepto de capitalismo, WALLERSTEIN define este fenómeno como un "sistema en que la prioridad esencial es la acumulación incesante de capital; no es que todo el mundo busque la ganancia, pero los que la buscan son sostenidos por el sistema"[118]. Bajo la visión del autor, el capitalismo debe ser necesariamente global, soportado bajo tres principios básicos: i) maximización de beneficios; ii) estructuras estatales fuertes para la supervisión del mercado capitalista; y iii) condiciones de explotación para la apropiación del plus laboral[119].

Respecto a la maximización de beneficios se entiende como el objetivo principal de las empresas para incrementar su valor

---

115 Beck, U. (1998). *¿Qué es la globalización? Falacias del globalismo, respuestas a la globalización.* Paidos., p. 16

116 Bauman, Z. (1998). *La globalización: consecuencias humanas.* Fondo de Cultura Económica. P. 96.

117 Beck, ibid, p. 43

118 Wallerstein, I. (1999). *El capitalismo ¿qué es? Un problema de conceptualización.* Aprender. Centro de Investigaciones Interdisciplinarias en Ciencias y Humanidades, p. 12

119 Ulrich, ibid, pp. 58-59

y ganancias. Volviendo nuevamente al pensamiento económico empresario[120], la maximización de beneficios ha sido uno de los elementos a considerar cuando se habla de la utilización de las empresas como instrumento delictivo. Sin embargo, esa maximización no se habría entendido dentro del sector público, siendo un elemento destacado del sector privado[121].

Entorno al segundo concepto, en cuanto a las estructuras estatales fuertes, se ideó y calificó el concepto de "folclore capitalista"[122] o "americanización de la economía"[123], analizando los nuevos movimientos económicos y el aumento de relaciones internacionales donde se desarrollaron dos oportunidades para el aumento de la delincuencia económica: i) la complejidad en las relaciones de negocios; ii) el constante cambio al que se enfrentan esas relaciones comerciales y sobre qué ámbito se desarrollan; y, iii) la puesta en escena del capitalismo. Siguiendo a BECK para justificar esta segunda causa, se aprecia en el aumento de la fluidez en las relaciones internacionales y el intercambio de activos, así como la red de mercados financieros y el poder de las multinacionales, es decir, la globalización[124]. Esos factores generaron un aumento de nuevas oportunidades delictivas en una sociedad cada vez más separada e individualista con marcadas aspiraciones económi-

---

120 Vid. Nota 80

121 No obstante, tal y como veremos en el cuarto capitulo relacionado con la bibliografía de la comunidad valenciana, el pensamiento de maximización de beneficios se ha aplicado también al enriquecimiento de algunos servidores públicos, asi como también de miembros del a clase política. En Castillo Prats, S. (2016). *Yonquis del dinero. Las diez grandes historias de la corrupción valenciana.* Lectio Ediciones.

122 Bauman, Ibid, p. 249

123 Jordanoska, A., & Schoultz, I. (2019). The "Discovery" of White-Collar Crime: The Legacy of Edwin Sutherland. In M. L. Rorie (Ed.), *The Handbook of White-Collar Crime.* Wiley Blackwell, p. 6

124 Beck. Ibid., p. 29

cas y búsqueda de eficiencia en sus procesos y métodos para llegar a beneficios. Inevitablemente, estos objetivos saltaron a la Administración Pública – y más específicamente a la Valenciana – buscando beneficios que, en un determinado punto, comenzaron a ser ilícitos gracias a las nuevas oportunidades.

Parte de las nuevas oportunidades delictivas comenzaron a apreciarse, tal y como indican RODRÍGUEZ-GARCÍA y MACHADO DE SOUZA, en esas relaciones personales entre el mercado y la creciente circulación originada por el fenómeno global, pues toda relación comercial, especialmente aquellas con carácter internacional, se habían vuelto del todo complejas[125] debido a su gran alcance y a los factores que hemos explicado anteriormente relacionados con la opacidad, la criminalidad organizada. En esa misma línea JIMÉNEZ-VILLAREJO defiende que, a partir de 1992, la criminalidad económica comenzó a domiciliarse masivamente en paraísos fiscales en colaboración con entidades bancarias y favoreciéndose de la ausencia de controles a nivel internacional[126], así como también, en relación con el tercer concepto de las condiciones de explotación, se aprovecharon de territorios con escasos derechos laborales para la creación de tramas corruptas.

La ecuación delictiva había cambiado, al igual que los sistemas de producción y la relación entre sociedad y comercio. Todo ello porque, al hilo de las explicaciones de RODRÍGUEZ-GARCÍA y ORSI, la estructura empresarial tradicional en la que el control de la delincuencia podría ser mucho más sencilla, se transformó en una irrupción de grandes multinacionales con relacionales trasnacionales que, a su vez, generó un mayor

---

125 Rodríguez García, N., & Machado de Souza, R. (2019). El "acuerdo de lenidad" como mecanismo privilegiado para combatir y prevenir actos de corrupción en Brasil. En N. Rodríguez García (Ed.), *Corrupción: compliance, represión y recuperación de activos.* Tirant lo Blanch, p. 297.

126 Jiménez Villarejo, C. (2022). *Corrupción y fraudes.* Utopía, p. 69

distanciamiento entre el control de la administración sobre las empresas y su buen desempeño[127].

En otro punto, PEARCE indica que "los delitos de la clase dominante y las prácticas comerciales ilícitas, así como las ilegalidades políticas y vicios policiales son males endémicos de las sociedades capitalistas"[128] por su instinto de acumulación incesante de capital de la forma más rápida posible. Siguiendo esa afirmación y los argumentos previos, estos efectos criminógenos tienen especial afección sobre las corporaciones, ya que, debido al diseño de la organización, existe una mayor probabilidad para la comisión de esas ilegalidades, puesto que el carácter vertical u horizontal de capas dentro de la entidad tiende a hacer más compleja su estructura. Debido a la descentralización de decisiones y la construcción de departamentos o secciones, esta organización crece y se divide sobre secciones especializadas que cumplen subobjetivos de los objetivos iniciales, teniendo cierta importancia para hablar de una mayor complejidad en la dificultad de detectar la delincuencia[129].

Esta dificultad aumenta cuando, siguiendo el último de los argumentos, la actividad cambia de territorio y aparecen los negocios transnacionales gracias a las grandes empresas y al libre mercado. Por ese motivo, y dado que dicho fenómeno es consecuencia de la globalización, el aumento de oportunida-

---

127 Rodríguez-García, N., & Orsi, O. (2021). Las investigaciones defensivas en el compliance penal corporativo. En N. Rodríguez-García & F. Rodríguez-López (Eds.), *Compliance y Responsabilidad de las personas jurídicas*. Tirant lo Blanch, pp. 295-297.

128 Pearce., *op.cit.*, p.15.

129 Dugan, L., & Gibbs, C. (2009). The role of organizational structure in the control of corporate crime and terrorism. En S. Simpson & D. Weisburd (Eds.), *The criminology of white-collar crime*. Springer, pp. 111-116.

des delictivas también se considera una característica negativa de ambos fenómenos: globalización y capitalismo[130].

Dentro de este panorama global, los países han tomado respuestas conjuntas para jugar bajo las mismas reglas económicas del juego, ya que las grandes organizaciones con cierta descentralización y con filiales en varios países presentaban mayores oportunidades delictivas. Es decir, que los métodos tradicionales de la justicia penal para frenar dicho fenómeno se habían quedado obsoletas ante, no solo la especialización de la criminalidad, sino también su crecimiento global[131]. Sin embargo, el problema mayoritario no fue se debía a esta internacionalización, sino al vinculo necesario y positivo entre el sector público y el sector privado. Este fue, inevitablemente, un escenario nacional y potencial delictivo para varios actores.

En ambos casos, los efectos fueron inmediatos: globalización de *lege ferenda* por parte del imperio norteamericano de los años sesenta hacia el resto de los continentes, teniendo un aparente éxito rotundo en la exportación de sus ideas legisla-

---

130 A este entender se suma la situación de uno de los casos analizables con influencia tanto en el capítulo cuarto – relacionado con uno de los sujetos denunciantes – como con la corrupción con carácter internacional, siendo el "caso Blasco" un ejemplo importante, en el que en provecho de las relaciones internacionales y la cooperación internacional de ONG's, la ayuda humanitaria se convierte en un método importante de malversación de fondos públicos, tráfico de influencias, prevaricación administrativa y un amplio listado de delitos cometidos por los gobernantes. Toda la información la encontraremos en ese cuarto capitulo, pero también en la obra llevada a cabo por el Observatori Ciutadà contra la corrupción, respectivo a la experiencia ciudadana de lucha contra la corrupción: el caso Blasco. En él se recopilan una serie de actuaciones por parte de los políticos valencianos, favoreciéndose proyectos de cooperación a nivel internacional que nos pueden resultar de interés para entender las dinámicas corruptas de nuestro Estado.

131 Ibid, p. 115

tivas. Todo ello ha tenido consecuencias en la cultura jurídica del derecho continental, atrayendo la presencia de los programas de cumplimiento o en la analizada exportación de la figura objeto de estudio: los *whistleblower*.

II. RESPUESTA ARMONIZADA A LA CRIMINALIDAD ECONÓMICA DESDE LAS RECOMENDACIONES INTERNACIONALES

Ante la expansión global de la criminalidad de cuello blanco, se ha reconocido la necesidad de respuestas estandarizadas a nivel global, adaptadas a cada país, pero con enfoque general. Distintos acuerdos internacionales surgieron a finales del siglo XX para combatir la corrupción, influenciados por casos como el de EE.UU. y Lockheed. Las primeras recomendaciones legales para abordar este problema nacieron en EE.UU., en respuesta a crisis que afectaban a varios países, especialmente a los vinculados a la economía estadounidense.

1. Respuestas a la necesidad de armonización: acuerdos e instrumentos internacionales y regionales

Ante un escenario de múltiples reglas en cada país sin la existencia de unos mínimos de estándar comunes para el combate a la corrupción, los distintos organismos internacionales comenzaron a crear recomendaciones para que la solución efectiva a este problema llegase con una alianza de países que trabajasen en una cooperación internacional para medidas comunes que no pongan en desigualdad el combate a la corrupción. Resulta paradigmático que, ante el problema generado por la globalización, esta misma sea la generadora de soluciones al conflicto, de tal forma que todos los países en su conjunto debían adoptar una serie de normas comunes que castigasen determinadas conductas, bajo la creación de autoridades preventivas y de control.

1.1. Convención OCDE (1997)

De las manifestaciones más importantes para esa reducción de oportunidades globales en el ámbito de la delincuencia económica, debe señalarse la Convención para combatir el Cohecho de Servidores Públicos Extranjeros en Transacciones Comerciales Internacionales, de 1997. La Organización para la Cooperación y el Desarrollo Económicos (en adelante, OCDE), toma partida y establece la necesidad de "garantizar una equivalencia funcional entre las medidas tomadas por las Partes para sancionar el cohecho de servidores públicos extranjeros"[132], solicitando la necesidad de incorporar sanciones penales eficaces, proporcionales y disuasorias para la prevención de los hechos delictivos.

Dato relevante respecto a la responsabilidad de la persona jurídica es que, en su segundo artículo, la Convención no especifica qué tipo de responsabilidad se le atribuirá a la persona moral por el cohecho a un servidor público extranjero. Esto, por tanto, favorece que los países puedan decidir si la responsabilidad será administrativa o de carácter penal.

En materia de *whistleblowing*, la OCDE no se decantó por pronunciarse de forma específica en esta Convención de 1997, pero si establece los primeros pasos respecto a la denuncia del cohecho internacional en cuanto a la necesidad de contar con

---

132 Cita textual recogida de los Comentarios sobre la Convención para combatir el Cohecho de servidores Públicos Extranjeros en Transacciones comerciales Internacionales, aprobados por la conferencia negociadora el 21 de noviembre de 1997. En OCDE. (2010). *Convención para combatir el cohecho de servidores públicos extranjeros en transacciones comerciales internacionales y documentos relacionados.* París.

"sistemas fácilmente accesibles para denunciar a las autoridades competentes presuntos actos de cohecho de servidores públicos extranjeros"[133]. Asimismo, en el tercer punto al que pertenece la anterior recomendación, se dicta la necesidad de incluir medidas adecuadas de protección contra la discriminación o actividades que puedan ir destinadas a la comisión de represalias contra los empleados del sector público que alerten de la comisión de cohecho internacional. Aunque no se especifican las medidas, es nuevamente de los principales pasos en esta materia con carácter internacional.

Por lo tanto, aunque no existe una manifestación total hacia la obligación de proteger a los informantes, si cuenta con una recomendación a tener en cuenta, sobre la que posteriormente basarían sus informes y recomendaciones. Por ejemplo, a partir de esta Convención, en 1998, ya se trató el desarrollo de mecanismos de control para la detección de las infracciones en el ámbito público – relativo al conflicto de intereses – centrando su análisis en la necesidad de un control interno sobre las instituciones, y la gestión de denuncias a través del desarrollo de un mecanismo especifico de denuncias, que, además, tuviese normas y una explicación clara del procedimiento de la denuncia para las personas alertadoras.

En ese sentido, OCDE ha seguido incluyendo solicitudes de mecanismos de protección a los denunciantes, adoptando recomendaciones en 2009, cuando alega que la protección a

---

133 Recomendación IX, por la que se comienza a hablar en los instrumentos internacionales sobre este tema, teniendo en cuenta que podría ser uno de los primeros instrumentos que marca la necesidad de contar con mecanismos e instrumentos accesibles a aquellos que pudieran conocer de actos ilegales o intención de sobornar a los agentes públicos extranjeros de otros países. Asimismo, no solo no pone límites de denuncia para agentes públicos, sino que de su redacción se entiende que pueden realizar la denuncia otros sujetos que no pertenezcan al ámbito público.

estos denunciantes está teniendo un carácter fragmentado por diversas evoluciones de casos de corrupción[134], de tal modo que la protección deja de ser completa, las disposiciones conformadas tienen una disparidad jurídica y los procesos para realizar la denuncia dejan de ser agiles. Respecto a esos procesos, la Recomendación adoptada en 2009 establece la necesidad y garantía de que los países incluyan en sus procedimientos canales accesibles para denunciar posibles actos de soborno extranjero de acuerdo con los principios de cada Estado. Además, añade a esta petición la necesidad de publicitar dichos canales de comunicación, de tal modo que exista una sensibilización por parte de los Estados hacia el mismo sector público y privado.

Adscrita a la Convención de 1997, en el año 2009, el Consejo emitió nuevamente una serie de recomendaciones teniendo en cuenta los avances en la aplicación de la Convención, recopilando en esta investigación aquellas que creemos más convenientes para poner de contexto. Entre las recomendaciones se insiste en que cada país tome las medidas – siempre de acuerdo con los principios jurisdiccionales – para que se tomen iniciativas de i) concienciación al sector público y privado para prevenir y detectar el cohecho internacional; ii) tomar en consideración leyes penales recogidas en el Anexo de las recomendaciones; y, iii) se asegure la denuncia del cohecho internacional.

En ese sentido, es a partir de la recomendación IX del documento posterior donde se recopilan los elementos preventivos más importantes para nuestra investigación: denuncia de cohecho internacional y requisitos contables, auditoría externa y

---

134 OECD. (2016). *Committing to Effective Whistleblower Protection*. OECD Publishing. Disponible en: https://www.oecd.org/corruption-integrity/reports/committing-to-effective-whistleblower-protection-9789264252639-en.html
Recuperado el 20 de enero de 2022.

controles internos, ética y cumplimiento. Respecto a la primera de las recomendaciones, se indica que los países miembro deben garantizar i) la existencia de sistemas accesibles para denunciar ante las autoridades actos de cohecho de servidores públicos extranjeros; ii) medidas adecuadas para que se facilite la denuncia a los servidores públicos de manera directa o indirecta por mecanismo interno; y, iii) que existan medidas adecuadas para la protección de los empleados – del sector público o privado – que denuncien de buena fe y con motivos razonables ante las autoridades los actos de cohecho[135]. Lo importante de lo recomendado no es en tanto el contenido, que ha sido incluido en muchos de los reportes que trataremos en este apartado, sino el uso del concepto *deben*, tomándolo como una obligación y no como una recomendación, siempre acorde a sus principios jurídicos, pero estableciéndose necesariamente esa facilitación de denuncia.

Por otro lado, relativo a los controles, el concepto cambia, pues se utiliza el concepto *deben alentar*, constituyendo una recomendación para que los Estados traten de que se diseñen modelos de control interno, programas éticos y estrategias de prevención y detección del cohecho. Este deber de instar a los Estados, recogido en el apartado C de la quinta recomendación de 2009 establece dos puntualizaciones importantes en lo que nos compete a esta investigación: i) crear órganos que supervisen, con carácter independiente a la dirección general de la empresa; y, ii) ofrecer vías de comunicación, así como medidas de protección a las personas que se nieguen a delinquir o violar determinadas normas profesionales impuestas solo por

135 Recomendación del Consejo para Fortalecer la Lucha Contra el Cohecho de Servidores Públicos extranjeros en Transacciones Comerciales Internacionales Adoptada por el Consejo el 26 de noviembre de 2009. Recomendación IX.

presión, así como también a aquellas que estén dispuestas a realizar una denuncia de buena fe.

1.2. Convención de Naciones Unidas (2003)

No mucho más tarde, la Convención de Naciones Unidas contra la Corrupción (en adelante CNUC) se extiende mucho más y establece no solo la necesidad de incorporar determinadas sanciones, sino que también comienza a hablar de medidas preventivas e instrumentos para la recuperación de activos del delito. Concretamente, en el capítulo II de las medidas preventivas, se habla de órganos de prevención de corrupción y de la necesidad de fomentar prácticas eficaces que sirvan de mecanismo de prevención[136]. Entre todas las medidas, además de apuntar a la creación de órganos con independencia para la función de prevenir la corrupción – entendiéndose como agencias u oficinas anticorrupción – una de las más importantes y que nos concierne para nuestro estudio es la participación de la sociedad y la protección a los denunciantes.

Por un lado, respecto a la participación de la sociedad, en el artículo 14 de la Convención se señala la necesidad de que cada Estado Parte adopte las medidas adecuadas para fomentar la participación de personas y grupos ajenos al sector público. Todo ello, encaminado hacia sensibilizar a la opinión pública y concienciar a la sociedad sobre la gravedad de la corrupción, animando a ésta a participar en prevenir la corrupción y garantizar que la información pueda llegar a través de ellos. Además, también se demanda la necesidad de promocionar la existencia de los órganos ante los que se pueda denunciar el conocimiento de prácticas corruptas, facilitándole a la ciudadanía los medios para denunciar, incluso de forma anónima, los delitos

---

136 Artículo 5 (CNUC)

tipificados recogidos en la Convención. Dicho artículo recoge lo que varios autores[137] han denominado como una necesidad democrática generada por la transparencia y el buen gobierno, donde tal y como señala JIMÉNEZ FRANCO[138], se ve facilitada esa participación activa a través de "nuevas tecnologías, innovación, universalización (...) información, etc.", siendo necesario que se potencie la colaboración activa de los ciudadanos para evitar contar con sociedades corrompidas y opacas a través de la pedagogía ciudadana, mostrándoles las herramientas posibles para informar.

Por otro lado, en la misma Convención se establece la protección a los denunciantes como medida preventiva para evitar represalias contra aquellas personas que informen de infracciones o hechos tipificados con arreglo a la presente Convención[139]. Es en este punto donde nos detenemos cuando se en-

---

137 Ejemplo de ello es lo que Villoria Mendieta (xxxx) analiza en su obra respecto a la corrupción política, estableciendo la necesidad de partir de la Convención de Naciones Unidas para desarrollar una conexión con los Objetivos de Desarrollo Sostenible que promueva una adecuada política de integridad, y que ejecute sistemas de defensa del ciudadano frente a los abusos del servicio público – aunque sea nuestra competencia el ámbito privado – a través de una defensa de la denuncia pública, inclusive, en los propios medios de comunicación. En Villoria Mendieta, M. (2019) *Combatir la corrupción.* Barcelona, Gedisa, pp.123 y ss.

138 Jiménez Franco, E. (2017). El derecho a saber y su control como exigencia de efectividad del desarrollo sostenible. En N. Rodríguez-García & F. Rodríguez-López (Coords.), *Corrupción y desarrollo.* Valencia: Tirant lo Blanch.

139 Artículo 33 de la Convención de las Naciones Unidas contra la Corrupción donde se establecen esas pautas para evitar represalias o tratos indebidos a aquellas personas que denuncien esos hechos tipificados. Será en este punto en el que nos centraremos posteriormente, en el capítulo II, cuando hagamos una distinción entre lo que no debemos considerar denunciante, estableciendo las diferencias entre los distintos conceptos procesales con los que suele confundirse la figura que tratamos.

tabla la protección a los denunciantes que, de buena fe, y por motivos razonables, decidan alertar o denunciar de los hechos presentes en la Convención, sin distinguir, por tanto, en su participación o no delictiva[140]. Adentrándonos en ese apartado, los dos requisitos subjetivos que se defienden en el artículo implican "buena fe" y "motivos razonables" aludiendo a que aquellas denuncias que se salgan de esos dos requisitos establecidos responden a motivos espurios. Debido a que las leyes de denuncia deben tener cierto equilibrio, el objetivo de las leyes de protección a los denunciantes también deben, según la propia Oficina de NU tener garantías para proteger los derechos y la reputación de las personas acusadas, sobre todo atendiendo a la imagen negativa asociada al "delator" que tanto impacto negativo tuvo sobre los denunciantes y los acusados en tiempos pasados[141].

El objetivo de esta protección, tal y como se defiende en el informe realizado por las Naciones Unidas es animar a que la gente, los ciudadanos, denuncien delitos de los que sean conocedores, pero sean protegidos contra una posible victimización o represalias. En el mismo informe se hace alusión a la cultura del silencio, concepto que trataremos posteriormente, pero que podemos adelantar, predomina en el ámbito de la corrupción y, especialmente, en el sector público valenciano.

---

140 De los siguientes hechos hablaremos en el siguiente capítulo cuando marquemos una diferencia entre *whistleblower,* confidente, denunciante y colaborador, pues en el artículo 33 de la Convención de Naciones Unidas, no se establece una diferencia estricta entre ellos, pudiendo quedar los cuatro conceptos establecidos en el articulado, sin distinción, corriendo el riesgo de despersonalizar lo que nos interesa.

141 United Nations Anti-Corruption. (2004). *The global programme against corruption: UN Anticorruption toolkit.* https://www.unodc.org/documents/corruption/Toolkit_ed2.pdf
Recuperado el 20 de enero de 2023

En esa línea, el artículo 37, en su cuarto párrafo, establece la necesidad de contar con protección para aquellos clasificados como "arrepentidos", aunque en el articulado se recoja como "delincuentes que cooperen" con arreglo a lo que se dispone en el artículo 32 de la misma convención. Es decir, dentro del articulado se establece que *mutatis mutandis*, la protección a las personas que hayan intervenido en el delito pero que se presten a colaborar, considerando los cambios en las medidas de protección que los Estados tengan a bien, podrá considerarse ser protegidas.

A pesar de los esfuerzos tanto de Naciones Unidas como de OCDE por la realización de un marco común jurídico – y específico – en torno a la protección de los denunciantes, no se ha establecido un marco general a nivel nacional o internacional, exceptuando la Directiva Europea de protección a los denunciantes. De hecho, las referencias hacia los denunciantes en las convenciones que hemos tratado se producen como un fenómeno único en la corrupción – a pesar de otros casos como los asuntos de Estado – y comienza como movimiento más generalizado a partir de 1990. Curiosamente, dicha puesta en el escenario coincide, además, con los casos de corrupción más importantes en EE. UU. que habrían sido investigados gracias a las alertas de distintos denunciantes.

1.3. Directrices marcadas desde el ámbito europeo

Uno de los acuerdos internacionales más sonado a nivel europeo tras los fraudes a nivel internacional, fue el Convenio *PIF,* firmado en 1995 pero que entra en vigor en 2002, iniciado por la Unión Europea bajo la búsqueda de la armonización de la protección penal de los intereses financieros de la UE[142]. Di-

---

142 Tiedemann, op.cit. p. 86.

cho Convenio es el que establece la necesidad de introducir lo que TIEDEMANN calificaba como sanciones penales, eficaces, proporcionadas y disuasorias para hacer frente al fraude, que, además, siendo este el objeto principal de dicho convenio. En él, se habla de una responsabilidad penal de la persona jurídica, y de la aplicación del derecho penal interno, pero no se menciona a los denunciantes, considerando que, en 1995, el impacto de los *whistleblower* era menor en nuestro continente.

A partir de las distintas convenciones y recomendaciones de distintos organismos internacionales anteriores, el trabajo en el combate a la corrupción de volvió un objetivo prioritario acompañado de la lucha contra el terrorismo o el tráfico de drogas. Vistas las consecuencias sobre algunas empresas norteamericanas, y el proceso sobre el que se

La declaración de G20 de 2019 expone que, tras un análisis de las implementaciones realizadas en los distintos países miembro, es necesario atender a los principios que han expuesto desde Transparencia Internacional, dado que la definición de denunciante debe tener amplitud para proteger a todas aquellas personas que se expongan a riesgos: desde cualquier trabajador público, hasta empleados del sector privado y aquellos que tengan o hayan tenido una relación con el tercero denunciado: como son los consultores, empleados pasantes y aprendices, estudiantes en prácticas, trabajadores vinculados a empresas de trabajo temporal o ex empleados.

2. ¿Armonización o *macdonalización* del combate a la corrupción?

Antes de la adopción de los instrumentos en el combate a la corrupción, muchos países sufrían una serie de conflictos que, a pesar de conocer las consecuencias económicas y sociales del problema, no se contaba con las herramientas para prevenirlas o incluso para detectarlas, llegándose a la conclusión de la necesidad de modificaciones para intentar frenar los efectos de tales crisis. Tal y como afirma RODRÍGUEZ-GARCÍA, los Convenios – especialmente de los que ya hemos hablado – tienen como objetivo adoptar una política criminal fusionada entre los distintos estados, sobre todo atendiendo a la gravedad y complejidad que presenta la criminalidad organizada, el narcotráfico o la corrupción[143]. Mucho más entendible cuando esos tres fenómenos cohabitan y se producen a la vez, o, dicho de otro modo, tienen relación el uno con el otro.

A nuestro entender, no solo se configuran con ese objetivo, sino que además es preciso señalar que dichos instrumentos forman parte de la acumulación de múltiples crisis norteamericanas a las que EE. UU. busca soluciones, pero también que estas soluciones sean tomadas por otros países para equilibrar la balanza del juego económico y político[144]. SIMPSONS *et. all.* llegan a afirmar que existía una nueva aldea global, y que en ella había ganadores y perdedores en materia jurídico penal,

---

143 Rodríguez-García, N. (2021). Tendencia supranacional e internacional hacia una justicia penal colaborativa. En la búsqueda del equilibrio perfecto entre fines y límites. En L. Bujosa Vadell (Dir.), *Derecho Procesal: Retos y transformaciones.* Barcelona: Atelier. pp. 417 y ss.

144 Tal y como podemos presumir de la aparición de la Convención de OCDE en 1997 tras el escándalo Lockheed (y su respectiva normativa posterior, Foreign Corrupt Practices Act), posterior al Caso Enron y la aprobación de Sarbanes Oxley Act, la Convención de Naciones Unidas contra la Corrupción apunta a la primera tendencia de protección a los denunciantes (*vid. Sherron Watkins* y las represalias sufridas tras su denuncia interna). Posteriormente, tras la caída de Lehman Brothers, y la aprobación de la Dodd-Frank, también se aprueban nuevas reglas de mercado con aquellos países que tuviesen relaciones comerciales con EE.UU., se aprueba la necesidad de mejorar la protección a los denunciantes ante el Sistema de Méritos, sancionando duramente a aquellos que cometiesen represalias, y se traslada a Europa, en 2014, la necesidad de aprobar una Directiva, en forma de Recomendación del Consejo de Europa, para la protección a los *whistleblower.*

exponiendo un dominio de la cultura estadounidense que eclipsa no solo determinados ámbitos culturales y económicos, sino también a los ordenamientos jurídicos de otros países, por lo que surgía lo que algunos autores califican como *McDonalización* de determinados entornos, específicamente en este caso, *McDonalización* de la justicia a través de la creación de convenciones[145]. Sin embargo, tal y como veremos en el capítulo dos, no podemos hablar de una *McDonalización* estricta en el ámbito de los denunciantes debido a que buena parte de la legislación que gira en torno a ellos es de carácter público, administrativo, y no penal.

Como bien señala MACHADO DE SOUZA, esas convenciones fueron el resultado de los enormes esfuerzos de la política internacional estadounidense, así como también de las corporaciones que veían, en un sistema competitivo, cómo las reglas generales marcadas eran actuar a través de irregularidades y

---

145 Simpson, S. S., & Weisburd, D. (Eds.). (2009). *The criminology of white-collar crime.* New York: Springer, p. 129. Lejos de querer afirmar o dar la razón a los anteriores autores, en lo que a *whistleblowers* se refiere, la oleada de denuncias de corrupción – así como otras materias – comenzó a ser relevante en el continente norteamericano, tal y como veremos en el segundo capítulo de esta investigación. En consecuencia, nos corresponde tratar si hablamos de una armonización o imposición, de forma que analicemos lo que marcan los instrumentos, para entrar a valorar la verdadera o falsa influencia del continente americano sobre las organizaciones internacionales y sus decisiones, así como la influencia de esas decisiones sobre el derecho continental. En términos más objetivos: la legislación dedicada a los *whistleblowers* tiene cierta influencia americana, pero no ha sido una obligación – al menos por ahora – incorporar la misma figura en el resto de ordenamientos, demostrándose esto en el capítulo tercero y cuarto de la tesis doctoral, donde se puede apreciar que en el sistema americano existen incentivos e ingentes normativas que diferencian al denunciante, mientras que en el resto de países se ha regulado adaptándose al sector público y privado, sin distinguir sujetos en el ámbito público, así como la inclusión del otro objeto importante y problemático de esta tesis: las recompensas económicas por denunciar.

comisión de soborno[146]. Para no ser el único país que renunciase a esas reglas ilegales, la respuesta política y jurídica ha sido "restringir o impedir los *chalaneos* que permiten a las empresas globales minimizar la carga de impuestos"[147], defendiendo que todas las empresas, tanto americanas como de otros continentes, deben jugar bajo las mismas reglas competitivas. Especialmente, cuando las empresas reciben financiación e impulso público.

Las crisis a las que hacemos alusión comenzaron a demostrar lo que WALLERSTEIN[148] apreciaba como una división del poder y desigualdad, siendo EE. UU. el encargado de marcar la agenda legislativa sobre el resto de los países, remarcando su poder económico a través de esos instrumentos legales. En otras palabras, pero más contundentes hacia la crítica de la imposición de estrategias o traslación, cada Estado buscaba la imposición o retención de su soberanía sobre el resto, considerando un instrumento adecuado el marco jurídico internacional. Si una sola de las recomendaciones dentro de los instrumentos internacionales cumplía un estándar del país en cuestión, podía considerarse un logro geopolítico, debido a que sus peticiones habrían sido incluidas en los instrumentos internacionales generales.

Aunque parte de esa crisis siguió presente debido a la – casi obligatoria – armonización del derecho para paliar la inseguridad generada por nuestra nueva sociedad, se marcaron una serie de principios económicos y políticos, que, a su vez, tam-

---

146 Machado de Souza, R. (2020). Personas jurídicas y corrupción: análisis comparado de su responsabilidad y de los sistemas de cumplimiento y colaboración en Alemania, España e Italia. En N. Rodríguez García & I. Berdugo Gómez (Eds.), *Decomiso y recuperación de activos. Crime doesn't pay.*Tirant lo Blanch, p. 744.

147 Beck., *op.cit.* p. 182

148 Ibid, p. 59

bién tuvieron influencia notoria en el derecho procesal penal. Volviendo a exponer nuevamente lo que defiende WALLERSTEIN[149], la globalización se construyó en base a tres elementos ya mentados: i) maximizar los beneficios; ii) existencia de estructuras de presión externa e interna; y iii) condiciones de aparente explotación laboral. En torno a las dos primeras cuestiones – descartando hablar de la tercera dada su escasa relevancia para nuestra investigación – se construyeron las nuevas normas dirigidas hacia las empresas y las instituciones de control. Siendo mucho más claros: EE. UU. había ideado unas reglas aparentemente justas y eficientes para el nuevo panorama económico, y quería que el resto de los países compitiese económicamente a su mismo nivel.

Esos dos elementos eran una de las claves para lo que RITZER *apud* MOLINA consideraba un modelo eficiente: pasar del hambre a la saciedad de la forma más rápida posible, haciendo alusión al éxito de McDonald's en su obra más importante para esta materia. De este modo, tal y como podemos apreciar al hilo de lo que hemos comentado sobre el Derecho penal económico, el interés por criminalizar y tipificar las conductas bajo el amparo de la ley penal se trasladó también a Europa.

De este modo, y acudiendo a las palabras de SCHÜNEMANN para justificar su idea sobre una clara americanización del derecho: el proceso penal norteamericano habría sido tan novedoso a pesar de las constantes críticas por parte de nuestros teóricos continentales, que habría puesto en jaque el procedimiento penal continental europeo, cayendo en una crisis que, tal y como él mismo recoge, solo podría salir adoptando determinadas reglas reduccionistas del proceso norteamericano[150].

---

149 Beck, op.cit. p. 58

150 Declaraciones extraídas de Schünemann, B. (2002). *Temas actuales y permanentes del Derecho penal después del milenio.* Tecnos, p. 290, y reflejadas posteriormente en *vid* Molina, R. (2008). La McDonalización del proceso

En relación a nuestra primera aproximación, EE.UU. tenía claro que, si los escasos recursos destinados no podían paliar el problema de la corrupción, la colaboración y reducción del proceso para mejorar resultados era un elemento a considerar en sus planteamientos, comprobándose desde la etapa de los *bounty hunter* hasta la llegada de la guerra civil estadounidense, en la que la colaboración de la población fue un elemento clave para poder detectar los fraudes al Estado, seguido de la justicia premial y sus beneficios procesales.

Por ello, y cumpliendo las expectativas de expandir sus políticas internas extraterritorialmente, la *Foreign Corrupt Practices Act* se consolidaba como una estructura de presión externa para el control de conductas delictivas en el extranjero por parte de empresas americanas, que acabó acaparando a compañías vinculadas con el mercado norteamericano y generando un tsunami legislativo sobre otros países sobre los que tuviera una relación comercial[151]. En palabras de GONZÁLEZ CUSSAC, "los Estados nacionales se vieron obligados a modificar sus ordenamientos domésticos en el sentido determinado por la nueva normativa global"[152] que, siguiendo ese argumento y en consonancia con el apartado, estaba marcado por una agenda legal norteamericana.

Ante los problemas que ha generado la corrupción, así como la complejidad que presenta tanto la detección como su

---

penal (la indemnización de perjuicios en el proceso penal como sustituto de la pretensión punitiva). *Revista Facultad de Derecho y Ciencias Políticas, 38(108),* y también Ritzer (xxx) loc. cit. nota al pie 110

151 Aquí tienes las citas en formato APA 7ª edición:
Cabezas, V. (2015). La ley FCPA, ¿un caso de jurisdicción universal? *USFQ Law Review,* 2(1), p. 59.

152 González Cussac, J. L. (2018). El plano político criminal en la responsabilidad penal de las personas jurídicas. En Á. Matallín (Ed.), *Compliance y prevención de delitos de corrupción,*Tirant lo Blanch, p. 96.

investigación, países como EE. UU. optaron por mecanismos de contracción del derecho procesal, que de por sí presumían de buenos números en la resolución de casos, hablando de un proceso eficiente que ayuda a que la justicia pueda reducir recursos. Generalmente, estas estrategias nacen de la colaboración público-privada, que para GARCÍA-MORENO se ha configurado como una estrategia clave en la lucha contra la criminalidad organizada[153], exportando estas ideas al resto de países bajo el término de herramientas eficientes.

Esta tendencia, que ya hemos definido acorde a otros tantos autores como una *McDonalización* de la justicia, se construye sobre la base de ahorrar tiempo y recursos al Estado en la investigación y judicialización del asunto, exponiendo como ejemplo la incorporación de medidas como la delación premiada o la consideración de que las entidades pueden investigarse a sí mismas mediante órganos de control interno, sin olvidarnos, asimismo, de los alertadores. Esta americanización, según señala KAGAN, se enmarca en una economía política, en la que se exportan características legislativas hacia las economías europeas, aunque tengan que adaptarlas con multiplicidad de reformas[154].

La crisis de *Loockheed Corporation*, el escándalo de *Enron* y el estadillo de *Lehman Brothers* dejaron tras de sí algunos elementos que dan mayor apoyo a la afirmación de que muchas de las estrategias en el combate al crimen son marcadas por la agenda norteamericana. Todas ellas fueron las crisis precedentes de posteriores movimientos legislativos que inspiraron al Derecho Internacional, así como también la aprobación de conven-

---

[153] García-Moreno, B. (2020). *Del whistleblower al alertador: la regulación europea de los canales de denuncia.* Tirant lo Blanch, pp. 105-106.

[154] Kagan, R. A. (2007). Globalization, and legal change: The "Americanization" of European law? *Regulation & Governance, 1*(2), p. 105.

ciones[155] que sirvieron de ejemplo para el resto de los países. Ejemplo de ello es la Convención de OCDE de 1997, que tenía por objetivo combatir el cohecho de servidores públicos extranjeros en transacciones comerciales internacionales. Todo ello como consecuencia de las malas prácticas atestiguadas en diversos países, pero también por los esfuerzos de la política internacional de EE. UU. en jugar en las mismas condiciones económicas y legales tras la corrupción de *Loockheed.*

Posteriormente, en el año 2002, tras la caída de *Enron*, EE.UU. comenzó a reforzar y endurecer las normas de control internos a través de la Sarbanes Oxley, en adelante SOX, consecuencia, nuevamente, de una crisis financiera. Con estos escándalos se demostró que la corrupción no solo genera daños económicos importantes, sino que su magnitud puede generar crisis económicas de amplio alcance. Todo ello se conecta con el escándalo posterior de la quiebra de *Lehman Brothers* y mundial de 2008[156], y la posterior aprobación en 2010 de la Dodd-Frank, inspirada para el control de Wall Street. No es baladí afirmar que todas estas regulaciones, consecuencia de crisis recurrentes, responden a lo que ARMENTA señala como un intento de remediar lo que el Estado de bienestar no ha podido cumplir por la característica de externalización – cada vez más – hacia terceros que presentan las tres herramientas[157].

Para garantizar la legalidad en las relaciones económicas entre el continente europeo y el norteamericano, Europa ha ido adoptando y sumándose a esos instrumentos de externalización. Dichos instrumentos, en su mayoría, incorporan estra-

---

155 Machado de Souza, R. op.cit. p. 744.

156 Gorshunov, M. A., et al. (2020). The Sarbanes-Oxley Act of 2002: Relationship to magnitude of financial corruption and corrupt organizational cultures. *Journal of Management, 21*(2), p. 73.

157 Armenta, T. (2021). *Derivas de la justicia: tutela de los derechos y solución de controversias en tiempos de cambio.* Marcial Pons, pp. 69-77.

tegias de simplificación de los recursos del Estado, o, en palabras de ALLER, tratan de respaldar un Derecho penal liberal que defiende la voluntad y responsabilidad individual de los individuos[158] a través de autorregulación de personas morales. Por el atractivo que ello presenta, así como la marcada influencia estadounidense, surte efecto una exportación e importación de estas estrategias liberales en el derecho.

La materialización de las medidas tomadas en EE. UU., se produce, según RAGUÉS I VALLÈS, con la intención de que el resto de los países con los que existía previa relación económica se adaptasen a la normativa estadounidense si estos países tenían filiales participando en el mercado estadounidense[159]. Es decir, toda aquella empresa relacionada directa o indirectamente con la economía norteamericana estaba bajo el mandato de establecer unos estándares mínimos de cumplimiento, recayendo sobre los Estados la necesidad de modificar sus ordenamientos y ajustarse a las peticiones de los instrumentos internacionales. Todo esto bajo la intención de generar una "multisoberanía"[160] en la que el combate a la corrupción sea global, bajo una armonización no estricta, pero si con instrumentos similares en los Estados. La intención de esa armonización era reducir cuanto menos el análisis constante de la corrupción desde una perspectiva nacional, pues ésta no se limita a un área específica, sino que interviene en las relaciones de naturaleza económica[161] tanto en la conexión entre empresas,

---

158 Aller op.cit. p. 357

159 Ragués i Vallès, R. (2013). *Whistleblowing. Una aproximación desde el Derecho Penal.* Marcial Pons, p.29.

160 González Cussac, J. L., op.cit.

161 Rodríguez-García, N. (2004). La necesaria flexibilización del concepto de soberanía en pro del control judicial de la corrupción. En *La corrupción en un mundo globalizado: análisis interdisciplinar* (pág. 242). Ratio Legis. p. 242

como en la relación entidad privada y administración pública, sin respetar ningún tipo de frontera terrestre.

Entre las distintas adaptaciones de diversos instrumentos, debemos destacar la buena acogida del *compliance* y del *whistleblowing* en los instrumentos internacionales, así como también en nuestras instituciones como medidas enfocadas hacia la mejora de la prevención en la delincuencia detectada en las personas jurídicas. La inclusión de estas instituciones para el combate a la corrupción se justifica en que son los instrumentos jurídicos internacionales los que han demandado la inclusión de éstas como una respuesta no correccional. De esta forma, nos alejamos de la respuesta punitiva del Estado, y las reformas de leyes que aumenten las sanciones, para irnos a un sistema de prevención general en el que el Estado se otorga a sí mismo y a la persona jurídica mecanismos para poder controlar la criminalidad que se pueda producir en su seno. En consecuencia, la Unión Europea ha ido adoptado múltiples Directivas sobre la materia, tomando cierta influencia de esos instrumentos. Es por esa influencia por lo que en determinados casos triunfa una marcha procedimental sobre el derecho nacional de cada Estado, y se acerca a elementos ajenos a su derecho procesal penal por lo que algunos califican como un derecho anticorrupción sin fronteras[162].

Por tanto, y volviendo a que las tradiciones jurídicas evolucionan, no debemos olvidar la consideración de la sociedad del riesgo, donde a través de la fluidez de las sociedades surgen nuevos peligros a los que los Estados deben enfrentarse. En ese sentido, han atajado – o intentado atajar – el nuevo riesgo de la corrupción con medidas preventivas, y acogiendo el término de BAUMAN (*apud.* BARONA VILAR), medidas extraídas de

---

162 Tal expresión se acoge, literalmente, de uno de los apartados de la obra Villegas García, M. Á. (2016). *La responsabilidad criminal de las personas jurídicas. La experiencia de Estados Unidos.* Aranzadi.

una justicia liquida en la que la que gana terreno la reducción de costes del erario auspiciada por la visión economicista generadora de reformas legales a todos los niveles[163].

En términos de GÓMEZ COLOMER: mientras que el Derecho Penal se amplía, el Derecho Procesal se reduce a efectos de que la carga judicial se vea reducida[164], siguiendo las ideas anteriores sobre economizar los recursos. Aunque todo ello se justifique en la criminalidad organizada, podemos ver como cada vez se aplica a aquellos delitos sobre los que la tolerancia cero haya ganado terreno. En nuestro caso, y al hilo de las anteriores palabras, lo que interesa es combatir la criminalidad económica – independiente del modelo de Enjuiciamiento Criminal – a través de instituciones públicas firmes que no sobrepasen determinados derechos constitucionales basándose en teorías de Derecho Penal del enemigo[165]. O lo que es lo mismo y ya hemos mencionado: la externalización a terceros o a servidores públicos. Esa externalización a terceros que BARONA VILAR califica como una respuesta rápida y la presunta "solución a todos los males"[166], en el caso de la delincuencia económica ha acabado externalizándose hacia las personas morales a través de un sistema de incentivos para su colaboración con la justicia. Todo ello en aras de la protección de las relaciones entre empresas.

Para garantizar la legalidad en esas relaciones económicas entre el continente europeo y el norteamericano, Europa ha ido adoptando y sumándose a los instrumentos internaciona-

---

163 Barona Vilar, S. (2017). Proceso civil y penal ¿líquido? En S. Barona Vilar (Ed.), *Justicia civil y penal en la era global.* Tirant lo Blanch, p. 21

164 Gómez Colomer, J. L. (2020). *La contracción del derecho procesal penal: reflexiones de política criminal, jurídico-dogmáticas y pragmáticas sobre la necesidad de una reforma integral del enjuiciamiento criminal en España.* Tirant lo Blanch, p. 131.

165 Ibid, pp.132-138

166 Barona Vilar, ibid. p. 22

les. Dichos instrumentos, en su mayoría, incorporan estrategias que nacen de una política criminal que trata de simplificar, o en palabras de ALLER, de respaldar el Derecho penal liberal que defiende la voluntad y responsabilidad individual de los individuos[167]. En este caso, la responsabilidad individual de los individuos por su responsabilidad para con la persona moral o la Administración. Entre las distintas adaptaciones de diversos instrumentos y medidas, debemos destacar la buena acogida del reconocimiento de la responsabilidad de la persona jurídica, incorporando estrategias como el *corporate compliance*, y dentro de éste, los códigos éticos y los canales *whistleblowing*.

La inclusión de estas instituciones o herramientas legales para el combate a la corrupción se ha venido justificando en que son los instrumentos jurídicos internacionales los que han demandado la inclusión de éstas como una respuesta no punitiva y sí preventiva contra una lucha global. Sin embargo, volviendo al mismo argumento, se aprecia la influencia anglosajona en la implementación y sus efectos posteriores en nuestro proceso. De esta forma, nos alejamos de la respuesta punitiva del Estado, así como su intervención, para irnos a un sistema de presunta prevención general en el que el Estado le otorga a la persona jurídica mecanismos para controlar la criminalidad en sí misma, así como incentivos para colaborar con la justicia, donde los alertadores ganan un terreno de especial importancia, pero sobre los que esa *mcdonalizacion* no ha tenido mayor efecto.

3. Respuestas armonizadas tras la recomendación de distintos instrumentos internacionales

Teniendo en cuenta la ley 25/2014, de 27 de noviembre, de tratados y otros acuerdos internacionales, que en su momen-

---

167 Aller, op.cit. p. 357

to fue ratificada como respuesta a la derogación del decreto 801/1972 de 24 de marzo que regulaba la ordenación de la actividad de la Administración del estado en materia de Tratados Internacionales, España, como miembro firmante de la Convención de Viena[168], se ha ido sumando a las diferentes Convenciones citadas en el anterior capítulo.

Parte de esas Convenciones han sido vinculantes, generalmente, al Derecho Penal, derivando de ellas modificaciones hacia nuestra Ley Orgánica 19/1995, de 23 de noviembre, del Código Penal. En ese punto, podemos afirmar que puede existir un claro sesgo hacia la utilización del derecho penal como método de combate a la corrupción en nuestro país, estableciéndose determinadas medidas y modificaciones a nuestro ordenamiento jurídico penal y nuestro proceso penal.

3.1. Reconocimiento de la responsabilidad de la persona jurídica

Para trasladar un breve contexto, EE. UU. fue uno de los pioneros en incorporar la responsabilidad penal de las personas jurídicas en 1909, estableciendo mucho después uno de sus marcos legales más influyentes y con jurisdicción tan amplia como la *Foreign Corrupt Practices Act.* Además, posteriormente, en el año 2002, otro estallido de corrupción en las entidades financieras llevó a que EE UU comenzase a reforzar y endurecer las normas de control internos a través de la Sarbanes-Oxley, consecuencia legislativa de escándalos financieros como

---

168 Uno de los objetos de la Convención de Viena, de 1969, es el mantenimiento de paz y seguridad internacional, establecer relación de amistad y cooperación internacional, por lo que la armonización del derecho internacional no es precisamente una cuestión negativa, aunque se encuentre sujeta a críticas por los actores participantes en la promoción de determinadas Convenciones. U.N. Doc A/CONF.39/27 (1969), 1155 U.N.T.S. 331, entered into force January 27, 1980.

WorldCom o *Enron*. Todo ello, demuestra que la corrupción no solo genera daños económicos importantes, sino que su magnitud puede generar crisis económicas de amplio alcance, conectando esos escándalos financieros con la crisis económica mundial de 2008[169] y la caída de *Lehman Brothers*. Ambas regulaciones dieron pie, en etapas distintas, a la consideración de que el problema ya no se presentaba desde un contexto nacional, sino que tal y como venía sucediendo, la corrupción podía exportarse e importarse, aparentemente, gracias a la relación comercial de carácter transnacional con las empresas de otros países. Siguiendo el argumento anterior: la corrupción como fenómeno transnacional

Tras la primera decisión de considerar penalmente responsable a una entidad en *New York Central R.R. v. United States*, se consideró que una corporación podía ser responsable por los daños y perjuicios realizados por un agente en el desempeño de sus funciones[170]. La "sentencia *Hudson*" trajo consigo el reconocimiento de la responsabilidad penal empresarial, pero también el debate de esta nueva tendencia. A pesar de que la base teórica para justificar la decisión de establecer tipos de responsabilidad penal a la entidad, en ese momento, no era sólida, sí era suficiente partiendo de la necesidad de endurecer las medidas, dado el carácter del derecho penal.

Debido al reconocido protagonismo del continente norteamericano en el ámbito económico, las mismas medidas se fueron expandiendo al continente europeo, optando por la res-

---

169 Gorshunov, et al. op.cit. p. 73

170 En dicha sentencia se defiende que los hechos ilícitos demostrados podían ser controlados por parte de su empleador y la empresa en sí, imputando los actos cometidos al empleador, y sancionando, además, a la empresa. Disponible en la base de datos legal estadounidense: https://www.law.cornell.edu/supremecourt/text/96-976
Recuperado el 30 de enero de 2023.

ponsabilidad penal corporativa[171], y estableciéndose en ellos el modelo de "responsabilidad penal vicarial"[172], que traslada a los superiores la responsabilidad por i) haber actuado en su puesto de trabajo y ii) buscar el beneficio de su corporación[173]. Dicha exportación no se materializa a través de la ratificación de los instrumentos, sino que se extiende desde la petición de reformular los códigos normativos nacionales para buscar medidas disuasorias y efectivas hasta su materialización en las reformas realizadas. Tal y como ya se acogía en 1984, la responsabilidad penal de las personas jurídicas venia recomendada por la política criminal, ya que se consideraba una vía apropiada para el control de los delitos económicos y de la empresa[174].

Sin embargo, SHÜNEMANN afirma que, mientras que en el continente norteamericano el delito corporativo y la apreciable capacidad de la persona jurídica de delinquir comenzó a ser aceptada desde el ámbito penal, no era del todo aprobada por el continente europeo, donde existían todavía ciertas costumbres a legislar bajo el principio de *societas delinquere non potest*[175]. No obstante, y al hilo de la contextualización expuesta

---

[171] Balcarce, F., & Berruezo, R. (2016). Criminal compliance y personas jurídicas. B de F, p. 65.

[172] Este modelo de responsabilidad vicarial establece que la responsabilidad sobre la persona moral no proviene de sí misma, sino que la persona jurídica es responsable penalmente por los hechos producidos por sus empleados. Todo ello, según Busato (2019), influenciado por la doctrina *respondeat superior* que se traslada desde el derecho civil hacia el penal. En Busato, P. C. (2019). Tres tesis sobre la responsabilidad penal de personas jurídicas. Tirant lo Blanch, p. 81

[173] Ibid. p. 69

[174] Berdugo Gómez de la Torre, I., et al. (1999). *Lecciones de derecho penal. Parte general* (2ª ed.). Editorial Praxis, págs. 189 y ss.

[175] Schünemann, B. (2014). La responsabilidad penal de las empresas: para una necesaria síntesis entre dogmática y política criminal. En M. Ontiveros Alonso (Ed.), *La responsabilidad penal de las personas jurídicas: fortalezas, debilidades y perspectivas de cara al futuro.* Tirant lo Blanch, p. 509, refle-

sobre la influencia americana, el sistema estadounidense, tanto por la globalización como por su influencia sobre organismos internacionales, en palabras de ECHEVERRÍA, ha extendido el fenómeno de la responsabilidad penal de la persona jurídica en busca de una armonización del derecho penal por todo el mundo[176].

Estos antecedentes de responsabilidad de la persona jurídica en Europa se recogen en la Recomendación 18/88 del Comité de ministros de los Estados Miembros del Consejo de Europa. ARZAMENDI y MACHÍO, para simplificar, enumeran un sinfín de instrumentos materializados en Convenciones, Decisiones Marco y Directivas europeas sobre los delitos donde puede intervenir una persona jurídica, posterior al año 1988, donde ya se había remarcado la importancia de exigir responsabilidad a las empresas ante una ola de delitos que crecía[177]. Posteriormente, en el Convenio penal del Consejo de Europa, de 1999, se establece que los Estado parte deberán adoptar medidas legislativas o de otra índole para garantizar la responsabilidad de la persona jurídica cuando los actos que ésta lleve a cabo en materia de corrupción, blanqueo de capitales o tráfico

---

jándose en Berdugo Gómez De La Torre, I. *Lecciones de derecho...* op.cit. cómo en 1999 todavía países como España se regían bajo ese principio, denostando de esa evolución que, aunque se tomasen medidas de carácter administrativo, seguían sin tener la presión necesaria y suficiente sobre las empresas.

176 Echeverría Bereciartua, E. (2021). *Las modalidades de responsabilidad penal de las personas jurídicas en el marco del proceso penal.* Tirant lo Blanch, pp. 36-38.

177 Entendiéndose la necesidad de incorporar la responsabilidad penal de la persona jurídica bajo una visión práctica De la Cuesta Arzamendi, J. L., & Pérez Machío, A. I. (2013). La responsabilidad penal de las personas jurídicas en el marco europeo: las directrices comunitarias y su implementación por los Estados. In N. De la Mata Barranco (Ed.), *Responsabilidad penal de las personas jurídicas.* Thomson Reuters/Aranzadi, p. 129.

de influencias sea en beneficio de sí misma, y los lleve a cabo una persona física, ya sea de forma individua o formando parte de un órgano de la persona jurídica con cierto poder de decisión. En ese Convenio no se especifica que deban ser medidas de carácter pernal, pero sí que garanticen la responsabilidad y puedan servir como método de prevención adecuadas.

Tras esa corriente reguladora, la UE toma como referencia el modelo estadounidense en materia de responsabilidad, pero no establece la obligación de que esa responsabilidad de la persona jurídica deba ser necesariamente penal[178]. Ya en la Decisión Marco de 22 de julio de 2003, justificándose en que la mundialización no solo se ha dado en el comercio de bienes y servicios, sino que también ha generado un crecimiento global de la corrupción, establece que los Estados deberán tomar las medidas adecuadas para asegurarse de que, efectivamente, las personas jurídicas serán responsables por las infracciones de corrupción activa o pasiva, así como la incitación o la complicidad de esa corrupción[179]. Pero, nuevamente, descartan hacer alusión a que las sanciones deban ser de naturaleza penal, por lo que algunos Estados europeos asumen distintos modelos de responsabilidad, incluyendo la responsabilidad administrativa[180].

---

178 *Ibidem*, pág. 73, además debe considerarse el caso holandés, que introduce en el año 1822 responsabilidad penal para la persona moral en casos tributarios o aduaneros, así como su posterior desarrollo en el resto de los tipos penales en 1950. Vid.: Vervaele, J. (2014). Societas/universitas delinquere et puniri potest: 60 años de experiencia en Holanda. En M. Ontiveros Alonso (Ed.), *La responsabilidad penal de las personas jurídicas. Fortalezas, debilidades y perspectivas de cara al futuro.* Tirant lo Blanch, pp. 523-570.

179 Consejo de la Unión Europea. (2003). Decisión Marco de 2003/568/JAI del Consejo, de 22 de julio de 2003, relativa a la lucha contra la corrupción en el sector privado.

180 De La Cuesta Arzamendi. & Pérez Machío, *op.cit.* p. 73

Independientemente del tipo de responsabilidad que establecen, ésta será para aquellas entidades en la que se haya cometido infracciones en su provecho, por cualquier individuo de la entidad, actuando bien a modo individual o formando parte de un órgano de ésta. En el artículo 5 de la Decisión Marco anteriormente citada, se indica que son tres posiciones posibles las que ocupa el individuo en: i) poder de representación de dicha persona jurídica; ii) autoridad para tomar decisiones en nombre de la empresa; o iii) autoridad que ejerza el control de la persona jurídica. Por lo tanto, entran dentro de esa definición todo aquel empleado con representación y capacidad de actuación desde la empresa, así como aquellos que directamente tengan el control de actuación de la entidad.

De esta forma, tanto a través de la Decisión Marco, como el conjunto de Instrumentos para el combate a la criminalidad, los países miembros de la UE han ido aceptando en sus ordenamientos la capacidad de las personas jurídicas para delinquir, ya sea mediante el derecho administrativo sancionador, o bien desde el derecho penal. Respecto al primer caso, se ha justificado en la capacidad de sancionar a través del Estado, sin la necesidad de erradicar el principio de *societas non delinquere potest,* a través de sanciones pecuniarias o administrativas en la revocación o suspensión de licencias de actividad, así como la prohibición de contratación con la administración pública. Ejemplo de ello es el caso alemán, que acude a la responsabilidad administrativa – quizás por su cultura jurídica en la que el código penal se aplica únicamente a las personas físicas – a través de sanciones de la misma naturaleza[181]. Mientras que,

---

[181] Machado de Souza, R. (2020). Personas jurídicas y corrupción: análisis comparado de su responsabilidad y de los sistemas de cumplimiento y colaboración en Alemania, España e Italia. En N. Rodríguez García & I. Berdugo Gómez (Eds.), *Decomiso y recuperación de activos. Crime doesn't pay.* Tirant lo Blanch, pp. 741-771.

por otro lado, la aplicación del derecho penal a esta responsabilidad se expone desde las consecuencias devastadoras de la criminalidad en la economía llevada a cabo en las empresas, así como su relación, en el caso de algunos países, con la criminalidad organizada.

Generalmente, y siguiendo las palabras de FAURE y SVATIKOVA, se acude al derecho penal debido al beneficio significativo para el delincuente, al daño producido, y al papel represivo del derecho penal para erradicar el cálculo de los costes y beneficios para delinquir[182]. Es por ello por lo que, además de tener en cuenta las consecuencias económicas que han ido creciendo, muchos países han optado por la respuesta más represiva, en tanto a que las sanciones desde el derecho penal se presentan como mayor efecto de disuasión[183]. Ejemplo de ello fue España, que en 2010 decidió operar la reforma e introducir la responsabilidad penal de las personas jurídicas, suscitando debates que no nos corresponden en esta investigación, pero que, en 2015, en la nueva reforma, completó dicho proceso incorporando ciertas medidas auxiliares a esa decisión que, posteriormente, han tenido relevancia en la Administración Pública, ente que sí nos corresponde a estos efectos[184].

---

182 Faure y Svatikova, Criminal or administrative... op.cit. p. 254

183 *Ibid*, p. 258

184 De La Cuesta Arzamendi analiza parte de esos desacuerdos en uno de sus numerosos trabajos, donde sitúa la "muerte" del principio normativo de *societas delinquere non potest*, que habría sido defendido en nuestro Código hasta el año 2010. Sin embargo, bien es cierto que incluso en 1995, el legislador ya adelantaba cierto atisbo de responsabilidad penal sobre la persona jurídica aplicando inhabilitación especial sobre las personas jurídicas. Para más información sobre estos elementos hemos acudido a DE LA CUESTA ARZAMENDI, J. L. (2006). Responsabilidad penal de las personas jurídicas en el Derecho español. *Revista de Derecho Penal y Criminología, 18*, p. 147.

En esa línea, y aceptando que cada Estado decide qué medidas incorporar, apreciamos cierta diversidad en esta materia, pues tal y como exponíamos anteriormente, en los instrumentos se establece que los Estados deberán tomar las medidas y sanciones necesarias para las personas jurídicas, pero no obligan a que sean de naturaleza penal, de tal forma que pueda ir contra su ordenamiento jurídico y principios constitucionales. A pesar de ello, tanto aquellos que han optado por adoptar la responsabilidad penal de las personas jurídicas como los que se han decantado por el derecho administrativo sancionador, han decidido que el cumplimiento normativo o *compliance* tenga las funciones de prevención del delito, y, concretamente en el caso de aquellos que han incorporado la responsabilidad penal de las personas jurídicas, la capacidad evitar a toda costa el daño de iniciar un proceso penal contra una empresa sobre su imagen. Es decir, que las empresas eviten a toda costa el crimen con la incorporación de sistemas de control interno, evitando la comisión de delitos en el seno de la entidad.

3.2. Elementos del cumplimiento normativo o *corporate compliance* derivados de la responsabilidad

El cumplimiento normativo o *compliance* nace en el mundo anglosajón de manos de los sectores empresariales regulados y el propio Estado, en aras de prevenir la delincuencia empresarial, gestionar los riesgos propios de la actividad, y fomentar la ética y el buen gobierno dentro de la entidad a través de incentivos[185], siendo en sí mismo un “sistema de control social empresarial que ayuda al Estado y al derecho penal en su tarea

185 Sáiz, C. A. (2015). ¿Qué es el compliance? Claves para la comprensión de esta obra. Grandes confusiones sobre el compliance. Futuro del compliance. La ISO 19600. En *Compliance. Cómo gestionar los riesgos normativos en la empresa.* Thomson Reuters/Aranzadi, pp. 39-42.

de controlar la criminalidad"[186]. Este sistema de autorregulación, fomentado por el propio Estado, es consecuencia de la incorporación de la responsabilidad penal de las personas jurídicas, influenciada en gran parte por el sistema del que nace. Entre otras, este sistema de incentivos tiene como función la incorporación de sistemas de organización y gestión de riesgos empresariales[187], el establecimiento de mecanismos de rendición de cuentas formales y la consideración de responsables a los directivos por una conducta empresarial inadecuada[188].

Este conjunto de estímulos a las entidades ha tenido recientemente dos vertientes: los programas de cumplimiento normativo para el sector privado y las medidas de *public compliance* para la Administración Pública. Con ello, se busca responder a las peticiones de las Naciones Unidas y organizaciones como la OCDE, que, aunque de forma tardía, están teniendo cierto efecto en el derecho europeo.

---

186 Veríssimo, C. (2018). *Compliance: incentivo à adoção de medidas anticorrupção.* SaraivaJur, p. 93. En esta línea podemos apreciar como a través de los programas compliance existe una clara colaboración publico privada que se establece en aras de proteger tanto la corrupción en la Administración Pública como los posibles delitos que se puedan cometer en el seno de una empresa, facilitando con ello la tarea del derecho penal en acceder a las informaciones que la empresa pueda recopilar iniciada una fase de investigación.

187 Neira Pena, A. (2019). La otra cara del compliance penal: La privatización de la investigación penal y los derechos de los trabajadores. En *Justicia: ¿Garantías" versus" eficiencia?* Tirant lo Blanch, pá. 857-868

188 Ferrell, O. C., LeClair, D. T., & Ferrell, L. (1998). The federal sentencing guidelines for organizations: A framework for ethical compliance. *Journal of Business Ethics, 17*(4)

3.2.1. Corporate compliance

Estos modelos de organización, en el ámbito penal de las empresas, se han tomado como referencia, tal y como mencionábamos previamente, de los *Federal Sentencing Guidelines* norteamericanos, donde se establecen factores que pueden aumentar el castigo, pero también aquellos que pueden mitigarlos. Entre los últimos, encontramos como factores i) la existencia de un programa de cumplimiento efectivo y ii) la realización de auto-reportes, la cooperación en el proceso penal y la aceptación de la responsabilidad de la entidad[189]. Se consideran, además, factores de reducción de las condenas, pero también incentivos para que las organizaciones aumenten su empeño en prevenir la aparición de conductas delictivas e intentar erradicarlas una vez se produzcan.

Dicha tendencia forma parte de un escudo protector entre la empresa y la responsabilidad vicarial[190]. Sin embargo, la función de los programas de cumplimiento no es únicamente salvaguardar la responsabilidad de la entidad jurídica, ya que la principal función de éstos se sitúa en la prevención y control de riesgos, de forma que, a través de los códigos éticos, políticas internas de buen gobierno, una estrategia de comu-

---

189 Los programas de cumplimiento o *Compliance program* se reconocen en el capítulo octavo de *Federal Sentencing Guidelines,* como pautas a seguir para la condena de las personas jurídicas https://www.ussc.gov/guidelines/2016-guidelines-manual/2016-chapter-8. En dicho capitulo, se establece, desde 1991, cómo se deben construir los Programas de Cumplimiento para considerarse como atenuante en un proceso de responsabilidad penal de la persona jurídica. *Vid.:* Liñán, A. (2012). El control preventivo de la responsabilidad penal de las personas jurídicas. En C. Albiñana (Ed.), *Cuadernos de Derecho para Ingenieros. Cumplimiento normativo. Compliance.* La Ley, pp. 46-57.

190 Considerando que la responsabilidad vicarial es aquella otorgada por transferencia hacia una persona física que lleva a cabo los ilícitos en conexión con la persona jurídica; Schünemann, *op.cit.* p. 512

nicación, análisis de riesgos, órganos de control y canales de denuncia se pretenden prevenir comportamientos negativos que pongan en riesgo tanto la reputación de la entidad, como el incumplimiento de normas nacionales e internacionales[191]. Para controlarlas se establece que la entidad deberá asumir, desde su rol de vigilante, la prevención e investigación de las irregularidades a través de la autorregulación[192]. Para el verdadero desempeño de esa autorregulación, se acuerda, en primer lugar, a través de la creación de un órgano de control que conforme y supervise un mapa de riesgos, además de la creación de códigos éticos y gestión de canales de comunicación de irregularidades.

Estos estándares abordan normalmente códigos de cumplimiento relativos a la gestión de riesgos corporativos para atender desde las normas *soft law* las necesidades de cada entorno empresarial. El Parlamento Europeo así lo decide en la Comunicación de la Comisión al Parlamento, que para el año 2020, esperaba mejorar el entorno empresarial europeo, creando un derecho de sociedades donde éstas fomentasen la participación de los inversores, mejorasen la transparencia para proporcionar mejor información a sus inversores y a la sociedad en general. También la llamada Directiva MiFID (2004/39/CE), aplicable en aquellas entidades participantes en los mercados de valores, marcaba una serie de pasos sobre los que regirse en su relación con los clientes, y en su propia organización: i) actuar de forma honesta y adecuándose al interés de sus clientes; ii) trasladar información de manera imparcial, y iii) organizar sus servicios en función de las circunstancias de sus clientes[193].

---

191 Lorenzo, J., et al. (2018). *Compliance. La responsabilidad penal de las personas jurídicas y la mediación organizacional.* Editorial Las Flores, p. 35.

192 García-Moreno, op.cit. p. 128

193 Lorenzo *et.all.* op.cit. pp.19-23

Este fenómeno, para BALCARCE y BERRUEZO, supone la aceptación de una "autorregulación regulada"[194] por parte del Estado, que delega las funciones de control que no puede ejercer sobre las entidades debido a las distintas magnitudes que suelen presentar éstas, especialmente, aquellas con carácter transnacional y multiplicidad de inversores que podrían verse económicamente afectados ante las prácticas corruptas. Por tanto, se habla de que, ante esos riesgos, el Estado no podía controlar la delincuencia sólo considerando la capacidad delictiva de las entidades, por lo que decide delegar sus funciones en el entorno corporativo de cada entidad, de forma que ante la creación de normas superiores (como los códigos éticos), se desarrolla un sistema propio de políticas y organización interna en aras de prevenir los riesgos identificados en el transcurso de la creación del propio programa. Todo ello con la asunción de que el Estado no cuenta con suficientes medios, ni tiene "ojos en todas partes"[195], por lo que tanto la colaboración como la incorporación de normas propias que sean más cercanas a la entidad, tienen un carácter más efectivo en la prevención.

3.2.2. Public compliance

Ante el reflejo de las funciones ejercidas por los programas de cumplimiento sobre las personas jurídicas, no es poca la doctrina que habla sobre la necesidad de incorporar herramientas similares a la Administración Pública ante la ausencia de controles. NIETO MARTÍN y GARCÍA MORENO señalan que el precisamente, el *public compliance* no es más que una metodología aplicada a las organizaciones empresariales que, posteriormente, se designa como estrategia para trasladar a

---

[194] Balcarce & Berruezo. op.cit. pág.144

[195] En Montiel op.cit. pp. 28-29, y En Machado De Souza, op.cit. p. 61

las organizaciones públicas[196], pudiendo deberse al aparente triunfo de estas medidas sobre las organizaciones privadas. GUTIÉRREZ PÉREZ pone el foco en la celeridad con la que las Administraciones instan a las empresas a la incorporación de esos programas de cumplimiento, y las Administraciones no trasladan a su ámbito dichas medidas[197]. Bajo el sesgo de considerar la aplicación del Derecho Penal como estrategia eficaz, y asociar el origen de la corrupción a las empresas, al legislador se le olvida que estas mismas estrategias son igual de importantes en la Administración Pública, pues los miembros que trabajan en ella son también posibles sujetos activos o pasivos de los ilícitos castigados por el código penal.

La corriente del *public compliance*, continuando con las afirmaciones de GUTIÉRREZ PÉREZ, responde a uno de los elementos más importantes en corrupción: la prevención situacional. De esta forma, se toman respuestas previas a la comisión de los delitos analizando el contexto, los perfiles y las oportunidades delictivas. Sin embargo, algunos autores consideran que el *compliance* realmente es un sistema de incentivos creados para las personas jurídicas desde el ámbito del derecho penal, y carece de sentido aplicar esos principios a la Administración Pública, pues con lo que CERINA califica como *hard law* en el Derecho Administrativo parece suficiente[198]. No obstante,

---

[196] Nieto Martín, A., & García Moreno, B. (2019). De la ética pública al public compliance: Sobre la prevención de la corrupción en las administraciones públicas. En J. L. Gómez Colomer (Ed.), *Tratado sobre compliance penal. Responsabilidad penal de las personas jurídicas y modelos de organización y gestión.* Tirant lo Blanch. pp. 379-381

[197] Gutiérrez Pérez, E. (2018). Corrupción pública: concepto y mediciones. Hacia el Public compliance como herramienta de prevención de riesgos penales. *Política criminal, 13*(25).

[198] No se especifica mucho más a efectos de esta investigación, pero nos ha parecido interesante desde un punto de vista crítico al *public compliance,* mereciendo que se incorpore a tal punto de la presente obra. Todo ello

a nuestro entender, no ha sido del todo suficiente cuando tras dos décadas de reformas, la Administración Pública continúa en peligro debido a que las herramientas preventivas no han sido del todo exitosas en su implementación, exceptuando algunos casos marginales como el de la Comunidad Valenciana y Cataluña.

Estas medidas de *public compliance,* a pesar de no recogerse bajo dicho concepto, se han tomado a efectos de percepción de fondos europeos post-pandemicos. Los elementos que recogían autores como NIETO MARTÍN y GARCÍA MORENO[199] como necesarios para hablar de un cumplimiento normativo en nuestra Administración han sido analizados e incorporados como obligación para recibir los fondos Next-Generation. En este caso, el mecanismo actúa por dos vías: prevención de delitos e incentivos – a través de la concurrencia de fondos europeos – para prevenir el fraude incorporando estrategias similares a las del *corporate compliance.*

Lo que se ha hecho en esta materia, en el caso de España, ha sido incorporar el Real Decreto-ley 36/2020, de 30 de diciembre, por el que se aprueban medidas urgentes para la modernización de la Administración Pública y para ejecutar el plan de Recuperación, Transformación y Resiliencia. En este decreto se recogen elementos que pueden acercarnos a hablar

---

en Cerina, G. (2022). *El bien jurídico protegido en el delito de cohecho.* Tirant lo Blanch, p. 407.

199 Entre esos elementos están descritos: i) los códigos éticos como obligación en el Estatuto Básico del Empleado Público; ii) responsable de prevención de corrupción independiente; iii) órgano de vigilancia o *stakeholders*; iv) posible externalización en la medición de los riesgos; v) creación de una agencia anticorrupcion central; vi) planes de prevención específicos para cada materia (contratación pública, urbanismo, contratos, etc.); etc. En tal caso, siguiendo lo que nos dice el Decreto, se ha incorporado hasta un canal de denuncias ante el Servicio Nacional de Coordinación Antifraude (SNCA), órgano que entra dentro

de un verdadero concepto de *public compliance* sin necesidad de calificarlo como tal, estableciendo en el artículo 3, referente a los principios de gestión, que uno de los objetivos de ese Decreto es "el control eficaz del gasto público, responsabilidad y rendición de cuenta; la prevención eficaz de los conflictos de interés, el fraude y las irregularidades[200]". Asimismo, en lo respectivo a este decreto, también se hace alusión especifica a una autoridad de control del Mecanismo para la Recuperación y Resiliencia, dando competencias a la Intervención General de la Administración del Estado (IGAE) para la prevención, detección e investigación del fraude específicamente sobre aquellas materias donde exista financiación europea. De esta forma, se hace una especificidad hacia esos fondos, pero no a aquellas materias donde no exista relación europea, dejando en manos del Estado los asuntos relativos a sus propios fondos o ayudas.

Por lo tanto, aunque se haya producido de forma más silenciosa, la Administración Pública española también ha ido incorporando elementos del *compliance* que dan respuesta a peticiones de múltiples organizaciones internacionales de Naciones Unidas, OCDE, e incluso la Comisión Europea. Sin embargo, en este caso, dichas herramientas preventivas vienen de la promesa de financiación y ayudas destinadas a la Covid-19, dada la clara preocupación de la Comisión Europea por el fraude en los fondos, más que porque España tuviera voluntad en incorporar estrategias efectivas contra la corrupción, como ya se demostró hasta febrero de 2023, donde hasta entonces,

---

200 En el Artículo 3, donde se regulan los Principios de gestión adecuados en la Administración Pública.
1. Las administraciones públicas, como medio para la gestión y ejecución de las políticas públicas con dimensión europea y la acción del Gobierno en dicho ámbito, sirven con objetividad los intereses generales actuando de acuerdo con los principios establecidos en la Constitución, la Ley y el Derecho.

no se había transpuesto la Directiva más importante de esta materia, relativa a la protección de los *whistleblower.*

Para ser más específicos y concluir este punto, *corporate compliance* y *public compliance,* ambas corrientes cuentan con distintos elementos que tienen varias similitudes, interesándonos por aquellos que no suponen una intervención estricta del derecho penal, sino que, más bien, son instrumentos que tratan de mejorar el contexto situacional de las entidades y la administración: códigos éticos, políticas internas, canales de denuncia, etc. Finalmente, parte de la doctrina ha señalado la necesidad de incorporar herramientas que sean similares a las del cumplimiento corporativo en la Administración Pública debido, entre otras cosas, a una aparente ausencia de controles de criminalidad en el sector público. Entre tanto, la más importante y que se configura como el objeto de nuestra investigación es el *whistleblower* y la estrategia *whistleblowing.*

Elementos comunes y de interés para esta investigación en ambas corrientes de cumplimiento

Generalmente, los elementos del *compliance* se configuran como un nuevo sistema de incentivos, en el que los programas pueden reducir las altas sanciones a las que se enfrenta una entidad, si demuestra que, en todas estas fases presentadas previamente, han sido vigiladas y monitorizadas en todo momento por el organismo, sin perjuicio de que la responsabilidad pueda verse individualizada sobre los sujetos que han delinquido. Asimismo, deben encontrarse certificados y cumplir determinados estándares que pueden encontrarse en las normas ISO, pero que no son relevantes para esta investigación.

Entre todas las fases importantes de los programas de cumplimiento, prestamos atención a la creación de los códigos éticos y a los canales de denuncia o canales de información, en tanto a que forma parte de la primera barrera del delito: evitar la asociación diferencial dentro de la entidad a través de la creación de normas legitimas establecidas y estudiadas por el órgano pertinente, y reducir la oportunidad del delito a través de la percepción vigilante de los canales *whistleblowing*. Asimismo, también hemos de definir brevemente las políticas internas de comunicación y el análisis de riesgos a través de un mapeo del contexto, considerando, también, las investigaciones internas dentro de ese mismo apartado, dada su relevancia en cuanto a la toma de decisiones de la persona denunciante.

3.2.3.1. Códigos éticos

Los códigos éticos, en palabras de HERNÁNDEZ, son "uno de los pilares básicos del sistema de prevención y cumplimiento normativo"[201], que tienen como objetivo marcar unas pautas de comportamiento profesional dentro de la propia entidad, acorde a lo que se desea en función del análisis previo realizado por el órgano encargado de redactar el código ético. En este sentido, los códigos pueden estar destinados al cumplimiento de la legalidad, pero también regular una actividad empresarial o la moralidad de sus empleados[202]. Todos ellos tienen "carácter vinculante y contienen disposiciones cuyo objetivo es hacer efectivo el código"[203], por lo que, aunque se presente como recomendaciones de comportamiento o exposición de valores de la empresa, éstas deben ser acatadas. Estos códigos, tal y como establece LORENZO, deberán adaptarse a la jurisprudencia y modificaciones legislativas que se produz-

---

201 Hernández, P. (2015). Plan de acción e implantación del Compliance Program. Plan de prevención, detección y reacción. In C. A. Sáiz (Ed.), *Compliance. Cómo gestionar los riesgos normativos en la empresa*. Thomson Reuters Aranzadi, p. 567.

202 Nieto, A. (2015). Código ético, evaluación de riesgos y formación. In A. Nieto Martín (Ed.), *Manual de cumplimiento penal en la empresa*. Tirant lo Blanch, p.141.

203 Ibid p. 135

can en materia de responsabilidad penal[204], y respecto al sector público, deberán aunar todas aquellas normativas que recojan los derechos y deberes del servidor público. En esa línea, se tendrán en cuenta los estándares internacionales, en primer lugar; los nacionales, y las normas éticas internas adecuadas a los riesgos identificados. Estos riesgos o áreas de mejoras se señalan como *benchmarking*, explicada como una técnica comparativa entre las apreciaciones internas de la empresa, y la normativa internacional para identificar qué cabe mejorar en los códigos internos.

Todas las fases de los programas de cumplimiento van a contar con una monitorización, incluyendo específicamente los códigos éticos, así como una revisión constante por parte del organismo encargado de esa tarea, mayoritariamente delegada en el *compliance officer*.

3.2.3.2. Políticas internas y estrategias de comunicación

En lo referente a una adecuada difusión de los programas incorporados, debe existir una conveniente política interna que informe a los empleados del objetivo de implementar esta nueva estrategia. Según lo que bien indica PUYOL, se trata de comunicar y difundir en toda la organización de manera efectiva las ventajas del desarrollo de una cultura ética[205]. Esta etapa, según el mismo autor, se entiende como una de las estrategias de sensibilización a los empleados y funcionarios, por lo que la formación es un elemento muy importante, asi como también que los métodos de comunicación lleguen a todos los miembros que integran el organismo[206].

---

[204] Lorenzo, J. et all. (2018) op.cit. p. 38

[205] Puyol, J. (2016). *Criterios prácticos para la elaboración de un código de compliance*. Tirant lo Blanch, p. 25.

[206] Ibid, p. 26

ONTIVEROS califica esta fase como una "política de socialización del código de conducta"[207], por lo que, a nuestro entender, se trata de reeducar o transmitir nuevas formas de conducta en aquellos entornos donde, aunque no existan malas prácticas, pueden llegar a estar presentes. Para incrementar su difusión y esa adecuada comunicación, PINTOR menciona el establecimiento del *nudging* como asunto primordial previo a la creación del código ético, pero a nuestro entender, también necesariamente presente en la fase de comunicación, puesto que el establecimiento del código no es suficiente *per se*[208].

Este establecimiento de una nueva etapa de socialización, que se aleja de las socializaciones primarias y secundarias, debe generar círculos donde la población objeto de implementación del código ético no solo conozca, sino sienta suyas las normas o principios, por lo que la difusión debe realizarse sobre elementos ya conocidos por los empleados. A través de esta formación se pretende que los empleados conozcan el nuevo código, pero también los riesgos a los que se enfrentan en su puesto general o en determinadas áreas de su empleo o función, referenciando en la divulgación no solo conceptos teóricos, sino también referencias a la legislación vigente y al código de conducta, como bien apunta ALGABA[209]. En esa misma línea, algunas entidades públicas han desarrollado ese mismo modelo de formación en materia de planes de integridad, de-

---

207 Ontiveros Alonso, M. (2018). *Manual básico para la elaboración de un Criminal Compliance Program.* Tirant lo Blanch, p. 35

208 Pintor Latorre, M. (2019). *Fundamentos criminológicos para el análisis y prevención de la corrupción.* En *Compliance urbanístico: fundamentos teóricos, estudio de casos y desarrollo de herramientas anticorrupción.* Aranzadi Thomson Reuters, p. 142.

209 Algaba Garrido, E., et al. (2020). Formación: La base de una cultura empresarial de cumplimiento. *Encuentros multidisciplinares,* p. 2.

jando este elemento para el cuarto capítulo, dada la relevancia en esa última parte de la investigación[210].

3.2.3.3. Análisis de riesgos, monitorización e investigaciones internas

Podríamos enumerar las fases tal y como lo hace LORENZO según los estándares de la UKBA[211], de forma que en primer lugar, habría que realizar un examen en la organización – o diagnóstico de riesgos – con un compromiso de la dirección de la entidad, la evaluación de estos riesgos y su eliminación a través de la diligencia debida, la creación de canales de comunicación y en torno a todas estas fases, la monitorización y revisión

---

210 Teniendo en cuenta que parte del desarrollo de esta investigación se ha realizado en el marco de una estancia de investigación en la Agència Valenciana Antifraude y en el desempeño de las funciones de técnico en L'Observatori Ciutadà contra la Corrupció, debemos hacer alusión a los planes formativos instados por la AVAF, en los que el Servicio de Prevención es el encargado de promover la integridad y ética para fomentar las buenas prácticas en la Administración Pública valenciana. Esa función se desempeña teniendo en cuenta que una de las líneas estratégicas de la AVAF es "Colaborar con personas, entidades interesadas, universidades y organismos de control en investigaciones de prevención, su difusión, así como a proponer criterios previos, claros y estables de control de la acción pública". Disponible en: https://www.antifraucv.es/funciones-y-plan-estrategico/
Recuperado el 20 de enero de 2023.

211 La UKBA (Unted Kingdom Bribery Act) es la ley antisoborno de Reino Unido, aprobada en 2011, y considerada para Lorenzo et all (xxxx). un referente legislativo en el combate a la corrupción donde se establecen los procedimientos o fases adecuadas para un programa *compliance* efectivo. Sin embargo, no es interés de esta investigación dedicar más de la cuenta a este estándar, así como tampoco a los procesos de implementación del cumplimiento normativo.

de que las medidas que se han implementado son efectivas y adecuadas a los riesgos que puedan surgir[212].

Según lo que, señalado por ONTIVEROS, el objetivo de examinar y analizar los riesgos conlleva a la aplicación de una auditoria que pueda exponer de manera interna la arquitectura de la entidad, sus relaciones y responsabilidades, así como la división de esa estructura, donde se concentran las decisiones y la responsabilidad real de la empresa[213].

En lo referente a las investigaciones internas, y bastante relacionado con el siguiente apartado de los canales de denuncia o sistema *whistleblowing*, según lo indicado por NEIRA PENA, las investigaciones de delitos corporativos o en la administración pública con carácter económico presentan particularidades. Estas peculiaridades de la investigación interna son precisas dado el carácter de la criminalidad económica, pues se alimenta y favorece de la riqueza que aportan las estructuras divididas de trabajo y documentación, lo que tanto ella como buena parte de la doctrina califican como el velo de la personalidad jurídica[214].

3.2.3.4. Canales de denuncia

Aterrizando por fin sobre uno de los elementos maternales de estudio, a lo largo de los siguientes capítulos de esta investigación, concluimos este punto con la creación de canales de

---

212 Estas fases, tal y como se establece en Lorenzo et.all op.cit. pp.237-238, y, de la misma forma en Ontiveros, M. *Manual básico* op.cit. pp.24-49 conforman la creación de los programas de cumplimiento normativo de la entidad, y en ese sentido, tendrán mayor o menor eficacia en función de que cada fase sea analizada

213 Ontiveros, op.cit. p. 24

214 Neira Peña, A. (2017). *La instrucción de los procesos penales frente a las personas jurídicas.* Tirant lo Blanch, p. 317.

denuncia. Estos canales de denuncia forman parte de los diferentes elementos del programa de cumplimiento normativo, pero los tratamos de una forma diferenciada no solo debido a que nuestro objeto de estudio son aquellas personas que pueden hacer uso de él, sino debido a su característica de dar mayor luz sobre la falta de información en las entidades y Administración a través de la denuncia de irregularidades.

Dichos canales y la acción de denunciar son actos deliberados, pero no obligatorios, en los que se reconoce un claro instrumento de control sobre las diferentes estructuras de la entidad[215], incentivando la proporción de información a través de recompensas o protección, dependiendo de cada caso. Sin embargo, no es de uso exclusivo para la proporción de información delictiva, sino que además se presenta como un instrumento para enviar recomendaciones o corregir conductas que no sean adecuadas para el programa de cumplimiento, además de servir para mejorar tanto el protocolo de cumplimiento, como también aquellas mejoras que puedan servir para, dentro de la legalidad, mejorar los sistemas productivos o dc competencia de la entidad[216].

La tarea de detección que realizan estos canales de denuncia es llevada a cabo, generalmente, por los llamados *whistleblower*, configurándose actualmente como una de las figuras jurídicas más adoptadas, consecuencia de la cantidad de información que llegan a controlar los sujetos, y su capacidad de poder prevenir delitos antes o durante su ejecución gracias a su alerta. Como objeto principal de nuestra investigación, merece alusión breve decir que los denunciantes de corrupción, las personas que utilizan los canales *whistleblowing*, son trabaja-

---

215 Jubb, P. (1999). Whistleblowing: A restrictive definition and interpretation. *Journal of Business Ethics, 21*, p. 78.

216 Puyol, J. (2017). *El funcionamiento práctico del canal de compliance" whistleblowing"*. Tirant lo Blanch, p. 6

dores o extrabajadores que, en virtud de la información con la que cuenten por esa relación empleadora, deciden alertar de forma interna o externa de la comisión de un delito, irregularidad o inmoralidad.

Estas personas, generalmente con puestos de empleo de rango medio o bajo, tienden a realizar la denuncia porque tienen voluntad, poder y medios para realizarla, aunque en muchos casos terminen sufriendo represalias, bien por falta de lealtad, o por pérdida de confianza con el grupo, siendo esta última una característica de las denuncias anónimas. En esa línea, la denuncia se suele realizar respecto a conductas que "caen dentro de un espectro de comportamiento que va desde la ilegalidad grave, hasta el comportamiento poco profesional o inadecuado de una organización"[217]. Todo ello, ante un órgano interno de la entidad o administración donde se encuentre el empleado, encargado de recibir esas denuncias; ante un órgano externo e independiente, de carácter público, destinado a la labor de investigar y prevenir irregularidades; y, por último, uno de los métodos más utilizados en delitos graves: los medios de comunicación.

Con carácter general, en este capítulo, hemos tratado de aunar toda la información necesaria para entender la necesidad de tratar y cuestionar la protección de la figura de los *whistleblowers*: i) complejidad de la delincuencia socioeconómica; ii) transnacionalidad de la delincuencia; iii) herramientas que precisan de efectividad desde un punto de vista informal; iv) acercamiento a los canales de canales de denuncia y su breve origen, que trataremos de especificar en el segundo capítulo de acuerdo con una asociación constante hacia la delación en el derecho romano. Esta asociación, perspicaz y negativa, ha

---

[217] Culiberg, B., & Mihelič, K. K. (2017). The evolution of whistleblowing studies: A critical review and research agenda. *Journal of Business Ethics, 146*, pp. 121-123

generado sobre los *whistleblowers* una similitud con imágenes culturalmente rechazables debido a la influencia negativa de la religión sobre la denuncia, siendo necesaria una contextualización histórica de estos hechos.

CAPÍTULO 2.

DEL DELATOR A LAS PERSONAS QUE INFORMAN SOBRE INFRACCIONES NORMATIVAS: TRANSFORMACIÓN DE CONCEPTOS Y REGULACIONES

1. CONTEXTUALIZACIÓN Y EVOLUCIÓN DE LA FIGURA DEL *WHISTLEBLOWER*

Para marcar una frontera sobre los diversos elementos que hemos incorporado previamente relacionados con el combate a la corrupción, es preciso individualizar el término y quedarnos con el concepto del objeto de estudio: el *whistleblower*. Esta figura hace referencia a la persona que se sitúa como agente que es testigo de irregularidades o delitos dentro de la entidad, y que toda esa información que ha percibido, la traslada a través de los canales de información que la empresa o la Administración Pública pone a su disposición, conocidos como los canales *whistleblowing* que hemos analizado de forma bastante general en el punto anterior y que precisa de mayor estudio en el tercer capítulo en cuanto a su regulación. La estrategia *whistleblowing*, en sí misma, se consolida como un establecimiento de canales de comunicación directo que tanto los empleados, como los clientes o proveedores que conozcan de irregularidades o ilícitos que puedan poner en riesgo la actividad de la entidad y su responsabilidad pueden utilizar. Estos canales son construidos a partir de los códigos de conducta, y pueden tener distintas perspectivas como su consideración de canales éticos, canales de denuncia o canales meramente informativos, que como hemos atendido previamente, son utilizados por *whistleblower.*

Estos agentes *whistleblower* son, a ojos de la doctrina, una fuente de información valiosa que conoce las actividades de su organización, y que puede llegar a considerarse una estrategia de prevención situacional valiosa para diferentes fases del delito: i) su descubrimiento por denuncia; ii) la recopilación de pruebas una vez se ha detectado; y, iii) la recuperación de activos en caso de que el *whistleblower,* a pesar de no participar, sepa dónde pueden encontrarse los mismos. El objetivo primordial de éstos es la prevención y detección de fraudes, de forma que una vez detectados puedan evitarse o proporcionar toda la información necesaria para individualizar e identificar al responsable de los delitos en las nuevas complejidades. A ese objetivo principal, se suman además el objetivo de facilitar el acceso para informar a cualquier sujeto de la empresa – incluyendo aquellos que tienen relación, pero no están dentro de la organización – y el aumento de transparencia dentro de ésta[218].

El interés de la creación de la estrategia *whistleblowing* es el conocimiento de los ilícitos o las conductas poco éticas de los empleados, en tanto que conocer de esos movimientos puede llevar a resolver de forma eficaz y más sencilla los problemas que puedan surgir. En esa misma línea, VERÍSSIMO aclara la

---

218 Aldao, M. D., & Pérez, E. H. (2018). Las investigaciones internas del modelo de prevención penal. En *Persuadir y razonar: Estudios jurídicos en homenaje a José Manuel Maza Martín* (Tomo II). Thomson Reuters Aranzadi, p. 1000, donde se incluye, así como en otros textos científicos de la materia, la necesidad de que los canales de denuncia también vayan destinados a los agentes externos de la empresa: los accionistas, inversores, contratistas, extrabajadores, etc.

necesidad imperiosa de contar con mecanismos internos de denuncia eficaces, pero a su vez, estos canales deben ir necesariamente acompañado de medidas de protección específicas de protección a los *whistleblowers*[219], que serán los individuos que se espera que usen el canal, atendiendo a que habrá mayor tendencia a denunciar si se consideran distintos elementos como la confidencialidad o anonimato, medidas de protección previas, y seguridad de que no habrá represalias por su información. Esto vuelve a significar que se externaliza la función de detección que el Estado, por sí solo, no apreció bien en la entidad privada, o en la propia Administración Pública.

La institucionalización de esta estrategia se suele asociar, así como los métodos de *compliance*, a la falta de medios para la detección de delitos, y se construye como un importante actor en el sistema acusatorio y como un agente de control sobre los empleados de las entidades financieras o públicas. En términos de ECHEVERRÍA, se sucede una privatización del sistema acusatorio porque se delega en manos de la empresa o ciudadanos, aunque en este caso, en manos de un tercero, el cumplimiento y también la aplicación de las normas jurídicas[220]. Nos interesa, en tal caso, su asociación con la Administración Pública o servicio público, ya que es la base de nuestra investigación.

Centrándonos en la cuestión principal, dicha figura no aparece de la nada con la creación de los programas de cumplimiento, sino que guarda sus similitudes con figuras legales mucho más antiguas que la responsabilidad penal o administrativa de las personas jurídicas, evolucionando de forma irregular a lo largo de la historia. Hablamos de una evolución porque es importante tener en cuenta la etapa romana en la que se comienza a externalizar la función estatal en los delatores, así como también la evolución en la antigua Britania. Esta, a su

---

219 Veríssimo, op.cit. pp. 288-289

220 Echeverría. *op.cit.* p. 36

vez, guarda influencia sobre la False Claims Act (EE. UU.), herramienta para evitar posibles fraudes contra el gobierno federal. Posteriormente, se desarrolla dicha figura en los diversos ámbitos como la administración pública, el área de seguridad nacional, las entidades privadas, etc., trasladándose la importancia y su percepción de eficacia hacia el continente europeo, respondiendo inevitablemente a la primera de las etapas de la investigación: existe una traslación y evolución de instituciones marcada por la agenda legislativa norteamericana.

Como veremos a continuación, el *whistleblower* no siempre ha tenido una misma función o percepción de utilitarismo en el delito, así como tampoco se ha aplicado dicho término para facilitar el *follow the money*, pues el *whistleblower* ha tenido una evolución histórica al igual que lo ha tenido el propio derecho y otras ciencias dedicadas al estudio de la ley y los ciudadanos. En estos términos, en este capítulo abordaremos el concepto de denunciante desde sus orígenes histórico-legislativos para tratar de entender el origen de la visión negativa de las personas denunciantes y su instrumentalización a lo largo de la historia. Terminado el punto de su evolución histórica, analizaremos su transposición sobre el derecho anglosajón, en qué líneas se ha convertido en una figura relevante, y los elementos más destacables sobre su regulación en Estados Unidos, siendo un análisis general y no comparado, atendiendo a que dicha investigación no es legal, sino criminológica. Por último, atenderemos a la situación europea de la Directiva 2017/1937 relativa a la protección de las personas que informen sobre infracciones del Derecho de la Unión, y a las obligaciones que de ella se han desprendido. Concretamente, en el caso de España, que es el que nos compete e interesa, plantearemos determinados puntos a tener en cuenta enfocándonos en el trabajo de campo desempeñado: los puntos positivos y negativos que presentan esta ley a la situación de las personas que denuncian hechos de corrupción en la Administración Pública, y concretamente, en la Comunidad Valenciana.

1. Primeras manifestaciones y semejanzas del alertador con el delator en el derecho romano

A pesar de que parte de la doctrina alega que el *whistleblower* no se configura de la misma forma que los procesos establecidos para los delatores, no erramos en poner el foco en las similitudes que guardan ambas figuras y los sistemas de facilitación para presentar alertas precisamente por la influencia cultural. Evidentemente, la canalización de denuncias en casos de corrupción no se encontraba prevista en la antigua Roma como actualmente: los delatores tal y como se les concibe no ejercían su derecho a la denuncia a través de buzones electrónicos o anónimos. Sin embargo, los parecidos, así como la constante asociación hacia el término delator por parte de la sociedad moderna, provoca el breve y necesario estudio de dicha figura en la cultura jurídica romana, así como determinadas apreciaciones que nos resultan importantes para tener en cuenta en el contexto sociológico del denunciante, uno de los campos centrales de la criminología y, por ende, de esta investigación.

Para entrar en materia, según PETRACCIA, el acceso a la información en la antigua Roma es un misterio bastante importante para la actualidad, pero tanto los espías como también los delatores eran recursos con los que ya se contaba incluso antes del propio ciudadano romano[221]. Antes del inicio de este apartado, cabe decir que las evidencias escritas de lo que la doctrina aquí recopilada indica, al menos en gran parte del uso de la bibliografía, provienen de una de las fuentes más importantes del Derecho Romano: la costumbre. Asimismo, también debemos indicar de forma previa que las etapas, reglas y conceptos son distintos si hablamos de la monarquía, república o imperio, por lo que hablaremos con carácter general

---

221 Petraccia, M. F. (2014). *Índices y delatores en la antigua Roma. Índice oculto proditus; en ocultas delatus insidias.* Ediciones Universitarias LED, p. 7.

del uso del delator como fuente de información, teniendo en cuenta que adquieren una instrumentalización oficial durante la república, tal y como veremos a continuación.

En las reglas del Derecho Romano, la figura del delator se presentaba bajo distintas formas atendiendo ante qué organismo se presentaba la denuncia y qué denunciaba. A pesar de que el termino delator es el más utilizado para referirnos a los sujetos que revelaban el conocimiento de delitos, según ORTIZ PRADILLO tanto delator como *accusator* llegaron a ser en determinado momento sinónimos, centrándonos específicamente para esta investigación en *ad magistratum, ad senatum* y *ad aerarium*[222].

Para ser más exactos, el termino de delator se construye en base al sujeto que denuncia un delito[223], aunque no haya recibido daños materiales o morales sobre sí mismo, existiendo diversas causas por las que un delator podía informar, como la información sobre esclavos que escapaban de sus amos, la

---

[222] Se consideran importantes todos ellos, pero tal y como establece GARCÍA CAMIÑAS, Julio. *Delator: una aproximación al estudio del delator en las fuentes romanas*, Santiago, 1983, los delatores ante el Erario (*ad aerarium*) considerados como los delatores fiscales, resultan de gran relevancia considerando que en la actualidad EE. UU., contando con nuestra hipótesis anterior, también cuenta con distintos procedimientos para cada caso igual que en el procedimiento romano, poniendo como ejemplo que, en el caso del impago de impuestos, las denuncias se realizan a través de la IRS Whistleblower U.S., que en *26 US Code § 7623*, establece además, en su sección (b), la recompensa a estos denunciantes (entre un 15% y 30% de los ingresos que se hayan recaudado como resultado de la acción presentada) que decidan alertar sobre el conocimiento del impago de impuestos. Sin embargo, todo ello será explicado en mayor profundidad en el punto específico sobre la figura del *whistleblower* en Estados Unidos.

[223] Petraccia, ibid.

práctica de creencias prohibidas[224] y aquellos casos donde se informase al *fisco* sobre bienes sin heredero y herencias vacantes; todas esas denuncias bajo la promesa de una recompensa económica. Este acto, descrito como *nomen deferre* en latín, se utilizaba desde ese momento para referirse a los distintos procesos que se pudiesen abrir[225] y quién los iniciase, derivándose de "*deferren nomen alicuis*" para referirse al acto de presentar una acusación contra otro individuo. Con todo, esa institucionalización y otorgamiento de derechos a los ciudadanos responde a una falta de medios y a la necesidad de mostrar que los ciudadanos estaban comprometidos con el sistema político que se erigiese.

Generalmente, los delatores se encargaban de mantener, en cierta forma, el orden en la sociedad antigua[226], dando lugar a una profesionalización de la delación para dotar de mayor capacidad a la organización política del momento y alcanzar a aquellos lugares donde sus normas o sanciones no llegasen. Esa información otorgada por parte de los delatores tenía gran relevancia, por lo que los sujetos eran premiados mediante recompensas económicas, reconocimientos públicos y cualquier

224 Hay que prestar especial atención a estas "prácticas prohibidas", especialmente porque a colación de las denuncias de este tipo, en la tradición cristiana, los delatores tienen una especial influencia negativa como consecuencia de la denuncia de Judas a Jesucristo (Mateo 26.14-16). Esta denuncia tiene como fundamento delitos religiosos y políticos (específicamente el de la blasfemia y castigado con la pena de lapidación; y, por otro lado, el de sedición, sancionado con la pena capital), presentándose, por ende, la información ante el Magistrado romano. Toda la información relativa al proceso de Jesucristo se explica de forma clara en Martos Núñez, J. A. (1994). El proceso de Cristo: aspectos jurídico-penales y procesales. *Revista de Derecho Penal y Criminología, 4*, pp. 595-628.

225 García Camiñas. op.cit. p.10

226 The editors of Encyclopaedia Britannica (2018) Delator. Roman Law Official. Disponible en: https://www.britannica.com/topic/delator Recuperado el 31 de agosto de 2020.

otro trato de favor, atendiendo sobre todo al grado de eficacia alcanzado a través de esa información y si había existido un triunfo finalizado el proceso. Uno de los tantos requisitos a cumplir para poder recibir esas recompensas, era sostener la acusación pública[227] bajo el nombre de la República, el Imperio o los principados, exponiéndose a las consecuencias negativas en caso de demostrarse que tal acusación podría haber sido objeto de infamias. En consecuencia, presentando una acción privada, podían llegar a recibir una cuarta parte de los bienes del condenado[228], fomentando de este modo la participación de los ciudadanos en los procesos de detección, y en las fases de investigación que se realizaran.

En parte, se establece que tanto los premios, así como cualquier beneficio derivado de esas delaciones, eran consecuencia de la inexistencia de un cuerpo organizado y especializado en la persecución de los delitos[229]. No obstante, más que una inexistencia, la guardia pretoriana o las legiones[230] contaban con una falta de medios importante, ya que sobre ellos recaían determinado tipo de funciones como la represión, dificultando la labor de averiguar desde una posición más cercana al ciudadano los asuntos en los que mayor problemática existía: el impago de impuestos. Por eso, desde la administración de derecho en las reglas romanas, se dio libertad al ciudadano

---

227 Ortiz Pradillo, J. C. (2018). *Los delatores en el proceso penal.* Wolters Kluwer, p. 135.

228 Salazar Revuelta, M. (2004). La represión penal de la usura en la república romana y su evolución. *Revista de Estudios Histórico-Jurídicos, 26,* pp. 85-111

229 Ortiz Pradillo, op. cit., p. 135.

230 Falcone, R., & Pitencel, M. (2009). Nuevas miradas sobre la delación y los delatores en la antigua Roma. En *XII Jornadas Interescuelas/Departamentos de Historia.* Departamento de Historia, Facultad de Humanidades y Centro Regional Universitario Bariloche, Universidad Nacional del Comahue, San Carlos de Bariloche.

de poder ejercer una acusación, trasladándose aquellas funciones del derecho público a un ciudadano privado[231]. BARONA añade a las anteriores afirmaciones que, atendiendo a que "el delito se concebía como un atentado a la colectividad"[232], el objetivo de la ciudadanía era colaborar en la persecución de ese delito, incluyendo el control social y asegurar el bienestar del pueblo, y de sus gobernantes. Como resultado, los ciudadanos formaban parte de una organización encargada de detectar comportamientos contra el sistema de gobierno o contra los propios ciudadanos, dando lugar a la ya mencionada profesionalización e institucionalización de la figura del delator[233], y a la construcción de un verdadero proceso con determinadas garantías y la construcción de las "partes"[234] con una serie características dependientes de la institución a la que hacían la delación. Tal y como se introducía en este punto, GARCÍA CAMIÑAS realiza la distinción entre tres concepciones de delación en función de ante qué instituciones se presentaban las informaciones: *ad aerarium, ad magistratum* y *ad senatum*. Cada una de ellas, distingue entre la fuente de información y el organismo hacia el que se dirige el sujeto con ella, así como también el distinto objeto del proceso[235].

---

231 Flint, W. W. (1912). The Delatores in the Reign of Tiberius, as Described by Tacitus. *The Classical Journal, 8*(1), pp. 37-42.

232 Barona Vilar, S. (2017). *Proceso penal desde la historia.* Tirant lo Blanch, pp. 59-61.

233 García Moreno, B. (2015). Whistleblowing y canales institucionales de denuncia. En A. Nieto Martín (Ed.), *Manual de cumplimiento penal en la empresa*, pp. 206-230.

234 Barona Vilar, op. cit., p.61, en la que, según la misma, se reforma un sistema arbitrario de denuncias y malestar ciudadano para dotar al proceso de un sistema equitativo y seguro tanto para el *accusator* como para los denunciados, que comenzaban a gozar del principio de contradicción en el proceso, en mayor o menor medida.

235 No hay que olvidar que parte de la información recogida en García Camiñas (1984) proviene de una literatura negativa hacia el propio delator,

En primer lugar, ante *ad aerarium*, refiriéndose a aquel que pone en conocimiento del *fisco* los *bona vacantia*, es decir, a los delatores fiscales. Todos aquellos bienes del que el delator fiscal informase al *fisco* pasaban a formar parte de dicha administración si efectivamente éstos no tenían poseedor. Por ello, GARCÍA CAMIÑAS cita que estos delatores tenían una fama que les precedía, y que gran parte de ella era negativa, pues generaban en los ciudadanos un sentimiento de inseguridad en sus propios bienes, fuesen o no heredados[236]. En esa misma linea anterior, se llega a equiparar a los delatores como "*calumniator*" de forma despectiva[237] Por otro lado, *ad magistratum*, o ante un magistrado – o pretor ordinariamente[238] – referido a aquellos delatores que ponían en conocimiento tanto el nombre del presunto actor del ilícito, así como qué

---

considerando especialmente los epigramas de Marcial grandes fuentes de conocimiento para la época, en la que se recogían anécdotas importantes sobre los delatores, donde se les califica como sujetos que corrompen la sociedad. La mala fama de los delatores ante el *ad aerarium* crece durante la dura crisis económica y subida de impuestos, especialmente en la época imperial en la que las ganancias que se generaban en torno a las denuncias comienzan a generar que los delatores se conviertan en "un instrumento de envidia, venganza, enriquecimiento ilícito y calumnias" indicado en Petraccia (2014), op.cit. p.14-15

236 García Camiñas, J.*(*1984*)* Op.Cit. p. 49

237 Tanto García Camiñas (1984) como Ortiz Pradillo (2015) se expone parte de lo que en *apud.* Rodríguez, V. G. (2019). *Delación premiada. Límites éticos al Estado.* Editorial Temis S.A, tendrá en cuenta para explicar la visión negativa sobre la que nace la figura de los delatores o colaboradores justificándose en la cultura, y que en Ortiz Pradillo (2015), p. 139 se puede apreciar debido a la asociación de los delatores con las calumnias hacia los ciudadanos para conseguir determinados premios. En ello, aunque el derecho amparase a los ciudadanos a presentar *notitia criminis* como libre acusación, se categorizaba como un acto socialmente reprobable, especialmente en los últimos tiempos de Cómodo. En Ortiz Pradillo (2015) op. cit. pp. 138-140

238 García Camiñas op.cit. p. 9

crimen se le debía imputar. Y, por último, *ad senatum*, referido a aquellos delatores que iniciaban los procesos penales ante cónsules y Senado[239], pudiéndose postular cualquier ciudadano sin distinción de clase senatorial o ciudadanos libres, contra senadores y ciudadanos cercanos a ellos que se presumiese que habían cometido un delito. Tal y como también establece GARCÍA CAMIÑAS, se puede decir que esta delación es una de las más importantes debido a las consecuencias del proceso acusatorio, ya que toda vez que se demuestre que lo que el delator presenta como prueba es cierto, las penas para los acusados podían llegar a ser bastante graves, siendo esta última donde se establecen las *quaestiones perpetuae*[240], como tribunales exclusivos en juzgar delitos como el abuso de poder.

Como norma general, la figura del delator fue desarrollándose en distintos ámbitos, pero cobró mayor relevancia como instrumento del Estado en materia judicial. En general, de lo que se trataba era de recibir una compensación pecuniaria tras haber realizado una denuncia a lo que se entendía, en aquel entonces, un mal ciudadano contrario al Imperio o régimen político distinto, de ahí su posterior destierro y la visión negativa hacia estos sujetos. A ello debemos añadir las afirmaciones de RODRIGUEZ[241] en las que justifica que esta mala visión a la figura del delator se relaciona de forma casi directa a Judas debido a su traición, influenciada además por el dicho romano de "Roma no paga traidores"[242], dando a entender con esa

---

239 Ibíd., p. 49

240 Se indica que estos tribunales conocían de aquellos "*crimen repetundarum*", considerándose en el presente como crímenes de abuso de poder, malversación, etc.

241 Gabriel Rodriguez, op.cit. pp.21-29

242 Ortiz Pradillo, J. C. (2015). El difícil encaje del delator en el proceso penal. *Diario La Ley, 5860,* pp. 1-10.

afirmación que, aquellos que delatan, y que además reciben un monto pecuniario, son unos traidores hacia los suyos.

Esa institucionalización se relaciona a su vez con una forma de represión, donde "la élite dominante, perteneciente a la orden senatorial"[243] de la época romana utilizaba a estos delatores para conocer toda aquella infracción que el Senado por sí solo no podía llegar a conocer. Sin embargo, esa idea se contrapone a otras en las que se indica que los delatores solían tener como objetivo a miembros del Senado, incluyendo también la irrupción en la vida privada de los ciudadanos[244], a través de enjuiciamientos privados. Por esta razón, RUTLEDGE alega la situación desagradable que generaban los delatores, y que han ocasionado una visión un tanto negativa hacia la figura institucionalizada del delator, exponiéndoles como agentes sin principios y con ansias de poder[245] vinculados a la corte imperial o al poder que en ese momento se hubiese consolidado. Lo que si ha quedado claro con la recopilación bibliográfica realizada en este apartado es que, para los altos rangos de Roma, "el conocimiento y la información eran *conditio sine qua non* para ejercer su poder"[246].

No solo eran asociados a ese poder de denuncia, sino que además también existía cierta relación entre el uso de esclavos como informantes, de tal forma que la instrumentalización también se ejerce sobre sujetos sin ningún tipo de poder aparente[247]. En esta ecuación, los esclavos eran concebidos como informantes voluntarios u obligados a través de ciertas tortu-

---

243 Falcone, & Pitencel. op.cit.

244 Rutledge, S. H. (2002). *Imperial inquisitions: prosecutors and informants from Tiberius to Domitian*. Routledge, pp. 52-55.

245 Ibid, p. *54*.

246 Petraccia, ibid, p. 113

247 Kelly, M. A. (1999). Slaves as criminal informers in ancient Rome. *International Journal of Comparative and Applied Criminal Justice, 23*(2), p. 308.

ras. Respecto al primer caso, existía la posibilidad de que los esclavos obtuvieran la libertad a través de la información aportada de delitos cometidos por otras personas; es decir, que, si el esclavo informaba de forma voluntaria de la comisión de un delito, la recompensa podría ser la libertad para el esclavo, hallándose ejemplos de estas prácticas en diversos escritos, como bien recopila KELLY. Asimismo, también PETRACCIA indica que, en la sociedad romana, así como en otras que posteriormente se contextualizan, se percataron de que para la obtención y ratificación del poder era preciso utilizar medios que en muchas ocasiones pudieran ser poco ortodoxos[248]. En estos términos, las conclusiones aportadas por KELLY y que podemos compartir es que esos usos poco legítimos hacia los esclavos sobrevivieron al fin del Imperio Romano, pues posterior a esa etapa las siguientes sociedades utilizaron a los esclavos informantes para la obtención de información[249].

De la literatura que hemos podido analizar para escribir estas líneas, hemos tenido diferentes conceptos sobre los que trabajar, distinguiendo siempre entre los delatores, los informantes, la cooperación con la justicia y los conspiradores, sin interesarnos específicamente en este último, dado que no tiene relevancia técnica para la evolución que queremos apreciar. Asimismo, también hay apreciaciones donde se confunde o utiliza de forma indistinta los conceptos de *index* y *delatio* para definir la acción de la denuncia, teniendo una serie de diferencias en el contexto analizado.

---

248 Petraccia, op.cit., p.7

249 Kelly, op.cit., p. 311, debemos prestar especial atención a que Kelly (XXXX) menciona la reforma posterior de los Bizantinos, pero también es preciso aludir a una etapa más reciente para justificar su visión negativa debido al uso de presos judíos por la Gestapo para actuar en condición de informantes. En este sentido, añadiremos también bibliografía relevante que pueda dar luz sobre las semejanzas con los esclavos durante la etapa romana.

Ante esta circunstancia, se hacía la diferencia entre *index* y *delatio*. En el caso de *index*, definido como aquel que muestra o indica algo, se refiere a aquellos casos en los que un individuo denuncia información sobre un crimen cometido en el que él mismo ha participado[250]. De esta manera, se aprecia una clara distinción en la propia etapa entre aquellos que fueron cómplices, frente a los que no participaron, dado que los *index*, además de ser partícipes reciben impunidad en el proceso acusatorio[251]. En estos términos, también el propio cómplice podría no solo recibir esa inmunidad, sino también recompensas que fueran determinadas por el magistrado, considerando la información presentada y el peso que el propio *index* podría haber asumido en la investigación[252]. Sin embargo, estas distinciones comienzan a desvanecerse para referirse a estos sujetos como *delator* con carácter general.

En referencia al concepto *delator*, teniendo en cuenta lo ya estudiado, como bien afirma PETRACCIA, los *delatores* denunciaban durante los últimos tiempos de la república los hechos delictivos de los que él había sido ajeno, pero que habría conocido, sin necesidad de haber recibido ningún tipo de daño, puesto que el daño denunciado era hacia el emperador o la sociedad[253]. En estos términos, existe evidencia de que el *delator* no solo fue utilizado en diferentes distinciones ya mencionadas a lo largo de este punto, sino que además, fue instrumentalizado para la persecución de personas que no siguieran la religión marcada por el emperador, puesto que la apostasía nacional, el abandono de la religión romana tradicional, era no solo una desobediencia a la autoridad constituida, sino además un delito de orden público y una traición a la autoridad o

---

[250] Pettraccia, ibid, p. 13

[251] Ibid

[252] Ibid

[253] Ibid, p. 14

cargo, siendo este el caso de los Cristianos[254]. De esta manera, había una clara institucionalización, tal y como afirmábamos previamente, hacia los *delatores*.

Debido a la imagen que se había construido sobre esta institucionalización, y por sus ansias percibidas de riqueza por parte de la sociedad romana, los delatores fueron desterrados, considerándose una etapa de "paz y tranquilidad"[255], y, por ende, suprimiendo que el Tesoro dejase de recibir los bienes que eran incautados como resultado de las condenas. En ese sentido, se perdía una fundamental fuente de información que habría sido durante muchos años una opción más que recurrente para los romanos, pero que, al mismo tiempo, habría generado grandes problemas entre los ciudadanos debido, en parte, a los conflictos que ocasionó el recibir altas recompensas monetarias y posicionamientos sociales el mero hecho de denunciar.

2. Influencias de las acciones *qui tam* inglesas

En otro contexto más avanzado en la historia y territorio distinto encontramos la referencia a las acciones *qui tam* influenciadas en buena medida desde el derecho romano, bajo la pre-

---

254 En Sherwin-White, A. N. (1952). The early persecutions and Roman law again. *The Journal of Theological Studies, 3*(2), pp. 199-204, se puede apreciar cómo uno de los instrumentos para la persecución de los cristianos eran los informantes o delatores, utilizados de manera negativa y anónima para destapar a los calificados, por ese momento, como traidores del emperador o sistema.

255 Tal y como establece Marcial en sus epigramas, aunados en la obra *apud.* Guillén, J. (Ed.). (1986). *Epigramas de Marco Valerio Marcial.* Institución Fernando El Católico., en los que se habla de que en cuanto los delatores fueron expulsados, llegó la paz y la tranquilidad, citándose que "la turba molesta para la paz y enemiga del sosiego tranquilo, la que siempre iba buscando sórdidas riquezas, ha sido deportada a los getulos..." p. 66

misa de que los recursos públicos para combatir los delitos no eran suficientes. La evidencia escrita avala que las acciones *qui tam* tienen influencia del derecho penal romano, donde el enjuiciamiento de delitos, tal y como hemos analizado en el apartado anterior, en tanto que los delatores no solo recibían una recompensa económica, sino que también se otorgaban partes de los bienes de los acusados a los delatores que les habrían destapado[256]. Por ese motivo, las acciones *qui tam* se configuraban para dar al ciudadano la posibilidad de denunciar fraudes de los que fueran conocedores, conformándose ellos mismos como denunciantes, aspecto bastante similar al delator del derecho romano, bajo una serie de peculiaridades añadidas en el derecho anglosajón.

Dichas acciones derivan del aforismo jurídico *qui tam pro domino rege quam pro se ipso in hac parte sequitur* con la traducción literal al castellano de quien ejerce esta acción en nombre de nuestro Señor el Rey, así como en el suyo propio. De forma literal, se refiere al derecho de los ciudadanos privados a ejercer la acción de demandar por su cuenta y en su nombre, cualquier ilegalidad cometida por otro ciudadano contra el que fuese en ese momento el Rey, atendiendo a su situación como autoridad máxima. No es raro, en cualquier caso, apreciar las similitudes que presentan con la figura previa del delator, pues estas acciones presentadas por un ciudadano privado en repre-

---

256 Beck, J. R. (1999). The False Claims Act and the English Eradication of Qui Tam Legislation. *NCL Rev.*, *78*, p. 566. Dicho autor utiliza los comentarios sobre las leyes de Inglaterra realizados por BLACKSTONE, que trató de afirmar que el sistema de justicia inglés era bastante comparable con el derecho romano, dada la influencia que habría tenido el derecho romano sobre el derecho anglosajón. De esta forma, Blackstone hablaba de que, por contrato social, los ciudadanos están obligados tanto a obedecer las instrucciones del legislador como a pagar la multa a aquel que la ley exija. *Vid.*: Blackstone, W., Sharswood, G., & Field, B. (1916). *Commentaries on the Laws of England.* Oxford: Clarendon Press.

sentación de la autoridad máxima también permitían percibir recompensas pecuniarias, apreciando cierta influencia de la *Lex Pedia*[257], y, sobre todo, no olvidando la ocupación temporal de los romanos en *Britania*, entendiendo que ciertas costumbres legislativas se pudiesen trasladar a sus normas. Por ello, se habla de que ya entre los siglos XIV y XVIII[258] – aunque existe constancia de una anterior aplicación en otros términos en el siglo VII y posteriores – se podía ejercer de acusación, dando la posibilidad a los ciudadanos de presentar acciones bajo el nombre del Rey, cuando tuviesen conocimiento del incumplimiento de la normativa nacional[259].

Atendiendo a la constancia de que ya existe manifestación de estas acciones durante el siglo VII, concretamente, en el año 695 d.C. el entonces rey de Kent, Wihtred, decide establecer como norma la prohibición de trabajar entre la puesta de sol del sábado hasta la puesta del domingo, bajo el mandato de que los hombres libres no pueden desempeñar su trabajo durante ese tiempo prohibido. Para proteger el cumplimiento de dichas normas, decide que "aquel hombre que lo descubre debe recibir la mitad de la multa interpuesta al incumplidor de la norma, y la mitad de los beneficios que haya recibido del trabajo realizado durante el período prohibido"[260]. Según BECK, esto no era más que una estrategia para enfrentarse a la

---

257 Ibid

258 Park, V. R. (1990). The False Claims Act, Qui Tam Relators, and the Government: Which Is the Real Party to the Action. *Stan. L. Rev., 43*, pp. 1061-1063.

259 En Beck op. cit. p. 567

260 Considerado existía una prohibición por parte de la iglesia de realizar quehaceres desde la caída del sol del sábado hasta la del domingo, recogida dichas afirmaciones desde el punto 9 al 12 de las normas establecidas durante el reinado de Wihtred en Kent, a partir del 695 d.C. encontrandose toda la informacion disponible en Whitelock, D. (Ed.). (1996). *English Historical Documents, 500-1042*. Psychology Press.

escasez de recursos con los que se contaban para investigar en ese momento[261], volviendo a presentarse como método de una estrategia eficaz en la investigación de cualquier hecho. ARTEMIEV expone que "el parlamento comenzó, durante el siglo XIV, a recurrir cada vez más a la aplicación de la ley *qui tam* como medio más práctico para vigilar el cumplimiento de las normas"[262], expandiéndose el uso de las acciones en "todas las monarquías del Antiguo Régimen"[263], y exportando también dichas acciones al territorio de colonias americanas.

Dicha ley, desde 1318, a partir del Estatuto de York, otorga ciertos poderes a los ciudadanos privados dotándoles de la capacidad de poder ejercer acciones civiles o penales, aunque ellos no sean los afectados de forma directa[264]. De esta forma, tanto el parlamento como los jueces podían contar con otro método de disuasión, pues de la misma forma que ocurría en Roma, la autoridad no tiene ojos en todos los lugares, especialmente teniendo en cuenta que en más de una ocasión las normas nacionales contradecían los intereses de los funcionarios locales, empezando a estudiarse que el efecto deseado de las normas era disuadir a base de aumentar la percepción de que la condena iba a ser efectivamente ejecutada[265]. En palabras de

---

261 Beck op. cit. p. 568

262 Artemiev, R. (2017). *Qui Tam legal concept and practice: evolution of the legislation in the United Kingdom and the United States of America.* Westminster

263 Considerando que la colonización de América fue llevada a cabo por el imperio británico, en Ortiz Pradillo (2015) op. cit. pág. 141 se indica que las acciones *qui tam* fueron exportadas a las colonias americanas a través de lo que el mismo autor llama "*colonial laws*".

264 Caminker, E. (1989). The constitutionality of qui tam actions. *The Yale Law Journal, 99*(2), pp. 341-388.

265 En el Estatuto de York de 1318, 12 EDW. 2, Stat. 1. – A.D. 1318, se establecía, en el Chapter 6, que ningún oficial de ninguna ciudad (ente local) vendería vino o víveres mientras tuviese su cargo. En este caso, existía un conflicto de intereses entre las normas marcadas a nivel nacional,

BECK, el método consistía en "inducir a los ciudadanos locales para actuar como agentes del Rey"[266], facilitando la investigación de los asuntos prohibidos por las normas superiores, ya que, en muchas ocasiones, tampoco se contaba con funcionarios de la realeza que pudieran ejercer la función del cumplimiento de los intereses de la corona.

Las acciones, según ARTEMIEV, se identificarían bajo una serie de elementos que están presentes en las acciones *qui tam* y que, por ende, las definen: i) el estatuto defiende los delitos contra el soberano o intereses del Estado; ii) se determina una sanción o confiscación resultado del delito; iii) se permite una acción civil o penal instada por una parte privada; iv) no es necesario que el informante sufra agravios; v) si la denuncia es exitosa y lleva a una adecuada resolución del caso, el informante tendrá derecho a un beneficio privado que podría consistir en parte o la total cuantía exigida al acusado[267].

Era sabido que las acciones presentaban ciertos problemas, pero que aun así eran positivas para el reino ya que resultaban provechosas para el control del buen desempeño de las funciones públicas. Especialmente entre el siglo XIV y hasta el siglo XX, las *qui tam actions* fueron aceptadas y establecidas en los estatutos de control de los funcionarios públicos, la justicia, el contexto económico y de empleo e incluso los comerciantes de

---

afectando de forma directa a las locales, pues los funcionarios tenían esas ventas como una fuente de riquezas. Por ello, para asegurar que se iba a percibir una clara posibilidad de decomiso de los productos ilegales, y ya que en ese momento la capacidad de la Administración era mucho menor, se dio la posibilidad de incorporar las *qui tam provisions*. Todo ese recorrido de normas se encuentra disponible en Kilty, W. (1811). *A Report of All Such English Statutes as Existed at the Time of the First Emigration of the People of Maryland*. Annapolis, MD: John Chandler.

266 Beck. op.cit. p.568

267 Artemiev, op.cit., p.37

las ferias[268]. Todo ello porque al igual que en la etapa romana, se había profesionalizado la figura del informante, teniendo como resultado una nueva dedicación para los ciudadanos, incrementándose de esta forma las denuncias de mala fe o la consideración negativa hacia estos por parte de la sociedad a nivel general. Puede que esa profesionalización se valiese de las distintas leyes *qui tam* promulgadas.

Según BECK, se volvió inevitable que muchos ciudadanos decidieran abandonar sus empleos y profesionalizarse en el combate al crimen, especialmente por las promesas a recompensas que tenían estos denunciantes[269]. De esta forma, se suple la incapacidad de combatir determinadas irregularidades y crímenes tanto en la función pública como en la ciudadanía privada, pero se continúa en una especie de bucle en el que se demanda la colaboración ciudadana frente a una ausencia de estructura eficaz.

Como breve conclusión, entrado el siglo XX–y sin perjuicio a continuar un análisis de la influencia de las acciones *qui tam* en EE. UU. – el parlamento británico decide no continuar con la aplicación de dichas acciones. Al contrario de lo que se es-

---

[268] Se establecía dentro del Estatuto de Northampton (dentro de los aspectos relativos a "*Fairs and Markets*", en el apartado C*)* una limitación horaria para la celebración de las ferias, y dentro de ésta, la posibilidad de que si se descubría el incumplimiento de las normas sobre finalización de las ferias, el feriante debería recibir el castigo de dar el doble del valor de lo que haya podido vender al señor Rey, y en el caso de existir un informante en esa actuación, las reglas *qui tam* establecían que el informante recibiría una cuarta parte de los costes que el rey vaya a recibir como multa. De forma que, si un mercader recibiera 20 esterlinas fuera de los horarios permitidos, tendría que pagar 40 al señor rey, y 5 al informante. Todo ello, recopilado en la obra de Bacon, M. (1846). *A new abridgment of the Law with Large Additions and Corrections* (Vol. 4), p. 157.

[269] Beck op.cit. p. 577, así se manifiesta también en los *bounty hunter* en el continente norteamericano.

peraba debido a su eficacia, el Parlamento decidió dar un giro hacia el derecho penal público, o, dicho de otra manera, evitó retornar hacia un derecho penal privado, en el que el Estado pagase por obtener información de los ciudadanos, delegando así en ellos una obligación que debían ejercer sus instituciones de derecho[270]. La intención de derogar el proyecto de los informantes era reforzar las instituciones para aumentar las garantías tanto en los procesos penales como dejar en manos del Estado la objetividad de iniciar o no las investigaciones, pues en Inglaterra, el aumento de profesionales dedicados a personarse bajo el nombre de la Corona, había comenzado a generar una serie de problemas, considerando uno de los más importantes el abuso de denuncias por parte de determinados profesionales de la delación, o tal y como se califican en la obra de ORTIZ PRADILLO, los *common informers*. Tal y como se presentan en la obra de BECK, la profesionalización de determinados ciudadanos había traído consigo un clima completamente parecido al de los delatores antes de ser expulsados de Roma, pues éstos eran vistos con recelo especialmente por las clases medias y bajas de la sociedad inglesa desde 1566[271] debido a sus acusaciones fraudulentas y a la conversión de las obligaciones ciudadanas en una especie de empleo.

Sumado al clima negativo que giraba en torno a ellos, se añade la trampa de los procesos penales que concluían llegando a un acuerdo. Estos acuerdos, calificados como "*composition*" se realizaban en aras de proteger los intereses de ambas partes, incluyendo al propio informante. El denunciante también tendría derecho a solicitar un acuerdo en el que negociar con el denunciado, y en eso consistió el primer problema, en que ambas partes realizaban acuerdos sin el control del juez para evitar que la Corona recibiera su parte, llegando a acuerdos si

---

270 Ibid, p. 566

271 Ibid p. 578

el informante abandonaba la acusación, para que el acusado no tuviese que realizar un pago mayor, y se ahorrase tanto el pago del litigio como el pago a la Corona[272]. De este modo, el informante podía llegar a recibir incluso más monto económico que continuando el proceso, repartiéndose fuera de las garantías del proceso la cantidad económica acordada. Con dicho problema, se había creado una táctica para combatir el crimen que, posteriormente, se habría convertido así mismo en una trampa para seguir engañando económicamente. Hecha la ley, hecha la trampa.

Asimismo, ARTEMIEV indica que parte del declive de las acciones llegó tras la modernización de los departamentos de funcionarios de policía y el aumento de recursos estatales destinados a incrementar el número de recursos en la seguridad y justicia. Por ende, dado que ya no existían los problemas en cuanto a la insuficiencia para llevar los delitos a los tribunales, las acciones *qui tam* comenzaron a restringirse[273]. Dicho de otra forma y explicada desde una visión actual: a la falta de recursos estatales públicos se utilizaron medios privados – en este caso ciudadanos – para acceder al conocimiento del crimen, dando incentivos financieros que pudieran compensar la labor social que los mismos desempeñaban[274]. Una vez se financiaron mayores recursos para el servicio público, esta privatización desaparecería, por lo que el mal clima generado en torno a los denunciantes quedaría en la historia, dejando en manos de la Administración las labores de detección.

Tantos fueron los problemas que se habían generado, y con bastantes similitudes a la antigua Roma, que, con el paso del tiempo, en 1951, bajo la *Common Informers Act* se deroga el procedimiento del delator común sobre todos los Estatutos que

---

272 Ibid, p. 581

273 Artemiev, op.cit., p. 41

274 Ibid

habían sido aprobados consecuencia del éxito que habían generado las recompensas a la justicia[275], pero más aún, las riquezas que habría creado en los profesionales de la delación. Sin embargo, a pesar de la eliminación de dicho proceso común, los delatores continuaron en el continente norteamericano con un aparente éxito. En estas líneas a continuación trataremos de hacer un breve recorrido de lo que ha supuesto para el país vecino la adopción de determinados incentivos económicos a la denuncia, asi como el contexto sobre el que se traslada ese mismo sistema *qui tam* a sus normas, y su evolución.

3. Incorporación y modernización del delator y las *qui tam actions* al derecho norteamericano

Entre 1820 y 1840, Swartwout, soldado y encargado de realizar la recaudación de impuestos en el puerto marítimo de Nueva York, huye de Estados Unidos con una gran cantidad económica de dinero – aproximadamente 30 millones de dólares del año 2011 – con destino a Londres. Una vez que se inicia la investigación en el Congreso, se concluye en que todos los controles y auditorías fallaron, pues a pesar del conocimiento del delito, los encargados del control asumieron que su lealtad era para con Swartwout, y no al Gobierno.

---

275 Tanto en Ortiz Pradillo (2015) op.cit. p. 142 como en Edwards, J. Ll J. (1951). Common Informers Act, 1951. *The Modern Law Review, 14*, pp. 462-465. se indican varios motivos por los que Inglaterra decidió acabar con las recompensas económicas a los denunciantes, entre los que destaca su profesionalización, y las trampas que se llevaban a cabo como los acuerdos a los que llegaban denunciante y acusado para no entregar la multa al Estado, o las denuncias vengativas hacia los vecinos, sin la consideración de que a través de este tipo de denuncias se afectaba al interés general.

Se podrían plantear distintas alternativas de control en estos casos, y así mismo lo propone como hipótesis KUBLI-GARCÍA[276], pero la que nos compete en esta investigación es la alta probabilidad de que los empleados que acompañaban a Swartwout – que posteriormente admitieron tener conocimiento de la irregularidad – pudiesen haber informado a las autoridades presentando una acción contra él, evitando de esta forma que el dinero saliese de Nueva York. Asimismo, también se habla de la obtención de protección para evitar las represalias esperadas por ellos, tal y como en 1863 se aprobaría en el Congreso bajo la primera ley de protección a los *whistleblowers, la False Claims Act.* De hecho, según THÜSING, la denuncia de irregularidades de este tipo, en EE. UU., es bastante previa al nacimiento del país tal y como lo concebimos actualmente, pero no fue incorporándose dicha estrategia hasta comprobada su necesidad, incluyéndose disposiciones *qui tam* dentro de diversos estatutos aprobados durante el Primer Congreso estadounidense y tras haberse redactado su Constitución[277].

Según esa traslación de instituto de las acciones *qui tam,* estas ofrecían "un medio no convencional por el cual el Congreso puede recurrir a la ayuda de ciudadanos privados para hacer cumplir los regímenes legales federales"[278]. De esta forma, los ciudadanos podrían iniciar un proceso en su nombre, pero también en el de los EE.UU., de tal modo que se traten de recuperar los daños realizados contra el Estado y hacer cumplir la ley contra aquellos que la hayan incumplido. Con esta ac-

---

[276] Kubli García, F. (2019). *Instituciones de rendición de cuentas en Estados Unidos de América.* Tirant lo Blanch. pp. 97

[277] Cabe recordar que todo este contexto se produce ante la guerra de independencia de los Estados Unidos, Helmer Jr, J. B. (2012). False Claims Act: Incentivizing Integrity for 150 Years for Rogues, Privateers, Parasites and Patriots. *University of Cincinnati Law Review, 81,* p. 1263

[278] Caminker, E. (1989). The constitutionality of qui tam actions. *Yale Law Journal, 99,* p. 341.

ción, el demandante inicia un proceso compartido, de tal forma que el reparto de la recuperación se hará de forma simultánea entre el Estado y el relator. Por lo tanto, compartiendo esa autentica labor de lucha contra el fraude entre ciudadano y Estado, apreciamos una verdadera influencia de las *qui tam actions* donde la Corona y el ciudadano medio inglés contribuía a combatir la criminalidad, pudiendo prever que esto tendría ciertos efectos en la profesionalización de individuos también en EE.UU.

Siguiendo las prácticas de Swartwout, durante la guerra civil, se vivieron auténticos fraudes que precisaban de cierto castigo. Ante tal conflicto bélico y la ausencia de una organización que pudiera detectar dichos problemas y el desorden lógico que conlleva una guerra civil, surgieron distintas prácticas que llevaban al ejército de la Unión a sufrir distintos sucesos en su material bélico. Hablamos, sobre todo, de venta irregular de material para la fabricación de los uniformes de los soldados, que, como bien indica HELMER, provenía de materiales defectuosos a propósito, así como también existía una malversación de fondos importante en cuanto a materiales que eran defectuosos, y se conocía dicha situación[279]. Ante tal escenario, no solo con intención de castigar a los defraudadores, sino también de destaparlos, se expresa lo siguiente en el Congreso: "El proyecto de ley se presenta con el propósito de descubrir y castigar estos enormes fraudes a nuestro Gobierno"[280]. Ante esa necesidad de descubrir a los que cometían el fraude se propuso en determinado momento pagar una recompensa de la cantidad que se recuperase a aquellos que destapasen, descubriesen, a los defraudadores, como el propio HELMER indica en su título: "*enlisting a rogue to catch a rogue*"[281]. En la traducción

---

279 Helmer (2012) ibid, p.1261.

280 Ibid, p. 1264

281 Ibid

literal, estaríamos hablando de que se ha regulado o legalizado la figura del pícaro para cazar a otros pícaros. Al menos esa fue la primera intención en el Congreso de su aprobación, donde se percataron que con el incentivo y promesa de premios, algunos de los que habrían defraudado, cambiarían de labores y empezarían a denunciar a los defraudadores conocidos.

Como contexto, siguiendo a CAMINKER, estas acciones fueron autorizadas ante el Primer Congreso celebrado en EE.UU., reconociendo la Suprema Corte el derecho a la recuperación o decomiso que se otorga gracias a la actuación de los informantes comunes, que, sin interés en los asuntos del Estado, decide informar en el fraude a la Administración Pública[282]. Esta especie de suplantación de poderes en la que el ciudadano o cómplices se personan en un proceso como acusación no solo actúa contra las empresas privadas que puedan defraudar al Estado, sino también al propio poder ejecutivo a cumplir la legislación vigente, tal y como podremos apreciar en el siguiente punto general, donde analizaremos con carácter general cuál es la situación actual en cuanto a la legislación norteamericana. En este sentido, se afirma que la inclusión de acciones *qui tam* a través de la aprobación de la FCA responde a la intención de la Administración para ser más eficaces y alentar a que las personas que tengan conocimiento de fraude puedan facilitar toda la información con la que cuenten, contando con que, con la ciudadanía y los esfuerzos del Estado, habría herramientas para acabar con el fraude[283].

Nos parece completamente acertado decir que su regulación viene de una búsqueda de eficacia y detección, dada la desesperación apreciable en las declaraciones de su aprobación. Esa desesperación llegó cuando, incluidos los fiscales, se

---

282 Caminker, ibid, p. 342

283 Kunich, J. C. (1990). Qui Tam-White Knight of Trojan Horse. *American Business Law Journal, 33*, p. 33.

recibiría una recompensa a la persona que denunciase fraudes y resultase una condena exitosa para el Gobierno. Es decir, el propio servidor público encargado de investigar podía realizar una denuncia contra un contratista y recibir una cuantía económica por ese proceso. La cuantía, en ese momento, era de un 50%, dado que, aunque se considerase en la actualidad una cuantía bastante amplia, el objetivo primordial era que los Estados Unidos quedasen completamente resarcidos, aunque se pagase un 50% de la recuperación. El presidente Lincoln, aprobada por la Cámara y el Senado, firma en 1863 la aprobación de la False Claims Act, incluyendo las disposiciones *qui tam* del 50%[284].

Como era de esperar, al igual que ocurrió con las acciones *qui tam* en Inglaterra, según lo que hemos indicado en los anteriores puntos, la FCA generó también malas prácticas que se intentaron aprovechar de dicha regulación. Nuevamente: hecha la ley, hecha la trampa. Se generó lo que HELMER califica como un ejército de *parásitos* que se dedicó, entre otras cosas, a aprovechar las ocasiones en las que el fiscal abriese un proceso penal contra los defraudadores, presentando ellos, al mismo tiempo, un proceso civil contra los defraudadores. Dicho de otra manera: empezaron a surgir profesionales de las acciones que acechaban fuera de los tribunales esperando la apertura de causas contra determinados contratistas del sector de defensa[285].

Hubo varios intentos de eliminar las acciones *qui tam* en ese proceso bélico y durante muchos juicios[286], pero esos intentos

---

284 Helmer, op.cit. p. 1267

285 Ibid

286 Este proceso de aprovechar las acciones llegó al propio Tribunal Supremo donde se argumentó que, a pesar de los beneficios que le reportaba al país recuperar parte de los fraudes, surgían problemas que servían a muchos relatores profesionalizados. Al igual que paralelamente surgía

fueron completamente reducidos a modificaciones de las acciones tras la Segunda Guerra Mundial. Con la presentación de enmiendas en 1943, se pretendía reducir las cuantías de recompensas otorgadas a los relatores, llegando incluso a eliminar durante una temporada las recompensas económicas. Las enmiendas trajeron modificaciones sustanciales: i) se eliminaron todas las acciones *qui tam*; ii) se reconocía el papel del gobierno en la lucha contra el fraude dotándole a el de actor durante todo el proceso; y iii) se exigía al relator presentar todas las pruebas desde el momento de presentar la demanda. En la nueva versión del proceso, el Gobierno incluyó la opción del 10-25%. Es decir, a partir de 1943, las recompensas ya no serían de un 50% para el denunciante, sino que, si el gobierno se personaba durante el proceso, el denunciante podría recibir no más de un 10% de la cuantía recuperada, mientras que, si permitía al denunciante toda la carga de pruebas absolutas, esa cuantía se elevaba a un 25%. Sin embargo, las cifras eran completamente discrecionales: la cuota se decidía dependiendo de los resultados posteriores[287].

Terminado todo conflicto bélico en Estados Unidos, llegado el gobierno del presidente Reagan, se promulgan nuevas enmiendas a la *False Claims Act*. Esta promulgación de nuevas enmiendas vino acompañada, como no, de un incremento de gasto en defensa, coincidente con el conflicto entre la Rusia Soviética y los Estados Unidos. La guerra fría tuvo también consecuencias sobre las disposiciones *qui tam*, aunque parezca sorprendente, dado que con ese incremento de gasto y de actividad, aparecieron nuevamente los fraudes. Descubierta la ineficacia del DOJ en el combate al fraude, surgió la necesidad

---

en Inglaterra, en Estados Unidos se ampliaba mucho más el debate, eliminando la recompensa del 50% de las cuantías recuperadas. Ibid, p. 1270

287 Ibid, pp. 1268-1270

de tomar respuestas rápidas: en 1986, presidencia promulgó de nuevo determinadas enmiendas a la FCA.

En esas enmiendas recogidas, se modificaban determinados puntos, pero quedaron dos asuntos claros:

i) En 1943, la modificación de la FCA dictaminaba que, si el Gobierno tenía conocimiento previo de la información presentada por el informante, cualquier demanda posterior quedaba desestimada. Es decir: si el Gobierno ya había tenido la información mucho antes que el informante, el informante no participaría en el proceso y tampoco obtendría recompensa. En 1986 se elimina ese requisito y se añade que no se podrán presentar demandas civiles de recompensa en aquellos casos que se trate de divulgaciones públicas; o lo que es lo mismo: si la información ya está siendo judicializada y ha sido conocida por acceso a las audiencias o por medios de comunicación, no se podrá demandar recompensa: a no ser que *whistleblower* sea una de las fuentes originales de la información de esa judicialización y acusación. Por lo tanto: ser fuente principal de la información y haber colaborado previamente en la entrega de información, aunque fuese ínfima, volvía a dotar a los relatores de posibles incentivos o recompensas.

ii) Ante la aprobación de las enmiendas y de la incorporación, nuevamente, de las recompensas a las personas denunciantes, hubo dos posiciones distintas que seguían respondiendo a la misma situación de 1943. Por un lado, el DOJ seguía manifestando la falta de ayuda para que el Gobierno detectase las irregularidades, siendo competente de por sí solo para la detección de las mismas. Por otro lado, uno de los protagonistas de las enmiendas expuso que las propuestas respondían, o al menos esa era la intención, a un apoyo auxiliar de los ciudadanos con el Gobierno, como un mecanismo más de control. En consecuencia, Ronald Reagan aprobó las enmiendas presentadas y las acciones *qui tam* fueron reactivadas como método de colaboración y premio a los ciudadanos[288].

La justificación de necesidad de incorporación de las provisiones *qui tam* que exponen los instrumentos internacionales anteriormente citados es clara: las reformas a la legislación en materia de protección a los *whistleblowers* se llevan a cabo con la intención de aumentar la transparencia de las instituciones y de construir mecanismos para exigir responsabilidad y rendición de cuentas tanto a las instituciones financieras como a las políticas. En el continente norteamericano encontramos una amplísima diversidad de legislación en materia de protección y regulación a los *whistleblowers,* estableciéndose leyes específicas para cada sector: ámbito corporativo, medioambiental, nucleares, agencias de seguridad, empleados federales, militares, etc.[289]. Sin embargo, como veremos en los casos particulares de análisis, estas reformas no siempre han generado el objeto de su incorporación: sigue habiendo opacidad en la información, sigue habiendo ausencia de rendición de cuentas y la normativa existente no protege del todo las represalias contra las personas que denuncian, especialmente cuando se denuncia al gobierno.

Sin embargo, recordando lo expuesto en el primer capítulo de la investigación, esta incorporación responde a las supues-

---

288 Ibid, pp. 1275-1276

289 Todas estas regulaciones se encuentran aunadas Kohn, S. M. (2007). *Federal Whistleblower Laws And Regulations.* United States Government officer or employee as part of that person's official duties. sin perjuicio de que algunas de las leyes como Dodd-Frank fueron posteriormente aprobadas en 2010 y no se incluyen en dicha obra, por lo que, a pesar de que se encuentra desactualizada, sirve como guía de referencia para tomar en cuenta que existe una organización en torno a materias sobre la protección a los *whistleblower.*

tas respuestas positivas que han sido obtenidas en EE.UU., específicamente en aquellos casos donde tras un acontecimiento significativo, se tomaron medidas legales en respuesta a los hechos. Así se demuestra cuando, a pesar de los debates que giran en torno a la FCA, cuatro presidentes han ido modificando las acciones y añadido disposiciones para continuar con esta tradición jurídica. Específicamente, ha sido el sector de defensa el encargado de justificar la necesidad de contar con estas acciones, dado que este sector es, mayoritariamente, uno de los más activos en los EE.UU. Dicho de otra forma, parafraseando lo ya dicho: ante acontecimientos importantes, los Estados Unidos marcaron una guía de cómo actuar según el funcionamiento que habría tenido en su país previamente. Lo que nos interesa en cuanto a este sistema, precisamente, no es tanto el sector privado o un sector específico, sino la denuncia ciudadana y la de los servidores públicos en cuanto a asuntos relacionados con la Administración Pública, dado que el interés de esa información cambia, especialmente si se trata de información pública clasificada. No obstante, no corresponde en este punto analizar estas causas, sino que abordaremos todo ello en el punto II de este capítulo.

Asimismo, antes de retomar el objetivo de este punto, que es demostrar el utilitarismo y la evolución que ha tenido la figura que aquí analizamos, trataremos de forma breve una importante cuestión surgida de la profesionalización de la recompensa a las personas denunciantes: los *bounty hunter* y la utilización de la estrategia de control social desde el fomento de las denuncias en ciudadanos. El objetivo es, una vez más, aportar más material que justifique la visión utilitarista y negativa que gira en torno a las personas denunciantes. Es decir: queremos secundar uno de los objetivos secundarios de este trabajo: entender por qué las personas denunciantes son asociadas de forma constante a "chivatos", "traidores" o "sapos" en la jerga latinoamericana.

3.1. Consecuencias de la profesionalización de las acciones qui tam en Estados Unidos: los bounty hunter

Además de las acciones, no debemos olvidar la amplia presencia de los *bounty hunter* en determinados Estados en periodo colonial, que, en palabras de GIMENO BEVIÁ actuaron también como apoderados del Estado, contando con derechos similares al *sheriff*. Los derechos del *bounty hunter* como sujeto privado fueron reconocidos a partir de 1873 en el caso Taylor *v.* Traintor para poder adoptar la capacidad de ejercicio de las detenciones a acusados en estado de fuga, de tal forma que una vez eran entregados ante la autoridad, podrían recibir su posterior recompensa[290]. Esto es, en las mismas palabras que las acciones *qui tam*, la instrumentalización de ciudadanos pri-

---

[290] Dicha figura, bastante presente entre los wésterns, tenía como principal objetivo y concepto ser un "cazarrecompensas", de forma que al detener a un acusado que se hubiese fugado, según Gimeno Beviá (2019) el proceso consistía en que, tras haber impuesto una fianza al detenido, este la pagaba normalmente acudiendo a un fiador, y a través de ese préstamo, el dinero iba al Tribunal, devolviéndole la cantidad si el acusado no comparecía en su cita judicial. Consecuencia de las pérdidas económicas de los fiadores, los cazarrecompensas se convirtieron en una herramienta para recuperar tanto la fianza, como al fugitivo, aumentando la eficacia en la puesta a disposición judicial. Gimeno Beviá, J. (2019). Problems posed by incorporation of the American model of rewarding the whistleblower in the Spanish legal system and in regulatory compliance. En I. López-Barajas Perea & M. Díaz Martínez (Eds.), *The Recent Reform of Spanish Criminal Procedure: Fundamental Rights and Technological Innovations.* Tirant lo Blanch, pp. 199-219. En la sentencia *Taylor v. Traintor,* el Tribunal dotó de una serie de pautas a los fiadores con la finalidad de que la conducta que ellos ejercían se acercase lo máximo posible a la ley, o al menos no la incumpliera. De este modo, también se decidió que los cazarrecompensas tendrían la misma autoridad que un agente de la ley cuando se tratase de un fugado. Johnson, B. R., & Warchol, G. L. (2003). Bail agents and bounty hunters: Adversaries or allies of the justice system? *American Journal of Criminal Justice,* 27(2), p. 148.

vados para llegar a dotar de la eficacia que el Estado, por sí sólo, no alcanzaba.

El origen de estos sujetos parece ser del todo desconocido, según JOHNSON y WACHOL, pero hay resquicios de la doctrina que aluden a las fianzas y los prestamos el origen de dicha figura, situando en que los prestamistas, ante la incapacidad de pago de los sujetos de la fianza al *sheriff* una vez quedaban libres, mandaban un mandato de búsqueda y captura. Estos prestamistas, a su vez, habrían dado préstamos a los prófugos de la justicia para que éstos mismos pudieran pagar la fianza con la que quedar libres. De esta forma, según los mismos autores, el prestamista adquirió ciertos poderes en el proceso penal[291].

Lo relevante de la decisión de *Taylor v. Traintor* es que tiene aplicación efectiva actualmente, teniendo una transferencia de poder sobre los antiguamente llamados *cazarrecompensas*. No obstante, no figuran con la imagen que podemos hacernos mentalmente tras el visionado de distintas películas o series del antiguo Oeste, dado que en la actualidad son empleados de empresas dedicadas al préstamo de las fianzas en el ámbito penal, llegando a recibir cuantías económicas de importante calado, siempre dependiendo del caso que reciban[292]. En este punto, es importante mencionar que la aceptación de aquellos funcionarios que son los encargados de aplicar la ley es variante, pues la percepción de las Fuerzas y Cuerpos de seguridad

---

[291] Así como las acciones *qui tam*, dicha filosofía del Derecho se adquirió también de Inglaterra, trasladándose posteriormente a EE.UU., pero con la diferencia de tamaño del país, asi como también la socialización existente entre comunidades, las fianzas y los fiadores acabaron siendo un instrumento con derechos similares a las autoridades públicas, de tal forma que el *Sheriff* y el fiador podían sacar edictos de búsqueda y captura a los deudores. Johnson Y Warchol, ibid, pp.146-148.

[292] Ibid, p.161

del Estado ante dicho fenómeno no es un elemento poco importante: puede haber una aceptación por la percepción de carga de trabajo, frente a un rechazo por intromisión en las funciones, incluyendo aquellos que desconocen la existencia, todavía, de cazarrecompensas[293]. De hecho, su escaso conocimiento, así como la ausencia de regulación clara al respecto, ha generado debates al punto de que parte de que algunos autores indican que existen problemas en cuanto a la rendición de cuentas de los *bounty hunter*, aun teniendo la misma capacidad coercitiva para aprehender como actores de seguridad privada[294].

A pesar de estas anteriores exposiciones, tal y como bien defienden los autores JOHNSON y WARCHOL, uno de los problemas de investigar a la figura del cazarrecompensas es que existe una tendencia a representar a dichas figuras desde la cultura popular, mucho más que a través de investigaciones que puedan darnos mayor luz y sean del todo empíricas[295]. Por ese motivo, y dado que la relevancia para nuestro estudio es su existencia y la comprobación de que legalmente había una aceptación a las actuaciones de estos individuos, podemos afirmar que contextualizada la imagen del *bounty hunter* continuaremos con la influencia de las acciones *qui tam* sobre normativas actuales.

---

293 Ibid, p.160-163

294 Fisher, R. R. (2009). The history of American bounty hunting as a study in stunted legal growth. *NYU Review of Law & Social Change*, 33, 230-233.

295 Ibid, pág.155, para terminar con este punto cabe decir que existe cierto debate en cuanto a la utilización y eficacia de estos cazarrecompensas, llegando incluso a la actualidad. Parte de la doctrina indica que la existencia de estos continúa siendo un mensaje desalentador en cuanto a la eficacia del poder judicial, la ley y el mercado en cuanto a regular a los *bounty hunter* para que puedan tener las mismas garantías y responsabilidades que las fuerzas y cuerpos de seguridad. En FISHER, ibid, pág. 231

En conclusión, nos encontramos nuevamente ante una instrumentalización y colaboración entre los sujetos privados y el Estado para combatir cualquier tipo de criminalidad e irregularidad, de ahí la visión cultural y negativa de los *cazarrecompensas*, asociándose dicha imagen a la actualidad en más de una ocasión, especialmente en territorios donde esta figura sí ha tenido presencia.

Las *qui tam actions* se convierten con el paso del tiempo en una verdadera institución eficaz para los EE. UU. y en una política criminal que sirve para paliar los déficits de la Administración de Justicia. Sin embargo, la mayoría de los estatutos tradicionales se encuentran actualmente en desuso, puesto que el Congreso ha modificado esas acciones para convertirlas en demandas ciudadanas o *citizen suits*[296] a través de disposiciones legales que incentiven la denuncia. Todo ello, y sin entrar en valoraciones de naturaleza administrativa o laboral, se acaba convirtiendo en tres leyes específicas – sin perjuicio de que existen muchas más – que tienen en común la protección a los alertadores que defiendan los intereses no solo del Estado, sino del mercado económico estadounidense: False Claims Act (1863), Sarbanes Oxley (2002) y Dodd-Frank (2010). En ellas, existen ciertas semejanzas, poniendo en el punto de mira los incentivos económicos y las causas por las que se erigen como una estrategia ideal para obtener denuncias tanto en el ámbito de los fraudes contra la Administración Pública, como en el del sector financiero. De ellas, hablaremos en la segunda parte de este capítulo en mayor profundidad e incluiremos en su totalidad las leyes importantes en cuanto a los elementos que nos interesan de los *whistleblower:* la toma de decisiones en cuanto a la gravedad de la información y los incentivos.

---

296 CAMINKER, op.cit., pág. 343

A la mala visión de los cazarrecompensas debemos sumar la instrumentalización de la figura de los alertadores, informantes o denunciantes en épocas oscuras y contextos históricos distintos. Para ello, hemos analizado distintas leyes aprobadas a lo largo de la historia, en diferentes países y contextos, que muestran como la utilización de los alertadores o informantes era, en múltiples ocasiones, una herramienta más para que el Estado pudiera frenar situaciones incomodas, generalmente, contra sectores sociales que acababan siendo posteriormente víctima de los alertadores. Hablamos, concretamente, de regímenes autoritarios, pero también de sistemas políticos que demandaban la necesidad de control en su población para triunfar en los propósitos socioeconómicos.

3.2. Instrumentalización del *cazarrecompensas* o informante en otros contextos: la denuncia como control social

Durante las etapas más complicadas en muchos de nuestros países, la figura del informante fue concebida como un mecanismo para atacar a determinados sectores sociales y hacer público lo que en ese momento se consideraba delito contra la Corona, Régimen o Estado. Aunque esto dependa de las circunstancias históricas, el objetivo de este subapartado es mostrar cómo en determinados momentos de la historia, el utilitarismo de la persona denunciante ha tenido ciertos usos e incentivos que han generado una imagen negativa sobre los mismos, continuando con el paso del tiempo hacia una mala visión cultural justificada en hechos históricos. Esto se ve fortalecido por ideas como la que la propia AREDNT describe en cuanto al trato de los individuos frente a los totalitarismos, donde se indica que, ante el triunfo de regímenes de ese carácter, la condición humana se pulveriza, volviendo a los ciudadanos sujetos moldeables por la propaganda que emita el poder. En ese sentido, si la propaganda pone el foco sobre un enemigo, los ciudadanos tratarán de favorecer al poder del que dependen a través de la exposición o denuncia de esos enemigos, ya sea por convicción o por percepción de incentivos de todo tipo[297]. Sin embargo, tal y como veremos en este punto, el convencimiento ideológico no siempre es el elemento crucial para denunciar.

Al haber hablado de las acciones *qui tam* con anterioridad en la Inglaterra del siglo XVII, poco o nada se recuerda la visión de cierta parte de la población sobre la acción popular y aquellos que se acogían a la misma. En tal caso, quedan distintos escritos donde se refleja la imagen negativa de su presencia, especialmente en casos como el de Jonathan Swift, que llegaba a calificarles en una obra satírica de la siguiente forma:

> "Quien pueda aportar pruebas suficientes, que ha cumplido estrictamente las leyes de su país durante setenta y tres lunas, tiene derecho a ciertos privilegios, según su calidad o condición de vida, con una suma proporcional de dinero de un fondo destinado para ese uso: adquiere asimismo el título de Snilpall, o legal, que se agrega a su nombre, pero no desciende a su posteridad. Y a esta gente le pareció un prodigioso defecto de política entre nosotros, cuando les dije que nuestras leyes sólo se aplicaban con penas, sin mención alguna de recompensa"[298].

---

297 *Vid.* Arendt, H (1973). *The origins of totalitarianism.* Houghton Mifflin Harcourt, págs. 341 y ss.

298 Respecto a este sentir, trata a los informantes como "vigilantes de palabras y acciones" en su obra "Los viajes de Gulliver", y así se recoge en la siguiente documentación, creada e interpretada como critica a la supuesta racionalidad de los seres humanos, que a pesar de que presumen ser racionales, obedecen a reglas plagadas de supuesta irracionalidad, marcadas en muchos casos por determinadas atrocidades como, bajo su visión, las recompensas a los informantes. A su vez, dentro del propio texto de descripción previo a dar paso a su obra, se indica que el propio Swift fue víctima de esas recompensas, pues ante sus escritos, la Corona le acusó de sedición, ofreciendo una recompensa para identificar al escritor de sus molestas obras. *Vid.:* https://espanol.libretexts.org/Humanidades/Literatura_y_Alfabetizaci%C3%B3n/Libro%3A_Li-

Si bien somos conscientes de que es una sátira, no es raro ver como en determinadas épocas estos documentos son utilizados por los expertos para tratar de explicar cómo funcionaban ciertos elementos de épocas pasadas. Y sin duda, es un buen ejemplo traer a esta investigación la explicación de Jonathan Swift no solo por su dedicación anglicana, sino por el contexto de dicha sátira, donde pone en cuestión ciertas leyes que a su parecer eran injustas. Ejemplo de ello es la *Act for the further preventing the Growth of Popery* (1698) mediante la que se aprueba la recompensa económica de 100 libras esterlinas a aquellas personas que pusieran en conocimiento la existencia de prácticas religiosas relacionadas con el catolicismo romano. Ante ello, la crítica giraba en torno a la recompensa debido a los castigos recibidos: la persona denunciada podía recibir sanciones de prisión perpetua dentro del reino[299].

No solo se contaba con recompensas o incentivos, sino que, además, como bien indica MONTERO AROCA, también se contaba en ese momento con las denuncias anónimas, re-

---

teratura_Brit%C3%A1nica_I_-_Edad_Media_al_Siglo_XVIII_y_Neoclasicismo_(Robinson_y_Getty)/04%3A_El_neoclasicismo_y_el_siglo_XVIII_(1660-1797)/4.07%3A_Jonathan_Swift_(1667-1745) [Recuperado en 23 de enero de 2022].

299 Los enfrentamientos históricos durante esa época entre la iglesia Anglicana y la iglesia Católica dejaron, temporalmente, una imagen de utilitarista para los informantes, y la imagen negativa por parte de buena parte de la población, en la que los individuos podrían denunciar a sujetos por su religión, su educación o prácticas sospechosas de catolicismo. En estos términos, se aprobaba la ley para prevenir el crecimiento del papado, tratando de que las leyes anticatólicas tuvieran una sanción mayor, seguido de la eficacia de las recompensas para que los ciudadanos tuvieran un aliciente mayor en la denuncia de estas malas prácticas: vid. William III, 1698-9: An Act for the further preventing the Growth of Popery. [Chapter IV. Rot. Parl. 11 Gul. III. p. 2. n. 2.]. Disponible en: https://www.british-history.ac.uk/statutes-realm/vol7/pp586-587 [Recuperado en en 23 de enero de 2022].

cordando los buzones *bocche della veritá* preparados para la recepción de las mismas, en Venecia, y otros lugares. Esto se entendía como un incentivo más a tener en cuenta para que los ciudadanos pudieran participar de la resolución de casos, o la colaboración con un poder que no contaba con recursos suficientes para la averiguación de determinados delitos[300]

Según lo expuesto por LE QUANG, dicha institución también se encontraba presente en la Francia de Napoleón, donde se utilizaba la denuncia ciudadana contra los enemigos amenazantes[301]. A través del concepto *denonciation*, cualquier resquicio negativo del concepto delación quedaba aparentemente olvidado. Esta *denonciation* era llevada a cabo por agentes no oficiales pero empleados como ciudadanos recurrentes que alertaban ante peligros inminentes de hundir o acabar con la revolución, por lo que se legitimaba la vigilancia informal hacia el presunto enemigo. Cumpliendo con los dictámenes de esa etapa histórica, la información era una de las mayores armas con las que se contaba, por lo que la denuncia estaba estrechamente relacionada con el campo de batalla[302].

Conforme los Estados fueron adquiriendo un mayor intervencionismo y ampliaban su papel, cualquier decisión que tomasen afectaría mucho más a la ciudadanía. Por ese motivo,

---

300 Montero Aroca, J. (1994). La denuncia anónima y eficacia como acto de iniciación del procedimiento preliminar penal. En Primeras Jornadas sobre Problemas Actuales de la Justicia Penal: (Denuncia anónima, proceso abreviado, policía judicial y proceso penal, prueba ilícita y privilegios procesales de los diputados autonómicos) (pp. 16-17). Universidad de Granada.

301 Le Quang, J.-L. (2019). Snitches and informers. Popular involvement regarding the "high police" under the Consulate and the First Empire (1799–1815). *Rechtskultur. Zeitschrift für Europäische Rechtsgeschichte*, 8, 233.

302 Bergemann, P. (2019). Judge thy neighbor: Denunciations in the Spanish Inquisition, Romanov Russia, and Nazi Germany. Columbia University Press, 8.

el propio Estado admite y accede a dar derechos de reclamación al ciudadano, consciente de su capacidad de detección de fraudes desde su posición lejana de intereses económicos, y sí intereses en el buen uso de los recursos públicos, pudiendo denunciar a través de diferentes vías las malas prácticas de determinados oficiales[303]. En esos términos, exponemos en este punto la utilización de los informantes entrados en el siglo XX, dado que el objetivo de muchos países era lograr el principio del Estado de Bienestar, obedeciendo a ideas filosóficas de ese momento como la corriente Keynesiana.

Ejemplo de su utilización para que los sistemas económico-políticos funcionasen es su uso durante la Unión de Repúblicas Socialistas Soviéticas (en adelante URSS). Antes de su disolución, habida cuenta de la dificultad de mantener un plan central de producción y distribución de bienes, el Estado central marcaba que todo el sistema "solo puede funcionar bien si existen reglas entendidas y estables que sean tomadas en serio por los ciudadanos"[304], siendo posible no solo con una buena estructura de normas y sanciones, sino también con un determinado control. Este control excesivo por parte del Estado también podría estar empañado por abuso de poder por parte de los oficiales, ya que los objetivos a los que aspiraba en ese momento la URSS, en muchas ocasiones, obligaban a los dirigentes a infringir las propias leyes aprobadas para mantener la buena imagen en la gestión de dicho sistema.

Sin querer entrar a analizar las complejidades sociopolíticas de la estructura de la URSS, tal y como veremos en el cuarto

---

303 Aunque dichos derechos se pueden manifestar en la tenencia de un representante, como la figura del Defensor del Pueblo, lo que nos interesa es el análisis que se extrae de los derechos a la denuncia y el proceso de petición. Lampert, N. (1985). *Whistle-blowing in the Soviet Union: Complaints and abuses under state socialism.* Springer, 8.

304 Ibid, pág. 3

capitulo en referencia al poder y a las jerarquías, la relación entre niveles superiores e inferiores en los oficiales y trabajadores era de "apoyo mutuo y dependencia recíproca". A pesar de esa relación, era más que evidente la necesidad de un control sobre los mismos para evitar el abuso de poder y la corrupción, existiendo diversos métodos de control y, mayoritariamente, siendo externos ante la desconfianza sobre los controles internos. Uno de estos controles es el Control Popular, sobre el que se da poder para "garantizar que los recursos materiales del Estado se utilicen de manera eficiente y los gestores de las organizaciones actúen de acuerdo a la ley"[305]. Este fenómeno se produce porque, al menos durante buena parte del tiempo, el sistema soviético intentó que los ciudadanos participaran de forma activa en el control de la aplicación de la ley, debido, entre otras cosas, a la falta de recursos con las que partía el propio sistema.

Ante el tamaño del país, y la centralización del poder, la Rusia Soviética precisaba de un sistema de colaboración ante el poder, por lo que la denuncia ciudadana era un punto crucial en el que se volvía a manifestar la ausencia de recursos existente en materia de seguridad. Por ese motivo, el poder precisaba de una fuerte propaganda que incentivase a los ciudadanos a denunciar las injusticias que se cometieran en el seno del poder o contra él mismo.

Tal y como expone LAMPERT, el *whistleblowing* es un fenómeno con bastante carga ideológica debido a su fuente de unidad entre los ciudadanos que se preocupan por el buen uso de los recursos públicos y los guardianes del interés general, por lo que la denuncia asuntos concernientes al Estado es considerada un elemento más de las políticas públicas que debe tomarse en un Estado con el sistema socioeconómico de

---

305 Ibid, pág. 40

la URSS[306]. Sin embargo, recordando que la denuncia es una fuente de información importante, la figura del *whistleblower* también tiene un doble sentir de utilitarismo: la relación entre los autoritarismos y la obtención de información a través de ciudadanos convencidos.

Esta obtención de información es un elemento más de lo que en los instrumentos de combate al crimen se califica como método de control social. Aunque existen diversas formas de llevar a cabo el control como la policía, los tribunales, etc. Una ausencia de efectividad de las instituciones formales nos lleva a que no hay información que controlar y, por ende, las infracciones a las normas quedan impunes y sin efecto disuasorio[307]. Esta pérdida de eficacia y de información lleva muchas veces a una pérdida de fortaleza estatal, elemento muy importante para aquellos regímenes que precisan tener controlada a su población para mantenerse en el poder y obtener una mayor legitimidad social.

Nos referimos, sobre todo, a la utilización del control social durante los regímenes autoritarios: el fascismo italiano, el régimen nazi y la dictadura franquista. En estos se aplicó una línea disciplinaria similar al modelo panóptico del que hablaría FOCAULT: el control de las masas a través de la vigilancia y el control. Tal y como extraemos de CIGÜELA y de la relación con la carga ideológica de los denunciantes, la información presenta-

---

306 Ibid

307 Respecto a los métodos de control social, profundizaremos mucho más sobre sus elementos positivos en el cuarto capítulo de esta investigación, pero antes de dirigirnos hacia ellos, debemos recordar los efectos negativos y su utilización injustificada durante etapas "negras" en nuestra historia. Para ello acudimos a la obra ya citada previamente donde se recopila multitud de bibliografía al respecto: Bergemann, P. (2019). *Judge thy neighbor: Denunciations in the Spanish Inquisition, Romanov Russia, and Nazi Germany*. Columbia University Press.

da por los denunciantes tiene una representación casi benéfica para el Estado, donde justifican que conocer todos los hechos que puedan producirse en la sociedad a través de alertas o denuncias mejora, de forma indudable, la calidad de las acciones estatales[308]. De hecho, la concentración estatal, tal y como la URSS se concebía, necesitaba medios para determinar quiénes obedecían las leyes y quienes podrían ser una amenaza potencial para ese régimen. El medio se refiere a la información, y cuanta más información y de más calidad, mayor control.

En este escenario, podemos apreciar como el *whistleblowing* también ha sido una herramienta más de control social, sobre todo porque la necesidad de obtener información se agrava en regímenes represivos donde el control de los ciudadanos privados es crucial para mantenerse en el poder[309]. Los métodos de obtención de información pueden producirse de diversas formas: animar a los sujetos a denunciar al resto con carácter voluntario o coercitivo.

Durante el inicio del régimen fascista y en su continuación, conocida la figura del delator debido a su utilización durante la antigua Roma, la delación se volvió una forma de adquisición de información por parte del régimen fascista italiano. Ante la llegada al poder de Mussolini, se crearon ciertas instituciones para el favorecimiento de la adquisición de información. En un ambiente claramente de coerción, se creó en el Ministerio

---

308 A pesar de que el modelo panóptico es muy posterior a los regímenes referidos, las similitudes en cuanto a las referencias al poder y a la necesidad de información hacen de este punto una merecida mención debido a su influencia sobre la sociología y, en consecuencia, a la criminología. En Cigüela, J. (2021). Génesis y desarrollo de la sociedad del control: del panóptico a la pantalla digital. En M. Á. Belmonte (Ed.), Posmodernidad y control social (p. 28). Tirant lo Blanch.

309 Bergemann, P. (2019). *Judge thy neighbor: Denunciations in the Spanish Inquisition, Romanov Russia, and Nazi Germany*. Columbia University Press. (p. 9).

de Interior una especie de policía política. Esa policía, llamada "OVRA"[310] se dedicó a buscar una red de informantes para coaccionar a la población y obtener información en favor de un régimen del miedo. El reclutamiento de informantes por parte del régimen establecido creció con la obtención del poder en el año 1924, dado que al igual que sucede con el régimen nazi y la dictadura franquista, así como con la URSS, la estructura política y de gobierno del Duce italiano era centralista. En ese centralismo, la obtención de información de las distintas regiones era crucial, por lo que se constituyó un sistema de vigilancia para perseguir en primer lugar a los antifascistas, y a continuación, a las otras poblaciones excluidas, incluyendo al pueblo judío entre ellos[311].

Ejemplo de la coerción ya mentada, esta se ve manifestada en el autoritarismo nazi, donde los datos revelan que, aunque la Gestapo, la policía política del Estado, era tan temida, apenas contaba con presencia o recursos suficientes como para ser efectivos. Sin embargo, a través de la vigilancia omnipresente conseguía que la población denunciara las traiciones contra el régimen nazi[312]. Sin entrar en comparaciones históricas respecto a las diferencias posibles entre la multitud de regímenes analizados, dado que no corresponde a nuestra investigación, también durante el Gobierno de la Alemania Nazi se hacía uso de determinada propaganda para motivar a los ciudadanos a denunciar a aquellos sectores que fuesen contrarios al poder, aunque la denuncia se presentase como un elemento voluntario, y no como un instrumento obligatorio.

---

310 Franzinelli, M. (2001). *Delatori: Spie e confidenti anonimi: L'arma segreta del regime fascista.* Mondadori.

311 Ebner, M. (2006). The political police and denunciation during Fascism: A review of recent historical literature. *Journal of Modern Italian Studies, 11*(2), 209-226.

312 Ibid, págs. 126 y ss.

Aunque no existiese un proceso de denuncia formal, la denuncia se podía presentar ante la Gestapo, las organizaciones creadas como los Tribunales Especiales, el propio partido, etc. Todas las cuestiones de nueva creación para la percepción de denuncias tenían un objetivo: prevenir y castigar la traición. Lo importante no era cómo ni quién presentase la denuncia, sino la información que se indicaba, dado que el proceso podía ser de cualquier forma: presencial, por carta dirigida, anónima, etc. Este era uno de los incentivos mayoritarios, la posibilidad de hacer disponibles las denuncias anónimas, dado que las mismas eran de la misma calidad que las denuncias identificables, debido a la necesidad de obtener eficacia frente al garantismo de los procedimientos.

Como indica BERGEMANN, lo importante no era cómo se entregaba la información, ni quién lo hacía, sino el contenido de la información y cómo ésta se podía procesar por parte de la Gestapo. De ese modo, tal y como bien se cita a Goebbels, lo importante no era la ley, ante la inexistencia del proceso formal, sino que los infractores y traidores deben ser eliminados, y esa acción debía venir favorecida por el proceso de ampliación de información del poder gracias a su ejército de informantes. Ante ello, el mismo autor considera que:

> "Debido a su deseo insaciable de información sobre la población y el alcance en constante expansión de las leyes que regulan el comportamiento, las autoridades nazis, sin saberlo, crearon una institución que facilito la denuncia socialmente oportunista a gran escala"[313].

Hablamos de denuncias oportunistas porque, en realidad, la concepción que se tenía durante la URSS de dichas denuncias. Según el análisis realizado por BERGEMANN, las denuncias que se presentaban no eran en su mayoría motivadas por el

313 Ibid, pág. 135

convencimiento de lucha del régimen nazi. Los datos analizados indican que, en su mayoría, las denuncias que se presentaban por parte de los ciudadanos eran por motivos personales, más que por convicción con el poder. Esta ilusión del régimen nazi, en cuanto a que esperaban que los denunciantes llevasen un apoyo ideológico se volvió menos tenue, por lo que su percepción sobre los propios denunciantes también comenzó a ser negativa, a pesar de que no se tomaron respuestas estatales contra los mismos como sí en la etapa romana[314].

En el caso español, la influencia inquisitorial favoreció bastante la inclusión de métodos de denuncia de este tipo, pues los resquicios de los edictos de Gracia y de Fe[315] hacían sombra sobre la necesidad de adquirir información que atentase contra el régimen franquista. El termino delator se conservó como sinónimo desde el Derecho Romano, hasta la Inquisición y posteriormente, se incorporó al proceso español para la protección de la dictadura franquista, aunque no hubiese un concepto legal específico para hablar de delatores, pero sí de denuncias.

Tal y como se aprueba en la Ley de Responsabilidades Políticas de 1939, la denuncia de los ciudadanos es un poder más para el conocimiento de los Tribunales que, en su mayoría, se componían de miembros defensores del Movimiento Nacional. La ley, que presentaba expedientes de responsabilidad política a los traidores del régimen, podría iniciarse por denuncia escrita y firmada de cualquier persona natural o jurídica, según lo que se extrae del artículo 35[316]. En este sentido, los ciudada-

---

314 Ibid, pág. 156

315 Debido a la dificultad y amplitud de los conceptos de Edicto de Gracia y de fe, y su pequeña aportación para nuestra investigación, hemos decidido no entrar en comparaciones ni en profundidad para definir los Edictos.

316 Información disponible en: https://www.boe.es/datos/pdfs/BOE//1939/044/A00824-00847.pdf

nos acabaron teniendo un papel activo en la delación, convirtiéndose en auténticos guardianes del régimen, de ahí que la visión sobre las personas denunciantes, tal y como veremos en el cuarto capitulo, sea estructuralmente negativa y asociada a la delación en términos desfavorables, convirtiendo a la denuncia de corrupción en un asunto de traición, más de que un elemento de prevención del delito[317]. En este sentido, la denuncia a personas contrarias al régimen se convirtió en una actividad para diferenciar entre los enemigos del régimen y los ciudadanos de buena conducta, demostrándose que a través de la denuncia el Estado ejercía su represión, y los denunciantes o delatores, utilizándose como sinónimo indistintamente[318], jugaban un papel positivo el control social[319].

Los resultados de afección sobre las personas denunciantes son similares: la imagen de las personas denunciantes queda vinculada hacia una etapa difícil en la que sus acciones dependían de contextos históricos represivo. De hecho, como bien

---

[317] En este sentido no sólo tiene influencia la imagen negativa hacia la denuncia, sino también la imposición del silencio a través de la corrupción y los códigos socioculturales que se siguen manteniendo en el día de hoy, siglo XXI. Esas similitudes actuales, trasladadas a nuestro país, se manifiestan en distintas tramas corruptas que guardaban cierto parecido con prácticas mafiosas amparadas en la ley del silencio. En su obra, José Luis Peñas hace varias alusiones y semejanzas a las prácticas mafiosas que tuvo que sufrir tanto antes como después de su denuncia en el ayuntamiento de Boadilla del Monte. Todo ello lo recopila en las grabaciones, pero también en su obra Peñas, J. L. (2016). *Uno de los suyos: Confesiones del delator del caso Gürtel.* Península Realidad. Asimismo, otra obra recurrentemente usada en esta investigación ha sido Bosch, J. (2022). *La patria en la cartera: Pasado y presente de la corrupción en España.* Ariel., donde se menciona la existencia de una cultura clientelar arraigada en España, que favorece la presencia de la corrupción y su difícil detección.

[318] Ortiz Pradillo, J,C.. *Los delatores en el proceso penal...*, op.cit. pág. 81

[319] Vigil, A. (2001). Las clases medias republicanas en el franquismo: Represión y control social. *Ayer*, 48, 72 y ss.

explicaremos en el cuarto capítulo, los denunciantes quedaban bajo el yugo de los regímenes represivos que incentivaban a los denunciantes a informar mediante diversos métodos y modelos. Recordemos, además, como ante el fin de la Segunda Guerra Mundial, tal y como indica BERGEMANN, las denuncias continuaron presentes en los territorios donde se habían utilizado con carácter negativo, dado que el proceso de paz y de "desnazificación[320]" precisaba de la colaboración ciudadana, considerando que en el escenario de ausencia de poderes eficaces y de posguerra, la información era un arma aliada.

Aun con la mirada en nuestro continente y como se desempeñaban las funciones de estos individuos, en Estados Unidos tenía otro desarrollo completamente distinto, pero con incentivos positivos: el método de coerción y objetivo era positivo, dado que el Estado ofrecía recompensas y premios por información relativa al fraude. Sin embargo, no en todas las denuncias se ha tomado esa respuesta, dado que los incentivos a la denuncia también pueden ser duales – negativos y positivos – teniendo en cuenta la situación de las personas que puedan denunciar malas prácticas de los Estados, y no las malas prácticas contra el Estado.

Por ende, es necesario hablar de forma breve de dicha figura en los EE.UU. debido al impacto de los incentivos económicos, el triunfo de los mismos, pero también de una situación conflictiva detectada tras los distintos escándalos que se han producido en cuanto a determinados denunciantes. Hablamos, por tanto, de peculiaridades presentadas por casos como el de Edward Snowden, plataformas como la de *Wikileaks,* o casos donde se muestra el peso de la eficacia buscada por encima de otros elementos, como es el de Bradley Birkenfeld. A pesar de la existencia de regulación ¿se han visto protegidas

---

[320] Ibid, pág. 161

estas personas que han denunciado?, ¿dicha situación puede ponernos en paralelismos con el futuro de España en cuanto a los denunciantes?.

II. TRATAMIENTO DE LA FIGURA DEL WHISTLEBLOWER COMO HERRAMIENTA DE PREVENCIÓN DE LA CORRUPCIÓN EN LA ADMINISTRACIÓN PÚBLICA

1. Introducción de la figura del *whistleblower* en el derecho norteamericano

Como hemos adelantado, en el contexto histórico del tejido de dicho concepto, las recompensas e incentivos a las personas denunciantes tuvieron un éxito rotundo en EE. UU. Por ese motivo, los *whistleblowers* se han consolidado en casi todos los sectores del país, aportándonos cierta luz a nuestra investigación en cuanto al análisis de los incentivos en sus tomas de decisiones. Adelantando que este apartado no es un estudio comparado, es preciso analizar de forma general las leyes que se han adoptado en el país en cuanto a los *whistleblower* en el sector público, mencionando también los del sector privado de manera muy breve, y concretamente, el ámbito del sector de inteligencia y defensa, atendiendo a que también son empleados públicos con una peculiaridad importante: su conocimiento y acceso a información clasificada no es el mismo que el de los otros servidores públicos, motivo por el cual tienen una regulación distinta[321].

---

321 Veremos y trataremos de diferenciar posteriormente este punto en cuanto a España: al transponer la Directiva, España ha asumido que los asuntos relativos a la seguridad nacional y secretos de Estado siguen regulados por

Debemos hacer especial referencia a lo indicado por BALLBÉ para entender esta alusión a EE.UU., pues la distinta configuración de Estados en Europa y en el continente norteamericano también viene influenciada, en parte, por la religión. Por ese motivo, entendemos las diferencias culturales que giran en torno al *whistleblower*, también en ese punto de vista. Mientras que el continente europeo vivía bajo una influencia eclesiástica, organizada y articulada, creado una jurisdicción supraterritorial universal y la idea de una justicia administrativa no independiente del poder ejecutivo papal. De ello se extrae, entonces, que la iglesia fuese realmente el poder más importante en la etapa medieval de Europa, aspecto contrario al modelo protestante de EE. UU, que "va a girar en torno al individuo y la comunidad y se rechazará el modelo de organización jerárquica"[322]. Es decir, el modelo estadounidense renunciaba, en ese momento de creación a una "Administración centralizada, jerarquizada, profesionalizada e hiperreguladora"[323]. De ahí que se planteen términos de que las personas denunciantes actuales ocupaban, en ese momento, labores sustitutivas de fuerzas y cuerpos de seguridad, mientras que, en el otro continente, el europeo, formaban parte de una red de control social complementaria de las autoridades ya existentes y organizadas.

En estos términos históricos, es importante recordar que las personas denunciantes tienen múltiples funciones y objetivos,

---

la Ley de Secretos Oficiales de 1968. Por ese motivo, vemos cómo España, adelantándonos al capítulo 3, ha perdido un elemento importante en cuanto a la libertad de información, aunque no sea el único, dado que, como bien indiqué en 2021, parece que casi ningún país ha recordado la existencia de los Principios de Tshwane y su lucha por abrir el acceso a la información (Fernández González, 2021).

322 Ballbé, M. (2007). El futuro del derecho administrativo en la globalización: Entre la americanización y la europeización. Revista de Administración Pública, (174), 219-221.

323 Ibid, pág 221

siendo uno de ellos el control del poder de los Estados en su conjunto, considerando que los poderes económicos y públicos tienen en sí mismos pequeños agentes controladores con posibilidad de denunciar irregularidades de forma pública o confidencial. Como defiende KUBLI, los Estados modernos se han ido construyendo con el paso del tiempo en una estructura clara de distribución y control de poder, evitando a toda costa los sucesos pasados en cuanto a la tiranía concentrada en una sola persona. Ante esa distribución de poder en distintas instituciones, el mismo autor indica que tan importante es la distribución de ese poder como también la investigación de los mecanismos de control eficaces para que el control también sea ejercido por la propia población. Todo ello para evitar "efectos tiránicos, impunidad, corrupción y disfunción institucional"[324].

No obstante, como bien rememora GARCÍA-MORENO, no siempre fueron esas las funciones. La aparición y puesta en escena del *whistleblower* en Estados Unidos respondía en un determinado momento a la "privatización de las funciones de seguridad y policía en un país prácticamente carente de Administraciones Públicas"[325]. De hecho, así se produce como bien hemos comentado a lo largo de este capítulo, tratando de resolver cuestiones a las que el Estado, por sí solo, no podría llegar a resolver debido a la ausencia de recursos públicos y de una estructura específica. En esa línea, lo que previamente habría sido un recurso privado para resolver problemas de seguridad debido a la ausencia de una estructura oficial de seguridad, con el paso del tiempo se tornó a un recurso complementario de las fuerzas y cuerpos de seguridad, como hemos visto, también, en el anterior punto.

---

[324] Kubli, op.cit. pág. 27

[325] García-Moreno, op.cit. pág. 39

Este anterior elemento se produce si atendemos a las similitudes con los acontecimientos producidos en la Rusia Soviética analizados en este mismo capítulo respecto al primer punto: debido a la amplia extensión territorial de Estados Unidos, era necesario adoptar una estrategia adecuada de control social ante los diversos fraudes que fueron surgiendo contra la Administración. Por ese motivo, en orden de importancia, se fueron aprobando diversas leyes de protección a denunciantes de la Administración Pública, del sector privado, y del ámbito de las fuerzas y cuerpos de seguridad. Siendo realistas, la armonización de cincuenta Estados federados y, como bien indica GARCÍA-MORENO, los "sucedáneos" de las mismas a nivel local, requerirían una investigación mucho mayor, por lo que, al menos en el ámbito de los delitos socioeconómicos, hemos decidido prestar atención y poner el foco a las normas federales que incluyen incentivos económicos y determinadas medidas de protección *ex ante.*

En cuanto a la corrupción, es importante remarcar que del mismo modo que la pueden cometer trabajadores de las instituciones públicas – y, por ende, la Administración – se puede cometer contra el mismo cuando se trata de un sector privado perceptor de fondos públicos o personas jurídicas que proporcionen algún tipo de servicio a la Administración Pública, poniendo de ejemplo a los contratistas o servicios externos de la propia Administración. Es decir, servicios privados que cubran aquellas posibles carencias que se puedan presentar en el servicio público.

Prevenir el abuso de poder y la corrupción en estos escenarios requiere la inclusión de medidas instantáneas y eficaces, siendo el *whistleblower* una de esas medidas preventivas que cumplen una doble función de control de poder: por un lado, sirven de mecanismo de información del Estado en cuanto a posibles actos de corrupción que puedan cometerse en su seno; mientras que, por otro, pueden ser, en términos estrictos, un método adecuado de los ciudadanos para controlar las irregularidades que se puedan producir en la Administración. Sin embargo, este último objetivo es mucho más escueto, dado que la información que tienen que obtener para denunciar de forma pública, difícilmente se obtiene si no tienen una relación laboral o de cualquier tipo que les permita acceder a la misma. Por ese motivo, a pesar de que los ciudadanos también pueden presentar una denuncia y practicar su ejercicio democrático de participación, la mayoría de legislación al respecto va dirigida a los trabajadores públicos que denuncien actos de corrupción en el interior de la administración pública, entendiéndose que se está sirviendo al interés público y que también es un método de control de poder[326].

A lo anterior se suma, como indica GARCÍA-MORENO, la circunstancia de los posibles abusos de las empresas, siendo necesario que se tomasen medidas preventivas en cuanto a evitar malas prácticas empresariales, especialmente cuando esas empresas tengan una relación con el Gobierno. Tras analizar como posible campo de corrupción esa relación, se percataron de que "la relajada supervisión que se ejerció por los cuerpos administrativos, muchas veces integrados por funcionarios vinculados a alguna entidad privada"[327], era un elemento, tal y como veníamos diciendo en el primer capítulo, que otorgaba mayor dificultad de lucha contra la corrupción. Por ese motivo, facilitar la denuncia en ambas partes fue, entre otros objetivos, un propósito de los Estados Unidos. Es este el punto que debemos tener en cuenta para justificar el estudio breve de este apartado, así como también la relevancia que han tenido las re-

---

326 Ibid, pág. 98, además, aplicaremos de forma indistinta el concepto "servidor público" o "empleado público" para hablar de los trabajadores del sector, dada la amplitud que queremos abarcar sin querer diferenciar entre categorías de empleados públicos, y considerando que la dificultad del sistema estadounidense en cuanto a este último punto confundiría no sólo a la investigación, sino a su lector.

327 García-Moreno, op.cit. pág. 41

compensas económicas que se otorgan en muchas de las leyes aquí analizadas. Para ello, y con carácter visual para explicar posteriormente el contenido de cada disposición, hemos enumerado en una tabla las diferentes leyes dedicadas a la protección de los *whistleblower*, junto al objeto de regulación de cada una de las leyes, teniendo en cuenta que son estatutos federales, y por tanto, aplicables a todo el país, habida cuenta de que muchas de las leyes estatales y locales vienen a complementar o tratar puntos específicos de cada una de las leyes federales. Asimismo, explicaremos en cada disposición la recepción de recompensas económicas y el proceso que debe seguirse para su recibimiento, así como también las condiciones de acceso a la misma y las medidas de protección existentes.

Existen diversas leyes y regulaciones que abordan la protección y prevención de fraudes y corrupción tanto en el ámbito público como en el privado. En el ámbito público, la *False Claims Act* (1863) se enfoca en el fraude contra la Administración Pública, mientras que el Lloyd-La Follette (1912) busca controlar los despidos de trabajadores del servicio civil federal. El *Freedom of Information* Act (1967) permite a los ciudadanos solicitar acceso a información de agencias federales, y el *Whistleblower Protection Act* (1989) brinda protección a *empleados públicos y privados que denuncien corrupción en la Administración. Además, el Intelligence Community Whistleblower Protection Act* (1998) establece un proceso para denuncias de irregularidades en el ámbito de inteligencia. En el ámbito privado, el *Sarbanes-Oxley Act* (2002) se enfoca en la protección de empresas públicas y la gobernanza corporativa, mientras que el *Dodd-Frank* (2010) busca proteger el sistema financiero privado y los derechos de los consumidores.

Tabla 2: regulación norteamericana en materia de protección al *whistleblower*

Sector	Regulación	Objeto de la regulación
Público	False Claims Act (1863)	El fraude contra la Administración Pública.
	Lloyd-La Follete (1912)	Control de despidos de trabajadores del servicio civil federal.
	Freedom of Information Act (1967)	Solicitud de acceso a información de una agencia federal.
	Whistleblower Protection Act (1989) (*)	Protección a los empleados públicos y/o privados que denuncien corrupción en la Administración.
	Intelligence Community Whistleblower Protection Act (1998)	Establecimiento de un proceso de denuncias de irregularidades en el ámbito de inteligencia.
Privado	Sarbanes Oxley Act (2002)	Protección de las empresas públicas y la gobernanza corporativa.
	Dodd-Frank (2010)	Protección del sistema financiero privado y el consumidor.

(*) La Whistleblower Protection Act se aplica en ambos sectores: público y privado.
Fuente: elaboración propia a partir de Cornell Law School[328]

1.1. Ámbito legislativo federal: protección al whistleblower en el sector público

Teniendo en cuenta la influencia de las acciones *qui tam* que ya hemos mencionado, se expone como primer referente la False Claims Act (FCA), aprobada en 1863 por el Congreso de EE. UU., consecuencia de los numerosos fraudes cometidos

[328] Instituto de información legal que recopila todos los textos que hemos ido utilizando en este apartado: https://www.law.cornell.edu/uscode/text [Recuperado en 23 de enero de 2022]. No obstante, las primeras indagaciones realizadas en el inicio de la investigación, para tratar de entender el asunto norteamericano han sido extraídas de diversa bibliografía citada a lo largo de este capítulo, contrastándola con la web del Congreso y con la web Cornell.

durante la Guerra Civil, y con el principal objetivo de reprimir aquellos reclamos falsos al Gobierno por parte de entidades o contratistas, especialmente en el sector de defensa[329]. Es decir: la FCA, nace de una necesidad bélica, aunque como vimos, las acciones que ella recoge se remontan a las *qui tam actions* de Inglaterra, donde se confiaba mucho en los informadores comunes para garantizar el cumplimiento efectivo de las leyes. El objetivo de presidencia, en ese momento, como ya hemos indicado en su contexto histórico, era disuadir y castigar a los comerciantes que, sin escrúpulos, estafaban al Estado suministrando productos al ejército de la Unión de menor calidad, por lo que se presentaron esas acciones que incluían tanto al sector público como al privado[330]. Esta tradición jurídica inglesa se trasladó al sistema jurídico angloamericano, pues tal y como ocurrió con otras normativas en el primer Congreso celebrado en Estados Unidos, se aprobaron multitud de leyes con cláusulas *qui tam*:

> "[c]cualquier multa o confiscación en virtud de un estatuto penal puede ser recuperada por una acción de deuda [es decir, por un relator qui tam], así como por información [por un fiscal].[331]

---

329 HELMER *op. cit.* pág. 1264-1265, y también para ampliar información *vid.* De la Torre Lascano, C. M. (2020). Lavado de activos: estudio sobre la prevención. Tirant lo Blanch, 193-194., donde se habla de los antecedentes como forma de prevención del lavado de activos a través de los incentivos a los *whistleblowers,* mencionando la FCA como estrategia ideada a través de distintos porcentajes de recompensa.

330 Peffer, S., et al. (2015). Whistle where you work? The ineffectiveness of the Federal Whistleblower Protection Act of 1989 and the promise of the Whistleblower Protection Enhancement Act of 2012. Review of Public Personnel Administration, 35(1), 72.

331 Caminker, op.cit.

Lo importante y refiriéndonos al entonces calificado como "*relator*"[332] en este punto, es la capacidad de presentar las disposiciones *qui tam*, volviendo nuevamente a las acciones acogidas del derecho anglosajón, pero esta vez, en lugar de presentarse bajo el nombre del Rey, se presentan en nombre del Gobierno. En esa cuestión, el continente norteamericano decide optar por un sistema de denuncias donde los ciudadanos privados pudieran presentar ante el fiscal federal del distrito toda aquella información que conocieran sobre las violaciones a la FCA, recibiendo posteriormente un premio por su colaboración[333], que aumentaba o disminuía dependiendo de si el Estado decidía o no formar parte de la acusación cuando el informante abriese el proceso con su denuncia.

Específicamente, en la False Claims Act (FCA), no se renuncia a la remuneración económica para aquellos que alerten de fraudes, cobros desproporcionados, contratos fraudulentos, etc. contra el Estado. A través de las acciones *qui tam*, los que

---

332 Hasta la calificación de *whistleblower* el término utilizado para referirse a los sujetos que presentaran una acción *qui tam* fue el de *relator* o *informant* bajo el mandato de Abraham Lincoln, definiendo al relator como la fuente original de información de donde se recogía toda la información de fraudes contra el gobierno. Dicho término no ha desaparecido, y se considera como un sinónimo de *whistleblower* a efectos de tribunal, tal y como se indica en el documento recogido en el DOJ de U.S. "Whistleblower Information Page". En línea https://www.justice.gov/usao-mdtn/whistleblower-information-page [Recuperado en 30 de enero de 2022].

333 En §3730(d) se establece que, si el gobierno se persona como parte del proceso ante la acción *qui tam*, el relator podrá recibir – si efectivamente resulta exitoso – de un 15% a 25% de la parte recuperada, mientras que, si el Gobierno no interviene en dicha acción, se incrementa la recompensa de un 25% a un 30%. Recordemos que estas no eran las condiciones iniciales de la False Claims Act, y que se hablaba de una recompensa del 50% desde sus inicios, pero con las disposiciones estas condiciones se fueron modificando notablemente.

acudiesen al tribunal para presentar información sobre un fraude a las instituciones, podrían ganar "desde el 15% hasta el 30% por ciento del monto que se recupere"[334], dependiendo, tal y como explicábamos, de si el Estado participa o no como Parte durante el proceso. Todo ello, teniendo en cuenta que cualquier ciudadano o entidad que conozca y tenga pruebas de fraudes contra contratos federales, puede presentar una acción *qui tam*, con la excepción de que se haya iniciado una misma acción sobre el mismo fraude, por parte del gobierno o de otra persona física.

Sin embargo, y teniendo en cuenta que el objeto es proteger al gobierno de los fraudes de personas físicas y jurídicas, lo relevante es cómo se comienza a poner en el punto de mira a la empresa como sujeto capaz de delinquir a través de transferencia, empezando a exigir un control similar en ellas, especialmente tras las reformas realizadas a la FCA en 1986 para reforzar la ley. Teniendo en cuenta este elemento, en 1986 la presidencia de Ronald Regan, el Congreso y el sector de defensa demandaron una serie de necesidades que hoy en día continúan: "se estableció una disposición para proteger y dar recursos a los denunciantes que pudieran ser acosados, amenazados, despedidos o discriminados de cualquier otra forma en su empleo debido a su denuncia"[335].

Lo que nos interesa de la FCA es el uso de esos incentivos para aumentar las denuncias: tanto los económicos como las medidas de protección adoptadas. Gracias a éstas, durante el año fiscal 2022, el gobierno informó de acuerdos y sentencias por un total de $2200 millones. De esta cantidad, más de $1900 millones fueron el resultado de demandas presentadas bajo las disposiciones *qui tam* de la FCA, tanto por el gobierno como por denunciantes. Esto significa que estas demandas fueron

---

334 KUBLI GARCÍA, op.cit. pág. 103

335 Peffer, ibid, pág. 72

iniciadas por personas que denunciaron fraudes y reclamaciones falsas en nombre del gobierno. Esta cifra de demandas presentadas bajo las disposiciones *qui tam* de la ley ha aumentado significativamente desde 1986, con 652 demandas *qui tam* presentadas el año pasado (2021), lo que representa un promedio de más de 12 casos nuevos cada semana. En consecuencia, es de entender que se haya adoptado un modelo similar también en el sector privado, pues según el DOJ los denunciantes juegan un papel fundamental en la identificación del fraude, máxime cuando el sector privado es uno de los motores más importantes[336].

Posteriormente, en el año 1912, se aprobó – tras una amplia reforma del servicio público – la Ley *Lloyd-La Follete*[337]. En-

---

336 DEPARTAMENT OF JUSTICE. Justice Department Recovers over $3 Billion from False Claims Act Cases in Fiscal Year 2022 | OPA | Department of Justice [Internet]. 2022. Disponible en: https://www.justice.gov/opa/pr/false-claims-act-settlements-and-judgments-exceed-2-billion-fiscal-year-2022

337 En Arnett *v* Kennedy, 416 US 134 (1974) se indica expresamente, traducido al castellano, que: "Esta ley, según el Congresista Calder, dar seguridad y confianza a los empleados de que al menos obtendrán un trato justo, y no permitirán que los funcionarios ejecutivos o de supervisión presenten cargos de un tipo contra un empleado y lo retiren del servicio o le reduzcan el salario sobre la base de las pruebas presentadas en asuntos enteramente ajenos a los cargos originales que el empleado ha respondido por escrito". Es decir, que se establece un proceso contra el despido en el que participará un supervisor independiente, respondiendo a lo que la propia sentencia alega en cuanto a la conciencia de que efectivamente, el despido de un empleado público acarrea determinadas consecuencias no solo para el empleado, que tendrá graves dificultades para encontrar nuevamente un empleo en el sector privado, sino también la creación de estigma al mismo. Por ello, la propia sentencia especifica que debido a los intereses que se ponen en juego, el empleado que ha sido despedido por su supervisor o superior debe necesariamente tener la oportunidad de que se le demuestre la acusación, su presunta mala conducta, para presentar ambas partes su derecho a la contradicción. Parte de la necesidad se incluye

tendiendo la estructura y los conflictos bélicos en los que se encontraban los EE.UU., era preciso adoptar no solo una ley que otorgase premios a los ciudadanos, sino un reglamento que dotase de protección a los ciudadanos que, además de ser ciudadanos, pertenecían al servicio civil, y, por ende, al empleo público. Es, por tanto, la primera ley federal que dota de protección a los denunciantes y otorga de derechos a los servidores para comunicarse con el Congreso, evitando el despido ilegal, a nivel federal de los empleados públicos. Esta comunicación se producía con el objetivo de que los empleados públicos federales pudieran participar en el desempeño de asuntos públicos, siendo uno de los principales estímulos para el sindicalismo en el ámbito del servicio público federal[338]. O lo que es lo mismo: se defendió la posibilidad de que los empleados del servicio público, si en el desempeño de sus funciones supervisaban un fallo en su servicio o institución, pudieran comunicarse con los representantes públicos ante la Cámara de los Representantes para que, en condición de poder, los mismos pudieran

---

en que: "los errores de identidad, las distorsiones causadas por fallas en las fuentes de información, las percepciones defectuosas o la memoria nublada, así como las fabricaciones nacidas de antagonismos personales, son algunos de los factores que pueden menoscabar la exactitud de las determinaciones de hecho en las que se basan los despidos". Por lo tanto, siguiendo con la argumentación que en el texto hemos indicado y que seguiremos explicando, el estatuto de Lloyd la Follete pretende proteger a los servidores públicos que, en defensa de sus derechos y la mejora de su servicio, pudieran demandar a los congresistas determinadas mejoras en el desempeño de su profesión: dar información a los representantes políticos para que se defiendan determinadas buenas condiciones en el seno de la representación ciudadana, la Cámara de Representantes de los Estados Unidos. Disponible en: https://caselaw.findlaw.com/court/us-supreme-court/416/134.html [Recuperado en 20 de enero de 2022].

338 Berzak, W. P. (1971). Rights accorded federal employees against whom adverse personnel actions are taken. *Notre Dame Law Review, 47*, 864.

defender una mejora en las posibles fallas del propio sistema público. De esta forma, remarcamos que la participación activa de los empleados públicos en la mejora de sus propias condiciones requería de una barrera que prohibiese, en ese momento, que los supervisores o altos cargos pudieran despedir a un servidor público que denunciase, por ejemplo, condiciones insalubres en su lugar de trabajo. Por ello, en el propio estatuto *Lloyd la Follete* se propone un proceso independiente en el que ambas partes puedan tener la oportunidad de contradecirse, presentar testigos para demostrar las teorías, etc.

Aunque a través de esta no se dota de recompensas económicas a los *whistleblower*, se habla de medidas de protección *ex ante*: medidas de coacción contra los que ejercieran la represalia. Es decir, se prohíbe el despido directo a los empleados públicos que contacten con representantes del parlamento. Lo paradigmático de este estatuto es que su aprobación se produjo, en determinado momento, para todos los empleados federales, sin exponer excepciones. Con ello, entraban dentro de la protección los empleados que tuvieran desempeño en agencias de seguridad, y, por tanto, empleados con información clasificada relativa a la seguridad nacional.

Aunque previamente existían normas que disponían la necesidad de que el despido a un trabajador publico fuese sólo por causa justificada y por escrito, los empleados públicos, con carácter general, no contaban con recursos administrativos contra su despido. Generalmente, dicho recurso pretendía evitar represalias que se producían con bastante frecuencia: la suspensión de empleo, los permisos laborales sin sueldo, la reducción de rango y remuneración, y, por último, el despido. Ante ello, aunque las medidas no terminaron de ser suficientes, sí hubo notable mejora: i) se concedió importante protección procesal y sustantiva frente a acciones posiblemente adversas y arbitrarias; y ii) se otorgó al servicio público del derecho de apelación de su despido ante una Comisión de Función Pública, dando una segunda oportunidad a las comunicaciones del servicio público con sus representantes[339]. Aunque parezca incompleta, se presentaron posteriormente enmiendas de mejora, así como también se aprobaron las leyes que continúan en el desarrollo de la investigación.

Una de ellas es la *Freedom of Information Act* – en adelante, FOIA, ratificada en 1974, permite a la población acceder a los registros del gobierno, especialmente en aquellos casos donde se quiera conocer más información sobre las agencias en cuanto a las políticas públicas aplicadas. En tal caso, las personas denunciantes ocupan en esta regulación un papel importante: el acceso a la información, la obtención de los registros puede facilitarles el conocimiento de datos para alertar de una situación determinada e irregular. Sin embargo, tal y como vemos, no hay una oficina específica que controle de forma independiente dichas peticiones o reclamaciones, ya que es el propio Poder Ejecutivo el encargado y responsable de administrar y ejecutar el cumplimiento efectivo de la ley. Es decir: el responsable de admitir la entrega de la información es el propio Ejecutivo. En su regulación precoz, la FOIA establece una serie de límites a la información pública – al igual que sucede con la mayoría de las leyes de transparencia en todo el mundo – recogiéndose concretamente nueve exenciones de otorgamiento de información. De todas estas exenciones, nos interesa concretamente la primera exención: la protección de la información clasificada por Orden Ejecutiva[340], lo cual hace un poco

---

339 Berzak, op.cit. págs. 853-856

340 Dicha exención nos interesa por los casos producidos en el marco de la libertad de información respecto a la divulgación de información clasificada en Estados Unidos. Conocidos todos ellos, hablamos del caso de Wikileaks y también sobre las divulgaciones realizadas por Chelsea Manning o Edward Snowden. El propio Congreso, así como la FOIA, brindan especial protección en aquellos casos donde se trate de asuntos relacionados con terrorismo internacional, inteligencia y contrainteligencia: es decir, se excluye aquella información relativa a determinadas

complicada la rendición de cuentas o el acceso a información sensible que pueda ser sobre situaciones irregulares del Ejecutivo. No obstante, de la presente regulación solo nos interesa esa cláusula a efectos de entender un poco más los sucesos acaecidos en cuanto a algunos denunciantes norteamericanos y el proceso de determinada información, así como el acceso a la misma. No es interés, para esta investigación, analizar leyes de transparencia ni su acceso a las mismas, mucho menos si se trata de un análisis general del estado de la cuestión, y no un análisis especifico de la transparencia. Además, tampoco nos compete su análisis debido a la ausencia de incentivos explícitos hacia los *whistleblower.*

Aunque todas las leyes anteriores ya recogían las acciones *qui tam* y la prohibición de despido, la regulación de la persona denunciante y su derecho a la protección especifica, el *whistleblower* sobra mayor magnitud con la llegada de la *Whistleblower Protection Act* (WPA)[341]. Como bien indica MORENO y multitud de autores que han ido recopilando información relevante sobre el contexto de su establecimiento, tras los escándalos políticos consecuencia de las denuncias públicas, en los años sesenta, cobra mayor importancia la figura del *whistleblower,*

---

agencias como el FBI, especialmente cuando se trate de los temas ya citados previamente. Como la mayoría de las leyes, en 2016 se aprobó la Ley de Mejora de la FOIA (FOIA Imrpovement Act of 2016: Public Law 114-185-June 30, 2016). Aunque no sea relevante a efectos de nuestra investigación, también nos resulta relevante que cada Agencia, en virtud de FOIA, deba establecer determinadas tarifas de acceso a la información atendiendo a un estándar que sea medianamente razonable ante la búsqueda duplicación y revisión de la documentación, dependiendo del uso al que se vaya a destinar.

341 PUBLIC LAW 101-12 of April 10, 1989 [103 STAT. 16] https://www.govinfo.gov/content/pkg/STATUTE-103/pdf/STATUTE-103-Pg16.pdf

hablando no sólo de personas denunciantes, sino de actores "ethical resister"[342].

La WPA sucede a las modificaciones realizadas por la *False Claims Act*, la *Lloyd la Follete* y a la Ley de Reforma del Servicio Civil (en adelante LRSC) del año 1978[343], trayendo determinadas mejoras en cuanto a las medidas de protección aprobadas. Aunque no hayamos mencionado previamente la LRSC, hay dos datos importantes que debemos considerar de la misma: realiza una reforma integral de la función pública federal, añadiendo el consejo de Protección de los Sistemas de Mérito de los EEUU (*U.S. Merit Systems Protection Board)*; y, además, proporciona una base legal para la protección de los empleados en el servicio público.

En cuanto a la creación de la Junta de Protección de Sistemas de Mérito, responde a la necesidad de que un órgano

---

342 MORENO, op.cit. pág. 40, señala esa afirmación, aunque, y luego entraremos en profundidad en el cuarto capitulo, no estamos de acuerdo en la afirmación realizada por la propia autora: "hasta entonces habían actuado movidos por el interés propio, comienzan a intervenir desinteresadamente, impulsados por convicciones morales y conciencia social". Realizar esa afirmación sin poner en contexto social dicha figura es una práctica equivocada, ya que no podemos, ni haciendo un estudio de campo, afirmar de forma rotunda que los denunciantes informen a cambio de premios o recompensas.

343 No queremos entrar a valorar los motivos de la modificación administrativa estadounidense dado que no es de nuestro interés, pero si debemos mencionar que buena parte de dicha reforma responde al escándalo Watergate, importante para nuestra investigación en la medida que dicho escándalo sale a la prensa gracias a los *whistleblower*. Asimismo, no debemos olvidarnos de que el fin de la aprobación de la Civil Service Reform Act (CSRA) en los textos legales, responde a una búsqueda de eficiencia y mayor responsabilidad del gobierno federal, que ante escándalos como Watergate generó desconfianza y cuestionamiento en cuanto a la eficacia de la burocracia pública. En PEFFER, ibid., y también en KUBLI-GARCIA, op.cit. págs. 103 a 106

interno se encargue de analizar y responder a las posibles quejas de los denunciantes que hayan recibido una represalia. En 5 USC § 2301, se establecen los principios necesarios para un adecuado servicio público, pero también varios elementos que nos interesan como pieza para comprender que buena base de la WPA, se sitúa específicamente en la LRSC de 1978. Según el noveno punto, los empleados públicos deben ser protegidos contra represalias por la divulgación legal de información que los empleados creen razonablemente que pueda evidenciar: i) una violación de cualquier ley, regla o regulación; o ii) la mala gestión, un despilfarro grave de fondos, un abuso de autoridad o un peligro sustancial y específico para la salud o la seguridad públicas. El objetivo específico este principio responde, como no, a un intento de hacer más eficaz el servicio público, que con la WPA se complementa fortaleciendo y mejorando la protección de los derechos de los empleados federales, exigiendo que los empleados no sufran consecuencias personales y laborales negativas, estableciendo que el interés principal de la WPA es la protección de esas personas que puedan ser objeto de prácticas de represalia ante la denuncia de irregularidades.

El propósito mismo de la aprobación de la WPA es "fortalecer y mejorar la protección de los derechos de los empleados federales, prevenir las represalias y ayudar a eliminar las irregularidades en el Gobierno"[344]. Para prevenir esas represalias, la WPA toma respuestas estructurales: establece que la Oficina del Asesor Jurídico – creada por la LRSC) tendrá funciones de protección a los empleados, especialmente aquellos que denuncien prácticas prohibidas o irregularidades; la misma oficina actuará siempre en base a los intereses de los empleados que soliciten su asistencia, destinando a estos toda su atención y colaboración para protegerles; aunque las sanciones son im-

344 WPA 1989, 5 U.S.C § 1201 note

portantes, la consideración primordial es proteger a las personas que denuncien esas prácticas irregulares.

Respecto a la divulgación de información sobre prácticas de personal prohibidas, la WPA considera como "cualquier divulgación de información por parte de un empleado o solicitante que el empleado o solicitante crea razonablemente que evidencia (i) una violación de cualquier ley, regla o regulación, o (ii) una mala gestión grave, un desperdicio grave de fondos, un abuso de autoridad o un peligro sustancial y específico para la salud pública o la seguridad"[345].

La base legal o medidas de protección que la WPA establece para la protección de los empleados en el servicio público es el procedimiento a seguir para que, cuando un empleado o exempleado, o solicitante de empleo, sufra represalias, pueda realizar una serie de acciones para corregir decisiones irregulares o ilegales hacia él mismo. En otras palabras, se crea un proceso de justificación en el que el empleado que solicita una acción correctiva contra el represaliador y demanda que sus represalias (que pueden ser la suspensión de empleo, cambio de categoría, etc.), se vean corregidas. En este proceso, ambas partes podrán contar con testigos, y también establecer, en cuanto al principio de contradicción del proceso, sus argumentos de defensa en ese proceso. Por un lado, el represaliador podrá presentar pruebas de por qué tomó las medidas correctivas contra la persona denunciante; y por otro, por qué la persona denunciante cree que las medidas que se han tomado contra él han sido represalias y deben ser sancionadas y corregido su estatus.

En cuanto a la base legal de protección, KUBLI menciona que la WPA se crea incorporando "un entramado jurídico compuesto por otros ordenamientos y decisiones judiciales que se

---

345 WPA 1989, 5 U.S.C. § 2302 (b) (8).

refieren a la protección a los denunciantes"[346]. Es decir, como ya hemos dicho previamente, la WPA nace gracias a otro conjunto de normas, pero también debido a la cierta ineficacia comprobada en cuanto al análisis de la Ley de Reforma del Servicio Civil, que, aunque en 1989 habria incluido ciertas instituciones para facilitar la información de los servidores públicos que pudieran denunciar irregularidades, no era suficiente en cuanto a la protección contra las represalias que podrían recibir. La conclusión que podemos extraer en cuanto a este sistema es que, como diría el dicho popular: todo queda en casa. Sirva de ejemplo ese dicho debido a que el sistema es, en cualquier caso, de comunicación interna, sin otorgar una posibilidad de anonimato total en la información, o de externalizar la información hacia una autoridad realmente independiente y con capacidad de investigación, dado que primero se lanza la información, y la represalia, ya sufrida, será la investigada y sancionada por la Junta de Mérito. Es decir, hablamos realmente de medidas *ex post*, que, aunque puedan inhibir en cierto grado la represalia, se ha demostrado que realmente no es así.

De este modo, tal y como afirmábamos previamente, tres leyes fueron las que allanaron el camino de la aparente novedad legislativa de 1989 con la WPA, incorporando realmente novedades ínfimas, ya que buena parte del texto legal protegía al mismo servidor público federal. Sin embargo, podemos afirmar que es la puesta en común de determinados elementos legales para una mayor protección y efectiva en cuanto al servicio público federal, complementándose a través de determinadas disposiciones que, en todos los textos, se tratan de complementar para decisiones más justas[347].

---

346 Kubli, op. cit. pág 105

347 Considerando, como no, que la costumbre legal estadounidense se basa en el derecho común, o *common law*, creando en algunas ocasiones precedentes legales en base a la interpretación de la ley existente. Ello tanto

En el año 2012, con la atención de otros casos en el servicio público, se realizaron enmiendas importantes. En esa significativa reforma realizada durante el mandato de Barack Obama, se añadieron múltiples enmiendas a la WPA, que pasó a considerarse como la Ley que Mejora la Protección a los Denunciantes, WPEA en adelante. Como indica KUBLI, estas nuevas reformas trataban de suplir las carencias que presentaba la WPA de 1989, terminando con ciertos errores legales y lagunas que proporcionaban a los represaliadores oportunidades legales para no sufrir las consecuencias por cometer actos de represalia conta los denunciantes. Estos cambios legales de 2012 incluyeron esa eliminación de vacíos legales y la mejora de las condiciones para los denunciantes que hayan sufrido intimidación. Además, las reformas se dividieron en tres categorías principales:

1. Fortalecimiento de la libertad de expresión de los funcionarios públicos: antes de la promulgación de la WPEA, con la WPA, solo se protegía al primer funcionario que realizara una denuncia, pero con la reforma, se amplió esa protección, dando amparo legal a todos aquellos denunciantes que denunciasen una misma información, sin importar el orden de llegada. Además, la reforma derogó el precedente judicial *Garcetti v. Ceballos*[348], que

---

para el ámbito administrativo, como para el penal, correspondiéndole al Derecho Administrativo la mayoría de las cuestiones relacionadas con el servicio público, como explicaremos en las conclusiones de este apartado, dado que Gobierno y Agencias, mayormente "afectados" por las leyes que hemos mencionado, son los entes sobre los que generalmente se crea discusión en materia de derechos de los ciudadanos o empleados del servicio público frente a ellos.

348 El precedente judicial *Garcetti v. Ceballos* es un caso de la Corte Suprema de los Estados Unidos que se refiere a la libertad de expresión de los funcionarios públicos en el ejercicio de sus deberes oficiales. La sentencia sostiene que las declaraciones de un empleado público hechas en el

restringía la libertad de expresión de los funcionarios públicos en el cumplimiento de sus deberes. Es decir: se derogó la decisión y se admitió que los empleados públicos también estaban amparados por la Primera Enmienda cuando realizaban una denuncia en el seno de su empleo, con carácter externo.

2. Mejora de los procedimientos y alcance de la Ley: amplía la cobertura y los derechos de debido proceso a las agencias de la comunidad de inteligencia, pero luego analizaremos la realidad y la distinción realizada hacia los empleados del ámbito de infraestructuras o agencias especiales que trabajan con información clasificada.

3. Ampliación de los remedios disponibles y mejora de recursos para los *whistleblower:* proporciona el reembolso de daños compensatorios y honorarios de peritos a los denunciantes que prevalecen en casos denunciados por ellos mismos. Facilita a la Oficina del Consejero Especial (OSC) la posibilidad de sancionar a aquellos responsables de represalias ilegales mediante la modificación de la carga de la prueba. Ordena a la Junta de Protección al Mérito de los Servicios (MSPB) que presente informes anuales que proporcionen datos sobre los resultados de los casos de denuncia para analizar la efectividad y, en el caso de que sea necesario, hacer reformas o enmiendas

---

curso de su trabajo no están protegidas por la Primera Enmienda de la Constitución de los Estados Unidos. En otras palabras, si un funcionario público habla como parte de sus responsabilidades laborales, su discurso no está protegido por la libertad de expresión. Por este precedente legal, la WPA tenía ciertas reticencias a proteger la información que pudiera salir fuera de las Agencias, con lo que los funcionarios, los trabajadores públicos, no estaban del todo protegidos ante denuncias realizadas de forma externa. Disponible en: https://scholar.google.com/scholar_case?case=6711908971660042297
[último acceso en enero de 2023].

de mejora. Crea un defensor de los denunciantes como experimento de cinco años para asesorar a los empleados sobre sus derechos en las Oficinas de Inspectores Generales (OIG) para empleados del Título 5, etc[349].

La WPEA no solo atrajo estas mejoras, sino que también se derogó la *mordaza* en cuanto a las políticas de comunicación de los empleados públicos con el Congreso. Antes de la promulgación de la Ley de Protección a Denunciantes, los funcionarios públicos no podían comunicarse sin que sus comunicaciones fueran filtradas por la misma autoridad, lo que limitaba su capacidad para denunciar actos de corrupción. Sin embargo, la reforma derogó esta disposición, permitiendo que los funcionarios envíen comunicaciones, incluyendo quejas e información para prevenir o perseguir actos de corrupción o malversación de fondos[350].

Sin embargo, como era de esperar, ambas leyes, tanto la original en 1989 como la posterior reforma de 2012, traído críticas y también presentan determinadas ausencias. En primer lugar, la protección ha resultado insuficiente en multiplicidad de casos tal y como defiende SHELLEY, dado que la mayoría de los casos denunciados se resolvieron en favor del Gobierno. El estudio realizado por estos investigadores 151 reclamos de denunciantes presentados por empleados federales de los Estados Unidos y reportados en tribunales de apelación desde 1989 hasta 2010, previo a la reforma de 2012, donde se puede analizar la eficacia en materia de protección a los intereses del servicio público federal. Los casos fueron analizados según el tipo de problema que se denunciaba y decisión de los tribunales de apelación. Los casos analizados en dicho estudio fueron aquellos en los que el empleado federal afirmó haber recibido protección por la WPA, tomándose en cuenta solo aquellos ca-

---

349 Kubli, op.cit. págs. 105 a 107

350 Ibid.

sos decididos por motivos sustantivos: fundamentos que justifican de forma clara la protección de ese denunciante frente a las represalias.

Los casos se clasificaron según el tipo de problema en ética y administración, seguridad nacional y cuestiones ambientales. La razón de esto fue doble: en primer lugar, para obtener una visión más completa de los tipos más comunes de denuncias de los denunciantes, y en segundo lugar, para analizar si un tipo particular de denuncia pudo haber tenido una tasa de éxito mayor que otros. Los problemas éticos y administrativos incluyeron causas de acción tales como el mal uso de propiedad gubernamental, prácticas ilegales de nómina, prácticas discriminatorias de contratación y mala gestión general. Los problemas ambientales eran del tipo en que el reclamante alegaba que la agencia había violado leyes y regulaciones ambientales, concretamente de los Estados Unidos. Los problemas de seguridad nacional afirmaban una violación del protocolo de seguridad nacional. Los resultados del estudio mostraron que en la mayoría de los casos se obtuvo un resultado negativo para los denunciantes.

De los 151 casos analizados, el Gobierno ganó 119 (79%) de las decisiones, mientras que los empleados públicos ganaron 32 (21%) de las decisiones. La mayoría de los casos involucraban asuntos éticos y administrativos, donde el gobierno ganó el 79% de las decisiones. Además, todos los casos relacionados con medio ambiente fueron decididos a favor del gobierno: es decir, todas aquellas denuncias realizadas contra el Gobierno en cuanto a posibles infracciones de medioambiente fueron resueltas de forma negativa para los denunciantes, dejando sin protección a las personas denunciantes de este ámbito que, hoy, trae tantos problemas a nuestra salud pública. Los casos que involucraban seguridad nacional tuvieron una tasa de éxito del 75% para el Gobierno, por lo que el restante quedó desprotegido. Con estos datos presentes, la reforma de 2012 auguraba una presunta mejora en las condiciones de los denunciantes, pero sigue siendo difícil en entornos como el último mencionado respecto a sectores donde la información clasificada juega un papel muy importante.

Asimismo, existen lagunas evidentes en cuanto a los empleados que cambian de destinos o agencias, y sobre los cuales en múltiples ocasiones se cometen represalias con carácter preventivo, si pensamos con el perfil de un agente corrupto[351]. No obstante, dado que este punto solo es un elemento para explicar los incentivos y sus efectos sobre el aumento o disminución de las denuncias, entraremos en mayor profundidad sobre este fenómeno de represalias preventivas en el tercer capítulo, ahondando mucho más sobre aquellos nuevos destinos donde se admite a los servidores públicos con desconfianza por las denuncias que hayan podido presentar en destinos anteriores en cuanto a irregularidades.

Puede decirse que cuando hablamos de la posible influencia de FCA y *Lloyd la Follete*, así como LRSC sobre la WPA, es una influencia aparentemente directa, ya que ambos estatutos protegen a los denunciantes federales que trabajen para el Gobierno, salvo porque en este nuevo caso, las reformas de 1978 y la WPA excluyen a los empleados del sector de inteligencia y de

---

[351] La información que hemos utilizado para la afirmación se recoge en un informe pasados los cinco años, realizados por parte de la Oficina del Inspector General del Departamento de Justicia (DOJ). En él, se indican las mejoras y ausencias detectadas en el año 2017 ante dichas reformas, que, por otro lado, debido a nuevos escenarios de EEUU, han quedado en posibles reformas cuando la situación geopolítica y económica se centre en los problemas internos, y no externos. STORCH, Robert. et al. "Five years later: a review of the whistleblower protection enhancement act. U.S. House of Representatives Committee on Oversight and Government Reform, Subcommittee on Government Operations. Disponible en: https://oversight.house.gov/hearing/five-years-later-review-whistleblower-protection-enhancement-act/ [último acceso en enero de 2023]

la Oficina Federal de Investigación (FBI), otorgándoles otros estatutos específicos para la denuncia. Esta división también se ha producido, precisamente, sobre el continente europeo y la Directiva 2019/1937, donde se hace una diferencia similar que analizaremos en el punto correspondiente al continente europeo. Por ello, es preciso abrir un pequeño apartado en el que explicar esos procesos entendiendo que es el sector más importante, con información más relevante, y con casos más expandidos por los medios de comunicación debido a una de las represalias más importantes y menos protegidas en este continente americano: la represalia penal; la persecución penal de un Estado contra las personas denunciantes de injusticias cometidas por la propia Administración y los representantes políticos de la ciudadanía.

1.1.1. Sector de inteligencia: la importancia de la Seguridad Nacional y su denuncia

Considerando los distintos casos acaecidos en Estados Unidos que no son precisamente lejanos a nuestros países, son muchos los empleados federales que cuentan con un proceso mínimo para ejercer su derecho a ser protegido. Este es, como no, el caso de los denunciantes de información relacionada con asuntos de seguridad nacional o, consideradas en Estados Unidos: denunciantes de información de infraestructuras críticas.

CUSSAC, respecto a la categoría de la seguridad nacional defendía que el concepto de seguridad ha experimentado un crecimiento continuo e impreciso desde el final de la Segunda Guerra Mundial, cuando los Estados Unidos comenzaron a identificar la defensa nacional con la seguridad nacional, expandiéndose mucho más tras los atentados del 11 de septiembre[352]. La doctrina de la seguridad nacional ha permitido intervenir fuera del territorio estadounidense de manera preventiva en cualquier parte del mundo, y el actual marco post Guerra Fría ha fortalecido esta tendencia, incrementando, como no, que la información se vea comprometida a convertirse en secretos de Estado para no vulnerar estrategias defensivas en posibles conflictos como Vietnam, o las nuevas informaciones de la Guerra de Ucrania. Desde una perspectiva jurídica, la categoría expansiva e indeterminada de seguridad nacional ha prevalecido sobre los derechos, garantías y libertades fundamentales, lo que ha dado lugar a una renuncia implícita a establecer reglas claras y soluciones para conflictos, y sobre todo, a que defensores de la Transparencia y la Primera Enmienda terminen sus días huyendo del Gobierno estadounidense o en la cárcel por traición.

La falta de claridad normativa ha aumentado el poder discrecional del gobierno y del poder judicial. Las nuevas amenazas post Guerra Fría han estimulado la consolidación y ampliación de esta tendencia, pero la resbaladiza indeterminación jurídica de la categoría de seguridad nacional ha provocado que prácticamente siempre prevalezca sobre los derechos y garantías individuales, viendo como esto sucede en muchos ámbitos, específicamente en el estudio que hemos analizado en cuanto a la WPA: prevalecen los derechos del Gobierno frente a los de las personas denunciantes dado que la exposición de determinada información puede poner en peligro la credibilidad de las instituciones, la del Gobierno y la estabilidad política de un Estado. Para evitar esos acontecimientos, se han incorporado en el ámbito de inteligencia determinados esta-

---

352 Cussac, J. L. (2022). La expansión de la categoría de seguridad nacional. En V. Gómez Martín, et al. (Eds.), *Un modelo integral de Derecho penal: Libro homenaje a la profesora Mirentxu Corcoy Bidasolo* (pp. [números de página si están disponibles]). Agencia Estatal Boletín Oficial del Estado.

tutos a considerar para proteger esa información sin que las personas denunciantes se vean amordazadas.

La protección de los denunciantes de inteligencia ha evolucionado con el tiempo para abordar las preocupaciones de que los denunciantes estaban expuestos a represalias, y ya eran públicas y notables debido a la difusión a través de los medios. La primera ley específica para los denunciantes de inteligencia, promulgada en 1998, solo estableció un proceso para la presentación de denuncias, sin proporcionar protecciones específicas. La legislación posterior de 2010 incluyó disposiciones generales para proteger a los denunciantes, pero sin indicar los estándares de implementación. En 2012, la Directiva de Política Presidencial (PPD)-19 brindó las primeras protecciones específicas contra represalias, siendo más claras y objetivas como veremos posteriormente. La Ley de Autorización de Inteligencia del año fiscal 2014 codificó estas disposiciones, respaldadas por la política de implementación de la comunidad de inteligencia.

Recordando la WPA y su reforma de 2012 con la WPEA, La Ley de Protección a Denunciantes incluye disposiciones clave relacionadas con la divulgación de información clasificada que revele malas prácticas en el gobierno. La reforma de Obama amplió el derecho de los contratistas que trabajan con el gobierno de exponer información clasificada al Congreso[353]. En 2014, también se añadieron nuevas reformas con la aprobación de *Intelligence Authorization Act of FY14* y también *FY15*, creándose para proteger legalmente a los empleados de la Comunidad de Inteligencia que reportan fraudes, desperdicios o abusos en los programas y actividades de la IC. Las disposiciones de la ley prohíben las represalias contra los empleados que hagan una divulgación legal y requieren que se lleve a cabo una investiga-

---

353 Kubli, op.cit. pág. 109

ción de los hechos en caso de que se reporten represalias, pero lógicamente, el problema se encuentra en el concepto de divulgación legal, siendo este un ámbito bastante reducido. Por otro lado, la Directiva de Política Presidencial–19 (PPD-19) del Gobierno de Obama, también proporciona protecciones para los empleados de la Comunidad de Inteligencia que reportan irregularidades y se asegura de que no haya represalias en el proceso de adjudicación de autorización de seguridad.

Sin embargo, es importante destacar que la divulgación de información clasificada a otras instancias que no sean el Congreso se considera ilegal y puede conllevar responsabilidades de todo tipo, especialmente cuando estas se realizan a medios de comunicación, a otros países en forma de venta de datos, o a otras instancias que no pertenezcan al ámbito públicos de los Estados Unidos. En otros términos: exponer públicamente información clasificada es un delito duramente castigado, considerado una traición a los EEUU. En estos casos es donde hallamos respuesta a la persecución existente a figuras relevantes en la prensa internacional: Snowden, Wikileaks, etc.

En referencia a los puntos anteriores respecto a las exclusiones de determinadas agencias en cuanto a la libre información, debemos mencionar la *Intelligence Community Whistleblower Protection Act*, en adelante, ICWPA. En dicho estatuto, como hemos afirmado, se otorga un proceso seguro mediante el cual los empleados de Agencias especiales de Estados Unidos puedan presentar reclamaciones ante el Congreso sobre información que se encuentre clasificada. Por lo tanto, los trabajadores públicos que se encuentren manejando información relativa a la seguridad nacional tienen un tratamiento legal diferente a los de otros sectores: en primer lugar, en lugar de poder reportar irregularidades a una entidad externa, como la Oficina del Consejero Especial en la WPA, deben informar a entidades dentro de su propia agencia o a determinados miembros designados por el poder ejecutivo: es decir, no todo receptor de información del Congreso será válido, deben tener determinadas concesiones para poder recibirla.

Recientes cambios legislativos han tratado de solucionar esta situación permitiendo que los profesionales de seguridad nacional reporten a miembros selectos del Congreso, pero solo si son autorizados previamente por un Inspector General, que forma parte del poder ejecutivo. En segundo lugar, los profesionales de la seguridad nacional no disfrutan de las mismas protecciones que otros sectores si son despedidos, se les niega un ascenso o enfrentan condiciones de trabajo hostiles. Si bien en 2012 se introdujo una directiva presidencial que permite a los denunciantes de seguridad nacional apelar a un panel de inspectores generales en caso de represalias, la decisión aún está sujeta a revisión por parte de la cabeza de la agencia, lo que limita los beneficios de la revisión externa[354].

La ICWPA mantiene, además, ciertos puntos que consideramos de importante análisis:

- La información protegida por la ICWPA debe ser de preocupación urgente. Se considera una infracción grave o flagrante en la comunidad de inteligencia cualquier abuso, violación de la ley u Orden Ejecutiva, o deficiencia en la financiación, administración u operación de una actividad de inteligencia que involucre información clasificada. Esto no incluye diferencias de opinión sobre cuestiones de política pública. Además, se considera una infracción grave hacer una declaración falsa o retener información del Congreso sobre un asunto material relacionado con la financiación, administración u operación de una actividad de inteligencia. Por último, se conside-

---

354 Joseph, M. F., Poznansky, M., & Spaniel, W. (2022). Shooting the messenger: The challenge of national security whistleblowing. *The Journal of Politics, 84*(2), p. 848.

ra una infracción grave cualquier acción que constituya represalia o amenaza de represalia contra un empleado que informe de una preocupación urgente.

- El proceso es necesariamente interno ante el Inspector General designado de cada agencia[355]. Por lo tanto, deberá agotarse la vía interna, y el *whistleblower* quedará bajo la presunta protección de ese proceso, con la posibilidad de presentar una revisión externa, coordinada por el Inspector General de la Comunidad de Inteligencia.

En términos generales, la ICWPA, en la sección 601, protege a los denunciantes de la Comunidad de Inteligencia de cualquier posible represalia cometida por acción u omisión por haber realizado una divulgación lícita. "Una divulgación legal se define como una divulgación que un denunciante de un empleado del IC cree razonablemente que evidencia una violación de leyes, reglas o regulaciones federales o mala gestión, un desperdicio flagrante de fondos, un abuso de autoridad, o un peligro sustancial y específico para la salud y seguridad pública"[356]. Sin embargo, dicha medida sigue siendo *ex*

---

[355] Bajo el amparo de protección, tras las reformas realizadas en el año 2014, las agencias a las que nos referimos en esta parte de la investigación son: Oficina del Director de Inteligencia Nacional (DNI); Agencia Central de Inteligencia (CIA); Departamento de Defensa (DOD); Agencia de Inteligencia de Defensa (DIA); Agencia de Seguridad Nacional (NSA); Departamentos del Ejército, Marina y Fuerza Aérea; Guardia Costera; Departamentos de Estado, Hacienda, Energía (DOE) y Justicia (DOJ); Oficina Federal de Investigaciones (FBI); Administración para el Control de Drogas (DEA); Oficina Nacional de Reconocimiento (NRO); Agencia Nacional de Inteligencia Geoespacial (NGA); y Departamento de Seguridad Nacional (DHS).

[356] Devine, M. (2022). *Intelligence community whistleblower protections* (CRS Report No. R45345). Congressional Research Service. Disponible en https://crsreports.congress.gov/product/pdf/R/R45345 [Recuperado en 30 de enero de 2022].

post de la represalia, cuando ya se ha producido, dado que la prohibición en sí mismo no es una medida preventiva. Sin embargo, en la sección 604, establece la obligación del Director de Inteligencia Nacional (DNI) de establecer procedimientos para proteger a los empleados de agencias de inteligencia específicas contra represalias por denuncias protegidas.

En este caso, con la reforma de la ICWPA, se da un paso importante en cuanto al servicio público federal (*Lloyd la Follete)*, y se erradica la distinción entre los empleados públicos federales y aquellos que se encuentren trabajando con información clasificada en departamentos de seguridad nacional. O lo que es lo mismo: en Agencias de Inteligencia. En un inicio, en 1998, se establece un mero proceso de comunicaciones ante los superiores, no obstante, en el año 2010 añadió disposiciones de protección a las personas denunciantes que fueron perfeccionándose hasta el año 2018[357]. Es decir, se establecía de forma previa la necesidad de que el empleado público, antes de revelar a los representantes información clasificada, el mismo debía acudir a través de canalización interna ante su superior supervisor, con lo que, a nuestro entender, se ponía en grave riesgo de represalia si la información era comprometedora para el propio supervisor. Hablamos, en este caso, de escenarios como el acaecido con Edward Snowden, así como también otros relevantes como los escándalos de los años sesenta con la entrega de información sobre los *Papeles del Pentágono.*

---

357 En el año 2019, con la denuncia presentada contra el propio presidente, Donald Trump, tal y como defiende DeVine, surgieron una serie de preguntas en referencia a las reclamaciones presentadas bajo la ICWPA, específicamente ante el anonimato y los procedimientos efectivos de protección para los denunciantes. Conscientes de que seguían existiendo represalias a pesar de la regulación existente, en 2012, la Directiva de Política Presidencial indicó nuevas protecciones para salvaguardar el derecho a realizar una reclamación en el departamento de defensa. DEVINE, Ibid.

Cuando *The Guardian, The Washington Post* y otras publicaciones comenzaron a publicar las revelaciones de Snowden en junio de 2013, aquellos que argumentaban que Snowden merecía el deseable título de denunciante, y por ende, de protección internacional, tenían algunas ventajas incorporadas en el debate público inicial. Sus afirmaciones de que los documentos filtrados de la Agencia de Seguridad Nacional, en adelante NSA, mostraban abusos sistemáticos del gobierno resonaron con muchos que habían aprendido a desconfiar de las agencias de inteligencia estadounidenses por defecto. El origen de esa confianza se asociaba a desarrollos políticos y culturales más amplios que comenzaron en la década de 1960 y 1970, es decir, durante la Guerra Fría[358].

Una inundación de revelaciones sobre los servicios de inteligencia en particular, por ejemplo, sobre asesinatos de la CIA y operaciones de cambio de régimen, proporcionó material fuente impactante para películas de Hollywood, *bestsellers* del *New York Times* y conferencias de profesores universitarios, todos los cuales pintaron una imagen marcadamente negativa de las agencias, que se vio reforzada por las revelaciones sobre su trabajo posterior al 11 de septiembre en Irak y la "guerra contra el terrorismo". Como resultado, antes de que apareciera la primera historia de Snowden en junio de 2013, muchos estaban preparados para creer en una narrativa sobre los abusos de la NSA, lo que hacía que las revelaciones no autorizadas parecieran obviamente dignas de ser denunciadas. Es decir, se naturalizaba la divulgación pública de la información clasificada como un método de hacer justicia, considerando heroica la actuación de aquellos que se animaban a exponer las "vergüenzas de los Estados". Concretamente, al menos en este caso, las de EE.UU. es importante conservar dicha información debi-

---

358 Arnold, J. R. (2019). *Whistleblowers, leakers, and their networks: From Snowden to Samizdat.* Rowman & Littlefield. (p. 11).

do a las graves consecuencias sufridas con el caso Watergate, donde el Estado fue neutralizado por la exposición pública de los eventos llevados a cabo por el entonces presidente Richard Nixon, generando una crisis política sin precedentes.

Debido a la naturaleza de su trabajo, los denunciantes que divulgan información deben ser especialmente precavidos al hacerlo, ya que corren el riesgo de enfrentar represalias graves de sus empleadores o del gobierno. Aunque como hemos comprobado existen numerosas leyes que protegen a los denunciantes de represalias, estas protecciones no se aplican siempre en el sector de defensa e inteligencia, especialmente cuando la información divulgada es clasificada y compromete a los Gobiernos. A menudo, no hay garantías de que las represalias sufridas por los denunciantes serán investigadas de manera justa y exhaustiva, lo que hace que los denunciantes no confíen en los canales internos de informar sobre posibles abusos y en su lugar opten por recurrir a la difusión pública a través de los medios de comunicación.

Esto plantea un problema en las decisiones basadas en la ética que son realmente importante, ya que divulgar información clasificada puede resultar en graves consecuencias penales, incluyendo la posibilidad de ir a la cárcel. Sin embargo, los denunciantes pueden sentir que no tienen otra opción para exponer los abusos y proteger al público de los posibles daños que resulten de ellos, sobre todo, teniendo en cuenta que en muchas ocasiones la información con la que cuentan los denunciantes del sector de inteligencia son atentados reales contra los derechos humanos de los ciudadanos, como son las revelaciones de Snowden y los abusos de Estados Unidos en la guerra de Irak.

Para finalizar, la falta de protección efectiva y clara a los denunciantes del sector de inteligencia y la falta de garantías en la investigación de las represalias resultantes puede llevar a una falta de rendición de cuentas y a la difusión pública no regulada de información clasificada. P por ese motivo, es preciso analizar la incorporación de entidades independientes y dar mayores facilidades de protección a las personas denunciantes de este tipo de información, ateniendo a que, si se denuncian escándalos de semejante magnitud, la exigencia debe ir con los ejecutores, y no contra el denunciante que hace pública esa información. De hecho, algunos defensores de una mayor transparencia en la Comunidad de Inteligencia creen que los procesos internos de la IC no son tan claros como podrían ser, y carecen de la transparencia necesaria para brindar confianza a los posibles denunciantes de que estarán protegidos contra represalias[359].

La denuncia de un *whistleblower* presentada por un miembro de la Comunidad de Inteligencia en agosto de 2019, que llevó a la destitución del presidente Donald J. Trump, suscitó preocupaciones adicionales entre los miembros del Congreso sobre la suficiencia de las protecciones legales existentes. Estas preocupaciones incluían: i) si los denunciantes deberían tener derecho a permanecer anónimos y qué recursos deberían tener si su identidad es revelada sin su consentimiento; ii) si los procedimientos brindan una guía clara para que los denunciantes potenciales se acerquen al Congreso con una divulgación protegida; iii) si el lenguaje de los diversos estatutos relacionados con los denunciantes del IC es claro y coherente

---

359 En ese mismo sentido, en el año 2021, se publicó *vid.* Fernández González, C. (2021). Agencias de seguridad e inteligencia artificial: El caso Snowden a estudio. En *Inteligencia artificial y defensa: Nuevos horizontes* (pp. 327-339). Aranzadi Thomson Reuters, donde analizaba precisamente que la falta de transparencia venia ocasionada, precisamente, porque las denuncias se realizaban con carácter interno y no externo. Evidentemente, la realización de denuncias internas por parte de los empleados del sector de inteligencia, sin anonimato existente, y en una jerarquía de control, puede generar represalias silenciadas, mostradas por distintos testimonios de denunciantes de dicho sector.

entre sí; y iv) quién tiene la autoridad final para determinar lo que constituye un asunto de preocupación urgente.

Con todo ello, vemos que efectivamente, tras más de un siglo de costumbre legal en cuanto a esta figura, en 2023 siguen manteniéndose debates en torno a la misma, previsiblemente por la influencia partidista en la misma, y porque su efectividad pone en grave riesgo el ejercicio de poder de gobernantes que pretendan abusar del mismo. Por ello, consideramos importante mencionar el ámbito de la Comunidad de Inteligencia, dado que, para nuestro tercer capítulo, la información que se emplea en estos sectores de Fuerzas y Cuerpos de Seguridad suele ser bastante comprometedora para ciertos sectores sociales con poder, sobre todo con el ámbito de la política.

Algo similar ocurre con el caso del ámbito privado, sobre todo en las grandes empresas que controlan buena parte de la economía. Hablamos del sistema corporativo y el sector bancario, ámbitos donde el control y la prevención de delitos son casi tan importantes para EE. UU. como el propio servicio público. Todo ello porque, la importancia del sector corporativo en EE.UU. y su impacto en la economía mundial se asemeja al de China como superpotencias económicas: como diría el famoso dicho, "el aleteo de las alas de una mariposa se puede sentir al otro lado del mundo". Es por ello por lo que, a partir de la caída de *Lehman Brothers*, se habla de una Gran Recesión y de una crisis de magnitud mundial, trayendo graves consecuencias a todos los países con relaciones económicas en con el mercado americano. Dada la relación entre la corrupción en el sector corporativo y esas consecuencias económicas negativas en los países y en los sistemas socioeconómicos, el gobierno estadounidense ha establecido la prevención de la corrupción como uno de sus principales objetivos, contando con leyes de protección a las personas denunciantes también en este ámbito.

1.2. Incorporación al sistema corporativo y bancario

Finalizado el análisis del sector público, es necesario acudir a la breve mención del sector corporativo y bancario, ya que como bien comentábamos previamente, el sector corporativo, entendiendo que es lo que sucede en otros países y no solo en EE.UU., presenta una gran importancia en el continente norteamericano, dado que, como China, es de las primeras superpotencias económicas a nivel mundial, por lo que sus crisis económicas tienen un impacto en la economía mundial devastadora. Evidenciando en los múltiples estudios las consecuencias económicas que tiene la corrupción sobre los países y sobre los sistemas socioeconómicos de los mismos, evitar la corrupción en el sector corporativo es uno de los principales objetivos de los gobiernos estadounidenses. Por ello, incrementar los mecanismos de prevención, entre ellos, la inclusión de medidas para evitar represalias contra los denunciantes es un elemento clave para su legislación. Así se mostró en diversos casos como Enron o Lehman Brother, que requirieron un tratamiento específico posterior y una incorporación de medidas a considerar como, por ejemplo, la protección a los denunciantes de fraude en el sector corporativo.

Concerniente a ese control de la criminalidad empresarial, a través de la *Sarbanes-Oxley Corporate Act* aprobada en el año 2002, y que surge como consecuencia a los diversos escándalos financieros como Enron y WorldCom se tiene como objetivo fomentar la participación de los empleados a través de los canales internos de denuncia, pero también a empleados externos como los contratistas o subcontratistas de las empresas públicas. Es decir: a todos aquellos empleados que tengan conocimiento dada su relación profesional. Dicha ley surge a partir de la necesidad de paliar los errores que se habían cometido en torno a casos como los anteriormente expuestos a lo largo de la explicación del proceso en el Servicio Público, pero también con el objetivo de proteger a sujetos como Sherron

Watkins, que intentaron alertar sobre los fraudes que se estaban cometiendo entre la empresa de contabilidad, ARTHUR ANDERSEN, y ENRON, pero declararon rotundamente que la presión a la que estaban sometidos, y el miedo a las represalias frente a una escasa protección era mucho mayor que su interés por interrumpir los delitos[360].

El caso concreto de Sherron Watkins nos interesa debido a que la denunciante, antigua vicepresidenta de ENRON, había decidido exponer las actividades contables irregulares de la empresa. Naturalmente, esto le trajo graves consecuencias: fue degradada de su cargo de vicepresidencia como represalia por haber realizado la denuncia de forma anónima. Naturalmente, de este caso extraemos una cuestión importante a tener en cuenta para la investigación y, especialmente, para el último capítulo: por un lado, a pesar de que este caso data del año 2001, cuando ya existía una cultura legal en favor de la protección a los *whistleblower*, la denunciante sufrió las represalias laborales, y posteriormente, en el año 2002, fue elegida por la revista Time como persona del año junto a otras denunciantes de corrupción (Worldcom y FBI). Es decir: hubo represalia/castigo por parte de su entorno, pero la sociedad reconoció su denuncia como una actitud necesaria.

La intención del Estado a través de la aprobación de la SOX era tratar de evitar precisamente más casos como el de Sherron Watkins, dada la influencia de este caso sobre la aprobación,

---

[360] *Vid.* Toda la información sobre la creación de Sarbanes Oxley Act se recoge en la guía Zuckerman, J. (2017). *Sarbanes-Oxley whistleblower law: Robust protection for corporate whistleblowers*, aunque referente a las afirmaciones realizadas sobre los denunciantes, y concretamente, sobre Sherron Watkins, se han recopilado del seminario Online "2020 SOX & Internal Controls Professionals Group Summit" (29 de septiembre de 2020), en el que se realiza una entrevista a la *whistleblower* Sherron Watkins del caso ENRON.

fue dotar de mejores condiciones en materia de protección a los denunciantes, estableciendo una serie de condiciones y protección al empleado que decida denunciar una violación de las normas, recogiéndose en cuatro conjuntos de disposiciones según KUBLI GARCÍA: i) contar con comités de auditoría independientes y de control para el control de los procedimientos de denuncias; ii) proteger y obligar a los abogados a denunciar a los directivos en caso de detección de malas praxis; iii) convertir en delito las represalias contra los denunciantes[361]; y, por último, iv) contar con la posibilidad de reforzar el cumplimiento de las disposiciones. Es especialmente en la tercera y cuarta disposición en la que el Estado ha decidido intervenir en materia de protección, involucrándose en estrategias preventivo-negativas hacia una estrategia de vigilancia, desarrollando una represión penal contra aquellos que puedan llegar a realizar una intromisión laboral en el puesto del empleado que denuncie. Y, además, respecto a la facilitación de proporcionar información, se ha adoptado, a través de la sección 301, la implementación de procedimientos recepción, retención y tratamiento de las informaciones que se reciban por parte de los alertadores, sin exigir ningún método en cuestión, pero si requiriendo que al menos se dé la opción de ele-

---

361 En Kubli García, *ibid.*, pág.. 113, y también en la propia ley, regula en el ámbito penal, la comisión de represalias contra los denunciantes, indicado en la sección 1107 la creación de "new criminal penalties for retaliation", como nuevas sanciones penales sobre los que ejerzan represalias recogidas en la sección 806, elevando a sanciones de multa o pena de prisión de hasta diez años. La única limitación de la sección 1107 es que dota de protección a los denunciantes externos, y no a los denunciantes internos que no utilicen canales de información, sino que expresen una preocupación por irregularidades conocidas, bajo lo que en Westman, D. P. (2005). The significance of the Sarbanes-Oxley whistleblower provisions. *The Labor Lawyer, 20*(2), 141-155., aun así, indica que la SOX es una ley agresiva contra las represalias que puedan sufrir los denunciantes.

gir el método confidencial, o bien acogerse al anonimato. En cualquier caso, será bajo la sección 806 de SOX sobre la que se dote de protección a aquellos empleados que puedan recibir represalias, siendo una prohibición expresa a la entidad para que no despida, degrade o suspenda a sus empleados, incluyendo además el término de acoso – o *mobbing* – para que el empleado, ante dichas represalias, pueda presentar acciones penales contra la entidad.

Además, algo relevante que la SOX también establece, son los daños especiales como el daño psicológico, deterioro reputacional y otros daños que no necesariamente fuesen laborales o económicos. A pesar de que no se establecen los mismos premios que bajo la FCA, los denunciantes de la SOX pueden recibir importes económicos relativos a los salarios que hayan perdido por el caso de despido como represalia y también exigir indemnizaciones en valor de los daños psicológicos sufridos, o cualquier otro tipo de cuestiones referidas a este punto. En resumen, la Sarbanes Oxley establece que los denunciantes pueden exigir varias indemnizaciones: tanto por daños psicológicos o materiales, incluyendo los daños reputacionales, como también daños económicos, considerándose los mismos como la pérdida de empleo y sueldo debido a su denuncia, encontrándose previsto que la indemnización cubra la cuantía de todos los salarios perdidos como consecuencia de la represalia sufrida.

Por otro lado, y también dentro del ámbito corporativo y el mercado de valores, la aprobación de la Dodd Frank Act, en el año 2010 por el Gobierno de Obama, trae causa a su vez de la recesión económica del año 2008, erigiéndose como la reforma más amplia de Wall Street después de la realizada en 1934 a través de *la Securities Exchange Act* (SEC), consecuencia del Crac del 29. La entidad se consolida como una agencia federal con autonomía e independencia de departamentos ministeriales, sin embargo, dado que los miembros de la Comisión son elegidos por el presidente de EEUU, y se confirman en el Senado, no se presenta una autonomía de facto.

A través de la aprobación de la Dodd-Frank, el objetivo era fortalecer en cierta medida las estrategias que habían llegado previamente con la Sarbanes Oxley, pero que parecían no haber sido suficiente, y se había abandonado el *too-big-to-fail* para siempre a través de la imposición de la obligación a estas grandes instituciones financieras para que tomasen medidas regulatorias internas de importante calado[362].

Respecto a los incentivos y protección de *whistleblowers*, la Dodd-Frank Act también establece recompensas económicas de entre un 10% y un 30% del importe que se haya podido recaudar gracias a la denuncia del fraude corporativo, cuantías y medidas similares a las analizada en las acciones *qui tam* de la False Claims Act. Sin embargo, estas cuantías se otorgarán siempre y cuando se cumplan los requisitos que la propia ley dispone: i) entregar información original derivada del conocimiento del propio denunciante, y que no haya llegado a la SEC a través de ninguna otra fuente, considerándose al *whistleblower* la fuente original de la información; ii) que el proceso resulte exitoso y exista una recuperación monetaria de, como mínimo un millón de dólares. Esa recompensa aumentará o disminuirá en función de la importancia de la información proporcionada por el denunciante, el grado de su disponibilidad y asistencia durante el proceso, e incluso, el grado de culpabilidad del denunciante en esas irregularidades[363].

---

[362] Lipman, F. D. (2011). *Whistleblowers: Incentives, disincentives, and protection strategies.* John Wiley & Sons. (pp. 20 y ss).

[363] *Vid.* En este punto, y haciendo referencia a un artículo de propia autoría, Fernández González, C. (2020). Luces y sombras sobre el caso "Bradley Birkenfeld": Apuntes sobre su verdadera consideración. En *Decomiso y recuperación de activos: Crime doesn't pay* (pp. 641-662). Tirant lo Blanch., debemos coincidir en que es un desacierto recompensar económicamente

Ambas leyes tienen en común que, ante el nuevo riesgo, o en el contexto en el que se originan, llegadas las crisis económicas, el Estado, para evitar consecuencias futuras devastadoras, decidió en cada momento crear programas de incentivos para animar a las personas a que pudieran denunciar y presentar toda la información posible para facilitar la comisión del crimen, o llegado el caso, la aclaración de este, y su posterior recuperación de activos. Esos resultados se plasman en que Estados Unidos expone como modelo de eficiencia incorporar canales de denuncia confidenciales o anónimos en sus instituciones, ya que facilitan el acceso a la información y sus investigaciones. De hecho, se llega a afirmar que la aprobación de la Dodd-Frank no es más que una ampliación de la Sarbanes Oxley, de forma que se enmienden las medidas de protección incorporadas en esta última, y se incluya con la Dodd-Frank la disposición de presentar los asuntos ante la corte Federal, tener derecho a juicio con jurado, y tomar acciones penales contra los que hayan tomado represalias contra el denunciante.

Como resultado de estas regulaciones, por un lado, el DOJ habla de recuperaciones por presentación de demanda *qui tam* de hasta tres mil millones de dólares en el año 2019, y dotación de recompensas de doscientos sesenta y cinco millones de dólares. Por otro, la SEC, menciona que, a través de las informaciones originales recibidas por los *whistleblower,* se han recuperado más de $2.5 mil millones, y otorgado la cantidad de $523 millones en calidad de recompensas, desde la creación del programa de incentivos por denuncias, a los noventa y siete

---

a los participantes del delito, pues en esos términos, no hablamos de actitudes éticas, sino de arrepentimientos, correspondiéndose mucho más hacia figuras procesales como el arrepentido o el colaborador. La información relativa a esta variación se encuentra en Banks, L. J., & Filoromo, M. A. (2020). *The SEC whistleblower practice guide.* Katz, Marshall & Banks, LLP.

alertadores que han alzado la voz y presentado una denuncia desde la creación del programa de recompensas en la SEC[364].

Es importante señalar que, aunque la *False Claims Act* sí establece cuantías económicas como forma de incentivo, así como también la *Dodd-Frank*, la *Sarbanes Oxley* no utiliza los premios o recompensas económicas para los denunciantes. Una de las formas que nos interesan, es que lejos de utilizar premios, aplica la compensación económica en aquellos casos en los que haya existido represalia, por lo que las pérdidas que se hayan podido sufrir, son posteriormente recuperadas, elemento vital para las personas denunciantes durante todo este proceso de denuncia. Asimismo, también existen sanciones en caso de que exista represalia contra un denunciante.

En consecuencia, tras esta modernización de la figura del *whistleblower* en EE. UU., y su posterior adaptación en diversas instituciones como elemento para la prevención de las malas prácticas – así como instrumentos internacionales ya citados – desde Europa hemos comenzado a insistir en su incorporación, justificándose en la necesidad de contribuir a un mercado justo y a una Administración limpia de corrupción.

En cierto modo, ha sido la nueva percepción pública positiva norteamericana la que ha generado ese interés del legislador en incorporar estas técnicas, así como la marcada influencia político-económica de EE. UU. sobre el resto de los países,

---

364 *Vid.* Dicha información ha sido recogida de los datos aportados por ThompsonHine, en su publicación sobre la recuperación realizada por el DOJ a través de la False Claims Act, entre los años fiscales de 2019 y 2020. En https://www.thompsonhine.com/publications/dojs-false-claims-act-recoveries-in-fiscal-years-2020-and-2019; y respecto a las recuperación y recompensas por parte de la Securities and Exchange Comission se han recopilado de la página oficial de la institución, disponible en línea en: https://www.sec.gov/news/press-release/2020-219
[Recuperado en 20 de enero de 2022]

especialmente en el continente europeo, tanto por sus relaciones económicas, como por otras causas respectivas a la agenda legislativa de EE. UU sobre el resto de los países[365]. En sí, está claro que esta tendencia y figura moderna en el escenario europeo, va tres generaciones tarde respecto a la americana.

En general, se ha pasado de una concepción cultural negativa, a una consideración utilitarista de que estos héroes se enfrentan a grandes corporaciones y Estados, y por ello, no solo merecen ser protegidos, sino también recompensados por su valiosa información y la eficacia que han demostrado aportar a las investigaciones. Tras ello, y por los mismos motivos que llevaron a Europa a replantearse la incorporación de la responsabilidad de las personas jurídicas, con peculiaridades similares a Estados Unidos como la incorporación de programas de cumplimiento y Buen Gobierno corporativo, desde 2014 se consideró la incorporación de la figura del *whistleblower* como una estrategia de prevención adecuada a nuestros países, llegando a plantearse la creación de la Directiva europea relativa a la protección de denunciantes, y aprobándose cinco años después.

No obstante, en cuanto a conclusiones generales que hemos podido ver a largo de estas leyes y sus consecuencias, nos hemos percatado de que a pesar de los esfuerzos legislativos y de protección para los denunciantes de irregularidades en el servicio público, aún existen casos de represalias y consecuencias negativas para estos individuos, incluyendo la falta de empleo y la imposibilidad de regresar al servicio público. Los denunciantes, vecinos del otro continente, enfrentan desafíos significativos en la lucha contra la corrupción y la mala conducta en el sector público y privado, a pesar de la existencia de multitud de estatutos que les protejan.

---

365 Ragués I Vallès, op.cit, pp. 27-28.

Es posible que estos marcos legales no sean lo suficientemente sólidos o que su implementación no sea adecuada para proteger adecuadamente a los denunciantes, o no se cuenten con las medidas o recursos posibles para protegerles. Además, puede haber obstáculos culturales o institucionales que limiten la capacidad de los denunciantes para reportar irregularidades y recibir protección efectiva, siendo el impedimento cultural uno de los más difíciles de superar sólo con la regulación, sin una educación pública que acompañe a estas medidas.

Siguiendo a DE SOUSA, no parece que las autoridades que se han adoptado en Estados Unidos tengan una independencia departamental, dado que parece, más bien, que se han creado de forma interna instituciones dedicadas a funciones preventivas, y que son otras autoridades las que tienen el poder de sanción[366]. Llevado al caso, tenemos varios ejemplos: la *Securities and Exchange Comission* tiene competencias para sancionar aquellos incumplimientos que puedan producirse de la SOX. Sin embargo, también el DOJ, tiene posibilidad de iniciar una investigación y enjuiciar posibles incumplimientos de la misma. La SEC no es una agencia anticorrupción al uso como ve-

---

366 En Estados Unidos, no tenemos constancia de una agencia anticorrupción centralizada, sino que diferentes autoridades tienen competencias en prevención, investigación y sanción de la corrupción, lo que dificulta su estudio desde nuestra perspectiva del derecho continental. La protección a los denunciantes también se encuentra fragmentada en distintos sectores, lo cual dificulta la centralización de una autoridad encargada de proteger a quienes exponen actos de corrupción. Esta falta de centralización plantea desafíos en términos de coordinación y eficacia en la protección, pero para compensar, en ocasiones se otorgan recompensas económicas a los denunciantes como incentivo para exponer la corrupción. Estas recompensas económicas pueden ser una forma efectiva de motivar a las personas a denunciar casos de corrupción, a pesar de las limitaciones en la protección debida a la vasta extensión del país. De Sousa, L. (2010). Anti-corruption agencies: Between empowerment and irrelevance. *Crime, Law and Social Change, 53*, 20-40.

remos en la diferencia europea y la CNUCC, dado que regula el mercado de valores de los Estados Unidos, pero mantiene una sección específica para tratar sanciones civiles y administrativas a las empresas que puedan violar la SEC, y medidas de protección para los denunciantes de las mismas.

Como hemos podido observar en el análisis, aunque se han implementado incentivos económicos y algunas medidas de protección posterior a las represalias, existe una evidente carencia de una protección efectiva para los denunciantes de corrupción que sean de manera previa. Esta falta de medidas adecuadas puede desalentar a las personas a denunciar actos ilícitos por temor a represalias y consecuencias negativas para su seguridad personal y profesional en este sistema donde aparentemente hay mayor eficacia. Es fundamental que los sistemas de protección y las políticas anticorrupción se fortalezcan y mejoren para garantizar una protección sólida y efectiva para aquellos que denuncian actos de corrupción, fomentando así un entorno propicio para la transparencia y la rendición de cuentas.

Es importante investigar en detalle los desafíos a los que se enfrentan los servidores públicos, especialmente, y examinar las prácticas y políticas existentes en el ámbito de la protección de los denunciantes. Se deben analizar las medidas legales y de políticas que se han implementado para proteger a los denunciantes, así como las razones detrás de las prácticas y políticas existentes: no habrá protección eficaz sin medidas formales e informales claras y con objetivos. Asimismo, es importante analizar las experiencias de los denunciantes y examinar cómo se ven afectados por la falta de protección adecuada, asunto que tratamos en el último capítulo para tratar de analizar la hipótesis de partida en cuanto al funcionamiento efectivo de estas leyes, y su traslación al sistema europeo, y, en consecuencia, el español. Antes de ello, debemos entonces interpretar si ha habido una traslación de instituciones y si Europa sigue la dinámica indicada en este apartado.

2. Traslación de la estrategia *whistleblowing* moderna a Europa

Consecuencia del triunfo del sistema *whistleblowing* y de las normativas que establecían la necesidad de incorporar canales de denuncia a las empresas de otros países que tuviesen relaciones comerciales y financieras con EE. UU., el continente europeo cede a esta corriente, quizás en lo que previamente, en el primer capítulo de la presente investigación, calificábamos como una americanización del derecho continental. Tras analizar las graves consecuencias económicas del año 2008, y la extensión de la corrupción a nivel internacional, nuestro continente decide incorporar también los modelos de *whistleblowing* presentados en los instrumentos internacionales que recomendaban tales inclusiones, como la CNUCC y la OCDE.

Por las razones previas y la dotación de eficacia a la persecución de delitos internos, tal y como ha ocurrido con la incorporación de la responsabilidad de la persona jurídica, los programas de cumplimiento y demás herramientas, la delegación de funciones sobre los informantes se han extendido desde EE. UU. al resto de nuestro continente.

La responsabilidad de esta extensión, según RAGUÈS I VALLÈS recae sobre la OCDE, que en 2004 – tras la previa aprobación de la *Sarbanes Oxley Act* en EE. UU. – presenta los Principios del Gobierno Corporativo, en los que encomienda la creación de canales de información donde los empleados y órganos representativos puedan manifestar su conocimiento o preocupación por las prácticas ilegales al Consejo de administración. En términos más generales y mucho más sencillos, la dispersión normativa y la multiplicidad de legislación presente, así como ausente respecto a este ámbito, requería una intervención legislativa a nivel europeo o comunitario para fijar un marco común mínimo en la materia[367]. Este elemento, sumado a las buenas prácticas en la Administración Pública y la preocupación por cuidar los fondos europeos, han sido un elemento más para *americanizar* o adaptar nuestros ordenamientos a las herramientas efectivas recomendadas por la agenda norteamericana.

Sin embargo, conscientes de la importancia que tuvo en Estados Unidos y del fenómeno que se generó en torno a las innumerables denuncias públicas, en Europa, tras los distintos casos de fraude empresarial relacionados con LuxLeaks, los *Panama Papers*, o la propia Lista Falciani, terminó resultando en la necesidad de proteger a las personas que destaparan este tipo de fraudes[368].

De esta forma, la creación de canales internos y externos también se exporta a la Unión Europea, justo al mismo tiempo que los programas de cumplimiento y la responsabilidad, en nuestro caso penal, de la persona jurídica. Nuevamente, respondiendo a problemas sociales y legales en similitud a lo acaecido en EE.UU.: dar respuesta inminente a un conflicto y campo abierto sobre el que legislar. Además, se consolidaría la búsqueda de los principios de eficiencia que anteriormente mencionábamos en los servidores públicos, dotándoles de me-

---

367 Iglesias Rey, P. (2022). Canales de denuncia en los órganos de control. En *La directiva de protección de los denunciantes y su aplicación práctica al sector público* (p. 234). Tirant lo Blanch.

368 En este sentir, CARRILLO DEL TESO plantea un debate a partir de la resolución de tramas de esta magnitud a partir de pruebas ilícitas donde enumera distintos criterios sobre su admisión. En este sentir, también somos conscientes de los peligros y riesgos en garantías que supone admitir en el proceso las pruebas obtenidas con carácter ilegal. Carrillo del Teso, A. E. (2020). El diálogo judicial sobre las "listas Falciani": Los diferentes criterios de su admisión como prueba. En *Derecho probatorio y otros estudios procesales: Vicente Gimeno Sendra. Liber amicorum* (pp. 419-434). Ediciones Jurídicas Castillo de Luna.

canismos de denuncia y métodos de protección, no sólo a las entidades privadas, sino al sector público también.

2.1. Establecimiento de un marco común europeo: antecedentes de la Directiva 2019/1937

Las primeras apreciaciones antes de la aprobación de la Directiva de protección a las personas que denuncien infracciones contra la Unión Europea de 2019 aparecen en torno al año 2007. Desde Andorra[369], un socialdemócrata presentaba una moción a recomendación que se tomaría en cuenta dos años después, en el año 2009. Paralelamente, diferentes tribunales

---

369 Todo este proceso se puede analizar en la web del Parlamento, indicándose el Estado de cada moción. Concretamente, en este caso, la moción presentada por Bartomeu Cassany se iniciaba en abril de 2007, recopilando determinada información respecto a las garantías necesarias para los denunciantes que revelen actividades ilegales del Estado. En este sentido, se hace especial mención a que el GRECO investiga en la mima materia y dedica específicamente un capítulo completo a la protección a los denunciantes, mereciendo que dicho objeto también tenga presencia en la Asamblea. Precisamente debido a una denuncia elevada de desapariciones forzosas instadas por EE.UU. que involucran a algunos estados miembros del Consejo de Europa se insta a que, tras la Resolución 1507 (2006) de la Asamblea, se guarden garantías necesarias a aquellos denunciantes que alerten, no solo de ilícitos relacionados con la corrupción, sino también de otros posibles delitos como los relacionados en la "guerra contra el terrorismo". En este sentido, aunque lo comentaremos en el tercer capítulo, las garantías de los denunciantes no pueden estar por encima de los secretos de Estado (especialmente cuando se incluye dentro de los Secretos de Estado aquellos abusos contra los Derechos Humanos y las libertades civiles). La resolución a la que estamos haciendo alusión se encuentra relacionado con detenciones en Kosovo por parte de distintos países miembro en colaboración con los Estados Unidos de América. Disponible en: https://assembly.coe.int/nw/xml/XRef/Xref-XML2HTML-EN.asp?fileid=17454&lang=en [Recuperado en 16 de septiembre de 2022]

dictaban sentencias significativas en la materia, indicándose la necesidad de proteger la denuncia de irregularidades, ya que la supervisión pública y denuncia de posibles irregularidades es un factor importante a tener en cuenta en la lucha contra la corrupción y otras irregularidades que puedan cometerse en el seno de la Administración Pública, especialmente cuando son hechos amparados por la opacidad de los Estados.

Tras haber tenido a bien analizar la situación de los denunciantes e incluir en su debate otras iniciativas internacionales que habrían incluido la protección a los denunciantes como un compromiso necesario para la lucha contra la corrupción, en el año 2010, se publica un compendio de buenas prácticas para la protección de la persona que denuncie irregularidades. Este Plan de Acción para combatir la Corrupción del G20 insistía en la necesidad de complementar mecanismos ya aprobados, nombrando a la UNCAC y otro tipo de convenciones como las de la OCDE. En esa unión de esfuerzos y de no distanciarse de los instrumentos ya creados por otras instituciones, en su punto de acción 7, establece que:

> "Proteger a los denunciantes, que denuncian de buena fe supuestos actos de corrupción, de acciones discriminatorias y de represalia, los países del G20 promulgarán e implementarán normas de protección de denunciantes para finales de 2012. A tal fin, basándose en las normas existentes trabajo de organizaciones como la OCDE y el Banco Mundial, los expertos del G20 estudiarán y resumir la legislación existente de protección de denunciantes y los mecanismos de aplicación, y proponer las mejores prácticas en la legislación de protección de los denunciantes"[370].

---

370 Anexo III: Punto séptimo de acción del Plan de Acción del G20. 20 Anticorruption Action Plan. Study on Whistleblower Protection Frameworks, Compendium of Best Practices and Guiding Principles for Legislation, 2010, pág. 21. Disponible online en: https://www.oecd.org/g20/topics/anti-corruption/48972967.pdf

En este sentido, se habla de que no sólo el contexto europeo debe valorar la protección a los denunciantes, sino que los miembros del G20 – grupo integrado por varios países al nivel de ocupar el 90% del PIB mundial – deberían tener a bien las recomendaciones de dicho plan para formar una estrategia eficaz en esa línea. La OCDE, a su vez, descubrió que "18 de 32 Estados de la OCDE tenían una legislación específica en materia de *whistleblowing*"[371], mientras que había otro tipo de países donde no había ningún tipo de regulación, a pesar de sus otros avances en otras herramientas, en materia de combate a la corrupción. Tras haber recomendado principios de aplicación de ética a los servidores públicos, entre los que se encuentran diferentes especificaciones a cerca del conflicto de interés, se recomienda también la política de divulgación de interés público y protección al denunciante, recopilándose una guía importante para la protección de los empleados públicos que puedan denunciar irregularidades en el seno de la Administración.

A raíz de esos informes y recomendaciones, en lo referente a la región europea, el Consejo de Europa, en 2014, comienza a reconocer el valor que presentan las denuncias a las irregularidades para el combate a la corrupción, la transparencia para los ciudadanos y la libre expresión para aquellos que desempeñan determinadas funciones laborales e investigativas. Con el propósito de diseñar una estrategia común para todos los estados que se adapte a cada sistema nacional, se redacta la recomendación CM/Rec (2014)7.

En la misma, se recuerda que el objetivo del Consejo de Europa es lograr una mayor unidad entre los miembros, especialmente teniendo en cuenta que deben salvaguardar de-

---

371 Ordóñez Solís, D. (2017). ¿Ciudadanos, soplones y príncipes clementes en una sociedad democrática? *RDUNED: Revista de Derecho UNED, 21*, 47-64.

terminados principios, entre los que la libertad de expresión y la recepción de información en asuntos públicos se encuentra en un escenario importante[372]. Esta recomendación, a su vez, indica que su propósito es adoptar un marco común que otorgue protección efectiva a las personas denunciantes, de tal manera que se pueda implementar en la práctica y, como no, se acomode jurídicamente a los ordenamientos nacionales de cada Estado, sin generar mucha controversia o problemas en su adaptación.

Nuevamente, en el texto final presentado a debate, la propuesta de Directiva del Parlamento Europeo y del Consejo relativa a la protección de las personas que informen sobre infracciones del Derecho de la Unión, se reconoce la fragmentación en la protección a los denunciantes, por lo que se recogen dos peticiones: la coherencia con las disposiciones existentes en el mismo ámbito y la coherencia con otras políticas públicas de la Unión Europea. En cuanto a la coherencia, se pretende que, teniendo en cuenta la disparidad de reglamentos y normas, al menos en la lucha y combate a la corrupción existan normas mínimas que sitúen en una igualdad la defensa de los Estados contra dicho problema. Respecto al segundo punto, se puede apreciar que con esta Directiva se pretende proteger la estrategia económica de la UE, en tanto que la Directiva misma trata de proteger a aquellos alertadores que informen sobre infracciones del ámbito material de la Unión, mentando sobre todo a aquellos que puedan comprometer los intereses financieros, como se establece en el artículo 1 de la misma Directiva.

En otro orden, debido a la necesidad de una cierta transparencia en los Estados, precisamente para combatir la opacidad que la corrupción pueda atraer a la Administración Pública,

---

[372] Recommendation CM/Rec (2014) 7 and explanatory memorándum. Disposnible en https://rm.coe.int/16807096c7 [Recuperado en 23 de junio de 2023].

tal y como bien analizamos en el primer capítulo de esta investigación, la protección a las personas que informan o divulgan información sobre posibles daños al interés público debe ser un asunto importante para tratar en todos los Estados que conforman la Unión Europea. En 2013, SÁEZ LARA indicaba que este marco legal estaba apenas avanzado, pues la mayoría de legislación se encontraba en EE. UU. y Gran Bretaña, debido a sus tradiciones jurídicas e influencia mutua con las *qui tam actions*. Sin embargo, conforme ha avanzado el tiempo y se ha trabajado a nivel comunitario, ya son muchos los países que, no solo han transpuesto la Directiva objeto de estudio de este apartado, sino que también, antes de 2013, ya contaban con algunas medidas que han ido completando, incluyendo elementos de protección de la Directiva para que sus legislaciones cumplan con la estructura común y doten de mayor eficacia a su protección[373]. Sin embargo, España no era uno de esos países, llegando a recibir sanciones por parte del Tribunal de Justicia de la Unión Europea (TJUE) por no haber transpuesto la Directiva en los tiempos marcados[374].

Retomando los objetivos incorporados en la recomendación CM/Rec (2014), tal y como bien se indica en los consideran-

---

373 Sáez Lara, C. (2020). *La protección de denunciantes: Propuesta de regulación para España tras la Directiva Whistleblowing* (p. 33). Tirant lo Blanch.

374 Aunque la Directiva tenía como plazo 17 de diciembre de 2021, fue en marzo de 2023 cuando se aprobó de forma definitiva. La coyuntura política y los atrasos en otras Directivas como la respectiva a la Protección de Datos marcó un ritmo lento en su adopción. Entre los distintos paises también sancionados se encuentran Alemania, Italia o Hungría. Tras el tiempo transcurrido, España, desde que en 2018 se dieran los primeros pasos en la Comisión para marcar un paquete de iniciativas, no había transpuesto de forma efectiva las medidas, y en el tiempo de esta escritura, la aprobación de la ley también presenta peculiaridades que veremos en el texto en cuanto a la autoridad independiente. En línea: https://ec.europa.eu/commission/presscorner/detail/en/ip_23_703 [Recuperado en 20 de mayo de 2023]

dos, especialmente en el cuarto, la protección a los denunciantes de corrupción está fragmentada por todo el continente, siendo bastante desigual en todos los ámbitos y quedando desprotegida no solo la Unión Europea en su conjunto, sino también las personas denunciantes de cada Estado miembro. Algunos Estados miembro ya cuentan con leyes para proteger a los denunciantes y tienen vías de recursos que han respondido precisamente a tragedias o fenómenos donde la corrupción ha sido utilizada para el beneficio económico. En tal caso, las personas conocedoras de esos beneficios y de tramas corruptas de esa magnitud "conocían el problema, y o bien estaban demasiado asustados por su propia posición como para decir algo, o bien no sabían a quién dirigirse"[375], precisando que se marquen unas reglas comunes en la Administración Pública que pueda servir de guía a los que no tienen conocimiento, e instituciones vigilantes que puedan dar tranquilidad a los potenciales denunciantes.

En cuanto a e esas reglas comunes, hay elementos que nos interesa analizar de la Directiva, ya que lo esperado de la aprobación de la misma se expondrá en el capítulo tercero de esta investigación con las expectativas mostradas por los denunciantes en las entrevistas realizadas respecto a la aprobación y transposición de la Directiva en España. No obstante, en lo referente a este análisis, centraremos el punto en la Directiva con carácter general, dado que según lo que hemos marcado desde un inicio, no realizaremos un análisis exhaustivo de las reformas legales, sino de los planteamientos novedosos que trajo la Directiva y que nos interesan tras el análisis de las entrevistas.

---

375 Consejo de Europa. Fighting corruption in Europe. 2014. En línea: https://rm.coe.int/16807096c7#:~:text=VII.&text=Whistleblowers%20should%20be%20protected%20against,on%20behalf%20of%20the%20employer. [última visita el 20 de mayo de 2023]

Para este análisis general hemos partido de un informe realizado por *Bluespring for Free Speech*[376], en el que se recopilan determinados principios comparados con otros estándares internacionales de buenas prácticas, así como también con lo que deben considerarse elementos fundamentales en la lucha contra la corrupción, analizando si esos principios de la Directiva se han cumplido al completo, de forma parcial o si no se han cumplido. El informe, así como buena carga bibliográfica de la Directiva y las entrevistas realizadas nos ha resultado en varios elementos primordiales para esta investigación: i) el concepto de la persona denunciante; ii) las condiciones de protección de los denunciantes; iii) la creación de una autoridad independiente para las dos labores anteriores; iv) la denuncia anónima; y, por último, un elemento crucial que sigue en debate actualmente, v) los incentivos. Estos cinco puntos, se encuentran presentes en las entrevistas realizadas, y también trataremos su relación con la ley aprobada.

2.1.1. Concepto de persona denunciante

En cuanto a la definición de las personas denunciantes, según el informe se indica que existe una amplia gama de relaciones incorporadas en la Directiva, entre los que se protege no solo a los trabajadores públicos (funcionarios públicos) sino también a los trabajadores (sin especificaciones más allá de aunar el sector privado) y los trabajadores autónomos, incluyendo además a las personas accionistas, a la dirección y gestión, así como también a la supervisión de las organizaciones públicas y privadas. Esta protección también se va a otorgar a los voluntarios, becarios (tanto los que reciben remuneración

---

376 Bluesprint for Free Speech. "Whistleblowing en la Unión Europea: Una nueva directiva para proteger los ciudadanos, la Democracia y el Estado de derecho." 2019.

como los que no), trabajadores actuales y anteriores, así como también a los futuros empleados (en aquellos casos en los que la relación laboral no se haya iniciado, pero haya habido un primer contacto para iniciarla).

Por último, se entiende además que los terceros ajenos a la persona denunciante también estarán protegidos y amparados por este texto legal, defendiéndose que serán protegidos debido a las posibles represalias a las que se puedan exponer debido a las lógicas relaciones personales con el denunciante[377]. Así se indica también en uno de sus considerandos, donde se redacta que esta Directiva también implica a "la protección de otras categorías de personas que, aunque no dependan económicamente de las actividades laborales que desarrollan, podrían, no obstante, sufrir represalias por sacar a la luz infracciones"[378]. De este contexto podemos imaginarnos el caso de terceros específicos, indicando el ejemplo de aquellos miembros de una familia donde el denunciante sea el único sustento económico y quede represaliado con una suspensión de empleo y sueldo, tal y como sucedió en el caso del denunciante J.L., entrevistado en nuestra investigación, que debido a la suspensión de sueldo y empleo le acarreó no sólo los problemas económicos que de

---

377 Este elemento nos interesa mentarlo dado que es uno de los temores expuestos en las entrevistas realizadas por los denunciantes entrevistados durante la estancia en la Agència Valenciana Antifraude entre septiembre y diciembre del año 2021. En los distintos ámbitos de empleo, uno de los mayores miedos encontrados fueron las represalias que podrían sufrir en el entorno familiar, por lo que es muy importante atender a que la protección a los terceros se recoja en la Directiva, pero también se transponga con carácter general. De hecho, así se establece en el considerando (25) de la Directiva, donde se defiende que se deben atender a las circunstancias relevantes y no a la naturaleza de la relación laboral del denunciante, debiendo primar la protección en un sentido amplio.

378 Considerando (28) de la Directiva (UE) 2019/1937

ello deriva, sino también un aumento en los problemas de salud que su hijo sufría.

Realmente el aspecto importante y que nos merece atención a efectos de esta investigación es lo que FERNÁNDEZ AJENJO califica como la dignificación de la figura del *whistleblower*. Tal y como bien indica, el texto legal utiliza alternativamente el concepto de *whistleblower* y el término de *persons reporting*. Las diversas asociaciones utilizan de forma indistinta entre alertador o informante, pero la Agencia Valenciana Antifraude, así como otros autores[379] han optado por referirse en la traducción castellana a denunciantes, proponiendo JUNCAL la distinción entre alertador para los casos donde la denuncia se haga de forma anónima, y de denunciante en aquellos casos donde la información se traslade de forma confidencial, pero recogiendo los datos de la persona que entrega la información.

2.1.2. Medidas de protección a los denunciantes

Entre las distintas medidas de protección a los denunciantes que nosotros venimos considerando, encontramos la protección económica, las sanciones contra posibles represalias, la externalización de la protección a los allegados a la persona denunciante, la ayuda psicológica gratuita y el acceso a la justicia gratuita.

La Directiva establece, en su artículo 19, la necesidad a modo de imperativo, de tomar todas las medidas necesarias para prohibir cualquier forma de represalia dirigida a las personas protegidas por la misma, considerando en nuestro caso

---

379 Fernández Ajenjo, J. A. (2020). Comentarios a la Directiva UE 2019/1937 relativa a la protección de las personas que informen sobre infracciones del derecho de la Unión. En N. Rodríguez-García & F. Rodríguez-López (Eds.), *Compliance y justicia colaborativa en la prevención de la corrupción* (p. 116). Tirant lo Blanch.

a los funcionarios públicos. Esto incluye la prevención de amenazas y tentativas de represalia en diversas formas, tales como suspensión, despido, destitución u otras medidas similares; degradación o negación de ascensos; cambios de puesto de trabajo, ubicación laboral, salario o horario; denegación de oportunidades de formación; emisión de evaluaciones o referencias negativas sobre el rendimiento laboral; aplicación de medidas disciplinarias, amonestaciones o sanciones, incluso sanciones económicas; coacciones, intimidación, acoso u ostracismo; discriminación o trato injusto o desfavorable; negativa a convertir un contrato temporal en uno indefinido a pesar de expectativas legítimas; no renovación o terminación anticipada de contratos temporales; causar daños a la reputación, especialmente en medios sociales[380], o pérdidas económicas, incluyendo la pérdida de negocio e ingresos; inclusión en listas negras basadas en acuerdos sectoriales, ya sean informales o formales, que puedan afectar negativamente las oportunidades de empleo

---

380 Es de especial importancia la alusión a los medios de comunicación y redes sociales debido a la rapidez de expansión de información. Una de las personas denunciantes fue tachada de extorsionador por entregar la información a la justicia, girando en torno a él noticias sobre un intento de ganar dinero antes de la entrega de dinero al a justicia. Asimismo, también a través de diversos medios se ha vulnerado la imagen de otros denunciantes no entrevistados en esta investigación dado el ámbito geográfico. Ejemplo de ello ha sido Ana Garrido, una de las denunciantes de la Trama Gürtel. *Vid.*: *https://www.elplural.com/sociedad/tribunales/denunciante-gurtel-indemnizada-mentiras-expareja-periodista-periodico_270568102*
[Recuperado en 20 de mayo de 2023]. En dicha noticia se indica que el Juzgado de Primera Instancia número 54 de Madrid ha emitido una sentencia en la que protege su reputación y condena a Dos Mil Palabras S.A., la compañía editorial de *OkDiario*, así como al periodista Miguel Ángel Pérez Rodríguez, por dos artículos publicados. Además, también se condena a la expareja de Garrido, Juan Carlos Díaz, por las acusaciones falsas que hizo en entrevistas en Libertad Digital, exponiendo la imagen pública de la denunciante.

futuras en dicho sector; terminación anticipada o anulación de contratos de bienes o servicios; anulación de licencias o permisos; y referencias médicas o psiquiátricas.

En tal caso, si se produjera cualquier medida recogida en el artículo 19 u otras, el artículo 20 relativo a las medidas de apoyo a las personas denunciantes. En el artículo, se establece que los Estados miembros deben garantizar que las personas protegidas tengan acceso a medidas de apoyo. Estas medidas incluyen información y asesoramiento completos e independientes, asistencia efectiva por parte de las autoridades competentes para proteger contra represalias, asistencia jurídica en procesos penales – entendiéndose la misma como gratuita – y civiles transfronterizos, así como otras formas de apoyo jurídico de acuerdo con la legislación nacional.

Además, los Estados miembros pueden proporcionar asistencia financiera y medidas de apoyo, incluido apoyo psicológico, a los denunciantes en el contexto de un proceso judicial, teniendo este punto como elemento crucial en las consecuencias que muchos de los denunciantes sufren. Estas medidas de apoyo deben ser proporcionadas por un centro de información o una autoridad administrativa única e independiente claramente identificada, según sea necesario: naturalmente, la autoridad independiente a crear por parte del Estado.

2.1.3. Autoridad independiente

De la lectura extensiva de la Directiva, incluyendo los considerandos, aparentemente, se extrae la necesidad de creación de una autoridad independiente o de otorgar competencias a aquellas autoridades ya existentes, mencionando entre ellas a organismos de lucha contra la corrupción. Sin embargo, tal y como se extrae del análisis aplicado en los anteriores puntos, la Directiva queda vacía de contenido novedoso en este punto si tenemos en cuenta la CNUCC.

Como indica FERNÁNDEZ AJENJO, las autoridades competentes nombradas por los países miembros deben tener la capacidad de recibir denuncias y gestionarlas de manera apropiada. Para ello, es necesario que estas autoridades sean independientes y autónomas, además de contar con los recursos adecuados y suficientes para llevar a cabo dicha tarea. Esta disposición está establecida en el artículo 11 de la Directiva 2019/1937, pero también en el artículo 6 de la CNUCC, donde se indica que, dada Estado Parte, de acuerdo con los principios fundamentales de su sistema legal, debe asegurar la existencia de uno o más órganos encargados de prevenir la corrupción. Estos órganos tienen la responsabilidad de implementar políticas de prevención de la corrupción, así como supervisar y coordinar su implementación, así como también la promoción y difusión de conocimiento a la ciudadanía en dicha materia. Por tanto, ya en 2005 era un imperativo sin resultados nacionales, pero si autonómicos[381].

La autoridad independiente propuesta por la Directiva deja presuntamente en manos del Estado esa designación y dependencia de la autoridad supervisora tanto de las denuncias como de la protección de los denunciantes. Es una segunda petición, esta vez por una Directiva, de crear una autoridad para el control y prevención de corrupción. CLEMENTE GARCÍA indica que estas autoridades especializadas deberían cumplir con lo estandarizado en la CNUCC, sobre todo atendiendo a una independencia real y a una formación y recursos para

---

381 Precisamente, tras la ratificación de la Convención de las Naciones Unidas contra la Corrupción en España, dos años después, fue creada la Oficina de Antifraude de Cataluña (OAC), coincidiendo también con las primeras manifestaciones del caso de corrupción 3% o el Caso Palau, denunciado con una nota anónima acusatoria a Felix Millet. *Vid.* *https://www.lavanguardia.com/politica/20180115/4437505563/saqueo-palau-de-la-musica-millet-montull-cdc-ferrovial.html* [última consulta el 20 de mayo de 2023]

desempeñar de manera efectiva no sólo el combate a la corrupción sino también que tengan una función preventiva. Siguiendo a la misma autora y en reflejo del informe, la Directiva no atendería a lo que la CNUCC encomienda: "la creación de una autoridad independiente, con personalidad jurídica propia y diferenciada"[382]. Por lo tanto, es una doble petición a los Estados, pero específicamente y en lo que nos compete, a los Estados miembros de la UE.

Es aquí donde encontramos una de las primeras diferencias en cuanto al sistema angloamericano: la creación de una autoridad independiente, de un nuevo organismo que se encargue de la externalización de las denuncias es una diferencia importante a tener en cuenta respecto a la división de tareas que se producen en las distintas instituciones de control de EE.UU. Por lo tanto, parece haber una introducción a una diferencia: la creación de un organismo externo, tal y como la CNUCC encomendaba a los Estados, no es una *macdonalización* del sistema de externalización de denuncias, sino que obedece a los acuerdos llegados por los distintos Estados que constituyeron la Convención: la propia OCDE, recopilaba tres modelos[383] distintos de autoridades de lucha y combate a la corrupción:

i) Agencias con diversas funciones en la aplicación de la ley: enfoque de agencia única, en el que probablemente se base la Directiva (UE) 2019/1937, dedicado a la repre-

---

382 Clemente García, T. (2022). Las agencias de prevención y lucha contra el fraude y la corrupción en la Agenda 2030 de las Naciones Unidas: Un posible modelo: la Agencia Valenciana Antifraude (AVAF). En L. Abad Alcalá & I. Serrano Maíllo (Eds.), *La integridad en la administración: Contratación pública y lucha contra la corrupción* (p. 99). Thomson Reuters Aranzadi.

383 Specialised Anti-Corruption Institutions–Review of models, OECD. 2013. disponible en: https://www.oecd.org/corruption/acn/specialisedanticorruptioninstitutions-reviewofmodels.htm
[última visita el 20 de mayo de 2023]

sión y prevención de la corrupción a través del ejercicio de diferentes funciones. Su labor va desde la persecución de delitos a la realización de distintos estudios o tareas preventivas en cuanto a campañas de concienciación ciudadana o educativa para la prevención de la corrupción.

ii) Instituciones de aplicación de la ley: antes de la transposición de la Directiva, España ya contaba con este modelo, cambiándolo rotundamente hacia el primero. Los organismos de detección, investigación o enjuiciamiento combinaban la detección de la corrupción con la investigación y enjuiciamiento de estos delitos, así como otros. En este caso, España contaba con la presencia de la Fiscalía contra la Corrupción, aunque IGLESIAS REY habla de departamentos policiales adscritos de forma permanente a fiscalía[384], incluyéndose estos casos, pero no siendo los únicos departamentos: también están presente aquellas unidades del FBI que pueden trabajar con el DOJ para una mayor detección o facilitación de la investigación.

iii) Instituciones de prevención y coordinación de políticas públicas: dedicadas a ejecutar sus funciones de prevención de corrupción a través la monitorización y coordinación de implementación de otras estrategias y acciones nacionales o locales contra la corrupción, pero sin funciones de sanción o investigación. Su labor, por tanto, es emitir y brindar un asesoramiento experto en la materia. Es aquí donde encaja lo que la OCDE, en el año 2008, indicaba como lo más parecido a una institución de prevención de la corrupción en el sector público: la Oficina de Ética Gubernamental[385].

---

384 Iglesias Rey, ibid. pág. 237

385 Se trata, más bien, de una autoridad encargada de informar a los empleados federales, a los funcionarios públicos, todas aquellas normas de funcionamiento adecuado del servicio público. La Oficina de Ética

No se trata, por ende, de establecer cuál es el mejor modelo, sino de distinguir entre los modelos que se han escogido, si hay distinciones, o si hay cierto parecido. En tal caso, a pesar de que Estados Unidos es uno de los países considerados pioneros en la defensa de los denunciantes, no ha sido a través de la aplicación y creación de Agencias u Oficinas anticorrupción, sino a través de aprobación de leyes y especialización de las autoridades ya existentes en la materia.

2.1.4. La denuncia anónima

La denuncia anónima no está precisamente exenta de polémica, pues tal y como hemos analizado en el segundo capítulo, la denuncia anónima tiene una evolución histórica que ha preocupado al legislador debido a su mal uso. Tal y como bien indicaba AMOEDO BARREIRO, la denuncia anónima es un arma de doble filo, pues no solo tiene un mal uso, sino que además no permite la protección efectiva de los denunciantes dada la ausencia de identidad a la que proteger. Para tal objeto, el texto legal deja en manos de los Estados la decisión de regular o no la denuncia anónima, y a pesar de ello incluye la posibilidad de que, si el o los denunciantes resultaren final-

---

Gubernamental (OGE) es responsable de dirigir y supervisar el programa de ética del poder ejecutivo, y tiene como objetivo prevenir conflictos de intereses financieros y asegurar que las decisiones del gobierno se tomen sin influencias personales o económicas. La OGE cumple su función mediante diversas acciones, que incluyen la creación e interpretación de leyes y regulaciones éticas, el apoyo y capacitación de los funcionarios de ética del poder ejecutivo, la administración de sistemas de divulgación financiera, la supervisión del cumplimiento ético por parte de los líderes principales, la garantía de que las agencias cumplan con los requisitos del programa de ética, y la provisión de información ética al público. *Vid.*: https://www.oge.gov/web/oge.nsf/about_what-we-do [última visita el 20 de mayo de 2023]

mente identificados, podrán obtener protección legal de este ordenamiento[386]. No hay referencias de ningún tipo a sistemas de procesamiento de anonimato, así como tampoco se exponen ejemplos en la Directiva, por lo que corresponde a cada Estado acogerse al modelo que consideren más seguro para hacer efectivo ese anonimato.

En cuanto al anonimato, el sistema de Estados Unidos sí admite, bajo la FCA, la denuncia anónima a través de un procedimiento especifico, por lo que sí habría una influencia en materia de seguridad y protección de la identidad de la persona denunciante. Sin embargo, cuando ahondamos un poco más en la regulación, la protección se refiere específicamente a la confidencialidad guardada por el Gobierno: es decir, se mantendrá en el anonimato para la parte investigada, pero si se concluye la investigación, en muchos casos se publica la denuncia, y por ende, la identidad del denunciante. Por lo tanto, en este parecer, no creemos que haya habido influencia, toda vez que en la Directiva se deja en manos de los Estados la decisión del anonimato, y en los países donde se ha facilitado, se ha analizado un sistema de anonimato total a través de redes ocultas que veremos en el último capítulo.

2.1.5. Incentivos y recompensas

A lo largo del texto legal hay una ausencia manifiesta de premios o recompensas para las personas que alerten bajo el amparo de la Directiva. La única alusión se puede encontrar en el considerando 30 del texto, donde se prohíbe expresamente una compensación o recompensa hacia aquellas personas que denuncien, utilizándose para denunciar procesos específicos de los países que ya venían establecidos mucho antes de la Di-

---

386 Fernandez-Ajenjo, ibid., pág. 121

rectiva y que se reformulan para dotar de mayor confidencialidad o anonimato a la persona denunciante.

Es decir, que la Directiva no se aplicará en situaciones en las que las personas, después de dar su consentimiento informado, sean identificadas como informantes o registradas como tales en bases de datos gestionadas por autoridades designadas a nivel nacional. Estas personas brindan información sobre infracciones a las autoridades encargadas de hacer cumplir la ley a cambio de una compensación o recompensa. La comunicación de esta información se realiza mediante procedimientos específicos que tienen como objetivo proteger el anonimato de estas personas y salvaguardar su integridad física, exponiendo de ejemplos aquellos casos en los que se trata de delitos relacionados con el narcotráfico, delitos de trata, etc., donde los informantes, generalmente, son participantes en el delito en búsqueda de acuerdos para disminuir sus futuras sanciones.

Por lo tanto, los incentivos y recompensas económicas no son un ámbito importante para la Directiva, así como tampoco otros elementos en los que no se ha manifestado, encontrando referencias a la seguridad nacional o a la protección de información clasificada determinada. En estos últimos casos, los Estados también tienen libertad de decisión al respecto. En este sentir: discordamos con que haya habido una influencia directa por parte de las normas apreciadas en este capítulo: es evidente que, aunque no ha habido una influencia de legislación, el movimiento de denuncia ciudadana o denuncia pública sí que tuvo un punto importante a la hora de adoptar medidas a nivel europeo. Nos vemos, en este punto especifico de protección a los denunciantes, una serie de indicaciones específicas u obligaciones como sí en la responsabilidad de las personas jurídicas o en la legislación en materia de narcóticos, sino indicaciones genéricas sobre un movimiento que, en determinado momento, se hizo preciso adoptar en los dos ámbitos donde más ha afectado la corrupción: en el sector público y en el ámbito privado.

3. Contextualización previa a la aprobación de la Directiva (UE) 2019/1937

La canalización de denuncias había llegado de forma oficial con la reforma del Código Penal español en 2015, que modificaba y añadía los Canales Éticos y programas de cumplimiento en la L.O. 10/2010 de la responsabilidad penal de las personas jurídicas para facilitar la información entre entidad y fiscalía, todo ello, al sector privado. Tras la inclusión en la Circular 1/2016 de la FGE en la que se detalla la inclusión de la responsabilidad penal y el uso de los programas de prevención, se añade la necesidad de que las empresas conformen canales de denuncia internos para que los empleados puedan realizar las consultas o informar de incumplimientos ya sean del código ético, o de irregularidades que puedan comprometer penalmente a la empresa. Es decir, se crean las primeras herramientas para facilitar a los denunciantes – dentro del sector privado con alusión expresa a las personas jurídicas – el envío de información.

En la propia Circular, se usa el mismo término *whistleblower*, y se impulsa la necesidad de que la entidad cuente con una regulación que otorgue protección específica a los denunciantes, evitando a toda costa el sufrimiento de las represalias. Sin embargo, la referencia hacia los canales y a la protección ya se hacía mediante el *Código Conthe*[387] (Código Unificado de Buen gobierno de las Sociedades Cotizadas) en el año 2006, don-

---

[387] El código CONTHE contiene diversas recomendaciones de la Comisión Nacional del Mercado de Valores, creadas y actualizadas según las necesidades de las empresas, en aras de desarrollar iniciativas legislativas. Tal y como se extrae del Código actualizado en 2015, el objeto de CONTHE es adaptar esas iniciativas a los nuevos tiempos, mentando la proliferación de las iniciativas relacionadas con las buenas prácticas en buen gobierno corporativo o *compliance*, estableciendo el objetivo de contar con una gestión correcta y adecuada de las sociedades corporativas para

de además se demuestra la influencia estadounidense sobre las empresas españolas en la petición de establecimiento de "cauces internos para que sus empleados puedan denunciar irregularidades"[388], inspirados desde la experiencia americana. En este contexto, la *Sarbanes Oxley Act* se habría adaptado a una cantidad importante de empresas y organizaciones privadas de ámbito internacional debido a sus relaciones con el país americano, "con el objetivo de proporcionar a los empleados y en su caso a terceros un medio para reportar e informar de posibles conductas que puedan ser constitutivas de delito, acoso o contrarias a los principios y valores de la organización".[389]

También es reseñable la inclusión, tras incorporar la Ley Orgánica 3/2018, de 5 de diciembre, de Protección de Datos Personales y garantía de los derechos digitales. del artículo 24, de los sistemas de información de denuncias internas, donde se admitía la licitud de crear sistemas de información, incluso anónimos, para obtener información de la comisión de posibles conductas contrarias a la norma general. En este precepto, se indicaba también la necesidad de informar a los empleados de la existencia de estos, siendo uno de estos elementos los primeros pasos para hablar de canalización de denuncia y formación a los empleados en cuanto al mismo.

En cuanto al sector público, ámbito que nos lleva a esta investigación, la situación es un poco más difícil, teniendo en cuenta la cantidad de ámbitos reglamentos y la naturaleza ad-

---

aumentar el valor de las empresas, "la mejora de la eficiencia económica y el refuerzo de la confianza de los inversores" CNMV (2015).

388 Además, se incluye la necesidad de proteger la identidad del denunciante, hablando casi por primera vez de la posibilidad de "anonimato" de la denuncia dentro de la entidad. Comisión Nacional del Mercado de Valores. (2006). *Código unificado de buen gobierno de las sociedades cotizadas.* Madrid. Toda la información previa se incluye en las págs. 43 y 44.

389 Iglesias Rey, ibid., pág. 233

ministrativa de las denuncias por parte de las personas denunciantes. Por tanto, debemos ver la situación desde tres puntos: el establecimiento del concepto final de la persona denunciante, las medidas aplicadas con las que se contaba en el año 2019, y las que se iban proponiendo hasta el año 2023 en materia de política pública.

3.1. Contexto de los servidores públicos potenciales denunciantes

Teniendo en cuenta los distintos niveles y tramas corruptas denunciadas antes de la existencia de la Directiva, podría parecer que con la existencia de una Fiscalía Anticorrupción bastaría, pero estaríamos favoreciendo los pensamientos de que la corrupción es estrictamente penal y las grandes tramas son las representativas de la realidad representada por la corrupción en España[390]. Nada más lejos de la realidad, también hay pequeñas actitudes que van en contra del servicio público y que,

---

390 En este sentido, la propia Directiva tiene una carencia importante que el Estado español resuelve, a nuestro entender, de una forma algo confusa: leyendo la Directiva es complicado entender si un denunciante está protegido cuando le denuncian a través de vía penal por delitos como la revelación de secretos (artículo 21 de la Directiva). En tal sentido, es un poco confuso debido a que en los considerandos (28) y (91) indican que no concurrirán en delitos las personas denunciantes que entreguen información, pero si analizamos el precepto 3 del artículo 21, da libertad a que los Estados ignoren esa característica. De esta forma se expresa: "Los denunciantes no incurrirán en responsabilidad respecto de la adquisición o el acceso a la información que es comunicada o revelada públicamente, siempre que dicha adquisición o acceso no constituya de por sí un delito. En el caso de que la adquisición o el acceso constituya de por sí un delito, la responsabilidad penal seguirá rigiéndose por el Derecho nacional aplicable." Por lo tanto, ante una doble negación, debe aclararse qué se considera delito, y que no, entendiendo por nuestra parte que será delito el robo de documentación, pero no se castigará la vulneración de acuerdos de confidencialidad.

por muy pequeñas e ínfimas que sean, afectan a la Administración Pública de forma evidente: hablamos, sobre todo, de los hechos denunciados por las personas denunciantes de este estudio, en cuanto a amaño de contratos, trampas en oposiciones y por ende en el acceso al servicio público.

Entre tanto, antes de la transposición de la Directiva, y hasta el año 2023, con carácter nacional, el servidor público tenía más deberes que derecho a no sufrir represalias. Incluso fuera del ámbito del sector público, IGLESIAS REY menciona que había canales de denuncias en el nivel nacional, pero destacamos que estos no son específicos para la corrupción en el ámbito público, destacando, entre ellos:

El Estado español lo ha resuelto en el artículo 38 en cuanto a las medidas de protección frente a represalias: no quedan amparados por la ley, tal y como ocurre en la Directiva, dejando vacío de contenido una oportunidad en la que los entrevistados valencianos se han visto afectados: la apertura de varios procesos penales contra ellos por las denuncias realizadas. El artículo 38.1) establece que aquellos que comuniquen esta información o hagan una revelación pública de acuerdo con dicha ley no serán considerados como infractores de las restricciones de revelación de información. Además, no serán responsables de ninguna forma en relación con dicha comunicación o revelación pública, siempre y cuando tengan motivos razonables para creer que la divulgación de la información era necesaria para revelar una acción u omisión según lo establecido en esa ley y esta protección no afecta a las responsabilidades penales que puedan derivarse de las acciones u omisiones en cuestión. Por lo tanto, es un elemento que genera confusión y que precisará, en determinado momento, de una protección extra en cuanto a la modificación de la LO 19/1994 de protección a testigos y peritos en causas criminales – añadiendo el concepto de persona denunciante – o la propia Ley de Enjuiciamiento Criminal. En tal sentir, se deberá analizar esta posible consecuencia con la llegada de situaciones que se puedan producir. Ley 2/2023, de 20 de febrero, reguladora de la protección de las personas que informen sobre infracciones normativas y de lucha contra la corrupción. Boletín Oficial del Estado, núm. 44, de 21 de febrero de 2023, disponible en: https://www.boe.es/eli/es/l/2023/02/20/2

i) La puesta en conocimiento de fraude ante la Agencia Tributaria (AEAT) a través de la denuncia pública.

ii) Los canales de denuncia de la L.O. 3/2007 de igualdad y los acuerdos para evitar las represalias de los empresarios contra las personas que exigieran el cumplimiento del principio de igualdad de trato.

iii) Los canales de denuncia en las empresas para la facilitación de investigaciones internas, regulados por la reforma del Código Penal en el año 2015.

iv) La denuncia en el ordenamiento jurídico público[391], a través de la Ley 39/2015 de 1 de octubre del Procedimiento Administrativo Común de las Administraciones Públicas, donde se incentiva la denuncia de infracciones administrativas, pero no se establece de ninguna manera una canalización protectora para las personas que quieran elevar la denuncia.

---

[391] Este puede que sea el elemento más importante que nos interesa respecto al servicio público, relatándose en el artículo 62, en cuanto al inicio del procedimiento por denuncia: 1. Se entiende por denuncia, el acto por el que cualquier persona, en cumplimiento o no de una obligación legal, pone en conocimiento de un órgano administrativo la existencia de un determinado hecho que pudiera justificar la iniciación de oficio de un procedimiento administrativo. 2. Las denuncias deberán expresar la identidad de la persona o personas que las presentan y el relato de los hechos que se ponen en conocimiento de la Administración. Cuando dichos hechos pudieran constituir una infracción administrativa, recogerán la fecha de su comisión y, cuando sea posible, la identificación de los presuntos responsables.
3. Cuando la denuncia invocará un perjuicio en el patrimonio de las Administraciones Públicas la no iniciación del procedimiento deberá ser motivada y se notificará a los denunciantes la decisión de si se ha iniciado o no el procedimiento.

v) Los canales establecidos por OIResCON en compra pública[392].

vi) El proceso de sistemas de información de la L.O. 3/2018, de 5 de diciembre, de Protección de Datos Personales y Garantía de los derechos digitales[393].

---

392 Con el Real Decreto aprobado en el mes de mayo de 2023, dicha oficina comenzará a coordinarse con el resto de las autoridades autonómicas existentes en el combate a la corrupción, conocedores de que en la contratación pública se precisa de mayor formación, pero también se dirigen y coordinan las competencias, para que cada autonomía investigue cada posible caso detectado por esta oficina estatal. La realidad de la situación se expone en la propia exposición de motivos, donde hablan de: "el severo impacto económico y social provocado en el conjunto de países de la Unión Europea por las sucesivas crisis acontecidas en los últimos años, tales como el COVID-19, o el conflicto en Ucrania, ha motivado la necesidad de responder de manera urgente a sus graves consecuencias. Prueba de ello es la aprobación del marco financiero plurianual para 2021-2027 y la puesta en marcha de un instrumento europeo para la recuperación («Next Generation EU»), al objeto de amortiguar el impacto de la crisis económica, e impulsar la pronta recuperación económica, sentando además las bases del crecimiento de las próximas décadas. Este nivel de inversión deberá instrumentalizarse, en gran medida, a través de la contratación pública en el marco establecido por las disposiciones europeas y nacionales, lo cual requerirá un esfuerzo adicional para garantizar la correcta y eficaz aplicación normativa, compatible con el dinamismo necesario para la implementación de los fondos previstos". Esto no es único de la contratación o compra pública, sino también de la necesidad de adoptar una estrategia contra la corrupción política que, aprovechando las situaciones de emergencia, a través de los procesos de contratación, han intentado enriquecerse a través de otros contactos en el sector privado. Disponible en: BOE, "Real Decreto 342/2023, de 9 de mayo, por el que se aprueban las normas de organización y funcionamiento de la Oficina Independiente de Regulación y Supervisión de la Contratación", BOE (10 de mayo de 2023), https://www.boe.es/boe/dias/2023/05/10/pdfs/BOE-A-2023-11073.pdf.

393 Iglesias Rey, ibid., págs. 240-241

Como se indica precisamente en el Real Decreto de OIResCON, la situación de emergencia, la puesta en escena de los denunciantes de corrupción y la etapa de postpandemia, la necesidad de contar con mecanismos y medidas de protección nos ha llevado a intentar completar la escasez de regulación nacional a través de la transposición de la Directiva (UE) 2019/1937 y la creación de un estándar a nivel internacional que pueda servir como guía general para el resto de los países en situación similar. Respecto a las especificaciones de aquellos empleados del servicio público, la situación se ilumina mucho más diferenciando a través de las denuncias internas o externas.

3.1.1. Denuncias internas en el sector público

Con carácter interno, para las posibles revelaciones que se quieran realizar en la Administración Pública, había un vacío legal importante en cuanto a métodos de protección específicos. La realidad es que, teniendo en cuenta la división territorial en cuanto a autonomías, y, por tanto, la misma en cuanto a los empleados públicos, el proceso de denuncia se volvía tedioso y difícil de analizar, dado que cada autonomía ha gestionado este asunto de forma desigual. Mayoritariamente, este proceso se ha realizado ante Inspección General de Servicios de cada autonomía, y con la reciente transposición de la Directiva 2019/1937, así como también los requisitos para la recepción de fondos Next Generation, el proceso se ha modificado y se han adaptado muchas autonomías a las peticiones de la Ley 2/2023 reguladora de la protección de las personas que informen sobre infracciones normativas y lucha contra la corrupción.

La Directiva establece la necesidad, en 2019, ante tal contexto, de igualar el sistema interno de denuncias en todo territorio. Por ese motivo, en el artículo 7 se alega la necesidad de promover, en primera instancia, la denuncia interna con carácter preferente, siempre y cuando el denunciante no vea un riesgo de represalias. En el considerando (33) indica que los denunciantes, con carácter general, hacen uso del canal interno y se sienten mucho más cómodos denunciando a través de este. Sin embargo, otros estudios contradicen esta afirmación, exponiendo que dicha comodidad depende de varias variables, entornos de denuncia y qué se denuncia. En cuanto a esta afirmación, ahondaremos mucho más en el capítulo tercero, ya que buena parte de los entrevistados y el análisis de su situación demográfica nos muestran cómo, efectivamente, hay variables como el género y el nivel educativo que afectarán al proceso de denuncia. Asimismo, una de las variables que hemos analizado pero que no hemos podido incluir por acuerdo de confidencialidad, han sido los asuntos denunciados: a mayor gravedad, la denuncia se externalizaba hacia otros órganos de recepción de denuncias, mientras que, si la denuncia era sobre irregularidades no tan graves, en primera instancia se eligió el canal interno.

En síntesis, buena parte de las denuncias de servidores públicos se externalizaban hacia otras entidades existentes, presentándose un panorama dispar en cuanto al ámbito autonómico, y casi inexistente al ámbito estatal. Sirva de ejemplo, que los denunciantes de corrupción que informen de casos de corrupción en territorios como Castilla y León de forma interna no tenían las mismas medidas de protección ni los mismos recursos externos de denuncia que en la Comunidad Valenciana, o en Andalucía.

3.1.2. Externalización de la denuncia en organismos

En cuanto al carácter externo, entorno que nos interesa debido a la creación de Organismos específicos, la denuncia ante determinadas autoridades ha sido siempre asociada a los Cuerpos y Fuerzas de Seguridad del Estado, los organismos judiciales, o al Servicio Nacional de Coordinación Antifraude (SNCA) en aquellos casos donde los eventos de corrupción sean respecto a fondos europeos. Con las carencias demostradas y presentadas en sus memorias, la SNCA ha tratado de supervisar y liderar el desarrollo e implementación de las estrategias nacionales, así como fomentar las modificaciones legislativas y administrativas necesarias para salvaguardar los intereses financieros de la Unión Europea; detectar las posibles insuficiencias en el sistema nacional español de gestión de los fondos de la UE; establecer canales de coordinación e intercambio de información sobre irregularidades y sospechas de fraude entre las diversas instituciones nacionales y la Oficina Europea de Lucha contra el Fraude (OLAF); y promover programas de capacitación para la prevención y combate del fraude[394].

Entre las distintas autoridades que han sido creadas en aras de la recepción de denuncias externas por parte de los servidores públicos, se encuentran las Agencias u Oficinas regionales de lucha y combate a la corrupción. Entre las distintas funciones, además de recibir las denuncias, también se ha establecido la necesidad de dotar de recursos para la protección efectiva de los mismos, quedando en manos de estas oficinas, en muchos casos, la seguridad de las personas denunciantes.

---

394 Las memorias de trabajo no se encuentran publicadas, pero hemos tenido acceso a ellas tras el *report* realizado para analizar la situación de España en cuanto a la lucha y combate a la corrupción realizado para la OCDE en el año 2022. En este sentir, las memorias exponen una ausencia de recursos, una baja cantidad de funcionarios trabajando para la SNCA y una dependencia al Ministerio de Hacienda y Función Pública que incumple, precisamente, con la independencia necesaria para el trabajo efectivo de estas autoridades. Disponible en: https://www.igae.pap.hacienda.gob.es/sitios/igae/es-ES/snca/Paginas/Presentacion.aspx [Recuperado en 12 de mayo de 2023].

Antes de enumerar sus funciones y sus características, SOUSA, en su definición de agencias anticorrupción o ACAs indica que son: organismos públicos creados con el propósito definido de combatir la corrupción y disminuir las condiciones que la fomentan en una sociedad, y que, en sus funciones, estos organismos pueden implementar tanto medidas preventivas como represivas para abordar el problema de la corrupción[395].

Ilustración 1: Organismos autonómicos de admisión de denuncias externas y protección al *whistleblower* (2024)

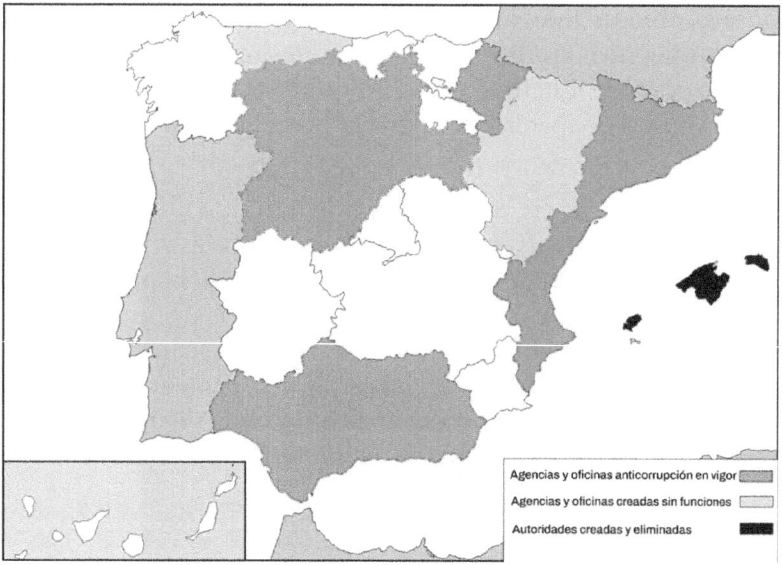

Fuente: Elaboración propia a partir de fuentes documentales de la Agencia Valenciana Antifraude[396] y novedades legislativas

---

395 De Sousa, L. (2010). Anti-corruption agencies: Between empowerment and irrelevance. *Crime, Law and Social Change, 53*(1), 5-22

396 Es cierto que dentro de todo el territorio hay otras autoridades que desempeñan funciones como el *Consell de Contas* de Galicia, con funciones desde el año 2015; o la Audiencia de Cuentas de las Islas Canarias, que actúa desde el año 2017. Asimismo, dado que no es de carácter auto-

En la ilustración, analizamos como a partir de la oleada legislativa en la materia, se fueron creando distintas autoridades precisamente en aquellos entornos donde la corrupción ha tenido cierta presencia. Concretamente, hablamos de Cataluña, la Comunidad Valenciana y Andalucía. Además de otras autoridades que pasan más desapercibidas debido a que no tienen las funciones y autonomía suficiente para la protección del *whistleblower*, como son la Oficina de Buen Gobierno y lucha contra la Corrupción del Principado de Asturias, y la Agencia de Integridad y Ética Pública de Aragón, o la recién creada Autoridad Independiente Autonómica de corrupción de Castilla y León. Asimismo, también debemos mencionar la ya extinta Oficina de Prevención y Lucha contra la Corrupción de las Islas Baleares, derogada en el año 2024. La importancia de estas autoridades recae sobre las medidas de protección que otorgan a los denunciantes, llegando a crear un Estatuto de protección a los denunciantes[397].

nómico y no nos corresponde analizar, pero si mencionar su existencia, también a nivel local se ha tomado actuación y parte en la lucha contra la corrupción a través de oficinas municipales dedicadas a recibir información: la Oficina Municipal contra el Fraude y la Corrupción en Madrid, desde el año 2016, y la Oficina de Transparencia y Buenas Prácticas de Barcelona creada en 2015. Asimismo, también hay Comunidades como Castilla y León que cuentan con leyes aprobadas en la materia, pero solo en 2024 se creó la Agencia. Estos elementos se plantearon a finales de 2021, sin modificaciones posteriores relevantes en Torrent llevadas a cabo por la AVAF y la Universidad de Valencia. Ponencia disponible en: https://www.antifraucv.es/la-proteccion-de-los-alertadores-ante-casos-de-fraude-y-corrupcion-protagonizo-la-jornada-uv-avaf-2/ [Recuperado el 20 de mayo de 2024].

397 Trataremos este apartado en el tercer capítulo, dada la relevancia específica del Estatuto de protección a los denunciantes de la Agencia Valenciana Antifraude, que, además, no encontramos en otros territorios como Cataluña y Baleares.

Entre las funciones que relata PONCE SOLÉ[398], encontramos las siguientes, que, además, son precisamente las funciones presentes en la regulación que aprueba la creación de las agencias autonómicas aprobadas:

- La recepción y tratamiento de las denuncias de corrupción.
- La recogida de información de estas denuncias y el análisis de datos de estas para un seguimiento o investigación de cada caso.
- La potestad de sancionar y emitir determinadas ordenes de carácter administrativo en forma de petición de información.
- Asistencia técnica a las instituciones que lo soliciten.
- Realización de recomendaciones y políticas públicas.
- Formación y prevención en materia educativa.

Por lo tanto, el modelo de institución establecido respecto a los que enumera la OCDE ha sido el de agencias u oficinas anticorrupción con multiplicidad de usos. El modelo, tal y como indica el informe que ya hemos aplicado en puntos anteriores, se basa en los pilares fundamentales de la represión de la corrupción y la prevención de esta a través de la realización de políticas, análisis y asistencia técnica a otras instituciones públicas, así como también en monitorizar los canales, las políticas adoptadas y como no, divulgar conocimiento en materia anticorrupción[399]. Todo ello, porque a pesar de que en un inicio hemos

---

[398] Ponce Solé, J. (2017). Las agencias anticorrupción: Una propuesta de lista de comprobación en la calidad de su diseño normativo. *Revista Internacional de Transparencia e Integridad, (3),* 5-20.

[399] En el mismo informe, la OCDE también recoge otros dos modelos de agencia que podrían servirnos de ejemplo pero que, tal y como podemos apreciar según las Agencias aprobadas en algunas de nuestras autonomías, no sería el caso de España. Por un lado: "el modelo de aplicación de la

visto como se incorporaban unidades de especialización ante los organismos ya existentes, no era tan efectivo debido a que su ámbito era exclusivamente penal, sin percatarse de la naturaleza administrativa de la corrupción en el sector público. Es decir: ya existían autoridades de un tipo que no eran del todo efectivas en una materia distinta al ámbito penal, por lo que adoptar otras estrategias no es un elemento precisamente negativo a nuestro entender. Muchas irregularidades cometidas en el ámbito de la Administración Pública han quedado sin investigar y sancionar,

---

ley (*law enforcement type institutions*) se refiere a agencias anticorrupción que se especializan en la detección, investigación y persecución de delitos de corrupción. Pueden ser organismos independientes o pueden formar parte de los organismos encargados de hacer cumplir la ley. Ejemplos de este modelo son Økokrim en Noruega, la Oficina Central de Represión de la Corrupción en Bélgica, la Fiscalía Especial para la Represión de los Delitos Económicos Relacionados con la Corrupción en España y la Dirección Nacional Anticorrupción en Rumania. Estas agencias tienen poderes para llevar a cabo investigaciones y enjuiciamientos y se centran en la lucha contra la corrupción desde una perspectiva legal y penal.
Por otro lado, el modelo de prevención desarrollo de políticas y coordinación (*Preventive, policy development and co-ordination institutions*) se refiere a instituciones que se dedican a prevenir la corrupción, desarrollar políticas, coordinar esfuerzos y brindar asesoramiento en la lucha contra la corrupción. Estas instituciones no tienen poderes de aplicación de la ley, pero desempeñan funciones importantes en la prevención y concienciación en cuanto al problema que genera la corrupción. Ejemplos de este modelo son el Servicio Central para la Prevención de la Corrupción en Francia, la Comisión Estatal para la Prevención de la Corrupción en "La antigua República Yugoslava de Macedonia", y el Grupo de Monitoreo Anticorrupción en Albania. Estas instituciones se centran en la investigación, el análisis, la capacitación y el asesoramiento para prevenir la corrupción y promover la integridad en la administración pública. Toda la información ha sido recogida del informe OCDE. "Specialised Anti-Corruption Institutions REVIEW OF MODELS Anti-Corruption Network for Eastern Europe and Central Asia." Informe. OCDE, 2008. Disponible en: https://www.oecd.org/corruption/acn/39971975.pdf [Recuperado en 23 de mayo de 2023]

y las personas con conocimiento de las mismas han denunciado de forma directa ante autoridades judiciales, teniendo en cuenta lo que genera todo un proceso de tal magnitud, o medios de comunicación. Por ese motivo, la adopción o reconversión de los modelos adoptados no es más que una modificación de una estrategia que, en términos generales, parecía haber fracaso.

Concretamente, de todas las autoridades autonómicas analizadas, es la Agencia Valenciana Antifraude la que concentra todas estas funciones referidas por el informe de la OCDE, incluyendo específicamente un Estatuto propio para la protección de todos los denunciantes que quieran adquirir tal condición y régimen sancionador, por lo que la consolida como la autoridad más importante para dotar de protección a las personas que decidan denunciar de manera externa. Descartamos, a tal efecto, el estudio de la Oficina Andaluza contra el Fraude y la Corrupción precisamente por la novedad de su creación, así como también la reciente modificación y adquisición de competencias de la nueva Oficina de Buenas Prácticas y Anticorrupción de la Comunidad Foral de Navarra[400]. Las mismas cuentan con muchas funciones similares a la AVAF, pero no con su práctica temporal y la experiencia adquirida con los organismos judiciales.

También merece mención otra región con agencia, pero en desuso, que naturalmente no ha sido financiada ni tiene material humano para su actuación. Es decir, algunas agencias han sido aprobadas para su creación, pero nunca han llegado a realizar un trabajo efectivo. Un ejemplo es la situación en la

---

400 En este sentir, es más enriquecedor para el análisis contar con una autoridad que desempeñe las funciones de protección a las personas denunciantes y tenga cierto recorrido en esta práctica. Ambas autoridades aun no cuentan con un desarrollo amplio en la práctica y una intervención de las memorias en el Parlamento en el que han sido aprobadas. Por ese motivo, esperamos poder analizar los resultados cuando ya haya transcurrido un margen importante que complemente este estudio.

Comunidad Autónoma de Aragón en 2017. Para ilustrar este punto, podemos observar lo ocurrido en la Comunidad Valenciana, donde se llevó a cabo un pacto de investiduras de izquierdas, tomando como modelo el pacto valenciano de 2015 y su ejecución de objetivos. Sin embargo, en este caso, el compromiso de dotar de autonomía y recursos a la entidad que aún no ha sido creada, aunque aprobada, no se cumplió. Esto significa que los funcionarios públicos que deseen informar a una autoridad independiente deberán recurrir obligatoriamente a los mecanismos establecidos por la nueva autoridad nacional, debido a la falta de actividad de su organismo anticorrupción.

Por lo tanto, los pasos que se han dado a nivel nacional han sido lentos, y han dependido, en su mayoría, de los pasos que sí se han dado a nivel regional de forma efectiva. No obstante, en este otro punto, ha tenido bastante impacto y relevancia en el trabajo regional aquellas situaciones de corrupción vividas, su contexto sociopolítico y las respuestas políticas. Es el caso de la Comunidad Valenciana, Cataluña y Andalucía, entornos donde la corrupción ha tenido bastante impacto derivado de actuaciones de los partidos políticos, servidores públicos y sus relaciones con entidades privadas, a nivel autonómico y local. Sin embargo, a nivel nacional, a pesar de que ha habido tramas corruptas que han copado buena parte del territorio y medios de comunicación, la situación ha sido especialmente distinta.

3.2. Tramitaciones de políticas públicas por parte de los partidos políticos[401]

Con carácter nacional, se presentaron ante el Congreso de los Diputados multitud de proposiciones de leyes para la pro-

---

401 Realizaremos un breve repaso dado que lo más importante no son las proposiciones presentadas, sino la aprobación definitiva de la incorporación de la Directiva a nuestro ordenamiento, analizando de forma general y

tección a los denunciantes y lucha contra la corrupción. Indistintamente al grupo político, fueron aplazando durante décadas las reformas necesarias para incluir en la agenda política un problema que se situaba entre los principales problemas para los españoles por el CIS[402]. Aunque sí se aprobaban estas cuestiones a nivel autonómico, en cuanto al contexto estatal todo ha ido mucho más despacio de lo esperado.

La situación de los denunciantes, por lo tanto, hasta el año 2019 y 2023, ha sido la espera tediosa en cuanto a la expectativa de la aprobación de la transposición de la Directiva (UE) 2019/1937, y la creación de una autoridad independiente de carácter nacional. Como hemos indicado, han sido varias las autonomías a lo largo del territorio nacional las que han legislado en la materia, para transmitir protección y confianza en la denuncia de actos de corrupción en la Administración Pública.

En dos legislaturas del Gobierno actual, se llegaron a presentar casi ocho proposiciones de ley, instadas y llevadas a propuesta por gran parte de los Partidos Políticos, muchos de ellos, presentándolas en varias ocasiones. Ninguna de ellas llegó siquiera a debatirse en sede parlamentaria, quedando todas ellas alejadas de la vida pública desde la primera presentada en

---

breve los puntos que tienen relación con los temas analizados en cuanto a las medidas de protección, autoridad independiente, externalización de la denuncia, anonimato e incentivos.

402 Desde enero de 2013, la Corrupción y el fraude, así como los problemas económicos o el Paro eran los tres problemas principales para los españoles. En 2013, destapada la Trama Gürtel y detectados numerosos casos de corrupción a lo largo del territorio, con la aparición de nuevos partidos, y con su entrada en el parlamento, se mostró la necesidad de una mayoría de acuerdos. Entre los años 2018 y 2017, cuando se produce el fenómeno de creación de las entidades y leyes para el control y prevención de la corrupción, es cuando se comienzan a dar los primeros pasos, incluso previos a la aprobación de la propia Directiva 2019/1937.

el año 2016, hasta una de las últimas proposiciones presentadas en el año 2021, enfocada a transponer la Directiva Europea.

Entre las diversas medidas de protección, casi todas ellas hacían alusión a la prohibición de represalias, Solo en dos de las proposiciones se aludía a cuantías económicas a modo de incentivo, llegando a dotar en ellas de un 10% de las sanciones impuestas, que irían destinadas a la persona denunciante. Ambas propuestas, rechazadas por muchos de los grupos parlamentarios que posteriormente han presentado una Proposición de Ley o de LO, generaron debate en torno, precisamente, a los incentivos.

En el Diario de Sesiones, uno de los representantes del primer partido en elevar la propuesta, afirmaba que:

> "Hay dos cosas de esta ley que me gustan poco -vamos a votar por supuesto a favor de su toma en consideración-. Una de ellas es el premio del 10 % para el denunciante. Creo que esa heroicidad, que ese velar por los intereses generales está reñido con el hecho de que tú puedas recibir un premio por tu denuncia. Creo que se debe garantizar, como dice el texto de la ley, la indemnidad absoluta, patrimonial y moral del denunciante con las indemnizaciones que procedan, pero no el premio. Me preocupa que este país se convierta en un país de policías, en un país de policías de balcones, en un país en donde se rehabilite la vieja profesión del cazarrecompensas."[403]

---

[403] No es menos interesante atender a las lecturas extraídas de las varias sesiones parlamentarias donde, hablando de asuntos de corrupción, se entremezclan conceptos como *extrema derecha, franquismo, monarquía,* etc. En ese sentir, vemos como determinados asuntos se han ideologizado y se usan como arma arrojadiza, incluyendo el problema de la corrupción entre ellos. Congreso de los Diputados. Proyecto de Ley 113/XIV, por el que se establece el régimen de control de las inversiones exteriores en España. Disponible en: https://www.congreso.es/es/busqueda-de-publicaciones?p_p_id=publicaciones&p_p_lifecycle=0&p_p_state=normal&p_p_mode=view&_publicaciones_mode=mostrarTextoIntegro&_publicaciones_legislatura=XIV&_publicaciones_id_texto=DSCD-14-PL-113.CODI
[Recuperado en 20 de mayo de 2023].

Tabla 4: Proposiciones de Ley de Protección a las denunciantes presentadas en España

Legislatura 2015-2019	Legislatura 2019-2023
• Proposición de Ley Integral de Lucha contra la Corrupción y Protección de los denunciantes (2016)	• Proposición de Ley de Protección integral de los alertadores (2019) • Proposición de Ley de Protección integral de los denunciantes de corrupción (2019) • Proposición de Ley Orgánica de prevención de los intereses privados en el sector público, de protección del Estado frente a la corrupción y contra las puertas giratorias (2019) • Proposición de Ley de medidas de lucha contra la corrupción (2020) • Proposición de Ley de Protección integral de los denunciantes de corrupción (2020) • Proposición de Ley Orgánica de medidas de lucha contra la corrupción y para la protección de los alertadores (2021)

Fuente: elaboración propia a partir del Boletín Oficial de las Cortes Generales.

Es destacable que tras ninguna proposición haya habido un debate nacional en torno al problema que genera la corrupción: en muchos casos, la corrupción ha sido utilizada específicamente como ataque político, mas no como un debate que genere los consensos que sí podemos extraer de las exposiciones de motivos de las proposiciones de ley. Teniendo en cuenta el contexto democrático en el que se encuentra España, así como su preocupación en cuanto a la corrupción, instar a crear una entidad independiente y definir una estrategia con los distintos actores intervinientes es un paso importante, pero no concluyente de forma positiva. Si todas las exposiciones se tuvieran en cuenta, habríamos logrado un consenso desde el año 2016, evitando las sanciones de la UE y tendríamos una autoridad independiente real[404].

Tal y como se ha visto en España, la mayoría de la corrupción, sin distinguir entre hechos o delitos, se concentraba en determinado momento en el sector público, en la corrupción política y en la permisión del funcionariado en hechos de corrupción. A pesar de estar obligados a denunciar, las situaciones y represalias no facilitan la situación, por lo que desde la puesta en foco del término *whistleblower* se hacía preciso solucionar la ausencia de herramientas, incentivos y medidas de protección para los mismos en el sector público español.

En España, por lo tanto, el problema para los denunciantes ha sido la escasa protección que recibieron en el ámbito público, lo que resulta en una falta de prevención de represalias en su contra. Aunque este fenómeno se hizo más evidente después de la denuncia de la Trama Gürtel dentro del ámbito público, apenas se le ha dado un tratamiento especial hasta el año 2023. Algunos grupos parlamentarios han solicitado medidas para abordar esta situación, y con carácter definitivo, incorporándose las medidas en marzo de este mismo año a través de la transposición de la Directiva que se espera que ayude

---

[404] Recordemos que, para los primeros pasos para un pacto nacional de lucha contra la corrupción, o una estrategia nacional revisable, requiere de acuerdos políticos que luchen en favor de la incorporación de una estrategia nacional (NAFS) y una autoridad que gestione, actúe de método de prevención y reprima la corrupción. Como indica Villoria Mendieta, "la mejor forma de prevenir y luchar contra la corrupción es mediante cambios culturales (más universalismo), estructurales (más igualdad) e institucionales (más imparcialidad e integridad). Precisamente es en los últimos donde el autor nota que los cambios pueden ser más inmediatos, sin tener expectativas electorales a largo plazo, y es donde menor trabajo hemos visto en nuestro país. Villoria Mendieta, M. (2019). *Combatir la corrupción* (p. 113). Gedisa.

a resolver el problema[405]. Sin embargo, la Directiva presenta peculiaridades que debemos tratar en cuanto a la efectiva protección o sensación de esta. Antes de reparar en las mismas, continuamos con las aportaciones jurisprudenciales ya que, ante una ausencia de consenso político a nivel nacional y en algunas autonomías, algunos tribunales[406] decidieron aplicar

---

405 En fecha de presentación de esta investigación, España había incumplido la fecha de transposición marcada por la Unión Europea, pero se aprobó el anteproyecto de ley presentado por el gobierno el 13 de septiembre de 2022, incorporado de forma definitiva a nuestro ordenamiento legislativo en el mes de febrero de 2023.

406 En 2020, Uriart Torrealday, indicaba precisamente algo similar en cuanto a esta afirmación: "En esta materia, voy a hacer simplemente un recordatorio de algo que es importante, que es la cuestión de los *whistleblower*, lo que ahora se llaman los alertadores, es decir, aquellas personas que desde dentro de las Fuerzas Armadas o desde dentro de otras administraciones públicas, en su deseo y en su voluntad de que se erradiquen las malas prácticas, formulan denuncias, formulan quejas y, por desgracia, muchas veces sufren las consecuencias de esa queja. En ese sentido, le pediría una sensibilidad importante; una sensibilidad que no es más que trasladar la directiva europea, que ya existe, de protección de alertadores que ya ha entrado en vigor. Por desgracia, todavía no la hemos traspuesto a la legislación española, aunque en cierta medida las directivas ya generan algunos derechos subjetivos desde que se crean y tiene que haber un cierto nivel de protección". Ha sido, precisamente en estas últimas líneas, donde se indica que, gracias a la existencia de la propia Directiva en 2019, se generó en determinado momento la validación de determinadas herramientas para facilitar el acceso o conocimiento para descubrir delitos importantes. Las afirmaciones del señor Torrealday se producen, precisamente, a colación de la decisión del Tribunal Supremo español cuando acepta la denuncia anónima, en una de sus famosas sentencias, como un método legítimo para informar de *notitia criminis*. *Vid:* Congreso de los Diputados. Defensa. Presidencia del Excmo. Sr. D. José Antonio Bermúdez de Castro Fernández. Sesión núm. 2 celebrada el jueves 20 de febrero de 2020. Año 2020 XIV LEGISLATURA Núm. 36 Pág. 1. Recuperado de: https://www.congreso.es/public_oficiales/L14/CONG/DS/CO/DSCD-14-CO-36.PDF

la normativa europea para favorecer medidas de protección a las personas denunciantes y marcar líneas continuistas para otros Tribunales.

3.3. Respuestas jurisprudenciales

Teniendo en cuenta la situación de desprotección legislativa y el escaso consenso por llegar a un acuerdo contra la corrupción y en *pro* de la protección de los denunciantes, se marcó cierta jurisprudencia importante para tener en cuenta en las investigaciones abiertas por la denuncia de este tipo de sujetos, tanto en el ámbito público como privado, con carácter interno y externo. De forma mayoritaria, las respuestas ante casos de *whistleblowing* de nuestro interés se remontan a varios años atrás, pero respecto ámbitos como la libertad de expresión, elemento que se trató, como bien indica SÁEZ LARA, en la STC 6/1988. En dicha sentencia, se subraya que hay dos puntos importantes: por un lado, la buena fe del empleado en denunciar hechos, y por otro, la actitud contraria, mantenerse pasivo ante prácticas contrarias al orden jurídico[407]. En dicha sentencia, se concluyó que sería inadecuado o difícil poner a disposición del silencio, la buena fe del trabajador. De esta forma se defiende mediante jurisprudencia el derecho a denunciar, incluyendo la posible información a la opinión pública, de la mala *práxis* de los poderes públicos[408].

En otro orden y ámbito, en 2020, durante el pleno inicio de la crisis sanitaria, MAGRO SERVET, en la Sala de lo Penal del Tribunal Supremo marcó jurisprudencia respecto a un elemento polémico de la Directiva: emitió la sentencia a través de la cual reconocía la validez de una denuncia anónima como inicio para abrir una investigación interna en una empresa, como

---

407 Sáez Lara. Ibid., pág. 128

408 Ibid, pág. 130

finalidad de detectar un fraude. Lo importante para nuestro objeto de investigación es la citación directa que hace sobre la Directiva 2019/1937, donde se cita lo siguiente:

> "Sobre esta necesidad de implantar estos canales de denuncia, y que se vio en este caso con una alta eficacia al constituir el arranque de la investigación como *notitia criminis* se recoge por la doctrina a este respecto que la Directiva se justifica en la constatación de que los informantes, o denunciantes, son el cauce más importante para descubrir delitos de fraude cometidos en el seno de organizaciones; y la principal razón por la que personas que tienen conocimiento de prácticas delictivas en su empresa, o entidad pública, no proceden a denunciar, es fundamentalmente porque no se sienten suficientemente protegidos contra posibles represalias provenientes del ente cuyas infracciones denuncia."[409]

Entre aquellos comentarios en favor de la admisión de las denuncias anónimas, MARTÍNEZ MOYA señalaba que "la denuncia anónima no es el único elemento de convicción para la condena por fraude"[410]. En este sentido, sería imposible imaginar en un Estado Democrático como en el que nos encontramos que una condena se fuese a producir basándose únicamente en información anonimizada. Naturalmente, di-

---

409 En la fecha indicada, la Sala (compuesta por los Excmos. Sres. y Excma. Sra. Julián Sánchez Melgar, Antonio del Moral García, Andrés Palomo Del Arco, Vicente Magro Servet y Dª. Carmen Lamela Díaz) examinó los recursos de casación presentados por las defensas de los acusados D. Jacinto, D. Javier, D. Jesús, D. Julio y Reciclados y Demoliciones San Juan, S.L., así como D. Lázaro, en los que se alegan quebrantamiento de forma, infracción de ley e infracción de precepto constitucional referido a la incapacidad de contradicción ante una denuncia anónima. *Vid.:* STS 35/2020, de 6 de febrero de 2020. Disponible en: Vlex. Recuperado de: https://vlex.es/vid/840632257

410 Martínez Moya, J. (2020). Denuncia anónima, fraude empresarial e incumplimientos laborales: La jurisprudencia penal se pronuncia sobre el whistleblowing: El fin de la ley del silencio. *Revista de Jurisprudencia Laboral (RJL)*, (7).

cha información es la que da pie a la apertura de la fase de investigación, donde se recabarán las pruebas para tomar las decisiones pertinentes. De hecho, el mismo autor añade que "la denuncia anónima, sirve de arranque a la investigación policial y a su judicialización, y se erige como elemento de convicción atractivo y atrayente sobre el que giran otros importantes elementos de convicción"[411].

Aunque la citada sentencia se trate sobre asuntos concernientes al ámbito privado, puede ser uno de los primeros anticipos en la manifestación jurisprudencial de aceptación de la denuncia anónima. Puede que esa admisión haya sido, precisamente, uno de los precedentes para adoptar una posición favorable en la ley española 2/2023 de protección a las personas que informen sobre infracciones, dado que el anonimato, considerando que la Directiva da libertad a los Estados para legislar según el derecho nacional, estaba siendo un problema en España debido a su no prohibición expresa, pero sí la necesidad de identificar las denuncias para posteriormente dotar de confidencialidad a la información[412].

---

411 Ibid.

412 Buena parte de la admisión de las denuncias anónimas también viene, precisamente, de la incapacidad en muchos casos de mantener en el anonimato a las personas que denuncian a través de vías confidenciales. Si la investigación adquiere carácter oficial y se judicializa, la información de la persona denunciante queda comprometida, como ya ha ocurrido en casos tramitados por la Agencia Valenciana Antifraude, donde se solicitaba la identidad de un denunciante. A pesar de que el caso se encontraba en fase de investigación, la Síndica de uno de los grupos parlamentarios solicitaba toda la documentación, basándose en su derecho a participar de los asuntos públicos, concretamente, el artículo 23.2. de la Constitución Española, en referencia a ese desempeño como cargo público. En tal sentido, el TSJ falló a favor de la Síndica, por lo que la Agencia Valenciana, en caso de no recurrir, tendría que entregar toda la información disponible del caso al grupo parlamentario, dejando visible la identidad de la persona denunciante. Para ampliar información, existe

En otro orden, también se ha contribuido a crear interpretación judicial a través de la Sentencia de 20 de diciembre de 2020 del Juzgado de lo Contencioso núm. 1 de Elche. En este caso, por la intervención de la Agencia Valenciana Antifraude en la Sentencia. Siendo el caso de uno de los denunciantes entrevistados, en la sentencia se establecen dos puntos importantes: i) la presencia de la AVAF como entidad que aplica un estatuto de la persona denunciante al agente que presenta la denuncia; y, por otro lado, ii) el supuesto descrédito a la Administración local (el ayuntamiento de Torrevieja) por el *mobbing* sufrido por parte del denunciante, sin existencia de protocolos, y mucho menos, de medidas de protección en su cuerpo policial.

En este sentido, el denunciante de corrupción entrevistad, a la pregunta sobre el sufrimiento de las represalias y qué tipo, relataba:

> Sujeto 2: Si, sin parar. Llegado un momento en lo que ellos identifican a la persona con un denunciante de corrupción – que para ellos no lo es, es un rebelde, que quiere acabar con el sistema que no quiere hacer lo que debe – ellos lo ven de otra forma. En cuanto te identifican quieren destruirte en todos los niveles: empiezan por lo laboral, por invisibilizarte y acaban por intentar echarte de la propia administración.

> Sujeto 2: Expedientes disciplinarios, denuncias ante los juzgados, denuncias ante delegación de gobierno para que pagues una multa grande, denuncias ante lo civil para que pagues otra denuncia grande y luego al final acaban sacando tu nombre en los periódicos para destruir tu credibilidad y al final pues eso, intentan que te vayas tu o que te echen de una u otra manera.

---

disponibilidad de la misma en: Tribunal Superior de Justicia. Sala de lo Contencioso. Sentencia Roj: STSJ CV 639/2020. ECLI:ES:TSJCV:2020:639. Valencia, Sección 4, 4 de junio de 2020. Recurso nº 347/2019. Resolución nº 198/2020. Ponente: Manuel José Domingo Zaballos.

Dicha sentencia, conocedora de otros procedimientos ganados por el Sujeto 2 y por otros funcionarios de la Policía Local de la Corporación municipal de Torrevieja, estima que el Ayuntamiento ignoró todas las demandas de acoso laboral o *mobbing*. De esta forma, corresponde a la Administración Pública y al alcalde en particular, tal y como recoge VEGA, cumplir con los mandatos de la propia Sentencia, o se podrán imponer sobre él el pago de las multas señaladas por ley, responsabilidad contra el patrimonio personal de alcaldía, y las posibles responsabilidades penales por desobediencia a las autoridades[413]. Con las indicaciones del Sujeto 2 se demuestra que el *mobbing* ejercido desde la propia entidad local trataba de saturar de sanciones administrativas y mayor tensión al denunciante para intentar que abandonase el propio proceso iniciado por él contra la entidad local. No obstante, dicha Sentencia fue revocada, dejando en desamparo al denunciante y sin protección alguna: naturalmente, lo positivo de la Sentencia fue el

---

[413] En el caso entrevistado, el denunciante J.J. nos expone que, tras varias denuncias presentadas por el mismo, y por otros varios compañeros, como delegado sindical que era en esas fechas, su imagen era mucho más visible. Sobre él, comienzan a recaer innumerables denuncias, llegando a abrirse procesos penales que, en fecha, sigue esperando la Sentencia. Las represalias de apertura de procedimientos administrativos y penales le han generad, al denunciante y a su familia, un desgaste emocional y una necesidad de cambio de Comunidad Autónoma. Respecto al caso en cuestión, de gravedad notoria, se trata de preguntas relaciones entre bandas organizadas, la Administración Local y empresarios del ámbito de la hostelería. La sentencia se desgrana en: Vega, J. (2021). La Agencia Valenciana Antifraude y su estatuto de protección a personas denunciantes: La Sentencia de 20 de diciembre de 2020 del Juzgado de lo Contencioso núm. 1 de Elche. *HayDerecho.com* Disponible en: https://www.hayderecho.com/2021/02/14/la-agencia-valenciana-antifraude-y-su-estatuto-de-proteccion-a-personas-denunciantes-la-sentencia-de-20-de-diciembre-de-2020-del-juzgado-de-lo-contencioso-num-1-de-elche/ [Recuperado el 23 de mayo de 2023].

reconocimiento institucional a las labores de protección de la AVAF en aquellos casos donde las represalias fuesen notorias.

Posteriormente, en 2021, la Sala de lo Penal de Tribunal Supremo, nuevamente, se manifestaba a favor de los denunciantes otorgando un indulto parcial a un sujeto que había sido partícipe de la Trama Gürtel, pero habría presentado él la denuncia inicial que abriría la investigación que acabaría siendo condenado él mismo y todos los participantes a los que habría *delatado*. En las alegaciones presentadas, José Luis Peñas, relataba que desde el año 2005 estaba colaborando de forma estrecha con los Tribunales de Justicia, dando pie al desmantelamiento de la red de corrupción económica (política y empresarial) de la rama Gürtel[414]. De esta forma, también se incentiva la colaboración en aquellos casos donde no hablamos de *whistleblower* como tal – personas que no han participado en el delito – y que participan en el desmantelamiento de tramas corruptas de amplia magnitud[415].

---

414 En la propia Sentencia del Tribunal Supremo núm. 507/2020 (folios 319 y 330 citados en el indulto parcial): ""tras una investigación policial exhaustiva, así como a la denuncia de ... (**José Luis Peñas**) y las grabaciones que aportó, por hacer mención al más significado, que, hasta tal punto han sido relevantes, que gracias a ellas se ha conseguido profundizar en lo intrincado de una trama tan compleja como la investigada, y que de otra manera difícilmente se hubiera llegado a un nivel de descubrimiento de la misma como al que se ha llegado." (folio 330). "Es, por lo tanto, una grabación realizada, como las demás, por propia iniciativa de ..., (**José Luis Peñas**) con los mismos medios propios que él puso, al igual que hizo con todas ellas, al margen de cualquier investigación policial" (330). Tribunal Supremo. Expte. núm. 10/2021; Recurso núm. 10575/2018. Sala Segunda del Tribunal Supremo. Secretaría de Sala: Sra. Ma del Carmen Calvo Velasco. Audiencia Nacional, Sala de lo Penal; Sección Segunda. Rollo de Sala núm. 5/2015. Expediente de Indulto núm. 10/2021.

415 En las páginas de la obra escrita por José Luis Peñas, se recoge un punto esencial para entender la denuncia. A raíz de las conversaciones grabadas, de las últimas antes de abrir diligencias, redacta lo siguiente "Qué gran

Nuevamente, lo importante del indulto son las menciones realizadas como referencia para su decisión: el Fiscal, considerando las razones de justicia, equidad y utilidad pública establecidas en el artículo 11 de la Ley de 18 de junio de 1870 que establece las reglas para el ejercicio de la gracia de indulto, así como el arrepentimiento mostrado por parte del solicitante y otras circunstancias análogas, junto al espíritu de la necesidad de transposición de la Directiva (UE) 2019/1937 que busca proteger y motivar a los denunciantes, respaldó la solicitud de indulto parcial presentada por José Luis Peñas, solicitando la conmutación de las dos penas de inhabilitación absoluta por dos penas de inhabilitación especial[416].

Con la introducción de elementos como el anonimato, la intervención de agencias externas y el indulto en los casos en los que la persona denunciante haya colaborado en la trama y se haya arrepentido[417], podemos observar cómo la Directiva (UE)

---

conversación. (…) Los últimos diez minutos de conversación con Don Vito, convenientemente grabados, iban a dar mucho de sí: serían claves no sólo para descubrir la trama, sino también para iniciar la pieza separada de Gürtel que es el caso Bárcenas, es decir, la financiación ilegal del partido. Esos diez nítidos minutos han sido, sin duda alguna, el detonante para que muchos tomaran conciencia del robo sistemático al que nos ha sometido el PP". Por lo tanto, la gravedad a la que se exponía el colaborador fue completamente asumida por él mismo, y siguió ejerciendo su papel. Por este motivo, arriesgándose a sufrir las represalias que sufría la otra denunciante de la trama, Ana Garrido, Peñas decidió colaborar por vía judicial, a sabiendas de las posibles consecuencias jurídicas que le acarreaban. En Peñas, J. L. (2016). *Uno de los suyos.* Ediciones Península. (p. 292).

416 Expte no 10/2021; Recurso 10575/2018, ibid., folio 44

417 También en la propia ley 2/2023 se recoge lo siguiente en el artículo 40 de supuestos de exención y atenuación de la sanción:

"1. Cuando una persona que hubiera participado en la comisión de la infracción administrativa objeto de la información sea la que informe de su existencia mediante la presentación de la información

2019/1937 ha sido un factor influyente en la postura favorable de varios jueces hacia la defensa de estas personas. No obstante, el éxito parcial se ha alcanzado con la incorporación definitiva a nuestro ordenamiento jurídico de la Ley 2/2023, de 20 de febrero, la cual regula la protección de las personas que informan sobre infracciones normativas y lucha contra la corrupción.

4. Respuesta legislativa: ley 2/2023, de 20 de febrero, reguladora de la protección de las personas que informen sobre infracciones normativas y de lucha contra la corrupción

El contexto de la respuesta legislativa, la aprobación de la Transposición de la Directiva fue un ámbito multifactorial don-

---

y siempre que la misma hubiera sido presentada con anterioridad a que hubiera sido notificada la incoación del procedimiento de investigación o sancionador, el órgano competente para resolver el procedimiento, mediante resolución motivada, podrá eximirle del cumplimiento de la sanción administrativa que le correspondiera siempre que resulten acreditados en el expediente los siguientes extremos:

a) Haber cesado en la comisión de la infracción en el momento de presentación de la comunicación o revelación e identificado, en su caso, al resto de las personas que hayan participado o favorecido aquella.

b) Haber cooperado plena, continua y diligentemente a lo largo de todo el procedimiento de investigación.

c) Haber facilitado información veraz y relevante, medios de prueba o datos significativos para la acreditación de los hechos investigados, sin que haya procedido a la destrucción de estos o a su ocultación, ni haya revelado a terceros, directa o indirectamente su contenido.

d) Haber procedido a la reparación del daño causado que le sea imputable."

De esta forma, entendemos que casos como el de PEÑAS se han tenido en cuenta a la hora de adoptar determinadas decisiones como las escogidas en los supuestos del artículo 40.

de se determinaron distintos puntos. Tras la crisis sanitaria de la COVID-19, surgieron casos de corrupción aprovechando los trámites de emergencia en la compra pública, se investigaban otros previos a la crisis sanitaria y el contexto de desconfianza institucional crecía. Como consecuencia a la crisis sanitaria, a España y a otros paises se les acuerda destinar fondos para la recuperación económica con medidas preventivas, estableciéndose la Orden HFP/1030/2021, de 29 de septiembre, por la que se configura el sistema de gestión del Plan de Recuperación, Transformación y Resiliencia. Es decir: España debía adaptarse a los requisitos de gestión específicos marcados por la UE a través del Reglamento (UE) 2021/241 del Parlamento Europeo y del Consejo, de 12 de febrero de 2021, por el que se establece el Mecanismo de Recuperación y Resiliencia, en un contexto de desafección política y de varias tramas corruptas bajo investigación.

Entre los principios pretendidos por esa Orden, encontrábamos alusión a la necesidad de recordar los mecanismos para la prevención de la corrupción y conflictos de interés que pudieran surgir en el marco de dicha recuperación económica.

> "Con la finalidad de dar cumplimiento a las obligaciones que el artículo 22 del Reglamento (UE) 241/2021 del Parlamento Europeo y del Consejo, de 12 de febrero de 2021, impone a España en relación con la protección de los intereses financieros de la Unión como beneficiario de los fondos del MRR, toda entidad, decisora o ejecutora, que participe en la ejecución de las medidas del PRTR deberá disponer de un «Plan de medidas antifraude» que le permita garantizar y declarar que, en su respectivo ámbito de actuación, los fondos correspondientes se han utilizado de conformidad con las normas aplicables, en particular, en lo que se refiere a la prevención, detección y corrección del fraude, la corrupción y los conflictos de intereses."[418]

---

[418] Con el compromiso de los Estados en recibir fondos comunes de la UE, los mismos se han comprometido a tomar las medidas necesarias para pro-

En ese mismo sentido, también debemos recordar el artículo 288 del Tratado de Funcionamiento de la Unión Europea: en su artículo 288, se establece que las Directivas son vinculantes para todos los Estados miembros, por lo que se entiende que estas Directivas serán de carácter obligatorio para los Estados miembros en todos sus elementos, excepto si se asigna a unos Estados determinados, o si son recomendaciones y dictámenes no vinculantes. Por ese motivo, y por otros tantos no relevantes para nuestra investigación, España debía, con carácter obligatorio, transponer la Directiva (UE) 2019/1937 a su ordenamiento jurídico.

Finalmente, después de casi dos años de retraso, en febrero de 2023, se aprobó la incorporación a nuestro marco legal de la Directiva (UE) 2019/1937 a través de ley ordinaria debido a la característica de la mayoría simple: ante la situación sociopolítica en la que se encuentra España, la necesidad de transponer la Directiva y el contexto de corrupción vivido, habría sido difícil obtener una mayoría absoluta. En reglas generales, y antes de pasar a los objetivos primordiales que consideramos necesarios para pasar al capítulo tercero, la ley plantea varias trampas de compromiso a futuro que, teniendo en cuenta los plazos, pone en riesgo ciertos cumplimientos. Ejemplo de ello

---

teger los intereses financieros de la Unión. En este sentido, el mecanismo adoptado por España busca asegurar de que el uso de los fondos para las actividades financiadas por el Mecanismo cumpla las normas marcadas por la UE y también las de índole nacional, especialmente en aquellos casos en los que sean normas de prevención, detección y corrección de fraude y corrupción y conflictos de interés. De esta manera, tal y como se establece en el artículo 22, los países de la UE deberán establecer un sistema de control interno y efectivo, asegurándose de que se puedan recuperar aquellos fondos que se hayan pagado de forma incorrecta o hayan tenido un destino ilícito no correspondiente a la recuperación tras la crisis sanitaria. En Reglamento (UE) 2021/241 del Parlamento Europeo y del Consejo, de 12 de febrero de 2021, por el que se establece el Mecanismo de Recuperación y Resiliencia.

es la disposición adicional quinta, que alega que el Gobierno cuenta con un plazo de 18 meses desde la entrada en vigor de la ley para aprobar una Estrategia Nacional contra la corrupción[419]. Esto nos sitúa como uno de los pocos países europeos que no cuenta con un proyecto de estrategia nacional aprobado, seguido de paises como Alemania, Finlandia o Irlanda[420]. Sin embargo, no todo es negativo: España ya contaba con otras autoridades con funciones destinadas a combatir el fraude con carácter nacional, como la Fiscalía contra la corrupción y crimen organizado, el Tribunal de Cuentas, SEPBLAC, la Agencia Estatal de la Administración Tributaria, etc.

Sin embargo, son entidades que, como bien establece de la OCDE en su informe de 2013, se conforman como departamentos especializados, en ocasiones con vínculo con las Fuerzas y Cuerpos de Seguridad del Estado, que colaboran para la parte

---

419 Ley de Protección de Personas Informantes (en adelante LPPI). (2023). Boletín Oficial del Estado, A-2023-4513. Recuperado de https://www.boe.es/buscar/doc.php?id=BOE-A-2023-4513

420 Las fases para la elaboración de una Estrategia Nacional "Antifraude" (o anticorrupción) las establece la OLAF (*European Anti-Fraud Office)* en el año 2016, a través de una guía general para tomar como referencia en la estrategia nacional de los paises ante la construcción de una estrategia coordinada con el resto. Desde el año 2014, las *NAFS*, estrategias nacionales de lucha contra el fraude, han ido aumentando por el territorio europeo. De acuerdo con el artículo 12 a) del Reglamento 883/2013, todos los Estados miembros de la UE han establecido un servicio de coordinación contra el fraude (AFCOS, por sus siglas en inglés). Los AFCOS se reúnen regularmente con OLAF bajo el paraguas de COCOLAF. El objetivo principal de estas reuniones de grupo AFCOS es asegurar que OLAF y las autoridades nacionales cooperen y compartan información de manera eficiente, incluido el intercambio de experiencias y mejores prácticas en cooperación investigativa.

especifica de detección[421]. No obstante, dichas autoridades no cuentan con una entidad de prevención, control y represión unificada, así como tampoco con medidas que otorguen protección a las personas denunciantes. Como indica FERNÁNDEZ AJENJO, esta estructura responde al "sistema administrativo napoleónico", en la que las instituciones anteriores solo reprimen o investigan aquellas decisiones de mayor gravedad, dejando en desamparo las otras decisiones administrativas que, a nivel local, y descontroladas, llegan a tener una gravedad significativa[422]. Por lo tanto, contando con que no cuentan con las funciones específicas que demanda la Directiva (UE) 2019/1937, deben incorporarse las funciones que demanda la nueva ley, y las que la CNUCC de 2003 demandaba en materia de prevención, consciente de que la represión de la corrupción no ha generado soluciones al problema subyacente.

Los objetivos con los que esta ley se abre camino en nuestro ordenamiento jurídico pueden ser innumerables, pero respecto a nuestra investigación nos interesan: el fortalecimiento de la cultura de la prevención a través de la denuncia con la creación de una Agencia Anticorrupción y la protección de los denunciantes frente a posibles represalias.

4.1. Creación de una agencia independiente de protección y recepción de denuncias

Siguiendo los modelos que hemos expuesto, respecto a las autoridades de control, prevención, gestión y represión,

---

421 OCDE. "Specialised Anti-Corruption Institutions. Review of models." 2013. https://www.oecd.org/corruption/acn/specialisedanti-corruptioninstitutions-reviewofmodels.htm.

422 Fernández Ajenjo, J. A. (2022). *Instituciones de investigación administrativa y auditoría forense para la prevención del fraude y la corrupción en las administraciones públicas* (p. 16). Tirant lo Blanch.

se crea la Autoridad Independiente de Protección del Informante (AAI). Dicha entidad tendrá una serie de funciones que siguiendo lo que bien mencionan en el informe citado previamente por la OCDE y BENÍTEZ PALMA, responde a las "instituciones especializadas con múltiples competencias, que van desde la persecución de los delitos a la realizado de análisis técnicos, estudios de investigación y tareas de prevención a través de campañas de concienciación o educativas"[423].

Dicha autoridad, tendrá las funciones de gestión del canal externo de comunicaciones, así como la adopción de medidas de protección al informante. Además, se requiere informar de manera obligatoria los anteproyectos y proyectos de disposiciones generales que afecten a su ámbito de competencias y funciones: si hubiere reformas o mandatos novedosos en la materia, la AAI deberá analizarlos y ajustarlos en consecuencia. También se encarga de la tramitación de los procedimientos sancionadores y la imposición de sanciones por las infracciones que procedan, dentro de su ámbito de competencias. Por último, pero no menos importante, también se dedicarán al fomento y promoción de la cultura de la información[424]. Con todo, y como hemos afirmado, responde a una autoridad con multitud de funciones, organizada de forma adecuada para tratar de tener distintos ámbitos cubiertos.

---

423 Benítez Palma, E. (2017). La convivencia entre los órganos de control externo (OCEx) y las agencias autonómicas de prevención y lucha contra la corrupción. *Auditoría Pública, 69*, 11-25.

424 Respecto a este punto, debemos puntualizar que es muy difícil promover una promociona a la cultura de la información en la materia sin un proyecto específico o una estrategia nacional que apoye las bases de esa promoción. En cuanto al modelo adecuado, hablaremos de él en el tercer capítulo, pero precisa de medidas a largo plazo, de un trabajo común con las organizaciones sociales, y como no, de una estrategia nacional contra el fraude y la corrupción para dar la información actualizada a los sectores afectados.

A lo largo de la exposición de motivos, encontramos un elemento crucial que no concuerda con lo que esperábamos tras la transposición de la Directiva.

> "Entre las diferentes alternativas que ofrece nuestro ordenamiento interno se considera idóneo acudir a la figura de la Autoridad Independiente de Protección del Informante, A.A.I. como pilar básico del sistema institucional en materia de protección del informante. Su particular naturaleza y encaje institucional en el sector público permitirá canalizar satisfactoriamente el conjunto de funciones (...) el carácter independiente y la autonomía de que gozan este tipo de entes del sector público se considera la mejor forma de instrumentar el engranaje institucional de la protección del informante, excluyendo otras alternativas con menor independencia del poder ejecutivo y permitiendo, en definitiva, que sea una entidad de nueva creación la que garantice la funcionalidad del sistema (...)"[425]

La autoridad, a lo largo del texto, parece un ente de derecho público con personalidad jurídica propia, autonomía, independencia orgánica y funcional frente al poder Ejecutivo, sometiendo a la supervisión del mismo. Sin embargo, hay dos elementos que nos plantean serias dudas sobre su independencia real: i) se encuentra vinculada al Ministerio de Justicia; y ii) la elección de la presidencia de la AAI corresponde al titular del Ministerio de Justicia, debiéndose ratificar dicha persona por mayoría absoluta[426]. Por este motivo, tenemos una duda ra-

---

425 Ley 2/2023, de 20 de febrero... ibid., pág. 26152

426 Pudiera parecer que es una medida independiente, pero no se sigue un elemento con mayor independencia que sí se produce, precisamente, en la Agencia Valencia Antifraude que posteriormente explicaremos, adelantando que la elección de las personas candidatas a presidir o dirigir la AVAF se propone a Les Corts por organizaciones sociales y grupos parlamentarios, no por un titular del Ministerio de Justicia. Sin embargo, y aun teniendo en cuenta la independencia aparente de la AVAF, también esa misma independencia ha generado problemas que cuestionan esa aparente falta de influencia política.

zonable, pero inicial, de que dicha autoridad no será independiente en su totalidad, en todo momento que el poder Ejecutivo designe a la persona encargada de gestionar la autoridad.

Esto nos lleva a que la seguridad o percepción de la misma con la que las personas denunciantes acuden a la AAI no será la misma que si la autoridad presenta una independencia mayor en la que no se produzcan intromisiones políticas o se acceda a la información de la identidad de las personas denunciantes. El objetivo de esta AII es servir de canalización externa cuando la primera opción – la canalización interna – no haya tenido consecuencias positivas o de algún tipo. Generalmente, en esta tesitura de canalización interna, se habla de una dependencia jerárquica y un control que no mantiene una independencia que otorgue al denunciante seguridad. Si esta misma característica se presenta en la canalización externa, podemos tener multitud de resultados negativos: que las personas conocedoras de ilicitudes no denuncien; que, si denuncian, sea a través de otras redes que no les den seguridad – como redes sociales o medios de comunicación – o que, si denuncian ante otras autoridades como las judiciales, no obtengan protección de ningún tipo.

4.2. Protección a las personas denunciantes: aspectos relevantes

Cuando hablamos de protección en estos ámbitos, tenemos que estar seguros de qué represalias pueden llegar a recibir estas personas. La propia definición aportada por la RAE define como *acción y efecto de proteger*, por lo que la AII deberá tratar de realizar un análisis general de aquellas consecuencias generales que sufren las personas denunciantes.

Entre todas las entrevistas realizadas a los denunciantes, solo dos sufrieron medidas muy severas, en las que uno estuvo en prisión durante un tiempo, y otro en calabozo durante varios meses. El restante de los individuos entrevistados, sufrieron represalias personales, acoso institucional a través de sanciones disciplinarias, y también *mobbing* en el entorno laboral. En muchos casos, todas ellas promovidas por los superiores jerárquicos en la Administración o por cargos políticos. Si tuviéramos que ofrecer un tipo de represalia específico, lo dividiríamos en cuatro tipologías:

i) Represalia laboral (*mobbing*[427])

ii) Represalia administrativa: acoso a través de distintas medidas disciplinarias de carácter administrativo.

iii) Represalia penal: verse inmerso en procesos penales por la denuncia, recibir denuncias de posibles delitos y/o acabar cumpliendo condena.

iv) Represalia personal: recibir amenazas personales, acoso familiar, etc.

El modelo elegido por la AII para la protección es un modelo similar al que hemos analizado en la parte angloamericana: prohibicionista de represalias. Es decir: atajar el problema de las represalias cuando ya existe, un modelo para reprimir y sancionar esas represalias existentes. Las medidas de protección *ex ante* de la represalia son genéricas, tal y como indica LLINARES, estas medidas son demasiado generales dado que no se contemplan medidas específicas que puedan ser significativas y decisorias a la hora de realizar la denuncia. Hay prohibición contra las represalias, pero no se diferencia entre tipología de represalias, sino en niveles de gravedad, siendo este elemento un ámbito subjetivo de medir y de probar; también existe ayuda psicológica a las personas denunciantes, siendo conscientes

427 Referido, sobre todo, al trato con hostilidad y vejación por parte de un superior, compañeros o incluso, en algunos casos, subordinados, que generan determinadas consecuencias dentro del ámbito personal (psicológicas) y profesional. Sin embargo, diferenciamos de las personales porque son aquellas que se producen en el ámbito de relación laboral.

de que la ayuda psicológica deberá tener determinadas características que determinarse bajo un peritaje previo: analizar qué tipo de terapia precisa la persona denunciante, centro o especialista al que se derivará y que dicha ayuda psicológica sea continuada hasta que se deje de precisar.

Entre las otras medidas de apoyo indicadas en el artículo 37, la persona afectada por posibles represalias contará con información y asesoramiento completos y accesibles, de manera gratuita, sobre los procedimientos, recursos, y protecciones disponibles contra represalias que se hayan podido producir. Además, recibirán asistencia por parte de las autoridades competentes, quienes se encargarán de protegerlos de cualquier autoridad pertinente involucrada – especialmente en aquellos casos en los que hablemos de superiores jerárquicos – incluyendo la certificación de su protección bajo la ley. También se les proporcionará asistencia jurídica en procesos penales y civiles transfronterizos de acuerdo con las regulaciones comunitarias. En caso necesario y tras una evaluación de las circunstancias, la AAI podrá otorgar apoyo financiero y psicológico de manera excepcional. No obstante, todo lo anterior se brindará independientemente de la asistencia legal que pueda ofrecerse bajo la Ley 1/1996 de asistencia jurídica gratuita para representación y defensa en procedimientos judiciales relacionados con la presentación de la comunicación o revelación pública, que no suele aplicarse en casos de servicio público debido a que, en muchos casos, muchos de ellos no llegan a los parámetros económicos que la propia Ley exige[428].

---

428 La propia Constitución Española, en el artículo 119, establece el derecho a la justicia gratuita para aquellas personas que demuestren o acrediten tener una insuficiencia de recursos económicos para poder litigar en un proceso. De esta forma, pueden solicitar la asistencia jurídica gratuita, que además se encuentra recogida en la Ley 1/1996, de 10 de enero, de asistencia jurídica gratuita. La Ley de asistencia jurídica gratuita, vigente desde 1996, establece que cualquier ciudadano sin recursos para litigar

Una gran medida, por otro lado, es la regulación del anonimato como herramienta de protección preventiva. En tal sentido, también se incluirán bajo protección aquellas personas que denuncien públicamente, amparados en el anonimato que pueden obtener a través de redes o medios, y posteriormente se les identifique y cumplan con los requisitos de obtención de protección. Es decir, que entren en el ámbito personal de aplicación indicado en el artículo 3, que cuenten con fundamentos para creer que la información que han entregado en el momento de la denuncia es verídica, y que la transmisión de esa información se ha llevado a cabo a través de los requisitos establecidos por la Ley 2/2023[429].

---

en un procedimiento judicial tiene derecho a recibir asistencia jurídica gratuita. Los umbrales de recursos e ingresos económicos brutos se basan en el concepto de unidad familiar, determinado por el Impuesto sobre la Renta de las Personas Físicas (IRPF). Los límites varían según el tamaño de la unidad familiar y se encuentran recogidos en IPREM: Indicador Público de Renta de Efectos Múltiples. En línea en: https://www.iprem.com.es/

429 El proceso, preferentemente, se realizará a través de los canales internos de cada entidad, siempre que pudiera ser la manera más efectiva de frenar la infracción y si se considera que no hay riesgos a represalias. Si no es el caso, se acudirá a las vías externas, que es el acceso a la AAI. La AAI sólo admitirá informaciones que entren dentro del ámbito de su aplicación, e inadmitirá la denuncia, según el artículo 18 relativa al trámite de admisión, cuando:
"1.º Cuando los hechos relatados en la denuncia carezcan de toda verosimilitud.
2.º Cuando los hechos relatados no sean constitutivos de infracción del ordenamiento jurídico incluida en el ámbito de aplicación de esta ley.
3.º Cuando la comunicación carezca manifiestamente de fundamento o existan, a juicio de la Autoridad Independiente de Protección del Informante, A.A.I., indicios racionales de haberse obtenido mediante la comisión de un delito. En este último caso, además de la inadmisión, se remitirá al Ministerio Fiscal relación circunstanciada de los hechos que se estimen constitutivos de delito.

En líneas generales, mientras que los numerosos casos de corrupción acaecidos a nivel nacional no han sido determinantes para rendición de cuentas o la implementación de medidas nacionales (pero sí de propuestas), las amenazas de sanción de la UE, así como las obligaciones con la misma autoridad han sido un buen motivo para adoptar las herramientas que pudieran dotar de protección a las personas que denuncien hechos constitutivos de delitos en la Administración Pública. Como vemos, un motivo económico más que social: la no recepción de fondos y las sanciones al Estado han sido un punto decisivo para la toma de respuestas definitivas, adoptando una ley *largoplacista*, debido a que en la propia ley incluye más plazos para alargar una verdadera estrategia contra el problema, y no da soluciones efectivas a corto plazo. En este sentir, se deberá

4.º Cuando la comunicación no contenga información nueva y significativa sobre infracciones en comparación con una comunicación anterior respecto de la cual han concluido los correspondientes procedimientos, a menos que se den nuevas circunstancias de hecho o de Derecho que justifiquen un seguimiento distinto. En estos casos, la Autoridad Independiente de Protección del Informante, A.A.I., notificará la resolución de manera motivada".

Respecto a las revelaciones públicas, que también están permitidas, quedan protegidos por el artículo 28, siempre y cuando:

Si una persona ha realizado una comunicación de acuerdo con los requisitos establecidos en los títulos II y III de la ley, ya sea internamente o externamente, pero no se han tomado las medidas adecuadas en el plazo establecido, o si dicha persona tiene motivos razonables para creer que la violación puede representar un peligro inminente o manifiesto para el interés público, especialmente en situaciones de emergencia, o existe un riesgo de daños irreversibles, incluyendo la integridad física de una persona, incluso cuando la comunicación se haya realizado a través de un canal externo de información y haya riesgo de represalias o haya pocas posibilidades de que la información sea tratada de manera efectiva debido a circunstancias particulares, como ocultación o destrucción de pruebas, complicidad de una autoridad con el infractor o la implicación de la autoridad en la violación.

analizar qué tipo de consecuencias tiene la aprobación de esta ley, la implementación de los canales internos, la independencia de la autoridad y las denuncias que se puedan presentar a través de las memorias anuales.

En este panorama, y recapitulando hacia los motivos de las denuncias de los servidores públicos, es preciso analizar qué variables intervienen en la toma de decisiones de la persona denunciante, qué elementos deben incluirse para el aumento de confianza del *whistleblower* en ese sistema de denuncias, y cuáles son las medidas de protección adecuadas a considerar en todo ese proceso de denuncia. Para intentar analizar dicho punto, hemos acudido al entorno regulatorio más avanzado hasta ahora en España en el sector público: el servicio público de la Comunidad Valenciana.

La importancia de analizar la Comunidad Valenciana se puede abordar desde tres perspectivas. En primer lugar, está la protección que reciben los denunciantes de corrupción a través de la Agencia Valenciana Antifraude (AVAF) como motivo principal de nuestro acercamiento a dicho ámbito geográfico. En segundo lugar, es necesario tener en cuenta que esta comunidad ha sido escenario de múltiples casos de corrupción hasta el año 2015, casi como en ámbito nacional, con la leve diferencia de que en la Comunidad tomaron respuestas cortoplacistas. Y, en tercer lugar, destacan los testimonios de los denunciantes de corrupción: la situación en la que se encontraban y se encuentran, a pesar de contar con la Agencia como método de protección es un elemento crucial para nuestra investigación. En contra de lo que esperábamos, y teniendo en cuenta la independencia real de esta autoridad en la Comunidad Valenciana: no hay mucha diferencia en la percepción de inseguridad entre los denunciantes que denunciaron públicamente, y aquellos que lo hicieron amparados bajo el Estatuto de la Persona denunciante de la AVAF.

CAPITULO 3:
PROTECCIÓN A LAS PERSONAS DENUNCIANTES DE CORRUPCIÓN: TRABAJO DE CAMPO EN LA COMUNIDAD VALENCIANA

I. JUSTIFICACIÓN DEL ESTUDIO CRIMINOLÓGICO ¿POR QUÉ LA COMUNIDAD VALENCIANA?:

Antes de contextualizar brevemente cuál era la situación en la Comunidad Valenciana, debemos responder a una cuestión elemental de la criminología y a una de las dificultades a la hora de enfrentarnos a este apartado: ¿por qué el título incluye el concepto de *criminológico*?

Por un lado, el estudio ha sido criminológico con una base respaldada: hemos realizado entrevistas de carácter personal a través de preguntas abiertas y dirigidas a las personas denunciantes. A partir de las mismas, tras haber acumulado toda la parte teórica y bibliográfica que nos interesaba analizar en las entrevistas, hemos comenzado la técnica criminológica: desde un análisis multidisciplinar hemos analizado la denuncia anónima a través de métodos informáticos y su seguridad; realizado una valoración psicológica de la toma de decisiones de los mismos; valorado el enfoque sociológico por la influencia de la clase social, el nivel de estudios, la importancia del apoyo familiar en su decisión y el contexto corrupto en el que se encontrase. Todo ello, aportando el acompañamiento del análisis jurídico general de la situación.

Asimismo, también analizamos el ámbito sociopolítico de la Comunidad Valenciana, la creación de la Agencia Valenciana Antifraude, y un breve recorrido por las dos tramas más significativas que nos pueden indicar la peligrosidad y aceptación cultural que se generó en torno a la corrupción.

Desde el análisis de la delincuencia económico hasta la realidad criminológica de la corrupción en la Comunidad Valenciana, tratamos de que el análisis detallado de cada elemento produzca un resultado analítico en materia criminológica para la adopción de una adecuada política criminal. Como resultado hemos vislumbrado algo preocupante: las leyes que se han aprobado parecen no ir a la raíz del problema de las personas denunciantes.

Por otro lado, la mayoría de la información recopilada respecto a la situación social, política y económica se concentra en fuentes secundarias, en medios de comunicación y en información jurisprudencial. Por ese motivo, buena parte del análisis aquí realizado es, simplemente, la contextualización general de una situación que nos llevó a algo que sí hemos considerado relevante y de lo que sí existe información primaria: la creación de la Agencia Valenciana Antifraude a partir del llamado *Acord del Botànic*[430].

---

430 El acuerdo de 2015 consistió en cinco puntos clave que abarcaban temas como el rescate de personas, la lucha contra la corrupción y la regeneración democrática, la implementación de políticas para el bienestar de las personas, el establecimiento de un modelo productivo justo y una auditoría ciudadana. La firma de este acuerdo permitió la investidura de Ximo Puig (PSOE) como presidente de la Generalitat Valenciana. Este pacto puso fin a dos décadas de gobierno del Partido Popular en la Comunidad Valenciana. Posteriormente, en enero de 2017, se renovó el acuerdo con la inclusión de 201 medidas que se centraron en mejorar la economía de la región. Luego, en diciembre de 2017, el acuerdo fue actualizado de nuevo por iniciativa de Podemos.

Insistimos, por tanto, que parte de la información recopilada en este punto 1 ha sido extraída de interpretaciones realizadas a raíz de estudios y recopilaciones periodísticas de jurisprudencia, cuadernos ejecutados por la entidad *Observatori Ciutadà contra la Corrupció*, información clasificada de la Agencia Valenciana Antifraude[431] y, por último, información adquirida a raíz de conversaciones con las personas denunciantes protegidas por la AVAF. Esto viene derivado de la ausencia y dificultad de análisis académico a las raíces de la Gürtel en la Comunidad Valenciana: en el año 2024, aún siguen judicializadas muchas de esas causas, por lo que el análisis se vuelve verdaderamente difícil, máxime cuando tiene que ver con el ámbito político y social de una autonomía.

1. Contextualización de la corrupción en la Comunidad Valenciana[432]

"La corrupción, como la paella, en ningún sitio se hace como en Valencia", decían distintos diarios y así quedaba plasmado por un artista callejero en una de las calles más transitadas de Valencia, en pleno barrio del Carmen. No solo quedaba en los registros artísticos de la ciudad, sino que la propia Fábrica de

---

431 Parte de esta información es clasificada en cuanto a nombres, apellidos, puestos en la Administración e información que pueda dar posibilidad de identificar a las personas denunciantes. No obstante, previa revisión de los responsables, hemos decidido incorporar cierta información anonimizada que pueda darnos luz a la necesidad de tomar respuestas más estrictas en cuanto a la protección de las personas denunciantes.

432 Vale decir que, aunque mencionemos partidos concretos, este mismo fenómeno también se ha visto en otras comunidades autónomas como Andalucía, Islas Baleares, Galicia, etc. Sin embargo, dada la particularidad de que muchas de las tramas nacionales han tenido raíces o hilos en Valencia, y siendo la comunidad pionera en atajar la corrupción a través de creación de un pacto político contra la corrupción e instituciones de control, nos hemos centrado en la Comunidad Valenciana como epicentro del objeto de estudio.

La Moneda y Timbre decidió incorporar esa pintada a una de sus agendas anuales de 2014. Lo cierto de esta frase es que responde a lo que algunos políticos calificaban como la *marca València* de la que políticos como Rita Barberá (ex alcaldesa de la ciudad de Valencia) tanto presumía por todo el territorio nacional. Esta marca ponía a Valencia en el epicentro del país, ya que se construía con corrupción generalizada a gran escala, una gestión nefasta y endeudamiento no solo del ayuntamiento de Valencia, sino también de la Comunidad Valenciana[433]. Todo ello, justificado en que la corrupción, en la dosis en las que en Valencia se desarrollaban, era la ideal para que hubiese un progreso económico[434].

Efectivamente, la cantidad y el alcance de los casos de corrupción no eran comparables, a pesar de lo que se pretende afirmar en algunos círculos, con los del resto del país[435]. GONZÁLEZ CUSSAC, con una irónica verdad, afirma que ninguno de los casos nacionales ha logrado convertir la corrupción en un arte tal y como se concebían en la Comunidad Valenciana. El mismo autor califica la corrupción valenciana de ese momento desde una concepción burlesca: *Sociedad de Amigos Valencianos del Arte de Regalar (SAVAR)*[436].

Lo cierto es que la situación de la Comunidad Valenciana entre los años 1990 y 2015 era lo más parecido a una Captura

---

433 Flor, V. (2015). *Societat anónima: Els valencians, els diners i la política* (p. 139). Editorial Afers.

434 Ibid

435 Cuerda Arnau, M. L. (2015). Corrupción pública en la Comunitat Valenciana, dilaciones procesales y nuevas figuras delictivas (especial referencia a la administración desleal de fondos públicos). En A. Jareño Leal (Ed.), *Corrupción pública. Cuestiones de política criminal (II): La Comunitat Valenciana* (p. 88). Iustel

436 González Cussac, J. L. (2014). De la corrupción considerada como una de las bellas artes. En *Crímenes y castigos: Miradas al Derecho penal a través del arte y la cultura* (p. 395). Tirant lo Blanch.

del Estado[437], pues algunos políticos se encontraban capturados debido a que no trabajaban por el interés general, sino a favor de los ingresos de ciertos particulares que les podrían sobornar, quedando apresados por los agentes que realizaban el soborno[438]. Dicho de otro modo, y aplicando la explicación de HELLMAN y KAUFMANN: la oligarquía manejaría y manipularía los intentos del Estado por realizar políticas públicas, pues el objeto de la oligarquía es enriquecerse. En este caso, la empresa privada tenía una alta presencia en las decisiones políticas de la Comunidad Valenciana, dada su influencia sobre la vida política de la comunidad.

Por ese motivo, las políticas aplicadas por la Generalitat valenciana estuvieron durante muchos años capturadas por empresarios e inversores que sobornaban a la clase política valenciana, indistintamente del partido al que perteneciera. En esta misma línea, aplicando las tesis de ROSE-ACKERMAN, el poder del sector privado tenía mayor prevalencia sobre el Estado para sobornar, aunque salvando las distancias, el soborno se producía al representante público, y este utilizaba al funcionariado para la realización de las malas prácticas. Es lo que ROSE-ACKERMANN definiría como un modelo cleptócrata, dado que el representante público de alto rango organiza la trama corrupta en la que se puede favorecer de la discrecionalidad de los funcionarios públicos[439]. Sin embargo, teniendo

---

437 Hellman, J., & Kaufmann, D. (2001). La captura del Estado en las economías en transición. *Finanzas y Desarrollo, 38*(3), 31-35.

438 Flor. op.cit. pág.143

439 En tal caso, es necesario atender a lo que Rose-Ackermann indica para analizar la relación constante de varios libros pertenecientes a las fuentes secundarias que señalan la vinculación de la corrupción política valenciana con la mezcla de tácticas mafiosas. En este sentir, debemos parafrasear a la autora, pues el nivel de corrupción no solo está determinado por la disponibilidad de recursos económicos, sino también por la estructura política determinada en el contexto y entorno analizado.

en cuenta los modelos expuestos por la autora, en ese contexto en el que se encontraba la Comunidad Valenciana, tiene más sentido hablar de una multitud de empleados públicos que tienen en frente a la gente de negocios, dado que, ante una espiral de corrupción, los empleados pueden animarse a aceptar participar en los actos ilícitos para enriquecerse o por no perder el empleo. La similitud es, en este sentido, hacia lo que ACKERMANN denomina un Estado débil dominado por las mafias, o traducido a nuestro contexto social: una autonomía débil dominada por las empresas privadas.

Como indica CHARRÓN et al, específicamente en la Comunidad Valenciana se habría experimentado, con carácter histórico, un proceso de corrupción desde el año 1990 hasta 2015 por parte del partido conservador y sus líderes[440]. En ese proceso, el perfeccionamiento de tácticas corruptas y la sensación de impunidad podría ser un factor influyente para la continuidad de los casos de corrupción, que en el mismo estudio de CHARRÓN se cifra en más de 17 casos que estallaron una burbuja de desconocimiento. En términos generales, la concentración de poder habría generado, precisamente, esa sensación de impunidad o disminución del miedo en cuanto a cometer actos

---

Para ello, es importante distinguir las cleptocracias, donde la corrupción está centralizada en la cabeza del gobierno, de los Estados en los que la corrupción es practicada por un gran número de empleados públicos (pudiendo ser esta misma la corrupción sistémica) También es necesario considerar el otro lado del "mercado" de sobornos. ¿Existen unos pocos actores privados principales en la corrupción, o los pagos de sobornos están descentralizados? Al combinar estas dos dimensiones, podemos identificar cuatro categorías estilizadas: cleptocracia, sobornos competitivos, monopolio bilateral y el extremo de un Estado débil dominado por las mafias. En Rose-Ackerman, S. (2001). Desarrollo y corrupción. *Gestión y Análisis de Políticas Públicas*, 11-25.

440 Charron, N., et al. (2022). Change and continuity in quality of government: Trends in subnational quality of government in EU member states. *Investigaciones Regionales–Journal of Regional Research, 2022*(53), 13-30.

corruptos. No obstante, el poder no estaba concentrado, sino que se repartía, precisamente, entre empresarios y líderes políticos.

Esta explicación no es única para la Comunidad Valenciana. BOSCH indica que, durante el régimen franquista, las prácticas arbitrarias y fraudulentas se convirtieron en un rasgo fundamental del sistema político. Como se explicará más adelante, la corrupción en la dictadura de Franco es un antecedente decisivo para comprender la presencia de estas prácticas en la etapa democrática posterior. Su influencia ha sido determinante por varias razones. En primer lugar, la prolongada duración del régimen fomentó comportamientos sociológicos propensos a la corrupción, ya que precisamente, el poder de decisión estaba focalizado en un único grupo de poder[441]. Además, durante esas cuatro décadas, hubo un enorme crecimiento de la intervención estatal en el mundo occidental, impulsado por transformaciones económicas, tecnológicas y sociales, pudiendo concentrarse todo el poder económico en la figura del dictador y su entorno.

BOSCH continúa sus explicaciones marcando la diferencia de la escasa intervención económica anterior, se promovieron grandes infraestructuras, como la construcción de obras públicas de interés general, la creación de una extensa red de carreteras, la provisión de múltiples instalaciones comunitarias y el establecimiento y mejora de servicios públicos como la educación y la sanidad. Los Estados comenzaron a asumir amplias competencias de gestión, lo que los asemeja a la situación de nuestra Democracia actual. Sin embargo, mientras otros países europeos avanzaban en la consolidación del Estado social mediante mecanismos democráticos de control, en España, el aumento de la intervención estatal durante el franquismo es-

---

441 Bosch, J. (2022). *La patria en la cartera: Pasado y presente de la corrupción en España* (p. 45). Ariel.

tuvo acompañado de diversas rutinas institucionales cargadas de corruptelas[442]. Esta situación no solo se manifestó en la corrupción, sino también en la instrumentalización e imagen de los delatores: la utilización de estas figuras para denunciar a contrarios al régimen ha tenido un impacto social negativo en nuestra sociedad, de ahí su notable rechazo[443].

Precisamente, la relación entre la política municipal y autonómica en la Comunidad Valenciana se vio comprometida a raíz de las revelaciones de corrupción, entre otras, de la Trama Gürtel y el Caso Blasco. Estos escándalos pusieron de manifiesto la forma en que las operaciones corruptas podían cruzar las fronteras políticas y afectar a distintos niveles de gobierno. La implicación de políticos locales y regionales en esta trama, incluyendo miembros del partido que gobernaba en ese momento, llevó a una grave crisis institucional y a la pérdida de confianza de los ciudadanos en sus líderes. La investigación de este caso también puso de manifiesto la necesidad de mejorar los mecanismos de control y transparencia en los distintos niveles de gobierno para prevenir futuros casos de corrupción, concluyendo dichas manifestaciones en la aprobación de la Ley 11/2016, de 28 de noviembre, de la Agencia de Prevención y Lucha contra el Fraude y la Corrupción de la Comunitat Valenciana.

Según analiza CASTILLO PRATS, la corrupción sistémica habría alcanzado absolutamente todos los ámbitos de la vida de la sociedad valenciana. Todo ello, logrado por tres pilares: la opacidad, un relato y el control económico[444]. Con una arquitectura compleja, se hicieron primero con el poder de los medios de comunicación (Canal Nou), construyeron un relato en torno a la identidad de los valencianos como el partido polí-

---

442 Ibid

443 Ibid

444 Castillo Prats, S. (2016). *Yonquis del dinero: Las diez grandes historias de la corrupción valenciana* (p. 18). Lectio.

tico que ponía en el centro del mapa a Valencia, y en cuanto al control económico, debido a la mayoría absoluta que los mantuvo en el gobierno, y sus proyectos faraónicos para justificar el segundo pilar de elevar a Valencia a una fama nacional. En estos términos, la captura del Estado se produjo, precisamente, por el reparto de poder entre el Partido Popular de la Comunidad Valenciana y el Partido Socialista del País Valenciano, implicado en diversas tramas de corrupción.

Esa captura del Estado se vio favorecida por el tiempo en el que se ocupó el poder. FLOR afirma que independientemente a los partidos que estuviesen en él, la corrupción se encontraba presente por el abuso de poder cuando se consolidaban en él[445]. En ese abuso de poder también encontraba relación la correlación entre privados y el sector público. Un buen ejemplo lo indica Joán Llinares, actual director de la Agencia Valenciana Antifraude, cuando mantiene su visión en las puertas que abre la relación de la Administración Pública con el ámbito privado hacia la corrupción, exponiendo de ejemplo el caso que él mismo denuncia la ciudad de Barcelona: el caso *Palau* de la Música, utilizado como pantalla por políticos y constructoras para financiar ilegalmente *Convergència i Unió*[446]. De hecho, el mismo reniega de hablar de corrupción política, pues

---

445 Ibid, pág. 143, donde se recopila que el *Partit Socialista del País Valencià* también capturó cierta parte del poder durante los años de su mandato entre el 1983 y 1995, sin notarse de forma muy destacable debido al contexto de crecimiento económico en el que se encontraba el país.

446 El caso del que LLINARES habla, y que él mismo también denunció se encuentra en la prensa nacional, pero es más conocido por "Caso 3%". https://elpais.com/espana/catalunya/2021-02-09/la-decada-que-acabo-con-convergencia-i-unio.html
[Recuperado en 14 de mayo de 2023]

es, a su entender y al nuestro, corrupción económica por los actores que en ella intervienen: políticos y actores privados[447].

La suma del dinero público generado por los casos de corrupción y los grandes eventos en la Comunidad Valenciana alcanza los 12.500 millones de euros (en el año 2018)[448]. Esta cifra es significativa cuando se compara con el presupuesto total de la Generalitat Valenciana en 2013, que fue de 13.940 millones de euros. El alto coste del despilfarro y la corrupción es comparable a la deuda histórica que los partidos políticos valencianos reclaman al Gobierno central, la cual se ha convertido en el foco central del nuevo discurso político del Partido Popular de la Comunidad Valenciana. De acuerdo con esta pre-

---

447 El testimonio de Joan se recogió en el primer Quadern Pedagègic realizado por la entidad *Observatori Ciutadà contra la Corrupció,* refiriendo a actas de encuentros realizados a nivel nacional e internacional donde el tema a tratar era la corrupción, transparencia y participación ciudadana. En la página 51 del Quadern se encuentra la intervención de Llinares, aunque a lo largo de este capítulo haremos uso de los tres cuadernos redactados, debido a la suma importancia

448 Castillo Prats, S. (2018). *Tierra de saqueo: La trama valenciana de Gürtel* (3ª ed., p. 507). Lectio Ediciones. Tal y como se establece en la obra de Castillo Prats, medir el verdadero impacto económico de la corrupción era algo complicado. Sin embargo, gran parte de esa medición se llevó a cabo por Julián López Milla, Doctor en Ciencias Económicas y Empresariales por la Universidad de Alicante. En su papel como diputado del PSPV-PSOE, junto con Ximo Puig, presentaron en 2013 un informe que estima en 1.184 millones de euros el costo en imagen que la corrupción ha tenido en los últimos tres años. Para llegar a esta cifra, López utilizó la metodología empleada por el Fondo Monetario Internacional, la cual es ampliamente reconocida para calcular el impacto de los niveles de corrupción en el crecimiento económico de los países. Asimismo, se basó en los indicadores de Transparencia Internacional relativos a las comunidades autónomas, los cuales solo se han publicado a partir de 2010. Sin embargo, este impacto no es de la corrupción en si, sino una previsión de lo que la Comunidad ha perdido por la corrupción, siendo necesarios datos más específicos de cuánto dinero se malversó en manos de los políticos.

misa, el problema en la Comunidad Valenciana no se debe a la mala gestión ni a la corrupción, sino a la falta de financiación adecuada por parte del Estado. Sin embargo, es importante destacar que, como se demostrará en el segundo punto de este apartado, la Agencia Valenciana Antifraude ha logrado recuperar una cantidad significativa de fondos provenientes de casos de corrupción. Estos recursos podrían destinarse para mejorar considerablemente los servicios públicos en la comunidad.

Por otro lado, el abuso de poder que hemos presenciado fue desmantelado gracias a denuncias y grabaciones proporcionadas por colaboradores, así como por denunciantes que optaron por permanecer en el anonimato (y siguen manteniendo esa condición) para salvaguardar su seguridad personal. Es el caso, como no, de la Trama Gürtel y también del Caso Blasco. Sin embargo, no corrieron la misma suerte aquellos que tuvieron que abandonar su confidencialidad para acudir a medios de comunicación justificando sus decisiones en base al temor de sufrir represalias y que estas no fuesen conocidas jamás.

2. La Trama Gürtel y el Caso Blasco: inicios de la persona denunciante en la Comunidad Valenciana

Como venimos diciendo, parte de la decisión de tomar respuestas ante la situación de la Comunidad Valenciana no sólo vino de la ratificación por parte de España de determinadas Convenciones, sino también de la situación que se había formado a raíz de las innumerables tramas corruptas producidas en el contexto valenciano. Dos de las tramas más *maquiavélicas* fueron, en gran parte, la Trama Gürtel y el Caso Blasco, que conjugan de forma ideal respecto a las teorías de la *omertá*[449]

---

[449] González Cussac también habla del silencio, aplicado precisamente al SAVAR del que hablábamos en la contextualización de la corrupción valenciana. "Para la SAVAR resulta imprescindible su reconocimiento

indicadas en el segundo capítulo de nuestra investigación, y también en cuanto a la internacionalización de la corrupción, tratada en nuestro primer capítulo. Sería, por tanto, la conclusión de una suma de conceptos y teorías que pretendían llegar a explicar de forma práctica los conceptos criminológicos indicados en el primer capítulo de nuestra investigación, y los históricos indicados en el segundo.

Para tratar de resumir los dos casos, dado que lo que nos interesa es la opinión de los denunciantes de los mismos, así como las consecuencias estructurales, exponemos de forma muy breve la situación de los mismos.

2.1. Caso Cooperación [450]

Respecto al Caso Blasco o Cooperación, dividido en varias piezas dada su complejidad y sus innumerables cuestiones, se trató del desvío de fondos del ex *conseller* de Solidaridad y Ciu-

---

como auténticos "Héroes del Silencio". Su vida discurre como una trágica lucha para rescatar de la huidiza y traicionera memoria aquél recuerdo perdido, aquel documento extraviado, aquel dispositivo de almacenamiento de datos fatalmente borrado" ibid., pág. 400

450 Información extraída de la Sentencia del Tribunal Superior de Justicia (TSJ) de la Comunidad Valenciana (n4/2014), 27 de mayo de 2014. Los datos fueron anonimizados por CENDOJ, pero dada la relevancia pública de los actores intervinientes y del conocimiento extraído gracias a la Agencia Valenciana Antifraude, hemos descifrado quiénes son las personas anonimizadas de dicha Sentencia. En otra parte, la acusación popular de las piezas del Caso Blasco ha sido, precisamente, la entidad empleadora de nuestra investigación, encontrándose incluida toda la información en el mapa de la corrupción del *Observatori Ciutadà contra la Corrupció*, en el que hemos colaborado como expertos en la recolección de Sentencias condenatorias relacionadas con casos de la Comunidad Valenciana. Disponible en: https://observatoricorrupcio.org/es/casos/caso-blasco-pieza-primera/
[Recuperado el 10 de mayo de 2023].

dadanía de un millón y medio de euros de fondos que deberían haber sido destinados a programas de cooperación y ONG, pero que fueron destinados a enriquecer a Rafael Blasco. El mismo, en su rol de *Conseller* de la *Consellería* de Inmigración y Ciudadanía, convocó innumerables subvenciones específicas para grandes proyectos de cooperación internacional al desarrollo realizados por distintas ONG. La Fundación Cultural y de Estudios Sociales (CYES), presentó dos solicitudes relacionadas con el abastecimiento de agua potable en comunidades rurales y la producción de alimentos bajo el enfoque de la soberanía alimentaria en Nicaragua. Sin embargo, la CYES era prácticamente propiedad de Marcial López y funcionaba como una plataforma para obtener beneficios personales a través de subvenciones y otras ventajas, tanto para los trabajadores de dicha Fundación, como para el propio Rafael Blasco.

Las solicitudes presentadas por la CYES llevaron a la apertura de varios expedientes en la *Consellería*. El primer proyecto se enfocaba en mejorar las condiciones de vida en comunidades rurales mediante el acceso al agua potable, incluyendo la construcción de sistemas de abastecimiento y la capacitación en temas sanitarios y organización comunitaria. El segundo proyecto, se centraba en promover la soberanía alimentaria a través de cursos y visitas de asesoramiento. Ambos proyectos presentaban deficiencias en su calidad técnica y mostraban similitudes notables, llegando a ser considerados como una copia del mismo proyecto: aun así, fueron financiados.

A pesar de que los proyectos debían recibir una financiación de 1.200.000 €, con una contribución de la Generalitat de 960.000 € y el resto a cargo de las ONG en red, solo se les concedió a ambos proyectos un total de 833.409,93 €. De los 1.666.099,86 € invertidos por la Generalitat Valenciana en colaboración internacional, solo se destinó a su propósito original una cantidad inferior al 3%, es decir, 47.953,34 €. El resto, el 97%, fue aprovechado por rafal Blasco y las personas asociadas a él, incluyendo a su pareja Consuelo Císcar e hijo, quienes también actuaron como intermediarios con el personal de la *Consellería.*

Para llevar a cabo este esquema, Blasco contaba con la colaboración del equipo directivo de la *Consellería.* Después de la concesión de las subvenciones, los expedientes quedaban bajo el amparo de los otros acusados en la causa, funcionarios del servicio público en los que Rafael Blasco mantenía su confianza. Estos empleados, se encargaban de ocultar los informes de los trabajos realizados en Nicaragua para evitar que quedara constancia de ellos. También se restringió el acceso a los expedientes a los funcionarios encargados de su tramitación para evitar que se descubrieran los hechos. En cuanto a la justificación de los gastos, se aceptó cualquier factura presentada, aunque estuviera alterada o no tuviera relación con el proyecto. Además, se permitió que se incorporaran facturas entregadas directamente en mano, lo que le permitió alterar los trámites y los plazos.

Estas maniobras no evitaron que se descubriera la irregular concesión de las subvenciones, por lo que se ordenó que los expedientes afectados se organizaran de manera que parecieran regulares. Uno de los funcionarios ordenaría que se hiciera una lista de facturas excluyendo los gastos de adquisición y reforma de los locales. Esta lista se confeccionó basándose únicamente en los importes de las facturas para ajustar las cifras, que además fue firmada por uno de sus funcionarios de confianza, consciente de las circunstancias, después de que uno de los funcionarios externos a la trama se negara a hacerlo. Con esto se resolvió la situación de las facturas admitidas y las rechazadas. Además, se modificó la fecha de la lista para que pareciera anterior a la certificación de cierre.

Estos antecedentes demuestran que las subvenciones correspondientes a los pequeños expedientes también se concedieron de manera indebida para beneficiar a CYES. El funcionario que habría conseguido firmar la lista recibió una comisión del 25% del importe y Consuelo Ciscar, mujer de Rafael Blasco, emitió facturas falsas para desviar parte del dinero a través de uno de sus puestos: directora del *Institut Valencià d'Art Modern*, que posteriormente también tendría una trama de corrupción[451]. Estos expedientes también concluyeron con una certificación de cierre firmada por Patricio Justo, a pesar de las irregularidades en su tramitación.

A pesar de todos estos intentos, los hechos salieron a la luz gracias a la denuncia de una funcionaria que se había percatado de todo el entramado y que, debido a la presión a la que estaban siendo sometidos para firmar determinados trámites, una vez se había negado a firmar, comenzó a sentirse vigilada a través de los correos electrónicos y a notar determinada persecución en su entorno. Esta misma, tal y como veremos posteriormente, sufrió en sus carnes el poder de la *omertá* impuesta por Rafael Blasco en su cuerpo de empleados públicos, sometiendo a un acoso laboral que la llevó a ser desterrada de la *Conselleria* y a sufrir como su imagen pública se difundía a través de medios de comunicación[452].

A pesar de lo narrado, se logró hacer justicia: Rafael Blasco recibió una sentencia de prisión por cometer actos de malver-

---

451 El caso IVAM trata de prevaricación, recogido en el artículo 404 del Código Penal, y es otro caso separado del Caso Cooperación. Disponible en: https://observatoricorrupcio.org/es/casos/caso-ivam/ [Recuperado el 10 de mayo de 2023].

452 Un ejemplo de la mala práxis y de la exposición mediática de los denunciantes ha sido, precisamente, exponer sus imágenes en medios de comunicación. Uno de los ejemplos más destacados es, precisamente, el de una de las denunciantes de la Comunidad Valenciana. *Vid.:* Ferrando, R. (2014) "Una técnico revela que CYES le dio que lo tenía resuelto con Rafael Blasco". *Levante EMV.* Disponible en: https://www.levante-emv.com/comunitat-valenciana/2014/01/24/tecnico-revela-cyes-le-dijo-12808876.html
[Recuperado el 10 de mayo de 2023]-

sación, tráfico de influencias, prevaricación y falsificación de documentos. Cumpliendo su condena en la cárcel de Picassent y arrastrando consigo a varios funcionarios autonómicos, como señala BOSCH[453], su trama no concluyó con esa primera condena. Parte de los fondos desviados, aprovechando la tragedia de Haití, fueron destinados a la construcción de infraestructuras en Miami. Lo que originalmente estaba destinado a ser un hospital después del terremoto de Haití, terminó convirtiéndose en una residencia en la ciudad estadounidense del sol: Miami[454].

De hecho, CASTILLO PRATS estimaba en 2018, en su última actualización antes de las sentencias de 2020 y 2022 que, las adjudicaciones que se habrían realizado a las empresas relacionadas con las distintas tramas de corrupción que habrían acompañado la vida política de Rafael Blasco desde su acceso a distintas *Consellerías* habria ascendido a 40 millones de euros, detectándose entre 6 y 8 millones de euros concretamente en la *Consellería* de Solidaridad y Ciudadanía respectivas al Caso Cooperación[455]. Para más inri, la frase *Lo nuestro antes que lo de los Negratas* fue el colmo para buena parte de la sociedad valenciana, y que como no, salió a la palestra gracias a la publicidad del sumario policial.

2.2. Trama Gürtel: rama valenciana (FITUR)

La Trama Gürtel es, sin lugar a dudas, una de las tramas corruptas mejor constituidas, llegando a rozar la perfección si no hubiese sido, precisamente, por la denuncia dos empleados públicos: José Luis Peñas, funcionario y participante en la

---

453 Bosch, ibid., pág. 210

454 Dicha pieza (segunda y tercera) corresponde a la Sentencia de la Audiencia Provincial de Valencia (nº 154/2020), de 24 de abril de 2020.

455 Castillo Prats, ibid., pág. 510

trama, posteriormente arrepentido, y Ana Garrido, ex funcionaria del Ayuntamiento de Boadilla. A través de sus denuncias, la arquitectura corrupta que se había construido en torno a contratación irregular y varios delitos, mostró como muchos de los actores corruptos habían conseguido que la corrupción

Entre las innumerables Sentencias que se han dictado sobre esta trama, destacamos dos interesantes: la relacionada con Valencia respecto a FITUR, y la Sentencia 20/2018 de 17 de mayo, resuelta semanas antes del triunfo de la Moción de Censura provocada, entre otros eventos, por el estadillo social de la corrupción y la percepción ciudadana en cuanto a la misma.

En los antecedentes de hecho de la Sentencia 20/2018, emitida el 17 de mayo de 2018[456] por la sección segunda de la Sala de lo Penal de la Audiencia Nacional se indica a la perfección las diferentes ramas y los efectos autonómicos de la Trama Gürtel. Esta sentencia se origina con las Diligencias Previas 275/2008. Enjuiciándose la Trama Gürtel, se analizaron las actividades ilícitas relacionadas con la obtención de favores y posiciones privilegiadas ante la Administración Pública en el ámbito de la contratación pública. A cambio de beneficios en el proceso de contratación, disponían de grandes sumas de dinero que utilizaban para financiar actos del Partido Popular. Estas acciones ilícitas se llevaban a cabo a través de su entonces Tesorero, Luis Bárcenas y otras autoridades municipales, concretamente del Ayuntamiento de Boadilla, quienes entregaban

---

456 Lago, M. J. D. (2020). Comentario sentencia Caso Gürtel. *Diario La Ley*, (9751). Disponible en: https://diariolaley.laleynext.es/Content/DocumentoRelacionado.aspx?params=H4sIAAAAAAAEAC2NQWvDMAyFf818GYx4JWQXXbIcyyhd2F2xhWNwrc6Ws-bfT1sreEgPfdL7blT2mW4Cjn0M_HyljMnUPXPeLzCXRkZwqdA9Dc6qXg06aZgmdmAPw5-LG824QGe4eCrjrpOwYDpTBWv73tSVfz5wiwElch6x3P9G72GaO-62DfeuH3mxUqgLwFQNlIbPGsB5VcucrYXHrCQOBpreLMvyC9X-p7bMYmoteL5M9_b1zSPqHQOybK_pH7C3gFbq3zAAAAWKE [Recuperado el 12 de mayo de 2023]

contraprestaciones económicas a los funcionarios implicados en el proceso.

Para ocultar el origen ilícito de los fondos y su aplicación también de carácter ilícito, se utilizaba la estructura societaria y financiera de las personas y sociedades involucradas, contando con asesores especializados. En aquel momento, el Partido Popular no solo gobernaba a nivel nacional, sino que también tenía presencia en varios gobiernos autonómicos y locales, como la Comunidad Valenciana (y la ciudad de Valencia), la Comunidad de Madrid, la Comunidad de Castilla y León, el Ayuntamiento de Madrid, Majadahonda, Estepona y Pozuelo de Alarcón, haciendo que los tentáculos de la corrupción llegasen a estas comunidades y sus gobernantes. Precisamente, esa condición de poder concentrado permitió, según LAGO, que la trama delictiva continuara sus actividades hasta 2009[457]. Los hechos juzgados se refieren a la llamada "primera época de Gürtel", que abarca desde 1999 hasta 2005, y algunos eventos puntuales posteriores. En total, hubo veintinueve personas condenadas, de las cuales once recibieron penas de prisión superiores a los 12 años. La pena más alta fue impuesta a Francisco Correa, empresario del Grupo Correa, con 51 años de prisión.

Por otro lado, y para entender la arquitectura montada por la Trama Gürtel al completo, una de sus piezas, FITUR, se trata de la adjudicación de ciertos contratos por parte de la *Generalitat* Valenciana. a través de la Agencia Valencia de Turismo, a la empresa *Orange Market,* S.L., constituida por los líderes principales de la trama, Francisco Correa, Pablo Crespo, Álvaro Pérez, y otras personas vinculadas a la empresa. Precisamente, en esta pieza también se encontraba Francisco Camps, ex presidente de la Comunidad Valenciana conocido como uno de los

---

457 Ibid.

investigados que ha podido ser absuelto de la mayoría de las causas en las que se ha implicado[458].

Según la Sentencia, los hechos probados describen las irregularidades cometidas tanto por directivos y empresas de la trama Gürtel, como por la consejera de Turismo y otros funcionarios y técnicos de la Agencia Valenciana de Turismo. Estas irregularidades estuvieron relacionadas con la adjudicación de contratos para la participación en ferias turísticas entre los años 2005 y 2009 (ambos inclusive). Se estableció la empresa *Orange Market*, que tenía una estrecha relación con la *Consellería* y otras empresas implicadas en la trama, y a quien se les otorgaban los contratos. El Tribunal Superior de Justicia de la Comunidad Valenciana revelaba que, las relaciones entre el grupo de empresas y la administración eran tan estrechas que hubo una especie de "toma" y sustitución de la administración por parte de las empresas de Gürtel. Eran estas empresas las que redactaban los contratos, siempre aceptados por la Administración, elaboraban los planos e incluso diseñaban los criterios de evaluación de las propuestas. Realmente, participaban ellas mismas en su propio proceso selectivo. De esa forma, se asegurarían cumplir el perfil de cada proceso de adjudicación.

CUERDA ARNAU, añade argumentos y datos verídicos y demostrados en el Auto. Estas pruebas, que incluyen informes detallados de la Intervención General de la Administración del Estado, expedientes administrativos, declaraciones, correos electrónicos, entre otros, demuestran que la contratación administrativa irregular era una práctica generalizada en varias *consellerías*, agencias, empresas públicas y fundaciones[459].

---

[458] Bosch, ibid., pág. 209 y también en el análisis realizado por el *Observatori Ciutadà contra la Corrupció.* Disponible en: https://observatoricorrupcio.org/es/casos/caso-gurtel-fitur/
[Recuperado el 20 de mayo de 2023]

[459] Cuerda Arnau, ibid., pág. 90

El propósito de estas acciones era beneficiar al entramado corrupto liderado por Francisco Correa[460], y se utilizaban diversas formas de corrupción para eliminar la competencia, como la eliminación de la publicidad en concursos de contratación y la restricción de la libre concurrencia, entre otras tácticas.

La conclusión de la sentencia fue que el grupo Gürtel logró adueñarse de una unidad administrativa de la Consejería de Turismo de la Generalitat Valenciana debido a las relaciones personales de amistad que se establecieron entre Correa, Pérez y Crespo, con Milagrosa Martínez y los funcionarios. Estas relaciones se basaban en su participación previa en campañas con el partido político que gobernaba la Comunidad Autónoma, y se mantenían a través de regalos a lo largo del año. De hecho, se ha comprobó que los acusados llevaron a cabo acciones con el fin de obtener beneficios para la Agencia Valenciana de Turismo mediante la manipulación e influencia en los procedimientos de adjudicación a través de esos regalos. Estas acciones se centraban, precisamente, en la organización de *stands* y actividades turísticas que se realizaban anualmente en la Institución Ferial de Madrid (IFEMA).

Inhibida parcialmente esta causa por el Tribunal Superior de Justicia de Madrid, que había asumido en un momento inicial la competencia para la investigación, se abrieron las diligencias en la Comunidad Valenciana, acordando la formación

---

460 Buena parte de los testimonios relacionados con Francisco Correa se encuentran, precisamente, en la obra de José Luis Peñas, denunciante de corrupción de la Trama Gürtel. En ella, el delator de la Trama define a Correa como una de las personas más importantes de España, no solo por su cercanía con el entonces presidente del Gobierno, sino también por sus relaciones personales y el alcance de las mismas. Además, también señala que Correa se calificaba a sí mismo, y le gustaba hacerse llamar, Don Vito, en referencia a la mafia siciliana de la película el Padrino. Todo ello en *vid.* Peñas, J. L. (2016). *Uno de los suyos: Confesiones del delator del caso Gürtel* (p. 15). Península Realidad.

de varias piezas separadas, siendo concretamente la causa FITUR la tercera pieza de esta investigación.

La Sentencia FITUR resaltó el alto nivel de corrupción que permeó todo el proceso de contratación durante el mandato de Milagrosa Martínez, en ese entonces *Consellera* de Turismo. Con todo, se reveló como Martínez modificó el procedimiento administrativo de tramitación de los contratos para favorecer a las empresas vinculadas a la trama Gürtel. Por otro lado, también fue reseñable la participación de otros miembros de la *Conselleria* que estuvieron involucrados en este caso, actuando con pleno conocimiento de la arbitrariedad evidente y el perjuicio al erario asociado a las adjudicaciones que ellos otorgaban.

Además del proceso sobre los agentes públicos y privados que ha generado la Trama Gürtel, el Partido Popular fue condenado civilmente como partícipe lucrativo en estos actos ilícitos, teniendo como consecuencia una aparente justificación política para la sustitución del Gobierno del entonces presidente, Mariano Rajoy, en ese entonces presuntamente vinculado con los famosos *papeles de Bárcenas.* Este fenómeno tuvo éxito en otras comunidades como la Comunidad Valenciana, donde el gran parte del cambio de Gobierno en el año 2015 tuvo como origen la corrupción, calificándose en ese momento como *El pacto del Botànic.*

3. El pacto del *Botànic*: una respuesta política a la corrupción valenciana

A pesar de que no podemos establecer una relación de causalidad directa entre el empobrecimiento de este territorio y el malgasto de recursos públicos durante los últimos años, es decir, no podemos afirmar que la corrupción haya ocasionado un deterioro generalizado de las instituciones públicas en la Comunidad Valenciana, sí podemos constatar la existencia de una lamentable falta de visión política por parte de los responsables gubernamentales. JAREÑO califica a esa ceguera como *miopía política*[461].

Los que sí es tangible es el número que cada año se incrementa de procedimientos por corrupción, y que muestra como de forma continuada se sucedían en la Comunidad Valenciana, así como en otras comunidades, innumerables irregularidades a nivel local, autonómico, e incluso nacional. RODRÍGUEZ-FLORES enumera, precisamente, dicha suma de acontecimientos que llevaron al declive o eclosión de la autonomía valenciana:

"Tres expresidentes autonómicos, tres expresidentes provinciales, numerosos exconcelleres, exconcejales, exdiputados, exalcaldes y exalcaldesas, exvicealcaldes, exdirectivos de entes públicos... Una retahíla interminable de cargos situados a dedo que saquearon o despilfarraron, según estimaciones benévolas más de 12.500 millones de euros que jamás se recuperarán, por ceñirnos a estimaciones, pero seguramente nada reales. Una síntesis del hundimiento de nuestra realidad"[462].

Con esas cifras, el contexto y modelo corrupto generó una distancia entre la Administración Pública y la sociedad civil, poniendo una amplia frontera entre los ciudadanos y sus representantes. Ante el declive y la desconfianza que se generó con la corrupción, la sociedad, así como buena parte de los actores políticos se dieron cuenta de que la gestión económica era tan nefasta que se precisaba un cambio de rumbo político. Este cambio político también vino respaldado de movimientos sociales y urbanos, y se calificó como el Pacto del Botánico, en

---

461 Jareño Leal, Á. (2015). Prólogo. En *Corrupción pública: Cuestiones de política criminal (II): La Comunitat Valenciana.* Iustel..

462 Rodríguez-Flores, J. R. S. (2020). Aquellos días, estas realidades. *InterdisciplinARS, (1),* 54-69.

su traducción al valenciano, *el Pacto del Botànic.* Este cambio, tras veinte años de gobierno del Partido Popular, modificó el rumbo de la Generalitat, en el que PSPV, Compromís y Podemos llegaron a un acuerdo de gobierno con ciertas medidas de carácter obligatorio para la Comunidad Valenciana. Entre las medidas recogidas, el concepto *rescat* fue el más utilizado para referirse al rescate de la ciudad de Valencia, pero también tuvo una relevancia en el texto la regeneración democrática y lucha contra la corrupción[463].

En el punto 2. e) se establecía la búsqueda de eficacia, lucha contra la corrupción y contra el clientelismo, a través de la creación de una oficina de lucha contra el fraude y la corrupción, estableciéndose la necesidad de que esta fuese independiente y autónoma en cuanto a presupuesto para encargarse de investigar y prevenir la corrupción de forma eficaz. Con todo, y tras este acuerdo político, nació una nueva política criminal contra la corrupción en la ciudad valenciana: se ejecutó la creación de la Agencia Valenciana Antifraude (AVAF) en el año 2016.

La contestación de los partidos del pacto valenciano ha sido una respuesta institucional a "la crisis de confianza de la ciudadanía en el sistema que nos rige"[464]. BENÍTEZ PALMA señala respecto a esas respuestas que forman parte de una oleada legislativa a nivel nacional, autonómico y local. Como indica DE SOUSA, en alusión a la creación de la autoridad las Agencias Anticorrupción surgen, en muchas ocasiones, como resultado de un consenso político en contexto de escándalos o crisis originados por un contexto de corrupción sistémica en el que

---

463 El texto íntegro del acuerdo se encuentra en varios diarios. Uno de ellos, el texto oficial, en ElDiario, en la lengua valenciana. https://www.eldiario.es/comunitat-valenciana/pspv-compromis-gobierno-generalitat-valenciana_1_2626166.html

464 Benítez Palma, Ibid

las otras organizaciones o instituciones convencionales no han tenido resultados eficaces contra la corrupción[465].

Tras la aprobación de la Ley de Transparencia y Buen Gobierno, Ley 19/2013, y en vistas de que su aprobación resultó un precedente, pero no tuvo resultados relevantes para mencionar en torno a nuestra investigación, los años 2016 y 2017 fueron precisamente los años dedicados a la aprobación de creación de autoridades para el control y prevención de la corrupción[466]. Concretamente, en el año 2016 comparten creación la AVAF, la Oficina de Prevención y Lucha contra la corrupción de las *Illes Balears*, y la presentación de proposiciones de ley en otras autonomías como Navarra o Castilla y León en 2013.

Asimismo, la Comunidad Valenciana también tomó otras respuestas, tomándose determinadas políticas públicas contra la corrupción: se aprobó la Ley 2/2016, de 2 de abril, de Transparencia, Buen Gobierno y Participación Ciudadana; la ley 8/2016, de 28 de octubre, de la Generalitat, de Incompatibilidades y Conflictos de interés de personas con cargos públicos no electos, de las que se desprendían, además, varios decretos del Consell para regular y sumar elementos a esa Ley.

Más recientemente, y tras haber realizado diferentes modificaciones acordes a los nuevos escenarios post pandémicos y también ajustándose a las respuestas ya proporcionadas, se aprobó la Ley 4/2021 de 16 de abril, de la Función Pública Valenciana, teniendo en cuenta su adelanto a las reformas estatales; y también se aprobó, de acuerdo con los avances tecnológicos, la nueva ley 2/2022 de 13 de abril de Transparencia y Buen Gobierno.

---

465 De Sousa, Ibid., Pág. 6

466 Benitez Palma, ibid., pág. 10

3.1. Creación de la Agencia Valenciana Antifraude (AVAF)

Afirmaba PONCE SOLÉ que, en diferentes circunstancias y contextos, los motivos para crear una Agencia Anticorrupción pueden verse opacadas por motivos como responder a presiones mediáticas, políticas o a una crisis específica. Además, se puede interpretar una agencia de este tipo como una herramienta de represalia en manos de un partido político que quiera utilizar la institución de forma irregular[467]. Naturalmente, en este caso, la creación de la institución valenciana responde a una crisis específica que llevó a los nuevos actores políticos en el poder a aportar soluciones ya existentes en otras autonomías y países.

Ante esta situación sociopolítica, tras casi dos años del nuevo Gobierno, se hizo efectivo el segundo punto del acuerdo del *pacto del Botànic*, concluyéndose en la Ley 11/2016, de 28 de noviembre, de la Agencia de Prevención y Lucha contra el Fraude y la Corrupción de la Comunitat Valenciana. Con su aprobación se crea la institución, que tiene, tal y como ilustra CLEMENTE GARCÍA, antecedentes en la Oficina Europea de Lucha contra el Fraude (OLAF) y la Oficina Antifraude de Cataluña (OAC), autoridades que ya existían en el cumplimiento

---

467 En este mismo contexto, el autor señala que la construcción de estas autoridades por crisis o presiones también puede tener otras razones subyacentes detrás, y que se encuentran precisamente dentro del contexto político-administrativo. En este sentir, se comprueba que, aunque la consecuencia de la acción es positiva, la creación de instituciones de este calado a veces se desvía de la verdadera voluntad política y social de combatir la corrupción, impactando negativamente en el inicio de su creación. Al igual que lo analizado respecto a la creación de la autoridad nacional, estos hechos también se han ido sucediendo a lo largo de nuestro territorio nacional, poniendo de ejemplo al caso de la ORGA, creada en 2010 y abandonada hasta el año 2018. En Ponce Solé, ibid., pág 8

de la Convención de Naciones Unidas contra la Corrupción, punto tratado en el primer capítulo de esta investigación[468].

En este sentido, relacionando los acontecimientos, en el primer capítulo indicábamos como ante diversos problemas, adoptábamos respuestas institucionales de entornos vecinos o no tan vecinos. La respuesta de creación de Agencias Anticorrupción también es una influencia anglófona, aunque con un notable retraso en el caso español, ya que según BENITEZ PALMA, hemos tardado casi un cuarto de siglo en adoptar medidas ante un problema estructural[469]. Como indicamos, también en el segundo capítulo, la recomendación de crear estas autoridades se extiende mucho más por los países de nuestro ámbito europeo precisamente tras la aprobación de la Directiva 2019/1937, que podría responder, como bien hemos indicado, a una americanización de los instrumentos para combatir la corrupción de la UE.

En la propia información accesible a la AVAF, se recopila una serie de puntos que fueron clave a la hora de crear la Ley 11/2016 de creación de la Agencia, además de mencionar la Convención de Naciones Unidas y su artículo 6, respecto a la

---

468 Clemente García, T. (2022). Las agencias de prevención y lucha contra el fraude y la corrupción en la Agenda 2030 de las Naciones Unidas: Un posible modelo: la Agencia Valenciana Antifraude (AVAF). En *La integridad en la administración: Contratación pública y lucha contra la corrupción* (p. 107). Aranzadi.

469 Benitez Palma, ibid., pág. 11. A esa tardanza en adoptar medidas y aplazar en el tiempo las modificaciones, Bosch añade que precisamente estas reformas son las que nos permitirían crecer en calidad y eficacia institucional, y culpa de ello a la Transición hacia la Democracia, en la que las medidas estructurales eran temidas por un reflejo de debilidad y vulnerabilidad de nuestra nación. En esas líneas, concordando con el autor, con más de 40 años de democracia, vemos como las reformas constitucionales son impensables, criticadas y temidas por la situación política de España. Bosch, ibid., pág. 224

creación de órganos independientes para prevenir la corrupción[470].

Como bien se indica en el preámbulo del texto consolidado de la ley, y como bien indica CLEMENTE, la creación de esta autoridad independiente es producto del ejercicio de autogobierno de la Comunidad valenciana, amparándose en el Estatuto de Autonomía de la misma, y creando una nueva institución que responda también a las peticiones del artículo 6 de la Convención de las Naciones Unidas contra la Corrupción, que solicitaba a los Estados parte la creación de órganos encargados de prevenir la corrupción[471]. Con ello, se responde al

---

470 Disponible en: https://www.antifraucv.es/que-es-la-agencia-valenciana-antifraude/
[recuperado el 23 de mayo de 2023]

471 Ibid., y preámbulo de la ley Ley 11/2016, de 28 de noviembre, de la Agencia de Prevención y Lucha contra el Fraude y la Corrupción de la Comunitat Valenciana, donde se hace alusión especifica al artículo 49.1. 1ª del Estatuto de Autonomía valenciano. Respecto al artículo 6, y aunque ya se haya citado en el segundo capítulo:
"1. Cada Estado Parte, de conformidad con los principios fundamentales de su ordenamiento jurídico, **garantizará la existencia** de un órgano u órganos, según proceda, encargados de prevenir la corrupción con medidas tales como:
a) La aplicación de las políticas a que se hace alusión en el artículo 5 de la presente Convención y, cuando proceda, la supervisión y coordinación de la puesta en práctica de esas políticas;
b) El aumento y la difusión de los conocimientos en materia de prevención de la corrupción.
2. Cada Estado Parte otorgará al órgano o a los órganos mencionados en el párrafo 1 del presente artículo la independencia necesaria, de conformidad con los principios fundamentales de su ordenamiento jurídico, para que puedan desempeñar sus funciones de manera eficaz y sin ninguna influencia indebida. Deben proporcionárseles los recursos materiales y el personal especializado que sean necesarios, así como la capacitación que dicho personal pueda requerir para el desempeño de sus funciones.

imperativo con el que el artículo 6 nos señala que cada Estado garantizará la existencia de un órgano u órganos encargados de prevenir la corrupción.

La AVAF, entidad con personalidad jurídica propia y plena capacidad de obra para el cumplimiento de sus fines, actúa de forma independiente al resto de las administraciones públicas. Esta independencia, como afirma DE SOUZA, no significa la existencia de una capacidad totalmente libre de acción o ausencia de rendición de cuentas o de control externo, sino que significa que la AVAF, en términos generales, lleva a cabo su misión de prevención, control y sanción de la corrupción sin ningún tipo de interferencia política[472]. Dicho de otro modo, aunque se indica una independencia legal, la independencia no es efectiva de facto, ya que no se ha garantizado por parte

3. Cada Estado Parte comunicará al Secretario General de las Naciones Unidas el nombre y la dirección de la autoridad o las autoridades que puedan ayudar a otros Estados Parte a formular y aplicar medidas concretas de prevención de la corrupción."

472 Se espera que los organismos anticorrupción transformen la política en acciones concretas, lo que implica que comparten la responsabilidad del éxito o el fracaso con la clase política en su conjunto. Sin embargo, en la práctica, muchos de estos organismos fueron creados sin una estrategia o política clara que justificara su existencia, no siendo este el caso. DE SOUZA, ibid., pág. 20. Asimismo, no podemos afirmar que no haya habido una interferencia política en la labor de la AVAF: en su corta vida, la AVAF ha recibido una cantidad tediosa de solicitud de información respecto a casos ya judicializados por parte de los representantes de *Les Corts* de distintos partidos que tratan de utilizar la institución en sus batallas políticas, y que pone en graves apuros la confidencialidad de las informaciones y la identidad de los denunciantes. *loc. cit.* nota al pie 451. Sin embargo, esto no ha llevado a una posición ideológica de la institución, sino que ralentiza la buena labor de detección y desempeño de funciones, dado que la capacidad del funcionariado, en muchas ocasiones, se lleva a la contestación de dichos recursos y no a la parte de investigación.

de los departamentos ministeriales entre los que se encuentra adscrita.

Observando la situación en la que se creó la Agencia, y analizando la calidad institucional, en el año 2017, la aptitud hacia el Gobierno de 2017 no es la misma que en 2021. En este último año, tras cuatro años de actividad y creación de la AVAF, el cambio político y la lenta recuperación económica, así como otra batería de medidas para el fomento de la calidad de la Administración, han contribuido a una mejora notable en la calidad institucional de la Comunidad de Valencia.

En el mismo estudio, se analiza como Valencia ha implementado diversas medidas que han contribuido a mejorar la calidad de su gobierno. Entre ellas se encuentra la creación de un Consejo de Transparencia y la reciente aprobación, en 2022, de la Ley de Transparencia y Buen Gobierno de la Comunidad Valenciana. También la Oficina de Conflictos de Interés, así como la promulgación de una ley autonómica para regular el control de los grupos de presión y una ampliación de la ley nacional de acceso a la información pública. Estos esfuerzos han llevado a que Valencia sea reconocido ampliamente por expertos en administración pública y otros observadores como un ejemplo de mejora en la calidad gubernamental, algo que también se refleja en las percepciones de los ciudadanos, naturalmente, percepción que habría sido dañada con los numerosos casos de corrupción percibidos[473].

Entre esos resultados obtenidos, es de destacar las últimas novedades de la Comisión Europea (CE) que indica que la AVAF es un ejemplo único del éxito de una autoridad de tal magnitud a un nivel autonómico y no estatal, dedicada desde su creación a combatir la corrupción política, tal y como indi-

---

473 Charron, et al, ibid., pág. 13

can ellos, sistémica[474]. Los mismos, indican algo similar respecto a la calidad democrática de la autonomía, dado que cuando la reputación de la Comunidad Valenciana, en el año 2015, había caído en picado en cuanto a la confianza institucional debido precisamente a los casos de corrupción, la adopción de medidas urgentes ha sido un punto a favor para la promoción de la imagen de la comunidad.

3.2. Funciones de la AVAF: instrumentos de prevención y detección de la corrupción

El objetivo que tiene la AVAF, como en su propia regulación se establece, es "prevenir y erradicar el fraude y la corrupción de las instituciones públicas valencianas, y para el impulso de la integridad y la ética pública"[475]. Para ello, ha adquirido ciertas funciones a través de las cuales fomentar una "cultura de buenas prácticas y de rechazo del fraude y la corrupción en el diseño, ejecución y evaluación de políticas públicos, y en la gestión de recursos públicos"[476].

Con el objetivo de desarrollar los objetivos anteriores, la institución se encuentra dividida en varias áreas y direcciones. La Dirección de Análisis e Investigación se encarga de realizar investigaciones exhaustivas sobre casos de corrupción, mientras que la Dirección de Prevención, Formación y Documentación se enfoca en la prevención de prácticas corruptas y en la capacitación de funcionarios y ciudadanos en temas de integridad, situándose en una de las áreas de interés para nuestra inves-

---

474 Huss, O., et al. (2023). *Handbook of good practices in the fight against corruption.* European Commission.

475 Artículo 1.3 de la Ley 11/2016, de 28 de noviembre, de la Agencia de Prevención y Lucha contra el Fraude y la Corrupción de la Comunitat Valenciana

476 Ibid.

tigación, y, por otro lado, la Dirección de Asuntos Jurídicos encargada de brindar asesoramiento legal y representación en casos judiciales relacionados con corrupción, siendo este otro de los objetivos que nos interesan. Por otro lado, el Gabinete de Relaciones Institucionales, Comunicación y Participación se encarga de promover la transparencia y el diálogo con la sociedad, mientras que el Área de Administración, Recursos Humanos y Gestión Económica se encarga de la gestión eficiente de los recursos de la agencia.

Respecto a los elementos o atribuciones que la ley le otorgue, encontramos, precisamente, la protección a los denunciantes a través de la creación de un estatuto propio de protección, del que trataremos a continuación. De este estatuto, se encarga la Dirección de Asuntos Jurídicos, en adelante DAJ, recogidas las funciones en la Resolución de 27 de junio de 2019, del director de la Agencia de Prevención y Lucha contra el Fraude y la Corrupción de la Comunitat Valenciana, por la que se aprueba Reglamento de funcionamiento y régimen interior de la AVAF.

Teniendo en cuenta lo indicado en los informes citados por la OCDE, la AVAF presenta peculiaridades de ser una agencia con múltiples funciones que van desde la prevención de la corrupción a todos los niveles, el análisis y detección de posibles irregularidades, así como también la competencia sancionadora a través del procedimiento administrativo sancionador. Todo ello, sin perjuicio de la posible existencia de un hecho que pudiera constituir un delito y ser sancionable penalmente. Aunque pudiera parecerse a una agencia preventiva, la realidad es que ejerce también la labor de investigación, asesoramiento y sancionadora, por lo que su encaje es en aquellas agencias multifunción.

Para asumir su labor preventiva y de detección, la AVAF cuenta con uno de los elementos más importantes a la hora de proteger al denunciante: otorgarle canales seguros para la realización de la denuncia. En él, se pueden presentar denuncias confidenciales y también anónimas. Con este elemento, así como la incorporación del código ético de los funcionarios de la AVAF, vemos como la Agencia se ha sumado a lo que en el primer capítulo de la investigación tratábamos como *public compliance*, o lo que GIMENO BEVIÁ indica como una búsqueda de más efectividad en la lucha contra la corrupción a través de la incorporación de instrumentos que en un inicio, han sido pensados para personas jurídicas y el sector privado[477].

Entre las funciones que merecen cierta importancia para tenerlas en cuenta posteriormente, nos encontramos con la colaboración de la AVAF en materia formativa al personal de la administración pública valenciana; la creación de una cultura nueva de rechazo contra la corrupción a través de sensibilización social; y la función que más nos corresponde analizar en el artículo 14 de la ley que regula la creación de la AVAF: el estatuto de la persona denunciante.

3.3. Protección a los denunciantes de corrupción en el ámbito de la C.V.

A lo largo de la obra hemos considerado persona denunciante a lo que muchos autores califican como informante o alertador. A nuestro entender, y compartido con la AVAF, el término correcto y no despectivo es el de persona denunciante, y así se manifiesta en cada uno de los escritos y normas relacionadas con la institución. Para facilitar estas denuncias, la AVAF ha creado procedimientos y anales específicos confidenciales – y también anónimos – para la formulación de las denuncias.

---

477 Gimeno Beviá, J. (2022). Protección del denunciante y garantías procesales. En *La Directiva de protección de los denunciantes y su aplicación práctica al sector público* (pp. 337-354). Tirant lo Blanch.

A diferencia de lo expuesto cuando hacíamos referencia a la CNUCC, el verbo a utilizar en el artículo 33 de la CNUCC no era imperativo. Es decir: la protección a los denunciantes, adoptada por las autoridades y organismos autonómicos antes de la aprobación de la Directiva (UE) 2019/1937 no suponía una obligación a las autoridades:

> "Cada Estado Parte *considerará* la *posibilidad* de incorporar en su ordenamiento jurídico interno medidas apropiadas para proporcionar protección contra todo trato injustificado a las personas que denuncien ante las autoridades competentes, de buena fe y con motivos razonables, cualesquiera hechos relacionados con delitos tipificados con arreglo a la presente Convención."

A pesar de que en 2016 este era el referente, la aprobación de la Ley 11/2016 trajo consigo la adaptación de un Estatuto propio de protección a la persona denunciante, considerándose a cualquier persona física o jurídica que comunique hechos con responsabilidades legales[478], algo inaudito si analizamos la Oficina Antifraude Catalana, de 2008, o la ya extinta Oficina de Prevención y Lucha contra la Corrupción de las Islas Baleares, de 2016. En ellas, no se recogen unas reglas específicas de protección al denunciante, sino que se establecen unas reglas en la denuncia, y determinadas garantías en el procedimiento.

Entre los elementos que merecen atención respecto a la protección, contamos con los siguientes:

---

478 Como vemos, en esta afirmación, quedarían amparados aquellos que puedan contar con información que sea constitutiva de delito y responsabilidad penal, dado que la Agencia, ante su conocimiento, trasladará a los órganos correspondientes toda la información, guardando, como no, la protección al denunciante ante ese intercambio de información. Es decir: la persona denunciante puede iniciar el procedimiento ante la AVAF, esta puede derivar el caso ante, por ejemplo, el Tribunal Superior de Justicia o la Audiencia Provincial, pero no dejará sin protección a la persona denunciante que le trasladó la información.

i) Si la agencia tiene conocimiento de que la persona que presenta la denuncia ha sido objeto de intimidación o represalias, ya sea directa o indirectamente, podrá tomar medidas y sancionar a la autoridad que las haya ejecutado, así como de restablecimiento que considere necesarias. También podrá, a petición de la persona denunciante, solicitar al órgano competente que la reubique en otro puesto, siempre que esto no perjudique su estatus personal y carrera profesional. En circunstancias excepcionales, la agencia también podrá solicitar al órgano competente que conceda un permiso remunerado por un período determinado. Además, el denunciante tiene derecho a solicitar asesoramiento a la agencia en relación con los procedimientos que se inicien en su contra como resultado de la denuncia.

ii) La protección otorgada por la AVAF se puede mantener, a través de resolución, incluso cuando el proceso haya terminado.

iii) Aunque el denunciante esté protegido por haber presentado una denuncia, puede incurrir en otro tipo de responsabilidades ajenas al proceso de denuncia. O lo que es lo mismo: podrá ser responsable de otras acciones que no tengan que ver y sean diferentes del objeto de la denuncia.

iv) Los canales de denuncia estarán disponibles, iniciada la denuncia, para comunicar o adjuntar al mismo procedimiento iniciado información sobre represalias[479].

---

[479] Hablaremos más profundamente en el estudio realizado sobre el procedimiento que sigue la AVAF, pero podemos adelantar que es un canal de comunicación fluido al que se pueden adjuntar anexos cada vez que la persona denunciante lo desee, o a petición de los funcionarios de la AVAF.

Aunque no se configure dentro de la ley 11/2016, la permisión de denuncias anónimas también es considerando un elemento más de protección, al contrario de los incentivos o premios económicos, que no hay alusión de ningún tipo hacia ellos, pero sí en las memorias y en su Reglamento de funcionamiento. Por un lado, en cuanto al anonimato, en el artículo 35 del Reglamento de funcionamiento y régimen interior de la organización interna de la AVAF[480]. Se dictamina que se admiten las denuncias y comunicaciones, tanto de carácter nominal como anónimas, indicando que el anonimato será protegido por el buzón de la agencia.

Para tratar una mayor protección, la DAJ desempeña diversas funciones en la AVAF en las que se incluyen dirigir, coordinar, supervisar las unidades dependientes, brindar asesoramiento jurídico a los denunciantes, emitir informes y ofrecer determinada asesoría legal en cuanto a las opciones disponibles para ellos. Asimismo, vela por su protección tras haber aprobado el estatuto de la persona denunciante, elabora las propuestas legislativas pertinentes en cuanto a este concepto, y también se encarga de instruir y tramitar sanciones a las instituciones; representar a la AVAF en juicios que se puedan derivar de las acciones iniciadas por la institución hacia otras instituciones públicas que recurran a las sanciones; y cualquier otra función que pudiera asignar la dirección. Para ejecutar todas estas labores, la DAJ contará con letrados de jefatura de servicio y otras unidades según lo que establece el Reglamento[481].

---

480 Todo el desarrollo se encuentra disponible en la ficha de disposición. https://dogv.gva.es/portal/ficha_disposicion.jsp?L=1&sig=006175%2F2019

481 Resolución de 27 de junio de 2019, del director de la Agencia de Prevención y Lucha contra el Fraude y la Corrupción de la Comunitat Valenciana, por la que se aprueba el Reglamento de funcionamiento y régimen interior de esta, en desarrollo de la Ley 11/2016, de 28 de noviembre, de la Generalitat. Disponible en https://dogv.gva.es/auto/dogv/docvpub/rlgv/2019/RAF_20190627_ca_RAF_20190716.pdf

Teniendo en cuenta el contexto y los puntos que hemos indicado como valiosos para prestar atención en cuanto al proceso de protección a las personas denunciantes de la AVAF, nos toca proceder al tercer elemento de nuestra investigación: los casos reales de denunciantes de tramas corruptas o irregularidades en la Administración Pública a nivel autonómico.

II. ESTUDIO CRIMINOLÓGICO DE LOS DENUNCIANTES PROTEGIDOS POR LA AGENCIA VALENCIANA ANTIFRAUDE: MODELO DE TOMA DE DECISIONES

Situado el contexto teórico sobre el que se ha prestado atención a los denunciantes de corrupción y el escenario legislativo en la que nos encontramos, nos introducimos en la parte práctica a través del estudio de casos reales analizados y protegidos por la AVAF. Para esta labor, tras la recopilación de todos los casos, hemos hecho una selección de aquellos que se encuentren resueltos descartando aquellos sobre los que se han archivado las causas, y que han dejado de quedar amparados por el Estatuto al denunciante, así como aquellos que por la complejidad política que presentan y la repercusión del momento (en el año 2022), no fueron incluidos en la obra[482].

En su artículo 21 (pág. 10) se articulan las funciones de la DAJ en su artículo 21.

482 Con este dato, a pesar de no poder aportar mayor información dado que hemos realizado la firma de un acuerdo de confidencialidad, damos por sentado la importancia de salvaguardar la identidad de los denunciantes incluso en las propias investigaciones académicas, así como el buen hacer de la AVAF respecto a no querer involucrar casos de alta magnitud en la investigación que nos compete.

El objetivo de este análisis es la extracción de las necesidades que, a pesar de contar con la voluntad de la administración pública valenciana, como es el caso de la asistencia constante de la AVAF, sigue sin ser suficiente dada la escasa voluntad de la administración general por paliar las necesidades no solo de los denunciantes, sino de aquellas instituciones que se encargan de dar respuesta a las peticiones de protección. Además, también pretendemos incluir en nuestro análisis los múltiples factores que afectan a la decisión de realizar la denuncia, elemento que entendemos que el legislador sigue sin tener en cuenta en el año 2024 para la elaboración de una política anticorrupción eficaz.

En este punto trataremos de desvelar como la protección efectiva a los denunciantes de corrupción no es un asunto meramente jurídico, sino que en su global merece un estudio criminológico que aúne las distintas teorías que expliquen: i) la importancia del denunciante para la Administración Pública; ii) los motivos de su reticencia inicial a denunciar; iii) las razones de su denuncia; y, por último, iv) la visión negativa a la denuncia que realizaron, siendo a su vez uno de los motivos por los cuales los denunciantes se mantienen en silencio. Como veremos, existe una retroalimentación constante de la percepción de represalias, la no denuncia, y finalmente, el convencimiento propio a denunciar, dado que la decisión pertenece, en muchos casos, a un cálculo racional de costes y beneficios para realizar la denuncia[483].

---

[483] Tanto en el análisis económico del derecho como en la criminología, la teoría de la elección racional ha marcado un antes y un después para analizar determinadas conductas. Se suele asociar a la *rational choice theory* de Cornish y Clarke (Escuela de Chicago) utilizada por los mismos para analizar su creencia de que los seres humanos sopesan entre las consecuencias, los medios y la finalidad, y los costes y beneficios de cada acción para tomar una elección que ellos consideren racional. En este sentido, la teoría surge para hablar de la prevención situacional del

Respecto a la visión negativa, hemos tratado de justificarlo con la puesta en común de distintos contextos históricos que avalan nuestra afirmación, pero también incluiremos otros factores que, a su vez, guardan cierta influencia con la visión negativa de la denuncia: i) el género; ii) la clase social y iii) el poder o cargo dentro de la organización.

En cuanto a los contextos históricos, haremos una leve referencia en cuanto al proceso de instrumentalización y la cultura social de rechazo generada: esta se ha visto en aquellos casos donde se otorgan premios económicos al denunciante sin ser este el caso valenciano. Si ha sido el caso de aquellas faltas a la *omertá*, que ha generado un rechazo intrínseco respecto a aquellos que delinquen y represalian a la persona denunciante, generando climas y entornos destructivos hacia la persona que decide denunciar. Como no, este comportamiento influye sobre la calidad de las relaciones personales en el empleo público, por lo que la confianza del denunciante hacia su entorno podrá disminuir, así como su relación con el entorno donde trabaja.

La mayoría de los casos analizados pertenecen a la función pública y han denunciado por vías externas (autoridad anticorrupción), con la excepción de los dos casos de denuncia pública (medios de comunicación), en los que tan solo uno de ellos pertenecía al ejercicio del funcionariado a nivel estatal, y el otro sujeto pertenecía a la banca internacional. Todos los casos analizados han sufrido en mayor o menor medida represalias en su entorno laboral, así como también determinadas actuaciones judiciales sobre sí mismos que han provocado años de espera y procesos judiciales que, hoy en día, siguen a espera de resolución.

---

delito, pero desde nuestra perspectiva aplicada a la denuncia, y no en tanto a la criminalidad, hemos decidido tomarla como referencia para estudiar las elecciones de los denunciantes.

Lejos de querer generalizar sobre los problemas que sufren los denunciantes a nivel nacional, parte de estos problemas se han mostrado en otros tantos casos a nivel nacional e internacional, siendo representativo el despido o las represalias laborales como la reducción del sueldo, así como también el maltrato psicológico (o más conocido como *mobbing*). Precisamente, al ser un problema generalizado, es cuando se ha legislado en su mayoría en base a los problemas detectados.

Para hacer esta afirmación hemos realizado una distinción: frente a ocho denunciantes de corrupción del sector público, contamos con uno de empresa pública (*compliance officer*), otro del sector bancario a nivel internacional y un ex miembro del ejército español[484].

Analizado el conjunto de muestra, debemos ahora analizar los factores que influyen de forma positiva y también negativa en el proceso de denuncia. Es decir, examinar por qué los trabajadores del servicio público, en el contexto valenciano en el que se encuentran con una autoridad externa, deciden denunciar, y ante qué dilemas se han enfrentado en sus intentos de no hacerlo.

La denuncia de corrupción, tal y como hemos ido analizando a lo largo de nuestra investigación, es un tema relevante en la actualidad, pero mucho más cuando se trata de funcionarios públicos que tienen el deber de garantizar la transparencia y la integridad en su trabajo, así como defender los principios de eficiencia y eficacia en la función pública. En una investigación como la nuestra, es preciso analizar y explorar los factores determinantes que influyen en la decisión de un servidor público

---

[484] Este último ha sido una entrevista no relacionada con la AVAF, pero hemos incluido su muestra debido a la importancia de la información con la que se trabaja en dicha institución, que, tal y como ya hemos mencionado en el capítulo segundo, queda en desamparo por la ley de protección a denunciantes por su carácter de Seguridad Nacional.

de denunciar actos de corrupción, de tal forma que se puedan incentivar.

Entre los factores determinantes que podrían afectar la decisión de los servidores públicos para denunciar la corrupción se incluyen la falta de formación e información para acceder a canales de información, la probabilidad de represalias, la influencia de roles de género, la afección de la clase social, el contexto hostil en las relaciones interpersonales, la estructura del servicio público y la ausencia de legislación en protección.

Frente a la cuestión de analizar por qué no denuncian, también es importante considerar por qué los servidores públicos deciden denunciar la corrupción. En este caso, se podría analizar la contextualización de los factores influyentes, como la importancia de los valores éticos y la moral, la responsabilidad social y la obligación de garantizar el bienestar público, el favorecimiento a los canales anónimos y la protección económica a lo largo del proceso de denuncia.

Cuando todos los elementos de prevención dentro de la Administración han fallado, es entonces cuando es preciso acudir a la prevención general sobre los individuos racionales de la Administración. GARRIDO y REDONDO lo aplican desde la teoría del delito y se incorpora el modelo de inicio de la conducta delictiva. En esta investigación decidimos acogernos a ese modelo para tratar de analizar el proceso y los factores que influyen en la toma de decisiones del denunciante[485].

Concordamos, por tanto, en que el modelo para explicar la denuncia tiene varias similitudes con la *rational choice theory* presentada por autores como BECKER desde la perspectiva

---

485 Redondo, S., Garrido, V., & Beristain, A. (2023). *Principios de criminología* (pp. 329-345). Tirant lo Blanch.

económica, o CORNISH y CLARKE[486] desde una visión criminológica. En el proceso que hemos presentado, hemos tenido en cuenta algunos de los factores analizados en las preguntas realizadas en la entrevista. En la Ilustración 2, analizamos el proceso de realización de denuncias atendiendo a las entrevistas y a la revisión de literatura criminológica y microeconómica en cuanto a la toma de decisiones adaptada. Específicamente, hemos analizado los dos modelos anteriores: el coste beneficio del crimen de BECKER, y la elección racional de CORNISH y CLARK, siendo esta última una de las más adecuadas para el análisis, debido a que la teoría de la elección racional sostiene que los delincuentes evalúan los riesgos y beneficios antes de cometer un delito, tomando en cuenta sus propios intereses personales y las limitaciones que enfrentan. Esta perspectiva, por lo tanto, buscaría comprender los procesos de toma de

---

486 Ambos autores aplican teorías de análisis de la conducta criminal. Por ejemplo, BECKER, utiliza en su estudio una forma de evaluar la magnitud de la pérdida social ocasionada por los delitos, y busca identificar los recursos y castigos que reducen al mínimo esta pérdida. Además, muestra que el criterio general de pérdida social abarca, en circunstancias específicas, los conceptos de venganza, disuasión, compensación y rehabilitación que han sido ampliamente discutidos en la práctica y la investigación criminológica. En otras palabras, a través de ese cálculo, Becker busca encontrar un equilibrio que considere estos diferentes aspectos y que permita abordar de manera efectiva los delitos en la sociedad. En otro orden, la teoría de la elección racional, desarrollada por Cornish y Clarke en 1986 en su libro "The Reasoning Criminal: Rational Choice Perspectives on Offending", se basa en la premisa de que las personas cometerán delitos si creen que les beneficia personalmente. En la misma, los delincuentes utilizan un proceso de toma de decisiones en el que consideran los aspectos positivos y negativos de cometer un acto delictivo específico. Si perciben que hay más razones para llevar a cabo el delito, sin importar las medidas de seguridad existentes, al menos intentarán cometerlo. Si se les presenta una oportunidad, si hay un beneficio y si creen que hay pocas posibilidades de ser atrapados, entonces llevarán a cabo el delito.

decisiones de los delincuentes y cómo se ven influenciados por incentivos y desincentivos.

Ilustración 2: Teoría de la denuncia como elección racional basada en el modelo delictivo

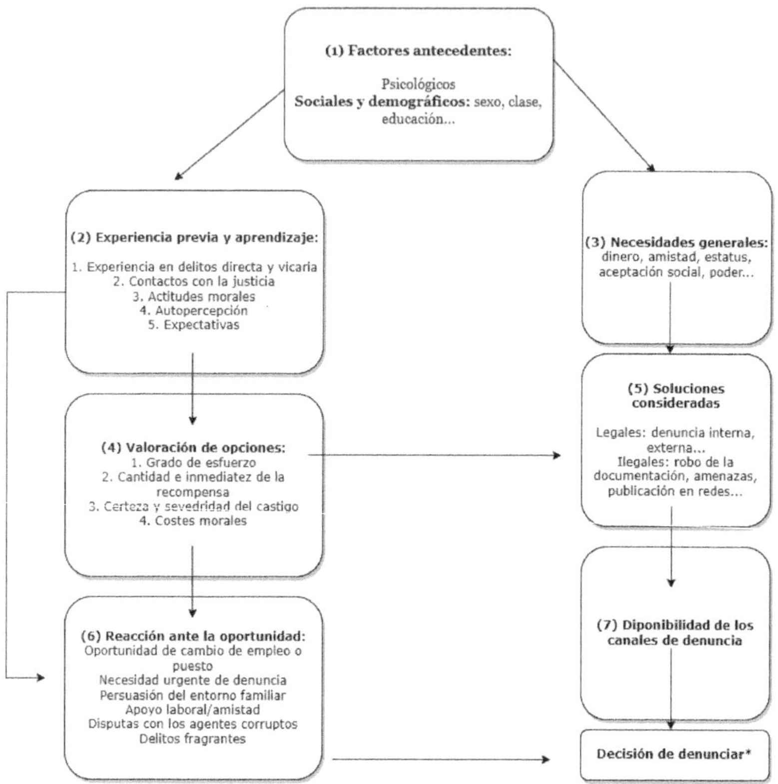

Fuente: elaboración propia a partir de REDONDO y GARRIDO; y CORNISH y CLARKE[487].

[487] Los autores recogen el estudio al que también hemos acudido como referencia para mayor interés. Clarke, R. V., & Cornish, D. B. (1985). Modeling offenders' decisions: A framework for research and policy. *Crime and Justice, 6*, 165-198. Apud Redondo, S., & Garrido, V. (2023).

En cuanto a los (1) factores antecedentes, hemos decidido incluir en las entrevistas datos que consideramos importantes como la educación y el género, dado que, en la bibliografía consultada, se hacen referencias precisas en torno a la influencia del género en la intención de denuncia y en la tolerancia a la corrupción, así como también a la educación, relacionada con la clase social, en cuanto a esa misma tolerancia. A menor tolerancia, se entiende que habrá mayor intención de denuncia, pero confluyen, como no, el resto de los factores de la

---

Principios de criminología (p. 330). Tirant lo Blanch. En la figura incluida por Cornish y Clarke, se analiza el proceso de participación de un individuo en un robo residencial, tomando en cuenta una serie de decisiones a realizar antes de ejecutar su robo. La preparación implica más que simplemente estar abierto a la idea del delito. Implica que el individuo ha considerado seriamente cometer ese tipo de delito como una solución a sus necesidades y ha decidido que, bajo las circunstancias adecuadas, está dispuesto a llevarlo a cabo. Durante esta etapa de toma de decisiones, evaluará otras opciones para satisfacer sus necesidades, y esta evaluación estará influenciada por su experiencia previa y su aprendizaje, incluyendo su código moral, su autopercepción, sus experiencias personales y las que ha observado en otros. Estas variables analizadas por los autores están relacionadas con diversos factores históricos y contemporáneos que conforman el trasfondo del individuo, como factores psicológicos, familiares y sociodemográficos. En el contexto de la toma de decisiones, estas influencias, tienen una función orientadora al exponer a las personas a situaciones y oportunidades particulares, lo que les lleva a percibir y evaluar esas circunstancias de manera específica desde una perspectiva criminal. En esta misma línea, pero enfocado nuevamente hacia la delincuencia, BLANCO CORDERO planteaba también aquellas necesidades cubiertas a partir del factor de la oportunidad. En nuestro ámbito, y volviendo al análisis que nos compete, el *whistleblower* podrá realizar la denuncia si se presenta una oportunidad ocasional, pero cumpliendo otros factores que también hemos incluido en dicho esquema. Blanco Cordero, I. (2004). La corrupción desde una perspectiva criminológica: Un estudio de sus causas desde las teorías de las actividades rutinarias y de la elección racional. En *Serta: In memoriam Alexandri Baratta* (pp. 267-296). Ediciones Universidad de Salamanca.

ilustración. Estos factores antecedentes, tienen una doble influencia: por un lado, sobre las (3) necesidades generales que se espera obtener en la vida adulta, y en las (2) experiencias que se tengan respecto a la posible presencia o realización de delitos o irregularidades.

En cuanto a la (2) experiencia previa y el aprendizaje, aplicado al servidor público, podemos contar con las expectativas de su denuncia, y su experiencia respecto a las mismas en el servicio público: de los denunciantes entrevistados, buena parte de ellos fueron testigo de represalias sobre compañeros que denunciaban hechos similares a los que ellos, posteriormente, alertaron. Asimismo, también podemos ver que hay experiencia previa en ver procesos de corrupción en el sector público, dado que varios servidores, tras sus denuncias, siguieron en el servicio público, y continuaron viendo prácticas de irregularidades en la Administración Pública valenciana.

El punto más importante, bajo nuestra consideración, es el punto de (4) valoración de opciones y su relación con las soluciones consideradas: es aquí donde tiene influencia el anonimato de la denuncia, los costes de la denuncia, la certeza de que habrá soluciones justas/justicia ante un hecho delictivo en la Administración Pública, y la posible tentación de recibir incentivos o recompensas, así como reconocimiento. En esta fase, es donde se tomarán las (5) soluciones consideradas: denunciará a través de los canales internos, acudirá a una entidad externa – en este caso AVAF – o decidirá tomar otras vías. Si en la valoración de opciones no vislumbra que las vías legales sean seguras para él, tratará de actuar de formas ilegales o inadecuadas, siendo este el caso de los denunciantes ajenos a la Comunidad Valenciana, que acudieron a vías externas porque las internas les habían generado represalias personales, laborales y sus denuncias no habrían sido admitidas por las instituciones donde trabajaban.

Tras la (4) valoración final de las opciones y las (5) soluciones consideradas, el sujeto denunciante tiene la (6) reacción ante la oportunidad de denunciar, que depende de que se le presente, precisamente, esa ocasión ya sea por la obtención de apoyos en el empleo, por una necesidad ante delitos flagrantes que se estén cometiendo, por la persuasión familiar/entorno laboral, o porque surjan oportunidades posteriores en el cambio de puesto laboral. Es decir, que la situación para denunciar quede libre de represalias, y exista una (7) disponibilidad de canales de denuncias adecuados. Con toda esa suma de elementos, el individuo toma la decisión de denunciar o no hacerlo, que dependerá de todos los elementos previos.

Sin embargo, las teorías de elección racional, y sobre todo el modelo de decisiones, proponen una estructura de toma de decisión que posiblemente no sea del todo precisa. El motivo lo señalan WILSON y HERRNSTEIN[488] cuando afirman que, cuando una persona se enfrenta a una opción de comportamiento – en este caso, de denuncia – generalmente no realizan un análisis de forma prolongada y ordenando los posibles beneficios y contras. En algunas ocasiones, estas decisiones se toman de forma rápida, y con información limitada que nos permita evaluar las (5) soluciones consideradas. GARRIDO y REDONDO mencionan el concepto "satisfaciente"[489] para referirse a la toma de decisiones cuando encontramos una opción de comportamiento que pueda considerarse satisfactoria entre distintas alternativas. No necesariamente la decisión sea completa o ideal, pero sí suficiente para las preferencias perso-

---

488 En este mismo texto, se analizan las recompensas y castigos percibidas por la persona que toma la decisión, sobre todo cuando eligen en el curso de una acción. Herrnstein, R., & Wilson, J. Q. (1985). *Crime and human nature* (Vol. 9). Simon and Schuster.

489 Garrido y Redondo, ibid., pág. 333

nales y la esperanza de no perder del todo en su decisión. O lo que es lo mismo: una decisión equilibrada.

Otra teoría interesante en cuanto a la denuncia desde el delito es, precisamente, la influencia del Triángulo del Fraude sobre los denunciantes y sus motivaciones de denuncia. El modelo propuesto por CRESSEY también sería aplicable a nuestro modelo de toma de decisiones: presión e incentivo, oportunidad y racionalización.

Ilustración 3: Triangulo del Fraude

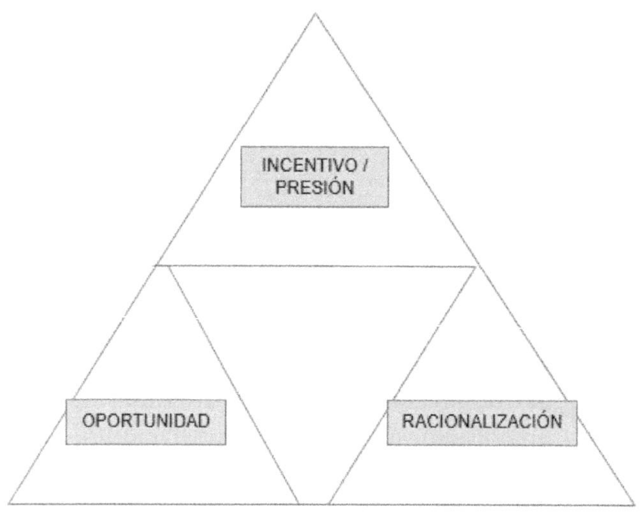

Fuente: CRESSEY (1953)[490].

490 El estudio realizado por Donald Cressey planteó la hipótesis de que las personas que ocupan posiciones de confianza pueden convertirse en violadores de esa confianza cuando se enfrentan a problemas financieros personales que consideran incompatibles con compartirlos. Para demostrar esas hipótesis, se planteó la coexistencia de diferentes elementos en forma triangular: los incentivos esperados y la presión existente sobre el individuo, la oportunidad para cometer el fraude, y la racionalización de su conducta a través de una justificación del delito. De acuerdo con las

En cuanto a los incentivos o la presión, hablamos de la motivación para revelar irregularidades, de cómo se ve influida por la presión o el incentivo recibido o esperado. Los denunciantes que hemos entrevistado se enfrentan a diversas presiones personales, como los valores, la moral y la lealtad a sus principios, que los impulsan a tomar la decisión de denunciar. Además, su comportamiento ético se basa en estándares morales personales arraigados en influencias como el comportamiento moral de sus padres o representantes públicos. Estos denunciantes presentan una serie de características en su comportamiento, tales como un locus de control interno, compromiso público, personalidad, creencias personales y estado de ánimo. También se destaca su alto nivel de razonamiento moral, su compromiso con la administración en la que se encuentran y su opinión favorable hacia ella, lo que demuestra su conexión emocional y ética con la misma. Estos han sido los elementos más presentes en nuestras entrevistas, considerando que su función de servidor público les obligaba a denunciar.

En cuanto a la oportunidad, se refiere a los recursos disponibles para el denunciante, tanto internos como externos. La existencia de procedimientos y una cultura de justicia respecto a estos delitos en la Administración influyen en la disposición del empleado a denunciar. Los recursos internos incluyen los procedimientos, controles, códigos éticos, etc.; mientras que los recursos externos abarcan las protecciones legales y la ausencia de sanciones o represalias. La estructura y las relaciones internas son importantes, así como la capacidad de respuesta percibida y una cultura receptiva donde la denuncia sea un comportamiento prosocial, influyen en la decisión de denunciar. Entre todo, el estudio de SMAILI y ARROYO nos indica

---

teorías microeconómicas de BECKER y las expuestas por CORNISH y CLARKE, seguimos la línea de Cressey, D. R. (1953). *Other people's money: A study of the social psychology of embezzlement.* Glencoe Free Press.

que informar al denunciante sobre la existencia de un programa de denuncias para su utilización es otro elemento para tener en cuenta[491].

Por último, en cuanto a la racionalización, se trata de un proceso cognitivo que acompaña la decisión de denuncia, en el que se incluyen todas las opciones negativas percibidas, siendo la denuncia una acción que requiere precisamente de una justificación tanto antes como después de su realización. El evento, difícil de justificar, suele ir acompañado de todas las represalias esperadas, por lo que la justificación aportada por el denunciante suele ser el altruismo y su compromiso con la ética.

De esta forma, el Triángulo del Fraude tendría una modificación sustanciosa, en la que los incentivos o presiones tendrían que ver con la reputación, el sentido profesional, su ámbito social, el interés financiero, su moral; en cuanto a la oportunidad, sería necesario la percepción de fuertes controles y procedimientos, de un programa de *whistleblowing*, y medidas contra las represalias. Y, por último, en cuanto a la racionalización, se expondrían los razonamientos individuales y altruistas[492].

Tras esta breve contextualización y exposición del modelo teórico que pretendemos seguir, es importante ver si se cumple ese proceso de elección racional. Para ello, hemos puesto tres cuestiones: i) sí, los denunciantes actúan basándose en un cálculo racional; ii) no, los denunciantes actúan de forma irracional, sin sopesar los factores; y iii) piensan que denuncian de forma irracional, pero hay un cálculo no asumido por ellos mismos.

---

491 Smaili, N., & Arroyo, P. (2019). Categorization of whistleblowers using the whistleblowing triangle. *Journal of Business Ethics, 157*, 177-193.

492 Ibid

A pesar de la falta de conocimiento acerca de la teoría de elección racional, varios de ellos afirmaron no haber realizado ningún cálculo, sino simplemente presentar la denuncia. Sin embargo, pudimos constatar que en algunos casos sí se lleva a cabo un cálculo racional, donde la oportunidad y la influencia de factores psicológicos y sociodemográficos tienen un peso significativo. En otras palabras: efectivamente los denunciantes tuvieron un dilema al que enfrentarse, se detuvieron a analizar las circunstancias, y tomaron una respuesta materializando la denuncia.

1. ¿Por qué nuestros servidores públicos no denuncian corrupción?

Parte de esta pregunta puede quedar resuelta cuando acudimos, precisamente, a los altos entramados que hemos analizado en cuanto a la trama Gürtel y el caso Blasco. Las normas generales, en estas tramas son varias, pero primordialmente: el silencio, la lealtad y la tolerancia a la corrupción en el servicio público. A veces, dicha tolerancia, viene avalada de la percepción de ganancias, más que de perdidas, dado que el entorno corrupto se hace tan pequeño que fomenta el llegar a pensar que la corrupción enriquece. De esta forma, se anula la visión de que la corrupción empobrece a nuestro servicio público, y destroza la confianza en nuestras instituciones, así como también llega terminar privatizando el servicio público en interés de los que ejercen el poder.

Sin embargo, también tienen influencia determinados factores que, específicamente en el campo de la corrupción han tenido cierto estudio, pero no aplicado a la investigación en cuanto a *whistleblower* sino en cuanto a los individuos que corrompen. La división de estos estudios nos ha llevado a concentrar en esta investigación los distintos resultados analizados para plantear posibles situaciones y, en función de ellas, atender a los resultados obtenidos por las entrevistas.

Estos factores inciden, como bien indica LEO CASTELA, en que, aunque el *compliance* en el que nosotros hemos encuadrado a los denunciantes está destinado a organizaciones y entidades colectivas, las mismas se conforman por individuos que toman decisiones. Esta toma de decisiones a nivel individual o colectivo califica como la teoría de la elección racional[493]. La teoría de la elección racional se fundamenta, por tanto, en las decisiones tomadas por un individuo que busca maximizar sus objetivos, necesidades o deseos específicos, como hemos indicado en la ilustración del modelo de denuncia. Esto implica seleccionar la acción más adecuada entre varias opciones posibles. En el contexto de una Administración, en cuanto a los integrantes del empleo público, existe un factor previo a esta elección racional: el deseo individual de los miembros que la componen y su temor a vulnerar su bienestar.

Al analizar los motivos detrás de ese temor a presentar una denuncia, se identificaron varios factores que arrojan luz sobre el proceso seguido por estas personas. Entre estos factores se encuentran la falta de formación e información para acceder a canales adecuados, la probabilidad de sufrir represalias, la influencia del género, un contexto hostil en las relaciones interpersonales, la estructura del servicio público y la ausencia de legislación de protección. Estos elementos en conjunto contribuyen a comprender las razones que llevan a los denunciantes a experimentar miedo y reticencia al momento de realizar una denuncia de corrupción.

1.1. Ausencia de formación e información para el acceso a canales de información internos o externos

Uno de los primeros elementos que hemos atendido es el desconocimiento existente en cuanto a la Directiva, a los cana-

---

493 Leo Castela, J. I. (2021). *Gestión de riesgos legales y compliance corporativo* (p. 28). Tirant lo Blanch.

les disponibles y a las opciones con las que cuentan ante estos escenarios.

Debemos mencionar necesariamente el estudio realizado en el año 2022, la encuesta de corrupción y ética en España en 2022 (cuestionario EPOCA-AVAF)[494]. En este estudio, buena parte de la población desconocía la existencia de la AVAF o no había oído hablar nunca de ella. Concentrándose dicho desconocimiento en edades tempranas (de 18 a 34 años), y disminuyéndose esa falta de conocimiento en edades más avanzadas (de 35 años a 64, teniendo en cuenta que abarca dos tramos de edad), y aumentando un poco más a partir de los 65 años. En porcentajes, un 68% de la población de la Comunidad Valenciana no habría oído hablar de la AVAF, ni sabe que existe. Ante este escenario, es coherente pensar que la externalización de la denuncia precisa de otro tipo de políticas públicas y de mayor difusión, teniendo en cuenta la actividad desarrollada en materia de difusión que ha realizado la AVAF en su corta vida institucional.

Otro dato interesante en cuanto al conocimiento es que casi todos los denunciantes entrevistados conocían sus opciones internas cuando las había. Específicamente, la mayoría de las respuestas obtenidas son similares a la aportada por uno de los denunciantes, salvo exclusiones donde no había canal específico y el proceso era verbal ante superiores jerárquicos:

> Sujeto 9: "Nosotros contamos por reglamento con el conducto reglamentario, tienes que elevar las quejas o denuncias a tu mando inmediato y va subiendo, a no ser que el problema

---

494 Dicho estudio, realizado por la AVAF y en colaboración con la Cátedra de Buen Gobierno e Integridad Pública de la Universidad de Murcia, así como también el Instituto de Ciências Sociais de la Universidad de Lisboa, no ha sido publicado, pero sí presentado. https://www.antifraucv.es/la-agencia-valenciana-antifraude-presenta-la-1a-encuesta-de-percepcion-de-la-corrupcion-en-espana-y-la-comunitat-valenciana/

> sea con el mando inmediato que entonces puedes omitirlo e ir directamente más arriba. Ese fue el primero que utilicé y sorprendentemente el comisario al que se lo llevé pues convenientemente negoció con un sindicato, cambiamos de turno, me llegaron amenazas (...) Es decir que lo que estaba establecido era sobre el papel, pero luego no funcionaba."

También vemos como hay denunciantes que no contaban, por las fechas en las que se produce su denuncia, con canales de información adecuados, o en su puesto de trabajo, desde el año 2016, no existían canales internos. Sin embargo, buena parte del problema no viene de la falta de conocimiento, sino de la falta de medidas de protección en los canales que sí tenían. Aventurarse a iniciar un proceso judicial o acudir a las fuerzas y cuerpos de seguridad son, en muchos casos, opciones difíciles para los denunciantes por el proceso tan largo y tedioso, además de su necesaria identificación. Por ese motivo, la AVAF y la propia Ley 2/2023[495] enfatizan en la necesidad de que los empleados de las organizaciones conozcan y estén formados en estos canales. En esa línea es necesario remarcar la necesidad de que los empleados tengan una completa comprensión de la existencia de los canales internos, de la posibilidad de acudir a los canales externos y así se debe incorporar desde el inicio de su relación laboral. Todo ello, a través de po-

495 El contenido del título IV abarca disposiciones que se aplican tanto a las comunicaciones internas como externas, siguiendo las pautas establecidas en el capítulo V de la Directiva 2019/1937 del Parlamento Europeo y del Consejo, emitida el 23 de octubre de 2019. Estas disposiciones establecen la obligación de proporcionar información adecuada de manera clara y fácilmente accesible sobre los canales de comunicación interna y externa: es decir, se precisa de una formación adecuada y sencilla para los empleados. Esta formación tiene por objeto mejorar el conocimiento de los canales establecidos por la Ley 2/2023 con la esperanza de garantizar su utilización. Disponible: https://www.boe.es/buscar/act.php?id=BOE-A-2023-4513

líticas internas y externas dirigidas a que se haga transparente la opción de denuncia mediante diversas vías.

Para su ejecución, en el año 2022[496] y continuando con su desarrollo, la AVAF ha realizado convenios con distintas instituciones públicas, incluyendo Universidades Públicas y también con el Instituto Nacional de Administración Pública. En estos cursos, dirigidos a empleados del ámbito público, se crearon distintos contenidos sobre integridad y corrupción, prevención de la corrupción a través de distintas medidas, compliance público, etc. El objetivo de los mismos es precisamente que los funcionarios, los empleados públicos, conozcan sus opciones de denuncia, qué denunciar y a través de qué mecanismos, dando a conocer la labor de la AVAF dentro de la Comunidad Valenciana, para intentar que el empleado público conozca sus derechos.

El conocimiento de las vías y de las opciones a las que tiene acceso es, por lo tanto, un elemento más a tener en cuenta para que la persona pueda denunciar, incluyéndose la misma en la (7) disponibilidad de los canales de denuncia, pero tam-

---

496 La información a estos cursos se puede encontrar en la página web de AntifrauCV, pero encontramos también en el INAP el plan de uno de los cursos: https://buscadorcursos.inap.es/fichacurso/27725
Debemos destacar, también, la presencia de estos cursos en las Universidades, ámbito en el que los servidores públicos asistentes mencionaban que la mayoría de problemas que tenían en cuanto a la detección era no saber qué denunciar y ante quién. Para ello, realizamos primero la visualización de un documental (Corrupción: organismo nocivo), explicamos la labor de la AVAF y sus funciones, y aplicamos todas estas funciones a lo que la criminología concibe como un método de prevención situacional. "Finaliza el curso interuniversitario *vid.:*"Prevención de riesgos de corrupción en la gestión pública" en la Universidad de Alicante." Disponible en: https://www.antifraucv.es/finaliza-el-curso-interuniversitario-prevencion-de-riesgos-de-corrupcion-en-la-gestion-publica-en-la-universidad-de-alicante/
[Recuperado el 21 de mayo de 2023]

bién en el conocimiento de las (5) soluciones consideradas. Probablemente por la situación de desconcierto expuesta en el capítulo dos en cuanto a la división de la canalización interna de denuncia, existen servidores públicos que no conocen, no se les ha formado, o no han preguntado, sobre la existencia de vías internas y confidenciales[497].

En el caso de los tres servidores públicos dedicados al área de seguridad (sujetos 3, 9 y 10) agotaron la vía interna hasta llegar a la vía externa a través de la AVAF. Sin embargo, otro de los denunciantes optó por externalizar su denuncia ante el Juzgado de Instrucción de su localidad (Sujeto 4), que posteriormente inició contra él un proceso administrativo paralelo. Independientemente de las vías, lo que tienen en común los cuatro denunciantes ha sido el sufrimiento de las represalias.

1.2. Probabilidad de represalias o represalias esperadas

Uno de los motivos claros por los que los servidores públicos no denuncian son las represalias. Los denunciantes entrevistados sufrieron represalias, de una forma u otra, pero se realizaron sobre ellos determinados castigos por realizar la denuncia en diferentes modos. Como bien hemos indicado antes, las

---

497 En mayo de 2023 se acuerda que la Inspección General de Servicios de la *Generalitat Valenciana* será la encargada de gestionar los canales internos de información respectivos a las administraciones de servicios, de conformidad a lo establecido en la Ley 2/2023. "Habilitar medios confidenciales de comunicación para poner en conocimiento de la INSPECCIÓN GENERAL DE SERVICIOS, INSPECCIÓN DE SERVICIOS SANITARIOS, INSPECCIÓN DE EDUCACIÓN o INSPECCIÓN DE SERVICIOS SOCIALES, infracciones conocidas en un ámbito profesional con la Administración de la Generalitat.". Disponible en: https://cjusticia.gva.es/es/web/inspeccion-general-servicios/sistema-interno-informacion
[Recuperado el 20 de mayo de 2023]

represalias se han producido de carácter económico, laboral, personal y administrativo. Asimismo, debemos recordar que estas represalias se han llevado a cabo incluso con la existencia de la AVAF como método de denuncias externas y bajo su amparo de estatuto de protección. Vemos, de esta forma, que la existencia de un Estatuto y de una autoridad no ha sido impedimento para la realización de los eventos que les han llevado, a muchos de ellos, a estar bajo protección.

La ley 2/2023, adoptada meses después de la realización de las entrevistas no modifica sustancialmente la situación: se prohíben las represalias a través de sanciones, pero no hay medidas preventivas específicas para proteger *ex ante* al denunciante, ya que solo se considera el anonimato como posible medida preventiva, determinadas medidas de apoyo y sanciones en caso de represalias. El objetivo, tal y como se debe presentar, es que los denunciantes no lleguen a recibir ningún tipo de represalia, sufran las menores posibles, y queden aparatados de todo procedimiento que se pueda interponer contra ellos.

Teniendo en cuenta los análisis de caso hemos dividido las represalias en los cuatro tipos mencionados previamente. En cuanto a las represalias de carácter económico, vienen generadas, en gran parte, por la pérdida de empleo y sueldo, pérdida provocada ocasionalmente por los expedientes disciplinarios que se inician como forma de represalia.

> Sujeto 4: "El peor escenario de mi situación coincidió con mi suspensión de funciones y de atribuciones que fue iniciado en agosto del 2017, estando de vacaciones en mi casa a dos días de regresar al trabajo me mandaron un burofax y me comunicaron que quedaba suspendido de empleo y sueldo desde el día siguiente de la recepción de ese burofax, por 3 años. Esta sanción que dio comienzo coincidió con una enfermedad oncológica de mi hijo y ni siquiera ese detalle, que me parece lo suficientemente grave para una persona, pero sobre todo para un padre fue capaz de conmover a los represaliadores que habían dictado aquella resolución."

El anterior testimonio, perteneciente a un servidor público, fue acusado de usurpar atribuciones que no le correspondían: ante iniciativa propia por su formación y función en el Ayuntamiento, recibe multitud de sanciones por diversas actividades realizadas en el ámbito escolar. Una de ellas, concienciar sobre abusos sexuales o abuso de sustancias en los institutos y colegios, creando distintas iniciativas de formación a través de programas públicos. Estas sanciones escondían lo que el denunciante nos indicaba: por haber denunciado infracciones y actividades ilegales hacia otros funcionarios del Consistorio que se aprovechaban económicamente de un programa de trabajos en beneficio de la comunidad, el Ayuntamiento decide expedientarle.

En un inicio, las faltas por las que se le acusaban eran leves, desprendiéndose de estas faltas responsabilidad disciplinaria e incoándose contra él un procedimiento sancionador, que ha derivado en distintos procesos que hoy continúan. Estas sanciones, que se encuentran recogidas en el artículo 14 del Real Decreto 33/1986, de 10 de enero, por el que se aprueba el Reglamento de Régimen Disciplinario de los Funcionarios de la Administración del Estado, donde se enumeran en la separación del servicio, suspensión de funciones, traslado con cambio de residencia o apercibimiento. Para la suspensión de funciones, es requisito haber cometido una falta muy grave y la sanción no podrá ser superior a seis años, siendo este el máximo de la sanción impuesta al denunciante.

En otra pregunta, el mismo añade:

> Sujeto 4: (...) para mí ha supuesto también una asfixia económica porque he tenido que pagar de mi bolsillo los gastos jurídicos, abogados, procuradores y demás, mientras para ellos esto no les ha supuesto nada porque han tenido su equipo jurídico y sus espaldas cubiertas con dinero público para poder seguir represaliando y utilizando recursos e influencias".

De este modo, se confirma que, aunque el sueldo público sitúa a la persona denunciante en un contexto económico adecuado para enfrentarse a estos procesos, los represaliadores aprovechan el abanico de sanciones posibles sobre los funcionarios para poner barreras económicas y tratar de frenar la denuncia a través de este mecanismo de presión. La pérdida de funciones, y, por ende, de sueldo público le lleva al denunciante a plantearse, dependiendo del escenario en el que se encuentre, si realmente merece la pena continuar en el proceso con una familia que depende de buena parte de esa economía perdida, o de una ausencia de ayudas económicas que tienen en cuenta su puesto en el sector público.

En cuanto a las represalias laborales, referidas al *mobbing*, hablamos de situaciones que dan salida a burlas, a hostilidad contra el denunciante y a utilizar el acoso como una estrategia para intimidar a la persona que alerta. ZAPF visibiliza que, con frecuencia, se producen enfermedades psiquiátricas relacionadas o en consecuencia del trabajo, somatizándose en ansiedad generalizada o diversos trastornos, como el estrés postraumático. En la misma línea, el autor indica que es difícil demostrar el *mobbing* porque generalmente no hay testigos que puedan verificarlo, añadiendo que no solo consiste en una sola acción, sino varias, extendidas en el tiempo[498]. En el caso de otro denunciante, el mismo indica que en su momento tuvo que acudir a ayuda psicológica y posteriormente psiquiátrica para medicarse, dado que la situación le generó diferentes síntomas preocupantes, a causa de diversos escenarios vividos:

> Sujeto 5: "Me acompañará toda la vida dos frases: este informe lo ha hecho una rata, yo extermino las ratas, yo extermino a las ratas y a esta rata la voy a exterminar. Esto lo dijo un funcionario habilitado (...) Y la tercera, por añadir otra cosita, – perdona–como vieron que a mí la amenaza de despedirme

---

498 Zapf, D. (2007). IV Mobbing und Whistleblowing in Organisationen. En *Zivilcourage trainieren!: Theorie und Praxis* (pp. 61-63).

> me daba igual, era vamos a despedir a esta, esta y estas otras personas que estaban conmigo. Eso es muy duro, irse a casa con esa responsabilidad, eso sí que es muy duro."

Respecto a las represalias personales, cabe mencionar que la propia Directiva (UE) 2019/1937 habla de facilitar protección al entorno de la persona denunciante, como los facilitadores, compañeros de trabajo o familiares del denunciante sobre los que se puedan tomar de forma directa e indirecta una represalia, según se indica en el considerando 41 y el artículo 4.4.b). En su transposición a nuestro ordenamiento jurídico, en la Ley 2/2023, se incluye el mismo precepto en el artículo 3, relativo al ámbito personal de aplicación.

Sin embargo, ya se contaba con el concepto de "acoso laboral" en las faltas disciplinarias del Estatuto Básico del Empleado Público, estableciendo también una serie de sanciones a las personas que lo ejerzan. Precisamente, el acoso laboral sería una de las infracciones indicadas como falta muy grave, por lo que lo sufrido por el denunciante citado en el anterior párrafo y por otros denunciantes ya se podía sancionar en el caso de ponerlo en conocimiento, influyendo otros factores como el temor, la distancia de poder entre el denunciante y el represaliador, etc.

Presentada la denuncia interna, y extendida la misma hacia la AVAF, otro denunciante relataba en cuanto al tipo de represalias recibidas:

> Sujeto 10: (...) amenazas en la familia, a ver donde trabaja la mujer. Eso ya crea un ambiente tenso en la propia relación, que claro, la va destruyendo. La mujer tampoco entiende porque la buscan a ella porque quieren saber de ella, y al final pues la familia la destruyen. Mi mujer me pidió la separación, claro, estaba asustada. El día de mañana pues no me soportaba ni yo, claro, el saber que querían conocer donde vivía mi mujer donde trabajaba y demás... lo peor, lo que más me ha afectado es que me haya costado tantos años de relación."

Recordemos que, en el caso anterior, las represalias que se cometieron contra él, se desprenden tres circunstancias: su traslado de Comunidad Autónoma, su pérdida familiar completa y su baja psiquiátrica por depresión. Ante las numerosas represalias recibidas, mencionaba las administrativas a través del inicio de procesos contra él, la sustracción de su arma del Armero (artículo 42) por parte de otros funcionarios que trataban de sancionarle, entendiéndose a éstos como sus superiores, y que trataremos posteriormente. Como miembro de las fuerzas y cuerpos de seguridad a nivel local de Torrevieja, recibió varias sanciones por faltas disciplinarias recogidas en el Reglamento de la Policía Local de Alicante[499]. Entre ellas graves y muy graves, se le acusaba de desobediencia a los mandos de quien dependen, y a las instrucciones que ellos les daban (artículo 88), de abandono injustificado de su servicio, la desconsideración con sus superiores (artículo 89) y, como no, la pérdida de su arma reglamentaria.

Rememorando lo indicado por la Directiva 2019/1973, en el caso anterior hablamos de represalias indirectas, dado que son indagaciones para ocasionar temor al ámbito familiar: es decir, no son represalias directas sobre el entorno de la persona denunciante. No podemos afirmar que sean amenazas debido al ámbito subjetivo de dicho delito requiere que la acción que se está realizando se produzca sobre otro delito. Sin embargo, las indagaciones que el mismo menciona, aunque produzcan ese temor de lo trasladado por él mismo, podemos extraer que probablemente se quiera cometer un delito sobre el ámbito familiar, aunque el denunciante, conociendo el con-

499 Reglamento disponible en: https://www.alicante.es/es/normativa/reglamento-organizacion-funcionamiento-y-regimen-juridico-policia-local-del-ayuntamiento teniendo en cuenta que la ciudad de Benidorm pertenece a la provincia de Alicante, los policías locales se rigen específicamente por Reglamento de Organización, funcionamiento y régimen jurídico de la policía local del Ayuntamiento de Alicante.

texto, sienta un temor fundado. De esta manera, siguiendo a SÁNCHEZ TOMÁS en el caso de las amenazas no condicionales como la sufrida por el denunciante y su entorno familiar, la mera intimidación de un daño implica un riesgo para la seguridad personal del individuo. Esta conducta amenazante puede perturbar su sensación de tranquilidad y seguridad, lo que lleva a las personas denunciantes ante una situación similar o equiparable a la sufrida por él y su familia[500].

En esta línea, GOMES CASTILHO adelanta que las personas denunciantes definen su experiencia durante todo el proceso como una auténtica pesadilla, en la que acaban asumiendo costes mucho más elevados de lo esperado, enumerándolos en "desgastes emocionales, quiebra de sus relaciones sociales, represalias laborales, desestructuración familiar, hasta la completa ruina financiera"[501]. En base a estas consideraciones, sobre los denunciantes entrevistados vemos como en el *mobbing* que han sufrido estos empleados se producen actitudes que la Ley 2/2023 puede dejar sin protección debido a que son medidas de aislamiento y de maltrato psicológico no tan visibles. Hablamos de asignación de tareas sin efectividad o sin sentido que puedan perjudicar a la autoestima del empleado;

---

500 Sánchez Tomás, J. M. (2021). Apud Cuesta Aguado, M. P. de la, et al. *Tratado de Derecho Penal Parte Especial (I): Delitos contra las personas* (p. 701). Tirant lo Blanch.

501 Gomes Castilho también hace alusión, desde el año 2017, sobre la necesidad de adoptar incentivos teniendo en cuenta que, como seres racionales, estamos interactuando con personas que corren determinados riesgos (costos) sobre los que se debe actuar. Entre tanto, el proponía la admisión de denuncias anónimas o las garantías de confidencialidad, indicando de este modo que, aunque las medidas de protección sean escasas, con esas posibilidades los denunciantes pueden sentir menor animadversión hacia la denuncia. En Castilho, D. (2017). Whistleblowing: Una política eficaz en la recuperación de activos. En *Recuperación de activos y decomiso: Reflexiones desde los sistemas penales iberoamericanos* (p. 149). Tirant lo Blanch.

aislamiento social en cuanto a la exclusión de esta persona del grupo; dañar su reputación a través de bromas en cuanto a su vida privada; las amenazas o humillaciones; utilizar rumores sobre la persona, etc.[502].

Por último, mencionamos las represalias administrativas por ser el método de sanciones que no son de carácter penal, llevado a cabo sobre nuestros servidores públicos, que como no, tienen relación con las consecuencias personales y económicas, y es otro método más de acoso y presión laboral. Siete de los denunciantes han sufrido procesos administrativos, muchos de ellos recurridos y sin finalizar hasta la fecha de entrega de esta obra. Uno de ellos, ha llegado a recibir multitud de sanciones, llegando a elevarse hasta nueve procesos distintos, incluyendo también su expulsión temporal del servicio. Concretamente, ante la pregunta realizada sobre los tipos de represalia sufridos, menciona:

> Sujeto 3: "Pues las he tenido varios tipos de represalia a corto plazo, a medio plazo y a largo plazo. A corto plazo, pues un aislamiento, una serie de expedientes disciplinarios que se me incoaron los cuales se produjeron cerca de nueve".

Recordando lo analizado en el sistema angloamericano, los denunciantes federales que puedan ser objeto de represalias administrativas (procesos administrativos para su despido a través de sanciones), acudían al *Merit Systems Protection Board* (MSPB), donde un juez administrativo conocía de sus reclamaciones a nivel federal. En este caso, considerando la estructura de la función pública, acuden ante la AVAF para que las medidas que se tomen contra él se suspendan de inmediato, asesorándole jurídicamente mientras se recurren los procesos administrativos iniciados contra él, dado que es personal de la Comunidad Valenciana. A nivel federal, existía una ausencia

---

502 Zapf, ibid., pág. 63

de protección frente a las mismas, y quedaba desamparado de protección contra estos procesos, pero en el caso de la AVAF, a nivel autonómico, las sanciones administrativas tramitadas contra el denunciante quedaron suspendidas a petición de la AVAF como medidas cautelares ante los recursos presentados frente a las sanciones impuestas[503].

En otro orden, uno de los denunciantes externos de la autonomía añade multitud de represalias que unen una de otras, incluyendo las represalias penales a las que hacemos alusión previamente:

> Sujeto 6: "Mediáticas, financieras, sobre todo. Es difícil porque tampoco he perdido dinero, sino que no he seguido dentro de una vía profesional y he tenido que cambiar. No es que gané menos, sino que tuve que ganarlo de modo distinto. He tenido que dejar una industria (...)."

En otra pregunta relacionada con las represalias, el Sujeto 6 añade la represalia penal por la que tuvo que estar casi un año en prisión: "(...) por su *incompletud*, por su falta, por su arcaísmo, por INTERPOL. He sido un prófugo de esa autoridad."

En este sentir, vemos en esta situación concreta que las represalias penales siguen existiendo, aunque contemos con determinados reglamentos administrativos que traten de proteger contra las represalias generales. Aunque este caso corresponde al denunciante internacional de sector bancario, que efectivamente estuvo en prisión, no vemos mucha diferencia con las posibles acusaciones que se puedan verter sobre funcionarios públicos respecto a ciertos delitos: en el caso de uno de

---

503 Entre las múltiples faltas por las que se le acusaba, una de ellas era, por su condición, "usurpación de atribuciones" de otros funcionarios. Ante el recurso presentado por J.L. el ayuntamiento rechazó sus recursos y afirmó rotundamente haber usurpado funciones de la Policía Local.

los denunciantes, se le acusó por vía penal de haber revelado secretos del Ayuntamiento de su localidad a la prensa.

Recordemos que, en nuestro Código Penal, los funcionarios públicos, agentes del servicio público, pueden ser acusados de infidelidad en la custodia de documentos, violación de secretos, falsedad documental, o incluso desobediencia sobre aquellas resoluciones judiciales u órdenes de la autoridad superior que le ordenen a cumplir las resoluciones. Aunque habría sido interesante contar con los Autos, somos conscientes de que al menos varios de nuestros denunciantes están inmersos en un proceso penal: los dos primeros por violación de secretos, frente a otros donde se incluye también desobediencia a sus mandos directos. Recordemos que la Ley 2/2023 no viene a resolver, tampoco, este problema.

Como bien se indica en el ámbito material de aplicación (artículo 2), la protección que se pueda prever en la ley no será aplicable a toda aquella información que pueda afectar a información clasificada, ni tampoco a aquellas obligaciones que resultan o se extienden de las obligaciones, entre otros, de las Fuerzas y Cuerpos de Seguridad en el ámbito de sus actuaciones. Por lo tanto, informar públicamente, a través de los medios de comunicación, de que representantes públicos del Ayuntamiento de cierta localidad están aprovechándose económicamente de una situación de vulnerabilidad, entendemos que no entra dentro del ámbito de aplicación de la ley.

Asimismo, tampoco solventa de ningún modo, que una persona que denuncie pueda tener responsabilidad penal tras realizar la denuncia. En otras palabras: después de manifestar durante todo el texto legal que el denunciante no sufrirá responsabilidad jurídica alguna por haber realizado la denuncia (de buena fe), se incluye en el propio apartado de protección la posibilidad de existir responsabilidad penal[504].

Una referencia respecto al Estatuto de protección de la AVAF, en su artículo 14, es que "en ningún caso la protección derivada de la aplicación del estatuto de la persona denunciante le eximirá de las responsabilidades en que haya podido incurrir por hechos diferentes de los que constituyan el objeto de la denuncia". Esto significa que la protección que se otorga a una persona denunciante según el estatuto no la exime de responsabilidad por acciones distintas de aquellas que son objeto de la denuncia. En otras palabras, si la persona denunciante ha cometido acciones indebidas o ilegales aparte de lo que está denunciando, seguirá siendo responsable y su protección legal no cubrirá esas acciones adicionales. La protección se limita específicamente a la denuncia en cuestión y no exime de otras responsabilidades legales derivadas de acciones externas a la denuncia presentada. En este sentido, cabría cuestionar si este elemento será el general en las siguientes posibles denuncias en la Comunidad Valenciana, teniendo en cuenta la discordancia con lo analizado en el artículo 38 de la ley 2/2023.

En conclusión, las represalias se adoptan en multitud de formas que las medidas adoptadas por la ley pueden no tener carácter preventivo, especialmente cuando la confidencialidad no se haya podido asegurar, y fundamentalmente, cuando la imagen de la persona denunciante se haya expuesto en redes

---

504 Artículo 38: Medidas de protección frente a represalias. No se considerará que las personas que comuniquen información sobre las acciones u omisiones recogidas en esta ley o que hagan una revelación pública de conformidad con esta ley hayan infringido ninguna restricción de revelación de información, (...) Esta medida no afectará a las responsabilidades de carácter penal. 2. Los informantes no incurrirán en responsabilidad respecto de la adquisición o el acceso a la información que es comunicada o revelada públicamente, siempre que dicha adquisición o acceso no constituya un delito.

sociales o medios de comunicación. Independientemente del tipo de represalia que sea, podemos afirmar en que, iniciado el proceso, el denunciante no evitará verse inmiscuido en él en cualquiera de sus formas, por lo que tendremos que reducir esa posibilidad. Sobre todo, tal y como analizan MICELI y NEAR, las represalias están relacionadas con la gravedad de la conducta incorrecta denunciada, con la hostilidad de las personas denunciadas y por el uso de canales externos, por lo que obtendría explicación que las represalias que hemos visto hayan sido de mayor gravedad en aquellos casos donde el grupo corrupto o la trama es mucho más amplia y dependiente de la estructura ilegal[505].

1.3. Influencia del género

Los estereotipos de género se han ido invisibilizando a través del acceso de la mujer al ámbito laboral. Siguiendo a LOUSADA, a partir de la segunda mitad del siglo XX la mujer

---

505 En otras palabras, si la trama corrupta o la dependencia económica es más amplia, las represalias serán mucho más severas, dado que el grupo corrupto no querrá renunciar a la dependencia de la economía ilegal y las ganancias ilícitas. Un buen ejemplo son los casos de Sujeto 3, 9 y 6 en la que las estructuras eran de gran magnitud, así como también sucedía en el caso de Sujeto 4 en el que el Ayuntamiento mantenía cierta relación con grupos delictivos en el ámbito de la prostitución y el tráfico de drogas. Por lo tanto, vemos como las represalias sufridas por estos individuos han sido de naturaleza grave. También incluimos en este caso a Sujeto 1 por su vinculación con una trama corrupta de incidencia internacional, pero su minimización a las represalias sufridas puede responder a un mecanismo de defensa en la propia entrevista, que, en tal caso, estaría sesgada. Dicha correlación entre gravedad de la información y su relación con las represalias se establece en Miceli, M. P., & Near, J. P. (1989). The incidence of wrongdoing, whistleblowing, and retaliation: Results of a naturally occurring field experiment. *Employee Responsibilities and Rights Journal, 2*, 103-116.

accedió al mundo que, hasta entonces, había pertenecido al género masculino en gran parte[506]. En este escenario donde la mujer comienza a tener su protagonismo, debemos contextualizar, aunque sea de forma breve, la incidencia de las mismas sobre la corrupción: de las once personas denunciantes, solo dos de ellas son mujeres, y una de ellas con un puesto relevante en la Administración Pública. El dato tan bajo en cuanto a las denuncias por parte de mujeres también se muestra en las Memorias anuales de la AVAF. Precisamente, en la última memoria de 2022, se recoge la evolución de denuncias: en el año 2018, dos años después de su creación, 19 mujeres habían presentado una denuncia, evolucionando en el año 2020 y 2021, de 21 denuncias a 32 respectivamente. En el año 2022, 31 mujeres presentaron una denuncia ante la AVAF[507].

Para empezar a contextualizar este punto, es muy difícil sentenciar que la corrupción guarda relación con el género de los autores, pues es una variable que muy pocas veces se tiene en cuenta a la hora de investigar estos asuntos. Ante este problema, el Grupo de Estados contra la Corrupción (GRECO)[508] ha

---

506 Lousada, J. F. (2022). *Igualdad y diversidad en las relaciones laborales* (p. 28). Tirant lo Blanch.

507 AVAF. Memoria AVAF 2022 [PDF]. Disponible en https://www.antifraucv.es/wp-content/uploads/2023/03/MEMORIA_AVAF_2022_CAS.pdf [Recuperado el 20 de mayo de 2023]

508 GRECO se ha centrado, en este informe, en analizar el impacto desproporcionado/desigualitario sobre hombres y mujeres, y la relacion entre el nivel de corrupción de un país frente al aumento de participación o representación de las mujeres en ese país. Es decir, en el análisis de paridad en los poderes públicos y sector privado y su influencia en el aumento, disminución o estabilización de la corrupción. Lisuchova, H. (2012). *Gender dimensions of corruption.* GRECO. Disponible en: https://rm.coe.int/16806cd01e

[Recuperado el 20 de mayo de 2023]. Cabe mencionar que LISUCHOVA ha incluido la hipótesis de que existen evidencias de que las mujeres pueden ser menos propensas a denunciar la corrupción y/o defender sus

iniciado un arduo trabajo para realizar un diagnóstico sobre la representación del género femenino en las políticas de los Estados contra la corrupción, tratando de determinar si hay relación entre la incorporación de mujeres en puestos de decisión respecto a la lucha contra la corrupción y la percepción de la corrupción.

Tal y como bien afirma MORENO GARCÍA[509], la corrupción tiene un mayor impacto sobre el género femenino que sobre el masculino, pues los efectos del fenómeno de la corrupción afectan en mayor parte a colectivos vulnerables, incluyendo en esa categoría a las mujeres. La corrupción, además de ser un obstáculo para el fomento de la igualdad, también lo es para la erradicación de la pobreza, por lo que las clases bajas no podrán tener las mismas oportunidades de acceso a determinados puestos de trabajo, acentuándose ese problema en el caso del género femenino, que asume el rol de cuidados en las viviendas, o el de supervivencia económica a través de trabajos precarizados. De esta forma, combatir la corrupción queda en manos de hombres con un estatus social alto, presentes en puestos de decisión.

La anterior afirmación puede estar avalada por diversos estudios que empiezan a sugerir que el género femenino parece

---

derechos, especialmente cuando la corrupción es un problema dentro del propio sistema judicial.

509 En su función de técnico de prevención, MORENO GARCÍA también ha dado más luz respecto a la influencia del género en el combate a la corrupción. La autora cita estudios que hemos decidido incluir en este apartado, y que concluyen que la mujer i) tiene comportamientos más honestos; ii) se ven menos involucradas en las prácticas de sobornos; y iii) aquellas que denuncian corrupción acaban adquiriendo el rol de dama de hierro. Moreno García, P. (2022). *Género y corrupción.* Transparencia Internacional España. Blog AVAF. Disponible en línea: https://www.antifraucv.es/genero-y-corrupcion-transparencia-internacional-espana/ [Recuperado el 14 de mayo de 2023]

ser menos corrupto que el género masculino, al tiempo que las mujeres, con carácter general, tienen un papel positivo en la reducción de niveles de corrupción porque la toleran menos, y por lo tanto, denuncian más[510]. No obstante, esto no se corresponde con la realidad: las mujeres puede que no toleren más la corrupción, pero no son las que más denuncian por varios motivos. No obstante: esto es un problema multifactorial, en el que intervienen multitud de factores a tener en cuenta.

Limitarnos únicamente a estudiar la variable del género y no lo que gira en torno a él sería caer en un error absoluto, pues además del género, intervienen otros elementos como la clase social a la que pertenecen los individuos, la cultura del país en el que se encuentran, así como el proceso histórico que atraviesan, entre muchos otros. Respecto al proceso histórico, ya hemos indicado en el punto dos que, su estudio, se justifica precisamente para analizar la influencia de nuestra evolución en la imagen que tiene nuestro país de las personas que denuncian corrupción. Por lo tanto, la mujer denunciante no tiene una imagen negativa por el hecho de ser mujer, sino por el contexto histórico que gira en torno a la misma figura, y que puede tener también cierta influencia negativa en cuanto al género. Es decir: el género no es un elemento directamente decisivo en las represalias, pero sí mantiene cierta influencia.

Entre los factores que influyen, DEBSKI et al. mencionan la masculinidad y la distancia de poder de los individuos. Por un lado, relaciona la masculinidad con un comportamiento social de búsqueda de éxito con carácter agresivo, comportamiento este que suele acompañar el comportamiento corrupto a través de la búsqueda de ganancias, imaginándonos en este sentido sociedades altamente individualistas con los llamados *corporate shark* en un ambiente y entorno altamente competitivo, pre-

---

510 Debski, J., et al. (2018). Gender and corruption: The neglected role of culture. *European Journal of Political Economy*, *55*, 530-547.

sentes también en la administración pública con casos como "el yonqui del dinero". Por otro, en cuanto a la distancia de poder, se evalúa el grado de distribución social, aludiendo a que en sociedades donde hay una mayor distancia social de clases hay un aumento de probabilidad de comportamiento corrupto entre aquellas clases que ocupan los privilegios económicos, altamente relacionados con la primera de las variables[511]. Por lo tanto, en sociedades altamente individualistas, con una distancia amplia entre clases sociales y una cultura agresiva en cuanto al éxito, si además hay una escasa presencia femenina, parece haber mayor presencia de tolerancia a los actos corruptos. Es decir, sociedades donde los roles de género son más representados y no progresan, donde hay una mayor claridad sobre el techo de cristal, suelen ser países donde la denuncia de corrupción no es tan tolerada.

Atendiendo a lo expuesto cuando hablábamos del techo de cristal, tal y como bien recoge Transparencia Internacional, las mujeres tienden a sufrir mucho más las formas de corrupción, debido a los desequilibrios de poder existentes y a los diferentes niveles de participación de la mujer tanto en la vida pública como en la representación política, contando también con su presencia en las esferas decisorias del sector privado. En el informe citado previamente de GRECO, se habría detectado en sus evaluaciones ciertos "desequilibrios de género en los parlamentos y el poder judicial"[512] que desde su posición han iniciado la incorporación de perspectiva de género en esas instituciones.

Entre los informes realizados por varias organizaciones, se muestra como en el caso de aquellos casos donde aumenta el liderazgo de las mujeres, hay una relación de crecimiento tanto de las organizaciones como de las naciones. Por este

---

511 Ibid., pág. 528

512 En el mismo informe GRECO, Ibid., pág. 6

motivo, GRECO, desde el año 2014, comenzó su solicitud de incorporación de medidas de lucha contra la corrupción con perspectiva de género, tratando de aumentar la participación de la mujer en los mecanismos de rendición de cuentas, tal y como bien afirma SALDAÑA[513]. En estos términos, GRECO analizó que, en cuanto a puestos de responsabilidad, la mujer solo ocupa un tercio de los puestos superiores, manifestándose de forma clara el techo de cristal.

Al hilo de esas declaraciones, existen también evidencias de que a pesar de que no se denuncie más, y tampoco se participe necesariamente de forma activa en los casos de corrupción, el género femenino tiende a tolerar en menor medida la corrupción. Es decir, vemos una brecha de género en la actitud que se tiene contra la corrupción[514]. Sin embargo, dicha tolerancia no significa que se tomen respuestas de denuncia, sino que su actitud no es proclive a la participación en casos de corrupción, pero si al reconocimiento de su existencia. De hecho, los estudios no avalan que aumentar la presencia de mujeres sea un factor influyente en los niveles de corrupción, sino que son variables relativas a la cultura las que tienen mayor influencia que el género. En esta investigación es difícil concluir que las dos mujeres entrevistadas presenten más cualidades que los hombres para frenar la corrupción, dado que dentro de su análisis hay una distinción de clase y jerárquica: una de las denunciantes ocupaba puestos de decisión en una *consellería,*

---

513 Saldaña, M. N. (2017). Implementación de la perspectiva de género en la acción del Consejo de Europa contra la corrupción: Dimensiones de género de la corrupción, monitorización y evaluación. En *Regeneración democrática y estrategias penales en la lucha contra la corrupción* (pp. 123-145). Tirant lo Blanch.

514 Detkova, P., Tkachenko, A., & Yakovlev, A. (2021). Gender heterogeneity of bureaucrats in attitude to corruption: Evidence from list experiment. *Journal of Economic Behavior & Organization, 189,* 220-233

frente a la otra denunciante, que vigilaba un examen de oposición[515].

Lo que se sugiere a través de ese estudio es que la presencia femenina en estos puestos supone una representación mayor de valores y creencias positivas frente a las jerarquías tradicionales y redes dominadas de forma exclusiva por una masculinidad negativa[516]. Parece, además, que la clase social, aunque no la hemos tenido en cuenta en nuestro análisis demográfico, es tan influyente como el género, pues el estatus social hará que ocupen puestos de responsabilidad más altos o puestos de bajo rango con una distancia bastante marcada.

Como afirman REHG et al., aquellas mujeres de un estatus social más bajo, con carácter general, se sugiere que será más probable que sufra represalias, dado que serán las empleadas con menos poder y, por tanto, menor respeto y tolerancia[517]. Asimismo, en el mismo estudio citado parece haber una correlación entre el escaso poder de la denunciante, frente al poder del infractor, por lo que ante la distancia de poderes aumenta mucho más las posibilidades de sufrir represalias, o al menos su percepción. Países donde las distancias de poder son superiores, la denuncia de una irregularidad sería difícil, sobre todo si no hay un esquema de incentivos para la denuncia de irregularidades o una suficiente protección a los denunciantes. Aun en ese esquema, en sociedades donde culturalmente hay

---

515 En este caso, la denunciante también presentaba autentico desconocimiento del proceso de denuncia. Dicho de otra forma: ella vio unos eventos que no le parecían adecuados en el transcurso de un examen de oposición al servicio público y lo denunció ante las autoridades que le indicaban en su entorno: la AVAF.

516 Debski et al, ibid., pág. 536

517 Rehg, M. T., Near, J. P., & Miceli, M. P. (2008). Antecedents and outcomes of retaliation against whistleblowers: Gender differences and power relationships. *Organization Science, 19*(2), 224-240

superiores y lideres, son generalmente autocráticos, esa distancia de poder se acepta por parte de los subordinados, aceptando el silencio ante irregularidades cometidas en el seno de los lideres[518].

Los roles de género, tal y como explicábamos en el anterior punto, se manifiestan también en el silencio y lealtad esperada: se espera que, en esa ley del silencio, la mujer sea mucho más equidistante en cuanto a posibles conflictos morales que puedan surgir, dado que debe mostrar menor asertividad y aquiescencia en su labor de empleo. La denuncia de irregularidades se concibe como un acto de valentía, hecho inesperable en una mujer según su rol social, especialmente si lo que ha denunciado denota gravedad[519]. Sin embargo, este fenómeno se produce cuando hay un grupo desigual en el que se presentan más hombres que mujeres, cambiando radicalmente cuando hay grupos equilibrados (50%-50%) en el que la mujer no tiene por qué cumplir determinados estereotipos para ser validada, ya que tiene suficiente representación.

Si la mujer está en minoría, el rol que adoptan sería el de la mujer que se enfrenta a una cultura con masculinidad que le hace sentirse "alborotadora"[520], por lo que su denuncia no es concebida como un acto de valentía, sino como un problema para la entidad en la que presenta la denuncia. Debido a la ausencia de más mujeres, o al encontrarse en minoría, no tienen

---

518 Hablaremos un poco más en profundidad respecto a estos incentivos en el apartado de incentivos económicos, dada su influencia en Brasil y EEUU, pero no su mención en otros entornos. Puni, A., & Hilton, S. K. (2020). Power distance culture and whistleblowing intentions: The moderating effect of gender. *International Journal of Ethics and Systems, 36*(2), 217-234.

519 Rehg et al, ibid., pág. 226

520 Kanter, R. M. (1977). Some effects of proportions on group life: Skewed sex ratios and responses to token women. *American Journal of Sociology, 82*(5), 965-990.

la capacidad de generar una contracultura que sancione la corrupción o desarrolle una cultura de transparencia, viéndose limitadas a denunciar con solo dos posibilidades: aislarse de los eventos y denunciar con las consecuencias que ello acarrea; o, por otro lado, intentar hacerse parte del grupo para mostrar lealtad[521].

Asimismo, en estas diferencias, las mujeres incluyen una dificultad mayor que las caracteriza: las responsabilidades familiares asumidas por los roles de género hacen que interrumpan sus puestos de trabajo y las normas informales sociales que asumen por esos mismos roles[522]. Es decir: una dificultad adicional que enfrentan las mujeres es su rol de cuidado, en comparación con los hombres en el ámbito laboral. Las responsabilidades familiares que asumen debido a los roles de género

---

521 Ibid, pág. 980

522 La importancia de este articulo radica precisamente en el análisis que realizan de la revista de Time. En el año 2002, fueron portada tres mujeres *whistleblower* que denunciaron distintas tramas de corrupción. Entre ellas, ENRON (Sherron Watkins). El artículo escrito en la revista Time, elogia la decisión de las mujeres de presentar denuncias, presentando una imagen idealizada del tipo de denuncia "buena": "Estas tres mujeres representan a personas comunes del corazón del país realizando algo extraordinario, que es decir la verdad y hacerlo porque creen que así mejorarán, cambiarán y redimirán las instituciones que tanto aman". Sin embargo, el artículo también utiliza ideas y estereotipos populares sobre las mujeres para construir una narrativa que explique las acciones de las tres denunciantes, de esta manera, es importante aludir a que las denunciantes de 2002 mostraban cierta reluctancia a asumir roles públicos, Particularmente, implica que las mujeres consideran cuidadosamente qué formas de participación les proporcionarán una recompensa lo bastante significativa como para justificar los riesgos involucrados, especialmente considerando las diversas respuestas que puede desencadenar el de realizar ellas mismas la denuncia, recordando que en muchos casos, también influye la familia y su "rol" asumido de cuidado. En Tilton, C. (2017). Women and whistleblowing: Exploring gender effects in policy design. *Columbia Journal of Gender and Law, 35*, 357-378.

pueden interrumpir su trayectoria laboral. Esto se debe a que las expectativas y normas sociales informales asociadas a estos roles conllevan una carga adicional para las mujeres, lo que puede afectar su capacidad para mantenerse en el empleo de manera continua, especialmente si llegan a sufrir represalias por su denuncia o detectan un ambiente hostil por la misma.

En el cálculo que hemos indicado en la Ilustración 2, faltaría, por tanto, incluir un elemento de rol de género. En esos cálculos es donde deben tener determinada incidencia las futuras políticas públicas implementadas por los Estados: el legislador debe tener en cuenta que los denunciantes no corren los mismos riesgos que las denunciantes, y que el contexto sociocultural en el que se encuentran es, en múltiples ocasiones, diametralmente opuesto. Sobre todo, y especialmente si tenemos en cuenta que, en una organización o entidad tradicionalmente dirigida por hombres, serán muy pocas las mujeres que se atrevan a alzar la voz contra los superiores (con carácter vertical) o frente a un compañero (horizontal) debido a que, en su cálculo, existirá un mayor número de costes de represalias[523].

Por lo tanto, parece que las mujeres denuncian menos por la percepción general de que sufrirán mayores represalias que los hombres, especialmente si es en un entorno donde su presencia es minoritaria, y la denuncia se realiza sobre alguien con excesivo poder, ante un asunto de especial gravedad. No obstante, no es un argumento tan verificable como quisiéramos dado que, en la entrevista, no hemos adjuntado preguntas en cuanto a su percepción o sensación como mujer, por lo que no podemos considerar que la revisión bibliográfica pueda relacionarse con las entrevistas, pero sí visibilizar las posibles causas de los números tan bajos de mujeres denunciantes en la memoria de la AVAF.

---

[523] Rehg et al, ibid., pág. 225

1.4. Contexto hostil en las relaciones interpersonales

Teniendo en cuenta el trabajo realizado por GRECO respecto al género y el presunto aumento de mujeres en determinados puestos de responsabilidad tanto en el sector público como privado, debemos acudir a otro problema que afecta, con carácter general, a los dos géneros: la ley del silencio. Dicha ley, bastante característica de redes mafiosas y grupos organizados, ha tenido también un cierto impacto en el sector público. A ello debemos sumar un contexto hostil y el *mobbing* que ya hemos indicado, la denuncia de corrupción o intención de denuncia presenta determinadas particularidades que generan un ambiente tenso en el puesto de trabajo. Este ambiente acaba relegando al denunciante a una soledad que a veces no se encuentra entre las (3) necesidades generales de la persona denunciante, y termina erradicando cualquier tipo de apoyo (6) laboral[524].

Las relaciones interpersonales en este contexto son de interés de estudio considerando los intereses o la preocupación de nuestros denunciantes: como afirman CHEN y LAI, en la jerarquía de necesidades de Maslow, los seres humanos, los empleados públicos, desarrollan cierta preocupación o responsabilidad por sí mismos, teniendo en cuenta las preferencias personales de la toma de decisiones, y también un grupo de referencia, así como hacia la sociedad y los principios universales. Es en los grupos de referencia donde se encuentra el sentimiento de pertenencia, la amistad y la organización conjunta.

---

524 Siguiendo el esquema de la toma de decisiones, si entre las necesidades generales la persona denunciante tiene un círculo de iguales al que pertenece, con su denuncia puede dejar de ser aceptado socialmente, generarse enemistades, y perder su estatus dentro de su puesto de trabajo. Los costes aumentan si ante la oportunidad de denunciar, obtienen cierta persuasión para no hacerlo, y el apoyo laboral o en el grupo de amistades es proclive a que no lo haga.

Si el grupo es cerrado, el compromiso y la lealtad serán más valorados a la hora de mantener el silencio y no denunciar, teniendo dos consecuencias: por un lado, la lealtad puede motivar al individuo a denunciar para frenar la conducta incorrecta sobre bienes públicos, frente a una ceguera de percepción para no ver la conducta incorrecta cometida en su sector[525]. El concepto lealtad será importante para mantener un código de comportamiento y cumplir con la adecuada ley del silencio dentro del grupo de trabajo.

Concretamente, la ley del silencio tiene bastante influencia de la conocida y ya tratada *omertá*, a través de la cual se establecen pactos de silencio entre los implicados en las tramas de corrupción. Este pacto genera cierta tensión y desequilibrios, ya que las relaciones interpersonales no son iguales entre los miembros del código de lealtad corrupto y el resto de los servidores públicos. Todo ello porque, como afirma KÖBIS et al., las acciones corruptas no se limitan a uno o dos sujetos de la Administración, sino que se pueden llegar a formar redes corruptas establecidas, a través de las cuales se crean normas informales y la corrupción se convierte en un estándar de comportamiento normalizado en el entorno[526]. Estas normas, al tiempo que facilitan las decisiones corruptas, también tienden a castigar la posible falta de cooperación en ellas, y respecto a ellas. Por lo tanto, los servidores que se niegan a ser instrumento de esa red acaban siendo penalizados por esas normas informales creadas por la trama.

---

525 Chen, C.-P., & Lai, C.-T. (2014). To blow or not to blow the whistle: The effects of potential harm, social pressure, and organisational commitment on whistleblowing intention and behaviour. *Business Ethics: A European Review, 23*(3), 329-342.

526 Köbis, N. C., van Prooijen, J.-W., & van Lange, P. A. M. (2016). Prospection in individual and interpersonal corruption dilemmas. *Review of General Psychology, 20*(1), 78-89.

Sujeto 1, denunciante de una de las grandes tramas donde imperaba ese silencio y había una estructura de poderes bastante consolidada, afirmaba que:

> Sujeto 1: (...) yo veía que se querían tapar las cosas. Sin hacer ningún aspaviento expreso, pero sí que veía que se querían tapar las cosas, que te querían retirar para un lado, cesar, y luego que no tuvieras mucho contacto con el poder.

Esconder los actos de corrupción y evitar el contacto de los detractores con personas con poder de denuncia y de impedimento de más delitos también es una estrategia para evitar que haya mayor acceso a información, estableciéndose un código de silencio contra Sujeto 1 por parte de los altos funcionarios implicados. "Uno de los principales obstáculos para detectar las conductas corruptas es el código del silencio"[527]. Sin embargo, en esa misma línea de acción, MORICONI también habla de que a pesar de que existe un código de silencio, también existe una serie de secretos públicos que son ampliamente reconocidos y que generan cierta desafección hacia el público, que reconoce que existen prácticas ilegales en la Administración[528]. Como vimos, el contexto sociopolítico de la Comunidad Valenciana era ampliamente conocido, generando una lógica animadversión y desconfianza hacia las instituciones formales, como analizamos del estudio de calidad democrática del estudio realizado por CHARRON[529].

Para evitar las reglas de la estructura y realizar una denuncia sin que se pueda llegar a identificar quién ha sido, la estrategia del anonimato aporta ciertas garantías de que no habrá conse-

---

527 Moriconi, M., & de Cima, C. (2020). To report, or not to report? From code of silence suppositions within sport to public secrecy realities. *Crime, Law and Social Change, 74*, 55-74.

528 Ibid.

529 Loc. cit. Nota al pie 440

cuencias para él. Sujeto 2., cuando le realizamos la pregunta en torno al anonimato, nos señala la ley del silencio impera en aquellos lugares donde no se da opción a presentar una denuncia anónima en la que no sea preciso identificarse, precisamente, en el ambiente hostil generado:

> Sujeto 2: "(...) nadie habla de la ley del silencio... Y llega un momento en que la tesitura es o admitimos analizar y estudiar las denuncias anónimas o sigue imperando la ley del silencio en la que nadie se atreve a cuestionar las fechorías que los funcionarios se encuentran muchas veces que están ocurriendo durante esos cauces... entonces, o anonimato o la ley del silencio, y hasta ahora ha seguido la ley del silencio."

Queda claro que, ante la innovación de técnicas y la tradicional cultura de la *omertá* sobre guardar silencio, las técnicas de investigación deben ser suficientes y cumplir con las expectativas que los propios denunciantes de corrupción anhelan: recurrir a la tradicional denuncia anónima a través de innovación tecnológica.

No muchos denunciantes han mostrado el concepto de confianza del que podemos indicar que depende, en mayor o menor medida, la denuncia. Al igual que el silencio tiene una marcada influencia en los eventos, la confianza garantiza la cooperación de los individuos. Esa confianza llega de castigos que son creíbles, criterios para pertenecer a la trama que sean rígidos y castigos vicarios que muestren a los nuevos miembros a no repetir comportamientos no aceptados por la trama[530].

1.5. Estructura del servicio público: denuncia interna

Algunos estudios señalan que los denunciantes sienten más confianza y comodidad cuando denuncian internamente, fren-

---

530 Köbis et al, ibid., pág. 79

te a la opción externa. Sin embargo, la mayoría de los estudios se ha realizado, precisamente, en EE. UU., por lo que dificulta nuestra generalización y asociación hacia la canalización interna como método más seguro[531]. Asimismo, también se ha analizado en las organizaciones, con pocas alusiones hacia la Administración Pública.

En las tesis indicadas por buena parte de la doctrina americana, se muestra que muchos empleados confían en el sistema de comunicación interno, como presentar sus quejas a sus superiores inmediatos. La denuncia interna, por tanto, se considera una forma de comunicación interna que puede reducir cualquier riesgo no intencionado para la organización. Sin embargo, la estructura del servicio público es distinta, y la confianza en estos canales disminuye o aumenta dependiendo de los ejecutores de las irregularidades, recordando que, si los que ejecutan el delito, son los superiores jerárquicos, la confianza en el sistema puede ser menor. También depende de un elemento cultural, dado que en aquellos países donde las costumbres son la gestión de conflictos de forma interna, la denuncia externa pone en grave riesgo al denunciante y a la imagen de la corporación o administración.

---

531 "A pesar de que los estudios indican que la denuncia externa es más perjudicial en comparación con la denuncia interna, esta situación muestra que muchos empleados confían en el sistema de comunicación interno, como presentar sus quejas a sus superiores inmediatos. La denuncia interna se considera una forma de comunicación interna que puede reducir cualquier riesgo no intencionado para la organización". Se hace breve alusión a esa costumbre de guardar las apariencias y la imagen institucional pertenece a normas sociales de otros paises, y actitudes que pertenecen, precisamente, al respeto de esas normas. Kamarunzaman, N. Z., Ismail, N., & Fadzil, N. S. (2012). Whistle blowing intention in relation to perceived organizational support, attitude to whistle blowing, and channel of communication among public servants. In *2012 IEEE Symposium on Business, Engineering and Industrial Applications* (p. 288). IEEE.

En cuanto a hablar de estructura, debemos hacer especial mención a VILLORIA y JIMÉNEZ[532]. Ambos proponían la necesaria incorporación de la categorización de corrupción política. En esta diferencia, los autores indican que hay varios factores que influyen en el aumento de probabilidades de que exista corrupción en la Administración Pública, incidiendo en que esta se podría concentrar, mayoritariamente, en el acceso al servicio público. Por un lado, hablan de la meritocracia en cuanto al acceso por concurso u oposición al servicio público como funcionario, y por otro, a la libre designación de determinados puestos en la Administración.

En esta estructura que GONZÁLEZ CUSSAC trataba, los denunciantes que hemos mencionado cometen, según KUMAGAI, un error. Analizando toda la estructura delictiva que sucedía en tramas como el caso Cooperación, la persona denunciante "confía de forma excesiva en el sistema"[533], en este caso interno, para realizar una denuncia. Es decir: si la estructura del ayuntamiento en el que se encuentre la persona denunciante se ha llenado de *bad apples* o *sticky situations*[534], denun-

---

532 Passim Villoria, M., & Jiménez, F. (2012). La corrupción en España (2004-2010): Datos, percepción y efectos. *Revista Española de Investigaciones Sociológicas (REIS), 138*, 5-31.

533 Kumagai, J. (2004). The whistle-blower's dilemma. *IEEE Spectrum, 41*(4), 143.

534 Pintor establece, según los estudios criminológicos, tres conceptos importantes a tener en cuenta cuando hablamos de comportamientos éticos e instituciones. Pintor habla de *bad apples* (factores individuales que influyen en la toma de decisiones), *bad barrels* (factores situacionales) y *sticky situations*, como aquellas situaciones o contextos inmediatos que tienen efectos en la toma de decisiones. En este punto, lo que nos interesa es identificar como influyen las *bad apples* y *sticky situations* en este lugar. Respecto a las *bad apples* se destacan distintos factores protectores para comportamientos éticos en entornos proclive a la corrupción: los comportamientos moralmente elevados que se relacionan con una adecuada ética y la preocupación por el servicio público son factores protectores,

ciar a través de vías internas le llevará inevitablemente a sufrir un señalamiento. Aunque la acción positiva será descubrir una falta o conducta incorrecta y denunciarla a sus superiores, precisamente confiar en que sus superiores no están dentro de la trama es un factor decisivo.

En general, la tendencia de los denunciantes, según KUMAGAI, es depositar una confianza excesiva en el sistema en el que se encuentran, creyendo en el correcto funcionamiento de la administración[535]. Esto hace que la posibilidad de sufrir represalias no sea tan visible para ellos, ya que no imaginan que puedan enfrentar ese tipo de consecuencias negativas. Su experiencia previa de aprendizaje no ha revelado comportamientos adversos y mantienen expectativas positivas hacia sus superiores y compañeros. Sin embargo, esta confianza excesiva en el sistema puede llevar a consecuencias perjudiciales, ya que no se preparan adecuadamente para las posibles represalias que puedan enfrentar.

Entre los estudios analizados, se muestra que la denuncia externa produce más represalias por la muestra de deslealtad y por acudir a fuentes externas con la información interna. Dado que son los denunciantes con más información para acudir a los organismos externos y poder demostrar mejor los aconte-

---

asi como también la imagen honesta. Respecto a las *sticky situations*, se refiere a la magnitud o consecuencias y daño a posibles víctimas. Cuando la probabilidad o proximidad de ese daño sea elevada, estaríamos ante una barrera protectora contra eventos de corrupción. De ahí que, en casos de corrupción como Cooperación, veamos como los fondos públicos malversados eran, generalmente, destinados a otros paises en vías de desarrollo (víctimas lejanas), y no del entorno español. Pintor, M. (2019). Fundamentos criminológicos para el análisis y prevención de la corrupción. En Ó. Capdeferro Villagrasa (Ed.), *Compliance urbanístico: Fundamentos teóricos, estudio de casos y desarrollo de herramientas anticorrupción* (pp. 136-). Thomson Reuters: Aranzadi.

535 Ibid

cimientos, sufren peores represalias antes que el despido: aislamiento social, presión para retirar la denuncia externa, amenazas, etc. Esta estrategia interna de tratar que el denunciante pueda cometer faltas se hace, precisamente, para evitar sancionarle de forma directa, sin pruebas, porque hacerlo hace que las represalias sean más visibles[536]. En otras palabras, los superiores probablemente procedan de forma lenta, presionando al individuo para que se retracte de sus acusaciones, tratando de desacreditar al empleado o recopilando toda clase de evidencias para respaldar las sanciones que se puedan producir, o su desvinculación de la Administración Pública[537].

Siguiendo las semejanzas con la contextualización de la opacidad generada por la corrupción y la dificultad de análisis, así como su relación con las organizaciones criminales: no debemos olvidar lo mencionado en el punto anterior en cuanto a una la *omertá*, que se ha ido adhiriendo a la corrupción en cierto modo. Aunque no podamos comparar las prácticas de la *Cosa Nostra* con lo acaecido en la Comunidad Valenciana, dado que no presentan similitudes en cuanto a gravedad, sí podemos mostrar como la ley del silencio dentro de la estructura hace que los canales internos no sean efectivos en un nivel de corrupción sistémico. El Sujeto 10. mostraba como él, ante los eventos acaecidos en su ayuntamiento, sufría consecuencias personales de todo tipo, llegando a recibir amenazas graves que ponían en riesgo su entorno familiar, y el suyo propio:

> Sujeto 10: "Yo seguí el orden jerárquico, fui comunicando a mis superiores hasta llegar al propio jefe de policía. Pero efectivamente nadie quería hacer nada, todo el mundo hacia oídos sordos."

---

536 Dworkin, T. M., & Baucus, M. S. (1998). Internal vs. external whistleblowers: A comparison of whistleblowering processes. *Journal of Business Ethics, 17*(12), 1287.

537 Ibid

Cuando decide externalizar su denuncia hacia la AVAF ante la inacción de sus superiores, comienzan las múltiples represalias, en el caso de este denunciante, incluyendo acciones de todo tipo:

> Sujeto 10: "correcto, sí. Irregularidades múltiples... múltiples irregularidades. Te digo múltiples (...) con el fin de intentar expulsarte, o buscarte algún defecto, algún motivo para justificar algún expediente fuerte y poder expulsarte pues... me quitaron el arma del armero[538], desapareció, sin conducto reglamentario, sin procedimiento administrativo alguno, cosas así a lo bestia. Con el fin de intentar justificar una expulsión del cuerpo... eran cosas exageradas, a lo bestia. Te denegaban todos los derechos, asuntos propios, todo son represalias. En el momento en el que denuncias, todo son represalias, al punto de desaparecer el arma de fuego del armero de la propia jefatura, sin ningún procedimiento reglado ni nada (...) amenazas en la familia, a ver donde trabaja la mujer y eso, ya crea un ambiente tenso en la propia relación, que claro, la va destruyendo. La mujer tampoco entiende porque la buscan a ella porque quieren saber de ella, y al final pues la familia la destruyen. Mi mujer me pidió la separación, claro, estaba asustada. El día de mañana pues no me soportaba ni yo, claro, el saber que querían conocer donde vivía mi mujer donde trabajaba y demás... lo peor, lo que más me ha afectado es que me haya costado 20 años de relación."

Sujeto 10 siguió los procesos internos del cuerpo policial de su localidad, siguiendo la confianza que KUMAGAI señala-

---

538 Cabe decir que la desaparición del arma le genera consecuencias de apertura contra él un proceso administrativo, dado que la desaparición no se realiza con el objeto de retirársela de forma definitiva, sino de fingir su pérdida. Regulada en el artículo 42 del Reglamento de Organización, funcionamiento y régimen jurídico del cuerpo de la policía local de su localidad. En el artículo 42.4, se establece que el arma será retirada de forma definitiva en cuatro situaciones, siendo una de ellas la separación definitiva del servicio policial. Por lo tanto, Sujeto 10 entendía que querían expulsarle del cuerpo por las informaciones aportadas a sus superiores – así como la de sus compañeros – y a la AVAF.

ba, y cumpliendo con su deber de informar y hacer más eficaz el servicio público. Sin embargo, algunos miembros del ayuntamiento, en ese momento, presuntamente tenían relaciones con organizaciones criminales y, presuntamente, facilitaban las conexiones con las mismas a través de una mayor permisividad en determinados sectores hosteleros relacionados con tráfico de drogas y prostitución.

Como decíamos, son muchos los estudios que señalan a la denuncia interna como el método más utilizado y confiable para las personas denunciantes. Sin embargo, esto depende del compromiso adquirido y del entorno en el que se encuentren estos individuos. La adhesión, según los estudios, del sector privado implican que los empleados tendrán mayor conexión con la empresa, y, por ende, mayor intención de arreglar posibles irregularidades de forma interna para evitar la pérdida de imagen externa y de confianza. En el lado contrario, los compromisos por proteger los bienes públicos, si la irregularidad se ha cometido en el seno de la Administración Pública, tienden a externalizarse hacia otras autoridades, dado que es superior el compromiso público que la lealtad con los miembros del sector público[539]. Si la persona denunciante confía en

---

539 Son multitud los estudios que han mostrado que la preferencia en las organizaciones es el canal interno. No obstante, todos los estudios realizados se han llevado a cabo en organizaciones del sector privado, y en países con una cultura organizacional que marca la lealtad hacia la entidad y la preferencia de trato de estos asuntos con carácter interno para no perjudicar la imagen externa de la empresa. Estos estudios se dividen en varios artículos científicos que muestran cómo, aunque no es una hipótesis definitiva, se han analizado los distintos factores que intervienen en esa preferencia, enmarcándose en: lealtad a la institución, relaciones positivas con los compañeros del trabajo, preferencia por arreglar las irregularidades de forma interna y la confianza hacia los canales de denuncia establecidos. Mrowiec, D. (2022). Factors influencing internal whistleblowing: A systematic review of the literature. *Journal of Economics and Management, 44*(1).En una misma línea, analizando también

el sistema interno y no conoce posibles implicaciones entre sus compañeros o jefes y los hechos que quiere denunciar, es mucho más probable que utilice el canal interno, tal y como se ha producido en los casos entrevistados. Sin embargo, si existe una implicación como la que se sucedía en la *Consellería* de Cooperación valenciana, es lo menos recomendable, dado que habrá represalias directas sobre la persona denunciante y sus relaciones en su puesto de trabajo.

Por lo tanto, podemos extraer que la situación de Sujeto 1 y Sujeto 10, así como la de otros denunciantes, podría haber sido distinta siempre y cuando la denuncia se hubiese realizado de forma externa, y la AVAF hubiese tomado medidas cautelares como el traslado de administración, medida recogida específicamente en el artículo 14 de la ley de creación de la AVAF[540].

Las circunstancias actuales que se exponen en la Ley 2/2023 parecen modificar el sistema de denuncias mediante el que las personas entrevistadas presentaron su información en primera instancia. En dicha ley, se recoge la creación de un Sistema Interno de Información (S.I.I.), donde tiene cabida la denuncia anónima, existe preferencia por el sistema interno, pero se vuelve requisito en casos donde haya una denuncia ante me-

---

los tipos de represalia recibidas y marcando los denunciantes internos y externos, también en: Dworkin; Baucus, ibid.

540 El estatuto de la persona denunciante recoge que:
Artículo 14: "Si la agencia es sabedora de que la persona denunciante ha sido objeto, directa o indirectamente, de actos de intimidación o de represalias por haber presentado la denuncia, podrá ejercer las acciones correctoras o de restablecimiento que considere, de las cuales dejará constancia en la memoria anual. En particular, a instancia de la persona denunciante, la agencia podrá instar al órgano competente a trasladarla a otro puesto, siempre que no implique perjuicio a su estatuto personal y carrera profesional y, excepcionalmente, podrá también instar al órgano competente a conceder permiso por un tiempo determinado con mantenimiento de la retribución".

dios de comunicación; se restringe el acceso a los datos únicamente a la persona encargada del sistema y su gestión directa, al responsable de recursos humanos en caso de que se requiera una acción disciplinaria, al responsable de servicios jurídicos en caso de que se deban tomar medidas legales y, por último, a las personas responsables del tratamiento de los datos[541]. Es decir, se crea un sistema en el que se cuente con un canal de comunicación, un proceso de gestión de denuncias y el seguimiento de la información que se reciba.

Lo preocupante no solo se percibe respecto a la posible independencia de este sistema, sino que también se encuentra en el artículo 15, respecto a la gestión del SII, es que se delegue desde la Administración Pública a un tercero privado. Teniendo en cuenta la trayectoria de corrupción en las relaciones del sector público y privado, es de cierta preocupación – aunque no queramos adelantar acontecimientos – que una empresa privada pueda gestionar los canales de denuncia de una administración pública. En el artículo 15 se adelanta que esta gestión se limitará a la forma en que se reciben las denuncias, y, en cualquier caso, tendrá un carácter puramente instrumental, demostrando previamente que hay insuficiencia de medios propios.

En esa línea, y para mayor seguridad, la AVAF ha dedicado los meses de adaptación de la Administración a este sistema interno a la formación y asesoramiento de estas para su adecuado uso. En esa misma dirección, la AVAF ha iniciado los trámites electrónicos para crear un Registro de responsables de los buzones internos de denuncia. En este punto, no podemos adelantar ninguna cuestión, pues los canales internos demandan la protección del anonimato y la garantía de confidencialidad,

---

541 Parajó Calvo, M. (2022). Análisis del proyecto de ley reguladora de la protección de las personas que informen sobre infracciones normativas y de lucha contra la corrupción. *Documentación Administrativa.*

y en la experiencia, tal y como bien indica IGLESIAS REY[542], los procedimientos administrativos hasta ahora existentes demandaban de una identificación previa del interesado. Pero, sobre todo, estas garantías se dan a través de las nuevas tecnologías, ámbito que en muchos ámbitos geográficos de nuestro territorio nacional mantienen una brecha tecnológica importante: hay autonomías en las que su administración local no se ha adaptado aun a las peticiones de las leyes de transparencia, y mucho menos, a la adopción de un SII[543].

1.5.1. Ausencia de medidas de protección específicas y claras

Llegados a este punto, aunque existe un estatuto de protección determinado por la AVAF y unas nuevas medidas de protección por la Ley 2/2023, no parecen quedar del todo claras, tal y como hemos visto en cuanto a la desprotección penal y las prohibiciones previstas. En el preámbulo de la nueva ley

---

542 Iglesias Rey, P. (2022). El desafío del sector público ante la aplicación de la Directiva de protección del informante. Los canales de denuncia. *REGAP: Revista Galega de Administración Pública,* 1(64), 185.

543 No existen datos exactos sobre la escasa digitalización rural, precisamente por la falta de análisis al respecto. Sin embargo, realizamos un estudio ante la aprobación de los fondos Next-Generation y antes de la aprobación de la Ley 2/2023 en el que teníamos conclusiones poco esperanzadoras en cuanto a los municipios de autonomías como Castilla y León, Castilla la Mancha, Andalucía o territorios donde hubiese problemas de conectividad. En Fernando Pablo, M., & Domínguez Álvarez, J. L. (2022). *Rural renaissance: Acción, promoción y resiliencia.* Thomson Reuters: Aranzadi, se analiza el abandono digital en la España rural, y los problemas que ello puede generar para la recepción de fondos y ayudas europeas. Una de las dificultades era implementar un canal interno – o un organismo que aúne varios canales de varias entidades locales – que garantice la protección de la confidencialidad y también el anonimato. Sin embargo, nos quedará lejos poder analizar su eficacia dada la fecha final que se ha marcado en cuanto al plazo a cumplir: 1 de diciembre de 2023.

de protección a denunciantes y lucha contra la corrupción, se consideró necesario tomar determinadas medidas de protección a estos individuos: prohibición y declarar inválidas aquellas acciones que se realicen en los dos años posteriores en la finalización de las investigaciones por la denuncia. En el propio preámbulo se señala la no exhaustividad de los casos expuestos que ponen distintos ejemplos de las conductas castigadas: represalias, rescisión de contratos, intimidaciones directas, trato desfavorable, etc. Aunque se recogen las conductas que darán pie a un castigo, no se plantean las medidas *ex ante* para los denunciantes de forma concreta, poniendo en una confusión legal a la persona que quiera denunciar, y que en primera instancia deberá utilizar los canales internos.

Como indican CHANG *et, all.* y siguiendo las represalias que hemos enumerado y que también se encuentran disponibles en las entrevistas anexadas, son muchos los denunciantes que sufren diversas represalias, en todas sus manifestaciones: aislamiento social, violencia verbal, física y psicológica, vigilancia directa o indirecta, degradaciones o despidos, etc. Esta percepción de represalias es un factor a tener en cuenta en la denuncia, por lo que facilitar el acceso a las medidas facilita que factores como el enfrentamiento a la hostilidad dentro del sector público o hacia su grupo de compañeros sea un elemento menos influyente en su seguridad para denunciar[544]. Tal y como bien indican MICELI et al, el grado de protección percibida que se pueda brindar a los empleados que informen sobre actividades fraudulentas o deshonestas son cuestiones importantes y decisivas en la decisión tomada por el propio denunciante, dado que, si percibe una escasa protección frente a las posibles

---

544 Chang, Y., et al. (2017). Determinants of whistleblowing intention: Evidence from the South Korean government. *Public Performance & Management Review, 40*(4), 676-700.

represalias, estaría tomando decisiones que pueden ser indeseables contra sí mismo[545].

Al cuestionar la posibilidad de incentivos o premios, en su mayoría hacen alusión a la necesidad de cuidar mucho más las medidas de protección frente al a denuncia que la posibilidad de premios. A tal efecto, y teniendo en cuenta la teoría de la denuncia en base a una elección racional, las medidas de protección previas al proceso son incentivos La división de las medidas se encuadra en una prohibición de represalias (artículo 36), en las medidas de apoyo que entendemos puede ser previa a realizar de manera efectiva la denuncia (artículo 37), las medidas ex post frente a las represalias que pueda recibir la persona denunciante (artículo 38) y las medidas a las personas que ya hayan recibido las represalias y se encuentren sancionadas (artículo 39).

Sin aludir a preguntas específicas en la entrevista realizada, entre las medidas propuestas por el artículo 37 de la Ley 2/2013 se recopilan una serie de medidas de apoyo que, esperamos, puedan extenderse de forma adecuada a las personas denunciantes. Entre estas medidas, se recoge lo siguiente: proporcionar la información precisa, de fácil acceso y de forma gratuita sobre los recursos disponibles contra represalias y derechos de la persona afectada; brindar asistencia efectiva de parte del as autoridades competentes ante cualquier decisión represaliadora; ofrecer apoyo legal en los procesos penales y procesos civiles; proporcionar apoyo financiero y psicológica de manera – excepcional – si así lo decide la AAI, tras evaluar las circunstancias que se deriven de la presentación de la denuncia.

---

545 Miceli, M. P., Near, J. P., & Dworkin, T. M. (1991). Who blows the whistle and why? *ILR Review, 45*(1), 113-130.

Con el concepto excepcional, la Ley 2/2023 parece seguir la línea de la CNUCC con respecto a la opción de negarse a dar esas medidas específicas, o a querer marcar una línea de valoración objetiva donde se marquen determinadas pautas para otorgarlas. Es decir: la opción de no recibir apoyo financiero durante el proceso, así como psicológico y de aquel que pudiera necesitar, queda al libre albedrio de las decisiones de una organización que, como hemos visto, no es del todo independiente. De esta forma, considerando la teoría de la motivación de la denuncia expuesta, nos encontramos ante un escenario en el que la (4) valoración de opciones es difusa, dado que no cuentan con una evidencia total de recibir esa asistencia. Asimismo, y en relación con el primer punto que hemos tratado en cuanto al desconocimiento de las opciones por parte de nuestros empleados públicos, guarda influencia en este último factor de no efectuar la denuncia: ante el desconocimiento posible por parte de nuestros servidores públicos, es importante marcar unas medidas claras y objetivas que transmitirles para evitar las posibles dudas en cuanto a la actuación por parte del Estado para su efectiva protección. Es decir: las normas aprobadas deben presentarse en lenguaje claro, accesible y detallado sobre las medidas de apoyo efectivas, de tal forma que la persona denunciante no tenga dudas a la hora de someterse al proceso.

Como conclusión, todas estas causas que hemos mencionado previamente confluyen en tres elementos que consideraremos posteriormente: i) la denuncia dependerá de la percepción de la persona denunciante sobre sufrir en mayor o menor medida los puntos aquí tratados; ii) las represalias se han producido en distintos ámbitos, independientemente de la existencia de un Estatuto de Protección y un organismo externo eficaz; y iii) el denunciante, una vez presenta la denuncia en un entorno, se ve obligado o aconsejado a salir de él por el clima que se genera, por lo que seguimos un patrón de modificación del contexto de la víctima, y no del victimario. Naturalmente, este último punto, depende del modelo de socialización y cultura del país, así como de su visión acerca de las personas denunciantes[546], que condiciona el proceso de denuncia de forma evidente.

2. ¿Por qué los servidores públicos denuncian la corrupción?: contextualización de los factores influyentes

Considerando el contexto aquí recogido en cuanto a factores que influyen en no denunciar, alertar en el seno de una Administración Pública no es un acto sencillo ni agradable para las personas que se enfrentan a ello. Las consecuencias que de estos actos supuestamente heroicos derivan, tienen incidencia en la vida laboral de las personas denunciantes independientemente de que muchos de los entrevistados sean parte del funcionariado público. Sin embargo, vemos muchas más consecuencias sobre la vida personal. Para que una persona tenga valor de denunciar, deben darse una serie de factores sobre el individuo que trataremos de generalizar en este punto para continuar con la recopilación de posibles medidas a tomar a partir de las entrevistas.

---

546 Sería interesante, en estudios posteriores, analizar si ha habido una modificación sustancial en torno a la visión que se tiene en el sector público de la denuncia de irregularidades (aunque sean ínfimas). La tendencia a castigar la corrupción ha cambiado aparentemente, pero sigue existiendo mala praxis, justificado en que cuantas más medidas de control, es mucho más difícil gestionar los servicios públicos. Esto se puede deber a una estructura de justificación psicológica, pero también a una causa cultural que Bosch vincula a las continuidades de nuestra democracia con el régimen franquista. Esta continuidad de una institucionalización de la corrupción se ha producido mayoritariamente en los ayuntamientos, en las instituciones municipales dada la facilidad de producirse "tratos de favor y operaciones poco limpias". En Bosch ibid., pág. 156. *Vid.:* Ashforth, B. E., & Anand, V. (2003). The normalization of corruption in organizations. *Research in Organizational Behavior, 25*, 1-52.

Entre los elementos a considerar de los datos de las entrevistas extraemos: i) una elevada importancia a los elementos morales concernientes a su toma de decisiones; ii) un compromiso con el servicio público; y iii) las emociones generadas por la presencia de irregularidades. Mayoritariamente, las respuestas se han concentrado a la hora de plantear la necesidad de incentivos o premios, pero también hemos detectado respuestas que tratan estos elementos en otras cuestiones que no tenían nada que ver respecto a los incentivos. Para hacer un poco más visual a lo que nos referimos, hemos realizado la Tabla 5 con las respuestas más repetidas a lo largo de las entrevistas, relacionadas con la (4) valoración de opciones en cuanto a los costes morales de no denunciar, la certeza en cuanto a la severidad del castigo, o la cantidad e inmediatez de una futura recompensa, considerando que también puede ser un incentivo actuar acorde a nuestras preferencias individuales[547].

CEVA y BOCCHIOLA admiten que el deber de un empleado público, incluso en actitudes que no generen mayores daños, es actuar contra las injusticias o irregularidades cometidas en el sector público. De no actuar, se estaría justificando el delito, e incluso se tolerarían inconscientemente irregularidades aparentemente inofensivas[548]. Según los mismos autores, para evitar limitaciones que no puedan justificarse en la denuncia, la defensa del deber de denunciar irregularidades debe cumplir cuatro condiciones: el comportamiento apreciable no causa un daño que se pueda cuantificar; no cuenta con deber de informar por su profesión; no ha jugado ningún tipo de papel en la conducta cometida; no se presupone habilidad cognitiva especial para recopilar y procesar la información que respalde

---

547 Grant, ibid., pág. 130

548 Ceva, E., & Bocchiola, M. (2019). Is whistleblowing a duty? *Political Theory Today*, 62-63

la denuncia[549]. Esto quiere decir que el deber de denunciar irregularidades debe ser defendido en ciertas condiciones, y las mismas implican que el daño medible no sea aparente, que el deber de denunciar vaya más allá de las responsabilidades profesionales habituales, que la persona no tenga un papel directo en la conducta objetable y que no se requieran habilidades o conocimientos especiales para respaldar el informe.

Por lo tanto, surgen actitudes que buena parte de la población considera de heroicidad o que incluyen una superioridad moral por encima del resto de individuos. En este tipo de dilemas es donde tendrá una mayor o menor incidencia la decisión de poder realizar la denuncia, contabilizando el resto de los elementos en cuanto a las represalias y posibles incentivos. Es decir, se realiza, aun teniendo la convicción ética de realizar la denuncia, un análisis de costes-beneficios de consideraciones financieras y no financieras, influyendo sobre las mismas nuestras expectativas y actitudes morales respecto a los hechos que hemos podido considerar como delito, infracciones administrativas o estamos convencidos de que, aunque ciertas prácticas pueden no dañar a nadie, son actitudes rechazables en el servicio público.

Nos llamó la atención que, teniendo en cuenta que buena parte de las represalias llegan precisamente por la identificación de la persona denunciante, los entrevistados se identificaron al realizar las denuncias internas, y luego externas. Ante ello, debido a la amplia influencia de aspectos éticos, quisimos analizar si en sí mismos esperaban cierto reconocimiento público o heroicidad. En todos los casos, sólo el Sujeto 4 esperaba un mínimo reconocimiento en rueda de prensa, dado que el resto de los individuos, alegaron específicamente hacerlo porque era lo correcto.

---

549 Ibid.

Entre las respuestas en las entrevistas realizadas, pudimos ver diferentes actitudes a tomar en cuanto a las irregularidades percibidas. En ellas, vimos una carga moral, cierto compromiso con los servicios públicos y un peso emocional respecto a los sentimientos generados por las irregularidades en los propios denunciantes, miembros del servicio público.

Tabla 5. Respuestas representativas en cuanto a principios más repetidos:

Sujeto 4	"Pones por encima de tu ego, de tu yo, el para poner una denuncia te olvidas de ti porque sabes que te van a intentar reventar en el término personal, y piensas un poco en lo social, y en lo humano y en lo que tú quieras, pero no, ninguna recompensa soluciona eso".
Sujeto 2	"(...) estaba cumpliendo con mi deber, por lo tanto, para mí sí que se ponía en juego mi profesionalidad si no actuaba en el sentido que lo hice."
Sujeto 7	"Simplemente tenía esperanzas de que se reconociera que había hecho algo bueno por la administración y por el resto de administrados y personas que se enfrentan todos los días a unas oposiciones muy duras y las tienen que aprobar."
Sujeto 8	"No, no lo hago por reconocimiento, lo hago por principios."
Sujeto 2	"No, para nada, ni pasarse por la cabeza, era la angustia y la repulsión de aquellos hechos... a mí me apasionaba, es que no podía soportarlo, que se robaba dinero a los pobres". "Lo que sí que te hace pues haber transitado todo este proceso es estar mucho más firme en tus convicciones, eso sí que lo detecto, convicciones personales en tus convicciones de servicio público". "No, yo creo que no pensaba en nada ni en nadie. Solo decía ¿esto no puede ser no? Porque además esa persona se quedaba ahí y su equipo gestionando el dinero público, vale, nosotros repudiados y éramos cesados y repudiados y además...".
Sujeto 11	"No. No habría sido ni en el mío ni en el resto de las denunciantes. Sinceramente creo que todos los que lo hemos hecho lo hacemos porque creemos en la justicia de nuestras denuncias".

Elaboración a partir de las entrevistas

Tal y como afirma JALAN, las reglas morales se entienden desde distintas perspectivas socioculturales y religiosas, pero son personales y aunque existen reglas morales universales en cada sociedad, cada uno las puede llegar a interpretar de una forma u otra[550]. MICELI et al. indican que las personas con una fuerte tendencia prosocial, con una base ética que busca la defensa del interés público, interiorizan las reglas universales morales pero positivas, adquieren una responsabilidad social y su método de actuación se basa en las reglas morales adquiridas[551]. Para muchos denunciantes, y concretamente para los que nosotros hemos entrevistado, realizar una denuncia sobre hechos moralmente reprochables era una obligación moral, pero también venía adquirida por su compromiso público.

En consecuencia, a ese compromiso, y teniendo en cuenta las normas que rigen el empleo público, así como los códigos éticos adquiridos, buena parte de los entrevistados se manifestaron según los indicado por el Artículo 53 del RDL 5/2015 por el que se regula la Ley del Estatuto Básico del Empleado Público. Por lo tanto, la lealtad por parte del servidor público se corresponde hacia la Administración donde presta sus servicios. En este mismo punto del artículo 53, se indica también la lealtad y buena fe con los superiores, compañeros, subordinados y ciudadanos, pero se entiende que estos mismos sujetos también deberán actuar con respeto a las normas y a la propia Constitución.

En cuanto al tercer punto, PARK y LEWIS[552] hablan de la influencia de las emociones en sus actividades de divulgación. Según el mismo, la denuncia sería una especie de explosión de ira, de sentimientos de rechazo respecto a la actividad ilegal. Se entiende de este modo siguiendo las afirmaciones de Sujeto 1 en cuanto a que, al menos en su caso, el dinero que

---

550 Jalan, I. (2020). Treason or reason? Psychoanalytical insights on whistleblowing. *International Journal of Management Reviews*, 22(3), 249-263.

551 Miceli, et al. ibid, 115

552 Park, H., & Lewis, D. (2018). The negative health effects of external whistleblowing: A study of some key factors. *The Social Science Journal*, 55(4), 389-398

estaba siendo malversado iba destinado a causas de cooperación internacional. De esta forma, cuanto más grave es el caso de corrupción, parece cumplirse la misma situación que en el caso de los denunciantes de la Trama Gürtel (Ana Garrido y José Luis Peñas): se genera odio hacia este tipo de delitos en aquellos servidores públicos que tienen fidelidad hacia la protección del bien público.

Estas emociones generadas por la visión del delito, como indica JALAN, conforman una estructura complicada, pero que se crea con emociones, estándares y decisiones que terminan materializándose en el comportamiento moral. En cierto modo, son las emociones morales positivas y negativas las que llevan al denunciante a hacer el bien – a actuar en función a sus principios básicos del empleado público – y a evitar y prevenir las actuaciones negativas. HAIDT señala que esas emociones se dividen entre las emociones morales condenatorias, como el desprecio o la ira; y las autoconscientes, como la vergüenza o la culpabilidad[553]. Ambas divisiones de emociones se encuentran visibles en nuestros denunciantes, dado que se manifiesta el desprecio contra la corrupción, y la posible culpabilidad ante

---

553 Es un estudio mucho más psicológico que criminológico y depende en buena parte del psicoanálisis, pero viene relacionado con aquellas emociones que tienden a estar más presentes en las condenas o sanciones morales. HAIDT analiza que el enfado, el asco y el desprecio se encuentran muy presentes en la denuncia de irregularidades. A través de su hipótesis de CAD, indica que el desprecio, la ira y el disgusto son respuestas contra las violaciones de los códigos morales relacionados con la ética de la comunidad en la que el individuo se encuentra, contra la autonomía del mismo y contra la divinidad, teniendo en cuenta aquellas comunidades donde la religión pueda tener mayor presencia. Haidt, J. (2003). The moral emotions. In *Handbook of affective sciences* (pp. 852-870). Oxford University Press, págs. 852-870. Disponible en: https://pages.stern.nyu.edu/~jhaidt/articles/alternate_versions/haidt.2003.the-moral-emotions.pub025-as-html.html
[Recuperado el 20 de junio de 2023]

permanecer impasible por no realizar la denuncia. De esta forma, ante la presencia de unas emociones que generan además somatización física y psicológica, como hemos visto paralelamente en las represalias personales, se produce una respuesta emocional imparable en la decisión de la denuncia.

Según lo iniciado por Freud (*apud* JALAN), la denuncia es una respuesta narcisista ante una posible herida sobre sus principios morales del servicio público, analizando la opción de denunciar como una respuesta de defensa ante sus principios éticos, pero también hacia la personalidad adquirida a lo largo de su socialización. Además, se encuentra fuertemente influenciado con las relaciones hostiles dentro del sector público: ante una organización donde la norma informal imperante es el silencio y la exclusión de aquellos perfiles a excluir por parte de la trama corrupta, el potencial denunciante puede sentir una herida sentimental en cuanto a sus relaciones, rompiendo la confianza hacia la institución y sintiéndose traicionado por, generalmente, sus superiores jerárquicos. A ello se suelen sumar los compañeros en horizontal, que serán los que lleven a cabo la exclusión y el aislamiento sobre el posible denunciante, aumentando su herida narcisista[554].

En consecuencia, a los juicios de valor y a la carga emocional de la corrupción, los juicios de actuación estimados por parte del denunciante se pueden considerar desde la decisión ante dinámicas de las que no se es consciente. Es decir, ante las respuestas éticamente correctas, están motivadas generalmente por emociones, y estas emociones, a su vez, vienen fundamentadas por normas morales adquiridas en el proceso de su socialización, por lo que es tan elemental que los procesos de socialización del individuo sean prosociales. MICELI y NEAR, aplicando las emociones positivas y negativas anteriores, asu-

---

554 Jalan ibid., pág. 258

men que las emociones altruistas vienen influenciadas por la lealtad hacia la organización y el servicio público, y las emociones egoístas son una consecuencia del temor a las represalias esperadas[555]. En cuanto a la dinámica inconsciente, proviene de que, aunque efectivamente hay un cálculo de coste beneficio a la hora de realizar la denuncia, dicho cálculo no se realiza de forma consciente ni cuantificable, sino que es subjetivo y no se lleva a cabo de forma ordenada: aunque efectivamente la toma de decisiones viene influenciada por ciertos elementos, el individuo no tiene una visibilidad sobre los mismos.

Como afirma DÍAZ MARTÍNEZ en la propia sociedad española, donde buena parte de esta población posteriormente puede acceder al servicio público a través de oposición o bolsa de trabajo, contamos con una cantidad importante de ciudadanos afectados de lo que el mismo autor califica como hipersensibilidad social hacia los casos de corrupción. Esta hipersensibilidad, anima las emociones altruistas, en las que se es consciente de la gravedad socioeconómica que genera la corrupción, por lo que hay una tendencia de que a nuestro servicio público accedan ciudadanos con un proceso de socialización fuertemente influenciado por la importancia de combatir la corrupción[556]. Sin lugar a dudas, esto es una medida importante para comenzar a pensar en políticas públicas a largo plazo.

Ante ello, por un lado, los actores políticos han conformado una serie de códigos éticos para intentar aumentar la confianza de la ciudadanía; frente a las acciones institucionales de implementar canales de denuncia internos, códigos éticos rígidos

---

555 Vid. Nota 123

556 Díaz Martínez, J. A. (2022). Percepción de la sociedad española hacia la corrupción y demanda de transparencia política. En L. Abad Alcalá & I. Serrano Maíllo (Eds.), *La integridad en la Administración: contratación pública y lucha contra la corrupción* (págs. 37-54). Thomson Reuters Aranzadi.

y programas de protección a aquellos que finalmente decidan denunciar. Todo ello, aupado por un aumento de percepción de corrupción tanto a nivel puntual tras los eventos de 2013, como en los años posteriores, con las distintas tramas corruptas que han afectado a múltiples partidos políticos, instituciones públicas nacionales, autonómicas y, sobre todo, locales. No obstante, la toma de respuestas ha sido la indicada por DE SOUSA en su referencia a los estudios de OCDE: esta multitud de respuestas legislativas tienen por causa la elevada corrupción percibida, pero también la juzgada, por lo que se toman respuestas institucionales rápidas a las que posteriormente se van añadiendo reformas[557].

Considerando el contexto y aquellos factores que pueden influir en la denuncia, y en no denunciar, la decisión de hacerlo no es un acto fácil y agradable para las personas que deciden denunciar, y no siempre dependen en buena medida de la ética o la moral, sino que son estimuladas por otras muchas otras emociones y oportunidades. Su impacto personal, laboral y económico a veces nos lleva a un cálculo racional de mantener el silencio. Sin embargo, para que un servidor público se decida a realizar la denuncia, hay una fuerte carga ética e hipersensibilidad contra la corrupción en su toma de decisiones y un compromiso con el servicio público que fomenta su acto. En tal caso, las intenciones de realizar una denuncia o entender los motivos por los cuales se presenta pueden verse desde distintas perspectivas dependiendo de quién las interprete. En este caso, la interpretación debe basarse en los incentivos necesarios para adelantar esa intención, dado que las razones verdaderas siempre serán personales, aunque se atribuyan al compromiso del servicio público.

---

[557] Loc.cit. nota al pie 520

Respecto a los incentivos, la OCDE habla de una serie de elementos que garantizarían una protección sólida y completa a los denunciantes. Entre los mismos, hablaba de un proceso debido para las dos partes; de la protección de cualquier forma de acción discriminatoria o de comisión de represalias; protección por la falta de adopción de medidas de carácter personal en aquellos casos donde se haya aprobado el acceso a un puesto donde por represalias no se nombre al denunciante; protección contra el acoso y el estigma, amenazas y cualquier otra forma de acción; protección contra represalias jurídicas; protección de la identidad, incluyendo la disposición del anonimato, y, por último, la carga de la prueba en casos de represalias corresponde al empleador o superior que haya llevado a cabo esa medida contra el denunciante[558].

Aunque no se preste tanta atención en nuestras entrevistas a los incentivos económicos y la OCDE tampoco haga recomendaciones específicas, se pueden ver otro tipo de incentivos que son necesarios para proteger e instar a nuestros empleados públicos a informar, pero a hacerlo con percepción de seguridad. Entre los distintos alicientes, incluimos los premios o recompensas simbólicas que refuercen la importancia de los principios éticos y el servicio público, garantizar el anonimato y la protección psicosocial de los denunciantes para evitar represalias y promover un entorno seguro para aquellos que decidan denunciar de forma externa.

---

558 20 Anti-corruption Action Plan. Study on Whistleblower Protection Frameworks, Compendium of Best Practices and Guiding Principles for Legislation, 2010, pág. 30. Disponible online en: https://www.oecd.org/g20/topics/anti-corruption/48972967.pdf
[Recuperado el 20 de mayo de 2023]

3. Incentivos para aumentar la denuncia en casos de corrupción en la Administración Pública

Teniendo en cuenta las dos posibilidades en los casos de corrupción (la denuncia o su negativa a informar), es preciso presentar una posible estrategia a tener en cuenta por parte de nuestro legislador basada en lo que hemos analizado tras las distintas entrevistas realizadas, así como la bibliografía de referencia en cuanto a los estudios empíricos existentes respecto a la toma de decisiones de los denunciantes de corrupción y su contexto. Para ello, tenemos en cuenta: los incentivos socioeconómicos, el anonimato en la denuncia, la externalización de la denuncia y la formación a los servidores públicos. Todo ello, teniendo en cuenta la aprobación de la Ley 2/2023 y los plazos de implementación que, en la escritura de esta investigación, aún no han terminado.

3.1. Recompensas a los denunciantes: ¿adoptamos el modelo de premios económicos?

Al igual que la estrategia *whistleblowing*, el planteamiento en torno a los incentivos surge de la instrumentalización que ha aportado a Estados Unidos esta figura. Ofrecer reconocimientos, premios o incentivos, incluidos los beneficios económicos, a aquellos que denuncian conductas prohibidas o informan a las autoridades sobre la comisión de delitos, es una estrategia fundamental para obtener información relevante. Como mencionábamos en capítulo 2, en el sistema angloamericano se crearon determinadas figuras incentivadas para paliar la ausencia de intervencionismo estatal. Entre ellas, los *bounty hunter* y las leyes que hemos mencionado y estudiado, y que recompensan la denuncia sobre asuntos que puedan dañar los intereses de la Administración Pública: *False Claims Act*.

Si tenemos en cuenta el esquema de toma de decisiones de la Ilustración 2, las (3) necesidades generales son un elemento importante a tener en cuenta en el análisis que se pueda realizar por parte de los denunciantes a la hora de tomar la decisión. La acción humana, la acción de denuncia y de poner en riesgo sus necesidades y deseos corresponde a distintas áreas que, generalmente, pertenecen a la psicología, filosofía y economía. En términos de GARRIDO y REDONDO: "hedonismo o utilitarismo, (..) el valor o la utilidad (...) o el reforzamiento o recompensa[559]. En estas preferencias individuales de cada individuo trabajador del sector público, que se pueden enmarcar en los (1) factores antecedentes, es donde tendrán efecto los incentivos, por su mayor o menor efecto psicológico.

Según indica GRANT, en el contexto del pensamiento económico contemporáneo en el que nos encontramos, el concepto de incentivo implica una teoría de la elección que no se basa en la distinción entre razón y deseos individuales, ni en los posibles conflictos que pueden surgir entre ellos. Según la perspectiva de la autora, las elecciones son el resultado de la interacción entre las preferencias individuales y las limitaciones impuestas por una situación específica (lo cual incluye tanto los incentivos como los aspectos negativos que aparecen de manera general, o en este caso, los pros y contra de la decisión de denunciar)[560]. En este sentir, OCHMAN analiza este conflicto desde la racionalidad económica indicando que generalmente, los incentivos se incluyen en el cálculo de coste y beneficio, pero los estudios más recientes someten a duda que los premios respondan únicamente en esa ecuación. La misma autora relata que las decisiones individuales de la persona que denuncia no se basan únicamente en la lógica o la racionalidad que

---

559 Wilson, J. Q., & Herrnstein, R. J. (1985). *Crime and human nature.* Simon & Schuster.Apud Garrido, V., & Redondo, S. (2023). *Principios de criminología.* Tirant lo Blanch. (p. 332).

560 Grant, R. (2021). *Los hilos que nos mueven: desenmarañando la ética de los incentivos.* AVARIGANI. (p. 94).

persigue un fin específico (racionalidad teleológica), sino que también están influenciadas por los valores o principios éticos (racionalidad axiológica)[561].

Teniendo en cuenta que denunciar corrupción, en caso de servidores públicos, tiene una amplia carga ética, incluir incentivos económicos en esta ecuación nos puede llevar a convertir este evento como una mera transacción económica, tal y como indica OCHMAN. Es decir, la intencionalidad en cuanto a actuar de forma adecuada, bajo principios, se puede perder debido a la inclusión de incentivos económicos[562].

Siguiendo lo que indica GRANT los incentivos tendrían efectos positivos cuando las limitaciones percibidas puedan ser elevadas: aplicado a nuestro esquema, si los incentivos son altos, y la (2) experiencia previa y aprendizaje, incluyendo las (6) oportunidades percibidas concuerdan con que las consecuencias de denuncia son bastante negativas, estaríamos, posiblemente, ante un potencial denunciante.

En cuanto a las entrevistas realizadas solo el Sujeto 2 contribuye al planteamiento de diferencias y matices en torno a las recompensas económicas, frente a los Sujetos 4 y 6, que defienden las recompensas económicas a la denuncia en un caso, y eventos que den visibilidad a las actuaciones positivas, respectivamente. En tal caso, el Sujeto 2 aclara:

> Sujeto 2: " Si la pregunta es si estoy conforme con las recompensas, hay que matizarlo aquellos que tenemos por nuestra profesión de servidores públicos, la obligación de impedir que se produzca la corrupción estamos cumpliendo con nuestro deber y en nuestro sueldo va una compensación por ese cumplimiento del deber. Aquellas personas que denuncian corrupción sin que forme parte de sus obligaciones precisamente

---

561 Ochman, M. (2022). Recompensar la denuncia: Apuntes para una política pública informada. *Secuencia*, (113).

562 Ibid

fiscalizar o descubrir que existe la corrupción en este caso, lo primero que hay que garantizar es que su denuncia no le suponga ninguna carga, ninguna pérdida... ningún coste. Esa es la primero, que no tenga costes para denunciarte, y el segundo estudiar fijado a través de una modificación del Código Penal y la Ley de Enjuiciamiento criminal, fijará una compensación justa y proporcional, que recupera el Estado por precisamente esa información válida (...) que haya un porcentaje de esa recaudación, gracias a la aportación de estas personas, a mí me parece que entraría dentro de lo de lo que y en los países donde así funciona está acreditado el éxito de muchas denuncias que surgen precisamente de empleados que ponen en conocimiento de las autoridades las fechorías de sus directivos."

El Sujeto 2, que se manifiesta a favor de un porcentaje, admite que no sería, en cualquier caso, para los servidores públicos que tienen la obligación de fiscalizar que en la Administración Pública no se produzcan irregularidades, sino para la ciudadanía que, sin obligaciones, decide participar.

Para ORTIZ PRADILLO el debate de proporcionar incentivos económicos en nuestro país tiene como punto de partida la influencia inquisitorial sobre la que nuestro derecho también se ha construido, y del que se extrae que las denuncias bajo recompensa pueden resultar sospechosas de falsedad. Sin embargo, y guardando una similitud importante con los *bona vacantia* del Derecho Romano que mencionamos en el segundo capítulo, en materia administrativa, en el caso de algunas Comunidades Autónomas, como también ORTIZ PRADILLO expone, eran varias las que incluían un importe de recompensa para aquellos que informen al Estado sobre la existencia de bienes sin heredero conocido, coincidiendo dicha estrategia con la de entregar al *fisco* romano los bienes sin propietarios, y que pasaran a formar parte del patrimonio público[563]. En el caso de Ca-

---

563 En la obra de Ortiz Pradillo, pág. 149 y ss. sobre los delatores en el proceso penal, se establece que dentro del proceso penal solo se conoce

taluña, se modificó y renuncio a continuar con la recompensa económica debido a que se tomó el modelo de incremento de medios tecnológicos y confianza en la información ciudadana, destinando el importe de esa recompensa a otros propósitos de la Administración Pública catalana. En este sentido, es de reconocimiento que, ante el fortalecimiento tecnológico de las instituciones para detectar las herencias ausentes de heredero, se haya renunciado a la figura de la recompensa como incentivo para obtener información desde la Administración.

Sumado a ello, aunque las voces favorables a los incentivos económicos muestren los datos anteriormente expuestos de la FCA y la Dodd-Frank como un triunfo por parte de la Administración, las voces contrarias también muestran el alto coste que puede suponer para el Estado contar con programas de recompensas tal y como sucede en EE. UU., aunque quiera indicar que el coste es ínfimamente inferior frente a las cuantías recuperadas por las denuncias. En este punto, debemos añadir y considerar que la criminalidad no debe resultar provechosa ni para los agentes corruptos, ni para el denunciante, por lo que blanquear las recaudaciones y convertirlas en medios con los que recompensar la denuncia también va en contra de los principios propios sobre los que se configura la ética y el buen gobierno[564]. En otras palabras, recompensar económicamente

---

referencia a incentivos durante las épocas de monarquía absolutista, y que *apud.* Tomás y Valiente, relata la posibilidad durante el proceso de recibir, el denunciante, un tercio de la pena impuesta al condenado dividiéndose a la par que durante las acciones *qui tam*, entre el Rey, el juez, y el delator. Posteriormente, también se añade que, respecto a las herencias sin propietarios, algunas Comunidades Autónomas han actuado de forma similar a *deferre ad aerarium*, dando recompensas a los ciudadanos que informen al Estado sobre los bienes sin heredero.

564 En Gomes Castilho, D. (2017). Whistleblowing: Una política eficaz en la recuperación de activos. En *Recuperación de activos y decomiso: Reflexiones desde los sistemas penales iberoamericanos* (pp. 155-157). Tirant lo Blanch,

los deberes cívicos y legales de los servidores públicos ante la detección de irregularidades que afectan a la propia entidad no debería ir condicionado con la posibilidad de otorgar premios económicos, menos aun cuando se trata de empleados del servicio público que tienen no solo la obligación legal, sino también el deber moral de denunciar las actitudes que vayan en contra del servicio público y hacerlo más eficiente.

Dicho caso podría servir de ejemplo para justificar como es el Estado el que debe invertir en medios de detección y renunciar a la incorporación de incentivos, aunque siguiendo la línea de ORTIZ PRADILLO y cierta parte de la doctrina, ese debate aún está demasiado lejos de llegar a España, a pesar de que se haya llevado en una proposición que, si observamos la tendencia política, ha llegado a un mal puerto y no está previsto que se pueda reformar, al menos a corto plazo, la Ley 2/2023 para añadirlos. Por tanto, entre la escasa voluntad, y que nuestra cultura legal se aleja de la costumbre las acciones *qui tam*, nuestro ordenamiento ha optado por establecer incentivos de protección y una estructura de control adecuada, sin contar, al menos por ahora, con la posibilidad de premiar económicamente dichas actitudes.

Para la renuncia de estos incentivos, se ha mostrado una tendencia focalizada en la protección, y no en el premio, incluyendo medidas de anonimato y confidencialidad. En esa línea ha ido la propia OCDE, cuando llega a la conclusión de que proporcionar incentivos y recompensas por realizar una denuncia sobre irregularidades que se puedan haber realizado

---

el autor se presenta como favorable a la incorporación de los incentivos económicos, y habla sobre las voces críticas, pero concluye en que las recompensas económicas son una herramienta "de bajo coste financiero" que aumenta la potencialidad de las denuncias.

en el Sector Público no es una medida considerada como fundamental para la protección de los denunciantes[565].

No hay motivos explícitos indicados en la respuesta de no tomar medidas al respecto, pero los motivos se pueden extraer de algunos debates en torno a los incentivos, cuando se niegan a votar a favor de los incentivos del Proyecto de Ley proclive a una recompensa del 10% al denunciante. Por un lado, se hablaba de no volver a instrumentalizar la denuncia para no caer en épocas oscuras que ha sufrido nuestro país, y por otro, no premiar actitudes que deben ser intrínsecas a la ciudadanía. En este último punto, obligatorias para el servicio público y con una carga ética en la que los incentivos deben materializarse en facilidades para la realización de la denuncia, y no en tanto como recompensas al acto en sí mismo.

3.1.1. Principios éticos vulnerados por los premios y su contexto sociocultural

Son ya varios los autores que indican la necesidad de estudiar el contexto sociocultural de cada país antes de incluir una política de incentivos económicos para la denuncia. Algunos mencionan el desplazamiento moral, frente a otros que tratan este asunto desde el desincentivo moral. Considerando que los denunciantes se ven inmersos en un dilema cívico en cuanto a la integridad, lealtad, buena fe y acción, los incentivos tienen en alguna que otra ocasión un efecto negativo. Ese efecto se produce cuando los empleados con un fuerte sentido del deber público se encuentran atrapados en un conflicto de lealta-

---

565 20 Anti-corruption Action Plan. Study on Whistleblower Protection Frameworks, Compendium of Best Practices and Guiding Principles for Legislation, 2010, pág. 22. Disponible online en: https://www.oecd.org/g20/topics/anti-corruption/48972967.pdf
[Recuperado el 20 de mayo de 2023]

des hacia sus compañeros y superior, frente a su obligación de proteger la integridad[566].

Por un lado, en cuanto al desplazamiento moral, se establece la explicación de que, aunque los incentivos económicos a corto plazo generan efectividad, a largo plazo atraen denuncias con motivo económico e instrumentalización de las denuncias externas, aumentando de forma notoria las prácticas poco éticas[567]. Los hallazgos de los diversos estudios realizados indican que los incentivos monetarios pueden cambiar la forma en que se perciben y se motivan las decisiones éticas. Como indica GRANT, nuestro carácter estaría influenciado no sólo por las acciones que llevamos a cabo, sino las razones por las cuales realizamos una acción. Es decir, no sólo importa lo que hacemos, sino nuestras motivaciones o razones por las cuales

---

566 Santoro, D., & Kumar, M. (2018). *Speaking truth to power: A theory of whistleblowing* (p. 24). Springer.

567 Ochman, ibid. En este mismo punto, Ochman añade un ejemplo en cuanto a sanciones y el desplazamiento del significado de estas. Cuando se implementó un sistema de multas para los padres que llegaban tarde a dejar a sus hijos en la escuela, en lugar de resolver el problema, este empeoró. Esto sucedió porque los padres percibieron el pago de la multa no como un castigo por haber infringido una regla, sino como una compensación económica por los errores cometidos. En consecuencia, la percepción de lo incorrecto se diluyó y la multa dejó de ser vista como un castigo, sino más bien como un pago para tener el derecho de transgredir las reglas, sobre todo en aquellos casos en los que la multa era simbólica o ínfima. En este caso, aplicado a lo que nos interesa en cuanto a los incentivos, nuestro objetivo es evitar que las recompensas económicas diluyan las actitudes éticas llevadas a cabo por la ciudadanía, pero especialmente por los servidores públicos que se atreven a denunciar, de forma externa, las posibles malas prácticas cometidas en su entorno. VidFeldman, Y., & Lobel, O. (2009). *The incentives matrix: The comparative effectiveness of rewards, liabilities, duties, and protections for reporting illegality. Texas Law Review, 88(4), 1151-1191.*

lo hacemos, de ahí que se suela confundir con el concepto *de buena fe*, a la hora de denunciar[568].

Por otro lado, en cuanto al desincentivo moral, SOARES y TENSHIN hablan de la insatisfacción respecto a recibir una cuantía económica o pagar por el cumplimiento de su ejercicio o deber cívico. En su estudio, analizaban la influencia de las estructuras socioeconómicas, llegando a ver que, en sociedades homogéneas, donde no hay una desigualdad de poder o ingresos notoria, se espera que exista mucho más el desincentivo moral. Lo hemos visto manifestado en las entrevistas: en este tipo de sociedades, la pertenencia a la sociedad es mucho más alta, por lo que se refleja que la ciudadanía y el servicio público se sientan parte integral de la sociedad, y su deber es velar por los asuntos públicos. En el caso del servidor público, no sólo se marca en su buen hacer, sino que además se guía por los códigos éticos de la función pública[569].

Los mismos autores remarcan que en sociedades cohesionadas, con un servicio público que se preocupa por sus deberes

---

568 Sin embargo, el concepto de buena fe se aplica a que la denuncia no se falsa, ni haya una intención de menoscabar la imagen de la persona denunciada, a sabiendas de que no se ha cometido ninguna irregularidad. Grant, ibid., pág. 125

569 Soares y Tenshin indican un ejemplo revelador. En Suiza, se realizó un caso real ilustrativo sobre la búsqueda de lugares para almacenar residuos radiactivos. Un pequeño pueblo llamado Wolfenschiessen se consideró como una posible ubicación. Antes de un referéndum, los economistas preguntaron a los residentes si apoyarían la construcción de un depósito nuclear en su región. Inicialmente, el 51% estuvo de acuerdo. Sin embargo, cuando se propuso ofrecer una compensación económica, el apoyo se redujo al 25%. La mayoría de las personas que rechazaron el incentivo argumentaron que no aceptarían "sobornos". Esto ilustra cómo la percepción de una oferta económica puede afectar la toma de decisiones de forma negativa: Soares, M., & Tenshin, T. (2017). Moral & incentives: Should corruption whistleblowing be rewarded. *Direito GV Law Review, 13*(1), 390-414.

y con una alta inquietud por la comunidad, tienden a preferir otro tipo de incentivos como la reincorporación de los bienes públicos malversados al erario público[570] en forma de compensación, y el acompañamiento económico durante el proceso, cubriendo las costas que puedan surgir de la denuncia. Un buen ejemplo se produce en paises como Francia con la *Ley Sapin II*, que en su artículo 14-1 habla de la garantía de aplicar medidas de apoyo psicológico y económico en aquellos casos donde se haya deteriorado gravemente la economía de la persona denunciante[571].

---

570 Ibid

571 Así se indica en la Ley 2/2023 tras haber recibido asesoramiento de las distintas Agencias autonómicas, que indicaban que uno de los precios a pagar en la denuncia era la pérdida de empleo y sueldo como sanción, así como también la cesión del cargo público que pudiera ostentar. Francia, no obstante, va más allá y en su propia definición de denunciante y añade la aclaración de que estas personas no obtendrán ningún tipo de compensación económica, pero si un acompañamiento económico. En la LOI n° 2016-1691 du 9 décembre 2016 relative à la transparence, à la lutte contre la corruption et à la modernisation de la vie économique (1) (artículo 6):
Su traducción al castellano: "Un denunciante es una persona física que informa o divulga, *sin compensación económica* directa y de buena fe, información relativa a un delito, una infracción, una amenaza o daño al interés general, una violación o un intento de ocultar una violación. (...) Cuando la información no haya sido obtenida en el marco de las actividades profesionales a que se refiere el I del artículo 8, el denunciante deberá haber tenido conocimiento personal de la misma." Algo similar ocurre en EE.UU., donde no solo se apoya económicamente la denuncia de posibles irregularidades contra el bien público, sino que además se ve remunerada. En la FCA, si el denunciante decide sufragar él mismo la *qui tam action,* recibirá una recompensa mayor, frente a la recompensa menor de aquellos casos donde el Estado intervenga también como parte del proceso. Arciniegas, J. S. (2020). La protección jurídica de los denunciantes de actos de corrupción. *Revista Criterio Libre Jurídico, 17*(2).

En cuanto a los modelos sociales, no debemos olvidar la influencia negativa mantenida en determinados territorios al hablar de premios económicos de la denuncia. El ambiente de delaciones generado sustituye al de las denuncias que se producen bajo la libre expresión y el cumplimiento de un deber de funcionario público. Ese clima de delaciones sustituye a las denuncias, y aunque pueda ser mucho más efectivo otorgar cuantías económicas, a largo plazo puede generar un desplazamiento de responsabilidades.

Como indican BERGER et all., el reconocimiento de la denuncia, pero especialmente los premios en cuanto a recompensas financieras terminan por generar un "hacinamiento motivacional"[572] en el que la motivación moral de la persona que denuncia va desapareciendo de forma involuntaria. Es decir, que algo presumiblemente intrínseco al servicio público como es hacer lo correcto ante situaciones de esta magnitud, queda excluido o secuestrado por factores o motivadores extrínsecos como son las cuantías económicas por denunciar. En esa misma línea, GRANT señala que desde la filosofía se marcan dos cuestiones: incluso obteniendo un premio por denunciar corrupción la respuesta al incentivo, es decir, denunciar, también puede considerarse moralmente aceptable. La segunda cuestión anula la primera: si alguien denuncia corrupción prestando mayor atención al incentivo o exclusivamente por el incentivo – instrumentalizando la denuncia – las acciones pueden ser admirables y valoradas, pero no tienen el mismo mérito moral que se asocia a la motivación de cumplir con el deber[573].

---

572 Berger, L., Miao, B., & Wang, J. (2017). Hijacking the moral imperative: How financial incentives can discourage whistleblower reporting. *Auditing: A Journal of Practice & Theory, 36*(3).

573 Grant, ibid., pág. 128 habla de las diferentes concepciones que tienen Hobbes y Kant. Por el lado de Hobbes, rendirnos ante los incentivos

En otra línea, GRANT también ilustra otro punto importante por el cual los premios económicos pueden tener una consecuencia negativa: hay tres posibles implicaciones cuando se aceptan incentivos para hacer algo. En primer lugar, podría sugerirse que la persona sobre la que se va a incentivar es ingenua y para que haga lo que se le pide, se le da un premio. En segundo lugar, podría implicar que el servidor es necio, ya que no aprecia las buenas razones para realizar la acción y necesita que se apele a su interés egoísta en lugar de a argumentos lógicos que avalen la necesidad de que denunciar implica proteger el entorno en el que trabaja y que, a su vez, se beneficia de él de diversas formas. En tercer lugar, podría implicar que uno no tiene una buena disposición o carácter, y por lo tanto debe ser inducido a hacer lo correcto mediante premios económicos[574].

A nuestro entender, el ciudadano y el servidor público deben perseguir el fin de protección de los servicios públicos: uno por su disfrute, y otro por ser garante de los mismos. Recompensar económicamente la protección de los bienes públicos es una opción atractiva a corto plazo porque genera resultados positivos. Sin embargo, a largo plazo institucionaliza los deberes y convierte el civismo en una estrategia de no inversión en los controles y estrategias de prevención contra la corrupción. Esto implica el descuido de nuestro servicio público y la reducción de intervención estatal en el cuidado de un problema que precisa de inversión y medidas a largo plazo no sólo a nivel institucional y de organismos de nueva creación como las Agencias, sino una intervención en la educación, en la preparación

---

puede significar un acto de libertad de decisión racional, sin que haya influido del todo el incentivo económico; mientras que, por parte de Kant, la acción libre es racional y moral, en la que los incentivos no juegan un papel importante, dado que lo necesario es actuar sin esperar nada a cambio, solo por los valores adquiridos.

574 Ibid, pág. 130

de las respuestas morales de nuestros servidores públicos y en dotar a los organismos externos de activos suficientes para dar apoyo a las denuncias. A ojos de autores habitantes en los Países Bajos, los denunciantes no deben beneficiarse con carácter financiero por sus denuncias, esto sería un incentivo perverso, pero tampoco deberían ver perjudicado su bolsillo[575].

Por este motivo, entendemos que un incentivo positivo y significativo en la denuncia no es la dotación de premios económicos y cuantías multimillonarias, sino que el apoyo económico durante el proceso es un incentivo que no desalienta la respuesta ética, y da respuesta a uno de los posibles problemas previsibles por el denunciante. Con este incentivo, se trata de evitar pérdidas significativas en aquellos casos en los que la represalia ya se haya cometido: cese del servicio público, sanción de empleo y sueldo, baja laboral, etc.

3.1.2. Acompañamiento económico como método de protección

A pesar de esas medidas impuestas para el aumento de voluntad en denunciar, las recompensas económicas tan aplicadas en el ámbito del derecho anglosajón, han sido un aspecto tabú al que, al menos en el caso español, solo se hace alusión en la Proposición de ley de Protección Integral de los Denunciantes de Corrupción presentada en 2019 por el grupo parlamentario VOX, en la que se establece como derechos de los

---

575 En el presente trabajo, vemos como efectivamente se presentaba la solicitud de admitir un fondo económico de protección al denunciante. Finalmente, no tuvo ningún tipo de logro, pero se esperaba su implementación precisamente porque se reconoció que los denunciantes sufrían en cierto modo un desfalco económico tras presentar sus denuncias. Oudegeest, C. (2015). *Een filosofische benadering van klokkenluidersbescherming in Nederland* [Tesis de licenciatura, Universidad de Ámsterdam]. Repositorio institucional de la Universidad de Ámsterdam.

denunciantes tanto la indemnización por daños y perjuicios, como el derecho a un premio por importe equivalente al 10%, respecto a la cuantía que se haya recuperado, correspondiendo este pago a cargo de los autores. Por supuesto, a pesar de haber sido presentada, tuvo poco recorrido debido al cambio de gobierno, presentándose nuevamente el 21 de febrero de 2020 pero desechada con la aprobación de la Ley 2/2023.

En cualquier caso, teniendo en cuenta la intención, y si seguimos la distinción de modelos realizados por GARCÍA-MORENO, España, al igual que gran parte del resto de países europeos, sigue optando por seguir el modelo de *whistleblowing* no incentivado[576], aunque las personas jurídicas, es decir, el sector privado, si cuenten con incentivos específicos para implementar los canales de denuncia y aumentar la protección a los alertadores. No obstante, son incentivos penales para fomentar la inclusión de métodos de control y prevención del fraude, y no hay intención de incluir recompensas económicas.

Si aplicamos esta lógica al servicio público, los métodos de control ya existen y es el propio Estado el que se debe encargar de mejorarlos o incluir más formas de prevención. La denuncia de los servidores públicos de posibles irregularidades tanto interna como externa sería el cumplimiento de sus deberes como funcionarios recogidos en su código de conducta (artículo 53 del RD 5/2015). Por lo tanto, facilitar el buen hacer y desarrollo de sus deberes debe corresponder al propio Estado o a la autonomía donde se encuentre, facilitando el acceso al apoyo económico mediante el establecimiento estricto de unos requisitos que tengan en cuenta las peculiaridades del servicio público y su economía, y no dejar el apoyo en manos de un aspecto subjetivo en cuanto a la consideración de la AAI.

---

576 García Moreno, ibid., págs. 159 y ss.

Como hemos visto a lo largo de las entrevistas, una de las estrategias a seguir para intentar evitar la continuidad de la denuncia por parte del denunciante es cometer contra él represalias económicas e iniciar procesos sancionadores para amedrentarle. El objetivo de los dos casos es, precisamente, frenar al denunciante en la entrega de información. Este coste de pérdida de empleo y detrimento financiero es un coste más a tener en cuenta en la toma de decisiones, pero no tan visible en el servicio público, ya que dependiendo del rango en el que se encuentre la persona denunciante, será más o menos difícil expulsarle del servicio público[577]. La percepción externa es que estos servidores son héroes o traidores a la lealtad, pero como indican KENNY y FOTAKI, son individuos con las mismas cargas financieras que el resto de la ciudadanía, y que al elevar una denuncia de esta magnitud sufren un importante menoscabo de su nivel económico. Los mismos autores indican que en aquellos países donde existe legislación para la protección y apoyo financiero a los denunciantes, también existen trabas para el acceso a ese apoyo. Es decir, realmente se indica que estos apoyos económicos benefician a muy pocas personas, al igual que ocurre con los sistemas de recompensas financieras[578].

Los incentivos más atractivos para los denunciantes de corrupción que hemos entrevistado son las ayudas económicas durante el proceso, y aunque se hable de premiar el esfuerzo

---

[577] Hemos incluido las distintas escalas, ya que dentro de la propia Administración existen distintos tipos de empleados con distintas funciones y condiciones laborales. Funcionario de carrera, personal laboral, funcionario interino, personal directivo y personal eventual. Acceso en: https://funcionpublica.hacienda.gob.es/funcion-publica/ep-pp/empleo_publico/tipos.html

[578] Kenny, K., & Fotaki, M. (2023). The costs and labour of whistleblowing: Bodily vulnerability and post-disclosure survival. *Journal of Business Ethics, 182,* 1-16

de los ciudadanos que decidan denunciar corrupción como elemento positivo[579], la opción española respecto a los empleados públicos es el apoyo económico y psicológico que se pueda extender en la investigación. La OCDE, en el análisis realizado en cuanto a las medidas a incluir como incentivos a los denunciantes, establece que el apoyo económico a los represaliados puede ayudar a cubrir los gastos de subsistencia, los honorarios de abogados en casos de necesitarlos, o las costas de los propios procesos legales a los que se enfrenten. Cuando se proporciona este apoyo económico, sobre el denunciante se produce un empoderamiento que le otorga cierto empoderamiento para enfrentarse a la realización de la denuncia sin llegar a la ruina económica[580]. Sin embargo, en las mismas líneas se añade que en esos reconocimientos de incentivos, es mucho más importante que exista un equilibrio entre los incentivos adecuados y las garantías de protección a las personas denunciantes, influyendo en una adecuada cultura de protección y valoración positiva a la denuncia de corrupción.

El objetivo de esta medida es evitar lo que KENNY y FOTAKI señalan en cuanto a que a medida que los ingresos económicos disminuyen por la pérdida de empleo y sueldo, los gastos aumentan debido a que no sólo pueden verse inmersos en sanciones administrativas, sino también en procesos penales extensos en los que, si superan los umbrales, no contarán con asistencia jurídica gratuita[581].

Una de las prácticas llevadas a cabo por Países Bajos fue la solicitud de creación, como enmienda a la ley de protección a los denunciantes, de un fondo común para brindar asistencia financiera adicional a los denunciantes de corrupción, de tal

579 Soares y Tenshin, ibid, pág. 130

580 OECD. (2016). *Committing to effective whistleblower protection* (p. 6). OECD Publishing.

581 Kenny y Fotaki, ibid.

forma que pudieran cubrir los costes de procedimientos legales futuros, la ayuda psicológica privada y pudieran responder de forma adecuada contra la pérdida de ingresos. Sin embargo, dicha enmienda no fue aprobada, dada que la solicitud de estos fondos se hubiese atendido únicamente a casos urgentes. La práctica que se ha llevado a cabo ha sido la protección frente al despido y el intercambio de puestos manteniendo la confidencialidad y protección del denunciante.

Ante esto, el fondo económico no parece en principio necesario, dado que la protección contra el despido ya evita problemas financieros. No obstante, la enmienda se ha tenido en cuenta para una futura modificación de la ley aprobada en enero de 2023, dado que el fondo de solidaridad es una red de seguridad adicional. En este sentido, la cámara tuvo a bien solicitar la necesidad de que se analice cómo se financiará el fondo, las posibles sanciones de la autoridad encargada de investigar, posibles donaciones, etc.[582].

Por ese motivo, y teniendo en cuenta la novedad de la legislación, esperamos medidas claras en cuanto a la asistencia jurídica gratuita independientemente del sueldo público, así como un acompañamiento económico en aquellos casos donde el denunciante se haya visto desprovisto del mismo. No sólo se pretende que la denuncia evite males económicos al denun-

---

[582] La enmienda se encuentra disponible para su consulta con el presente título y capacidad de traducción: Wijziging van de Wet Huis voor klokkenluiders en enige andere wetten ter implementatie van Richtlijn (EU) 2019/1937 van het Europees Parlement en de Raad van 23 oktober 2019 (PbEU 2019, L 305) en enige andere wijzigingen. Disponible en: https://www.tweedekamer.nl/kamerstukken/wetsvoorstellen/detail?cfg=wetsvoorsteldetails&qry=wetsvoorstel%3A35851
[Recuperado el 20 de febrero de 2023] La ley completa, sin embargo, se encuentra en: https://zoek.officielebekendmakingen.nl/stb-2023-52.html
[Recuperado el 20 de febrero de 2023].

ciante, sino también costes en su salud mental, que pueden devenir de la pérdida económica y la situación hostil tras denunciar.

3.2. Asistencia psicológica durante el proceso

Teniendo en cuenta las consecuencias económicas, el coste de la denuncia afecta desde un factor a diversos elementos. Entre ellos, la salud mental de las personas que denuncian, tanto por las represalias personales que sufren por parte de compañeros, aislamiento, la presión profesional y económica generan en muchos casos ansiedad y aislamiento social. Distintos investigadores han dividido los efectos en cuatro categorías teniendo en cuenta los factores estresantes y posibles estrategias de afrontamiento que han sufrido los denunciantes: físicos, emocionales, cognitivos y conductuales[583].

Los efectos físicos fueron mayoritariamente somatizados, ya que las demandas de ansiedad acabaron obteniendo reacciones del cuerpo: insomnio o la fatiga persistente, así como el dolor de pecho, son los síntomas que más se manifiestan. En el caso del Sujeto 3, nos indica tras la entrevista que, aunque no acudió a ayuda psicológica, sufría ataques de ansiedad y problemas de tensión alta, pudiendo ser palpitaciones y dolor de pecho. En cuanto a los efectos emocionales, tal y como se indica en PARK y LEWIS, nuestros entrevistados cumplían

---

583 Ibid. y también en Park, H., & Lewis, D. (2018). The negative health effects of external whistleblowing: A study of some key factors. *The Social Science Journal, 55*(4), 387-395. En este estudio, se investigaron los efectos negativos que tiene el acto de denunciar irregularidades en la salud mental de los denunciantes. Se analizaron diferentes aspectos, como el despido, la cantidad de personas que denunciaron en un grupo, los ingresos y el tiempo transcurrido, para comprender cómo influyen en estos efectos.

con muchos síntomas: ansiedad aguda, depresión, miedo, tristeza, sentimiento de duelo o pérdida, soledad o sentimientos de inutilidad, etc. Ninguno de las preguntas que hicimos las dirigimos hacia los efectos conductuales o cognitivos, por lo que no tenemos resultados al respecto: no vimos manifestación de abuso de sustancias, ni tampoco podemos afirmar que no exista tal circunstancia.

En otra línea, en cuanto a las consecuencias sobre los problemas de salud mental que se generaron sobre los denunciantes, cabe decir que las experiencias no fueron neutrales, dado que en cada caso hubo resultados distintos, de acuerdo con los experimentos realizados por FOTAKI et all. En sus estudios, se analizó que, tras emerger los problemas de salud y acumulación de estrés, se presentaban un abanico de opciones para los denunciantes: tentación de abandonar la denuncia, autocensura de su estado emocional, y la incapacidad de las autoridades externas de disminuir la presión psicológica[584]. Respectivamente, la tentación de abandonar se ve retroalimentada por la última de las consecuencias: en el caso de la AVAF, son conscientes de la necesidad de derivar, a través del artículo 43 de su reglamento en cuanto a los derechos de la persona denunciante, a apoyo psicológico o médico a través del sistema sanitario público. Sin embargo, también conciben la opción de contar con un equipo multidisciplinar que pueda contar con un profesional del mundo de la psicología y la criminología para colaboraciones puntuales con el equipo de la DAJ.

Respecto a nuestras entrevistas, fueron tres situaciones las que nos llamaron la atención en cuanto a las consecuencias psicológicas de la denuncia. Por un lado, la Sujeto 7 obtuvo ayuda psicológica por la seguridad social, primero por su médico de cabecera, y posteriormente se le derivó al servicio de

---

584 Fotaki, M., & al. (2015). Whistleblowing and mental health: A new weapon for retaliation. *Developments in Whistleblowing Research, 106*, 108-110.

psiquiatría. Sujeto 7 nos comentaba que, en ese momento de estrés, llegó a somatizar muchos dolores que, posteriormente, se volvieron crónicos:

> "Era por medio de un servicio público **[dato anonimizado]** Era muy buena, sí, me apoyó muchísimo. Y mi médico de cabecera me atendió también, muchísimo. En donde me tratan en la unidad del dolor también entendieron que era un momento de mucho estrés y que necesitaba mucha medicación."

Otro aspecto importante que nos llamó la atención fue la pérdida de recursos generada por las represalias, según HOBFOLL[585], ello genera, a su vez, mayores problemas psicológicos, incluyendo el inicio de un proceso que puede durar varios años, y que puede, ocasionalmente, provocar la pérdida del empleo o reducción de recursos económicos. Por lo tanto, las consecuencias son doblemente devastadoras, dado que el proceso es extenso y las pérdidas constantes generan en el denunciante problemas psicológicos que le condicionan en su día a día y su calidad de vida.

Ejemplo de ello han sido dos entrevistas: la del Sujeto 10 (realizada conjuntamente con su compañero, el Sujeto 9[586]) y la de Sujeto 5. En cuanto al Sujeto 10, manifestaba que sentía como su estado se encontraba cronificado, y que su condición sería de por vida. En otro orden, en cuanto a las consecuencias psicológicas por aislamiento y por el *mobbing* ejercido sobre él, En cuanto al Sujeto 5 afirma que desde que puso su denuncia,

---

585 Hobfoll, S. E. (1989). Conservation of resources: A new attempt at conceptualizing stress. *American Psychologist, 44*(3), 513-524.

586 Un dato importante que no hemos añadido en el anexo es su condición de aceptar la entrevista. Cuando desde la AVAF ofrecimos la posibilidad de realizar la entrevista, Sujeto 10 puso como condición que en la entrevista pudiera participar como sustento, como apoyo, su excompañero Sujeto 9, dado que se sentía desanimado y con temor para participar él solo en la entrevista.

no volvió a ser la misma persona, modificando por completo su estado de ánimo. En este caso, vemos como el propio denunciante manifiesta que no ha vuelto a ser la misma persona que era antes, cumpliéndose lo que indicaba PARK cuando hablaba de que los síntomas emocionales pueden generar problemas graves de salud mental, generando una ansiedad persistente de la que es muy difícil recuperarse y que, en la mayoría de los denunciantes, se encuentra presente esta condición. En el caso del Sujeto 10, asumimos que hay una triple pérdida: el abandono familiar, la pérdida de recursos económicos y la despersonalización por el miedo que se le generaron las amenazas directas e indirectas.

El mismo autor señala que parte de estos efectos se producen precisamente porque el denunciante creyó que la acción era positiva, enfrentándose posteriormente a resultados decepcionantes en su entorno. Esto coincide precisamente con los motivos por los cuales la persona denuncia: por principios, porque cree que es lo correcto. Es decir, aunque tomó la decisión ética en defensa del servicio público, se encontró con que la norma general de su entorno era aceptar las irregularidades, y no esa defensa. De este modo, PARK y LEWIS señalan que:

> "la mayoría de los denunciantes externos no podían aceptar que estaban experimentando repercusiones graves porque creían que estaban haciendo lo correcto sin esperar ningún beneficio. Se sentían abrumados por las críticas, el sarcasmo y las miradas de las personas a su alrededor, y se sentían solos, incomprendidos y poco valorados en lugar de recibir reconocimiento social. Estas experiencias interrumpen el pensamiento racional y lógico y la concentración plena en el trabajo de los denunciantes"[587].

Como respuesta, la Directiva pone a disposición de los denunciantes de apoyo psicológico en un posible marco de pro-

---

587 Park y Lewis, ibid.

ceso judicial en su artículo 20.2, donde se habla de asistencia financiera, medidas de apoyo sin especificar cuáles, y el apoyo psicológico. En consecuencia, en la transposición de la misma a nuestro ordenamiento, en la Ley 2/2023, también se establece la precisión de que se preste asesoramiento psicológico. Como mencionaremos posteriormente, en Países Bajos se llega a ofrecer esta atención de forma más específica en la ley: se ofrece atención psicológica gratuita por parte de un psicólogo en la propia Autoridad encargada de gestionar las denuncias. Este elemento que centraliza la atención en la autoridad contradice a países como el nuestro, donde se acaba derivando al denunciante a programas generales de asistencia, en los que los denunciantes afirman que no llegan a satisfacer las necesidades psicológicas precisamente por falta de recursos en el ámbito público.

Es necesario considerar este apoyo dentro del marco de incentivos debido a la importancia de la salud mental del denunciante en el proceso previo a la denuncia, y durante el proceso de investigación, si lo hubiere. Especialmente, la incidencia de la ansiedad, la depresión y la desconfianza[588] son elementos que desincentivan la continuidad de su participación, incluso cuando se incluye la opción de diversos canales de denuncia o múltiples herramientas para informar. Así señala GARCÍA-MORENO[589] cuando habla sobre las otras medidas de protección a incluir para el fomento de la denuncia en la organización, sin que sea algo exclusivo del procedimiento penal, entendiendo que será la propia administración la que ponga a disposición–o facilite su acceso al servicio público–recursos para evitar malestar psicológico en sus empleados. En este sentido, como bien

588 Van der Velden, P. G., Houtman, I. L. D., & de Vries, S. (2019). Mental health problems among whistleblowers: A comparative study. *Psychological Reports, 122*(2), 632-644.

589 García Moreno, ibid., pág. 287

hemos indicado, es la AVAF la encargada de derivar hacia el servicio público estos asuntos, dado que no cuenta con recursos económicos suficientes para crear su propio equipo de intervención, recordando que en el artículo 80, la AVAF puede realizar convenios o contratación de servicios por razón de eficacia o eficiencia, pero su presupuesto depende de la aprobación en *Les Corts*[590].

Aunque también se encuentren ya reguladas medidas de asesoramiento legal gratuito en la Ley 1/1996, de 10 de enero, de asistencia jurídica gratuita, así como las medidas de apoyo en materia sanitaria, debemos indicar que por el momento no son suficientes. Buena parte de la población no recibe esa ayuda psicológica de forma efectiva sin ser denunciante de corrupción, por lo que además de recoger el apoyo psicológico en la Ley 2/2023 deberá ir aparejado de una política pública sanitaria que asegure el acceso efectivo a esta medida de salud pública.

Nuevamente, ante tal recurso, estamos ante un incentivo más, dado que el menoscabo de la salud mental es uno de los factores más importantes en cuanto a la denuncia: acabar con

---

590 En el artículo 13, en cuanto a las funciones del Director o directora de la AVAF, se indica que entre sus funciones se encuentra "Elaborar y aprobar motivadamente el proyecto de presupuesto y sus modificaciones para el funcionamiento de la Agencia, y remitirlo a la Mesa de les Corts para que sea integrado con la debida independencia en el proyecto de presupuestos de la Generalitat, así como establecer las directrices y los procedimientos para su ejecución", pudiendo ser aprobado o modificado por la misma. En Resolución de 27 de junio de 2019, del director de la Agencia de Prevención y Lucha contra el Fraude y la Corrupción de la Comunitat Valenciana, por la que se aprueba Reglamento de funcionamiento y régimen interior de esta, en desarrollo de la Ley 11/2016, de 28 de noviembre, de la Generalitat. Disponible en: https://dogv.gva.es/auto/dogv/docvpub/rlgv/2019/RAF_20190627_ca_RAF_20190716.pdf

el estado anímico del denunciante nos presenta a potenciales denunciantes rendidos, sin ganas de colaborar con la entrega de información. En este sentido, es un elemento crucial aumentar la partida de psicólogos en la sanidad pública, pero también contar en nuestro caso con otros incentivos.

La ansiedad, la depresión y la desconfianza son, como hemos podido ver, consecuencias comunes del proceso de denuncia, y estos factores pueden desmotivar a los denunciantes y hacer que renuncien a continuar participando. Aunque se proporcionen múltiples canales de denuncia y herramientas para informar, el malestar psicológico puede persistir y afectar la voluntad de los denunciantes de seguir adelante. Por este motivo, contar con autoridades verdaderamente independientes en el proceso, y con canales externos que generen seguridad y confianza ayudan a que el denunciante sufra los menores daños posibles durante el mismo.

3.3. Externalización de la denuncia ante autoridades independientes

En muchos estudios se ha intentado demostrar la preferencia por la internalización de denuncias, siendo esta más efectiva que las denuncias externas. Sin embargo, estos estudios se han realizado en el marco del sector privado, atendiendo a peculiaridades distintas que las que se encuentran en el sector público: la lealtad a la empresa, cuidar su imagen corporativa y económica no es la misma que la lealtad a la función pública y a los servicios públicos. Por ejemplo, VANDEKERCKHOVE indica en cuanto a la legislación norteamericana, que la denuncia interna o externa dependerá de las medidas de protección o las recompensas financieras. En el caso de las recompensas financieras, favorece las denuncias externas hacia las agencias como la SEC, mientras que, en el caso de las denuncias internas, se favorecerán los programas de protección contra las represalias que se puedan cometer en la interinidad de la denuncia[591].

En el caso de la denuncia dentro del sector público, la denuncia interna dependerá, tal y como hemos visto en nuestras entrevistas, de la confiabilidad que se genere en los canales internos y de la probabilidad de represalias percibidas. Por lo tanto, contar con canales externos en el servicio público facilita la eliminación de los temores a denunciar de forma externa tramas corruptas en las que la lealtad esperada es hacia el grupo corrupto, y no hacia el servicio público.

Por ese motivo, la propuesta, siguiendo varias de las afirmaciones de los denunciantes es, precisamente, realizar la denuncia de forma externa ante un organismo independiente. Sin embargo, como venimos afirmando en la reciente ley adoptada, la independencia debe ser real: según el informe de la OCDE en cuanto a estas agencias, la independencia significa

---

591 Como hemos indicado en el capítulo 2 de la investigación, en los Estados Unidos, la Ley Dodd-Frank brinda recompensas y protección a aquellos que denuncian un fraude ante la Comisión de Valores y Bolsa (SEC, por sus siglas en inglés). Pero es importante destacar que existen diferentes leyes que se aplican a la compensación financiera y a la protección de los denunciantes, incluso si ambas se encuentran dentro del marco más amplio de la Ley Dodd-Frank. Los premios tienen como objetivo incentivar a los denunciantes a presentar acciones/denuncias, mientras que los programas de protección buscan brindarles recursos legales como víctimas de posibles represalias que se hayan cometido, entendiendo que también son un incentivo o aliciente para la denuncia. La legislación Dodd-Frank en sí no exige que los denunciantes hayan informado internamente antes de hacerlo oficialmente, por lo que la denuncia interna se vuelve más una preferencia personal que una obligación u opción legal primordial. No obstante, las reglas de la agencia que otorga estas recompensas, la SEC fomentan la presentación de denuncias internas. En Vandekerckhove, W. (2022). Is it freedom? The coming about of the EU Directive on whistleblower protection. *Journal of Business Ethics, 179*(1), 139-155.

que los organismos deben estar protegidos de interferencias indebidas, y ello debe materializarse en un pacto nacional contra la corrupción, así como dotar de una autonomía estructural y operativa a la agencia[592].

En este sentido, la idoneidad de que el Gobierno identifique las carencias encontradas y preste una solución es muy importante a largo plazo para la adquisición de confianza por parte de los potenciales denunciantes en esta autoridad. De lo contrario, no habrá una independencia real, y será utilizada como instrumento político, pudiendo existir cambios en el servicio público de acuerdo con las preferencias del Gobierno elegido, modificaciones en la dirección o una utilización para acabar con la oposición a través de denuncias anónimas, confidenciales o publicidad de dicha actividad ante medios de comunicación. De esta forma, la adscripción de las distintas autoridades disponibles, SNCA y la nueva AAI a un Ministerio con carácter presupuestario, y no a las Cortes Generales, es una equivocación que debe verse resuelta cuanto antes, pero que se enfrenta a una situación sociopolítica incapaz de llegar a acuerdos o consensos en la materia, dificultando la propia autonomía de dicha autoridad.

Tal y como indica SIERRA, el método de elección de presidencia de la AAI se plantea dentro de una esfera gubernamental que en si misma no es independiente. Esta propuesta por parte del poder ejecutivo compromete la propia independencia de la Autoridad Independiente dado que se trata de una decisión orgánica del ejecutivo, o lo que es lo mismo, del Gobierno. La importancia para el mismo autor recae sobre la estructura interna de la propia Agencia Nacional, dado que la persona con más funciones, o al menos las más relevantes, es presidencia por su máxima representación. Por ello, la AAI

---

592 OECD, "Specialized Anti-corruption..." ibid., pág. 10

queda subordinada a la dinámica que quiera seguir presidencia, que, además, se ha elegido bajo una serie de requisitos poco definidos[593].

En esa misma línea, incluso dependiendo de las Cortes y presentando una mayor independencia que la AAI, la AVAF corre riesgos debido a mayorías absolutas de discursos contrario a mantener dicho organismo[594], existiendo esas interferencias que en los estudios de la OCDE se consolidan como uno de los elementos más influyentes en la pérdida de confianza de la sociedad sobre la misma autoridad. Por lo tanto, habrá que realizar reformas que precisen de mayorías cualificadas para fomentar el diálogo político y concienciar la importancia del combate a la corrupción o darles una mayor autonomía cuando estabilicen su posición como organismo público.

SIERRA proponía que la presidencia de la AAI fuese precisamente elegida por el Parlamento Nacional, y que la propuesta del sujeto que se exponga a las votaciones sea designada por tres actores distintos: el poder ejecutivo, el legislativo y la sociedad civil. Este elemento para dotar de idoneidad a la persona que vaya a ostentar el cargo de esta entidad independiente le hace, precisamente, hacer el proceso mucho más transparente y desinteresado, obligando a que existan mayores acuerdos y debates para un asunto tan importante como el que concierne a una autoridad de tal calado[595].

---

593 Sierra Rodríguez, J. (2022). La autoridad independiente de protección del informante en la ley 2/2023. *Revista Española de Control Externo, 24*(72), 85-104.

594 "El nuevo Consell Amenaza la Continuidad de la Agencia Valenciana Antifraude". Disponible en:https://www.lasprovincias.es/politica/nuevo-consell-amenaza-continuidad-agencia-antifraude-20230619235403-nt.html
[Recuperado el 23 de junio de 2023]

595 Sierra Rodríguez. Ibid., pág. 85

Siguiendo otros procedimientos en torno al ámbito europeo, la OCDE y la CE han apuntado buenas prácticas que incluyen tanto el apoyo económico como el psicológico en autoridades externas de canalización de denuncias: es decir, hacen un global de los tres elementos que preceden a esta redacción. De hecho, se afirma rotundamente en que es más común externalizar la denuncia del sector público hacia organismos independientes en aquellos paises donde se desarrollan las buenas prácticas de *whistleblowing*. Holanda y Suecia han sido específicamente los dos paises donde se ha brindado apoyo socioeconómico, aunque se ha calificado como apoyo psicosocial, destinando partidas públicas a la protección de la persona denunciante, al acompañamiento legal previo, durante y posterior de la denuncia y a contar con psicólogos en los organismos externos de denuncia[596].

En el caso de Holanda, llevan trabajando en la protección de los denunciantes desde el año 2016, como indica OCDE, considerando que, a partir del año 2005, con la adopción de la CNUCC y las posteriores recomendaciones de OCDE en materia de soborno extranjero se fueron implementando en los paises diversas normativas acordes a su ordenamiento nacional. En tal sentido, en el año 2016 adoptaron medidas innovadoras pero deficientes, por lo que ante la Transposición de la Directiva (UE) 2019/1937 realizaron una serie de modificaciones que se aprobaron en el año 2023, creando una nueva Ley de Protección a los Denunciantes de corrupción en sustitución a la anterior regulación y en colaboración con Transparencia Internacional[597].

---

596 Loyens, K., & Vandekerckhove, W. (2018). Whistleblowing from an international perspective: A comparative analysis of institutional arrangements. *Administrative Sciences, 8*(3), 16

597 Transparencia Internacional. Netherlands showing other EU countries what not to do when transposing EU whistleblower directive. [en línea].

Aunque la transposición también se ha producido de forma tardía al igual que en el caso de España, en el caso holandés ha sido con una referencia importante, dado que contaban con experiencia legislativa en este ámbito. Teniendo en cuenta las múltiples reformas realizadas, en cuanto a la recopilación de los dos puntos anteriores y este mismo, es necesario mencionar las ideas planteadas en el año 2019 por parte del propio Gobierno Central holandés[598]. El mismo Gobierno asentaba la necesidad de que el denunciante debe tener un acceso sencillo a diferentes formas de apoyo para la denuncia, calificando al mismo como un apoyo psicosocial donde se enumeraban las

---

20 de enero de 2021. Disponible en: https://www.transparency.org/en/blog/the-netherlands-are-showing-other-eu-countries-what-not-to-do-when-transposing-the-eu-directive-on-whistleblower-protection. [Recuperado el 23 de junio de 2023].

598 El análisis realizado durante el año 2019 revelaba que, en los países con buenas prácticas para intentar implementar en Holanda, existían dos modelos distintos de apoyo a los denunciantes. En uno de los sistemas había una institución gubernamental que brindaba asesoramiento al denunciante, basado en la protección legal para los denunciantes; mientras que, en otro punto, en el otro modelo existía una ONG (o varias) especializadas en el asesoramiento a los denunciantes, que brindaban apoyo legal, psicosocial o financiero adicional.
No obstante, en tal punto, nos recuerda a la situación del Observatori Ciutadà contra la Corrupció, que depende de financiación pública de la Consellería de Transparencia y, por ende, depende de forma indirecta en la gobernabilidad de esa Consellería. En tal caso, en nuestra opinión, el modelo de ONG sería una estrategia de reducción o delegación de trabajo correspondiente al Estado que no se corresponde con una buena práctica total, dado que, desde nuestra perspectiva, la ONG debe ser un auxiliar, y no la primera medida considerada. Disponible en la propia web del Gobierno Holandés. En: https://www.rijksoverheid.nl/documenten/rapporten/2020/12/21/rapport-verkenning-naar-ondersteuningsmogelijkheden-voor-klokkenluiders
[Recuperado el 23 de junio de 2023]

medidas legales gratuitas, el apoyo psicológico y, en las ocasiones requeridas, un apoyo financiero.

En este punto, las medidas existentes en Holanda y de las cuales se encarga la Autoridad externa[599], recogen: la subvención de la asistencia legal gratuita al denunciante que se pueda enfrentar a una persecución procesal por revelar irregularidades; el asesoramiento psicológico centralizado en la institución donde se otorga la protección y la posibilidad de otorgar ayuda financiera ante la pérdida de empleo. En el caso de países como Corea del Sur, que también se han puesto como ejemplo en las recomendaciones de buena praxis, hay organizaciones que brindan apoyo social y legal, así como asistencia financiera a los denunciantes que hayan sufrido represalias económicas, estableciéndose un fondo económico de apoyo para los mismos.

Por lo tanto, y para finalizar este punto, vemos como puede haber una conexión entre la necesidad de reformular la autonomía e independencia de las autoridades externas españolas que puedan dar protección a las personas denunciantes a través de modificaciones legales pertinentes; deben incluirse recomendaciones en cuanto al asesoramiento o apoyo psicológico que sea especializado de forma directa desde la autoridad externa; y, por último, debería considerarse destinar un fondo de ayuda específico para casos de represalias económicas y administrativas hacia el servidor público.

---

599 En el caso de Holanda, gestiona la Autoridad de Denunciantes: *Huis voor Klokkenluiders*, que en su traducción literal al castellano se califica como la Casa para Denunciantes. entre sus tareas, se encuentra la de informar, asesorar y apoyar a un empleado que pueda denunciar una irregularidad; remitir a los órganos administrativos o servicios encargados de la fase de investigación de los delitos o ante cualquier autoridad competente donde pueda informar de una irregularidad y proporcionar información general sobre como gestionar su sospecha de irregularidad. En https://www.oecd.org/corruption/anti-bribery/Netherlands-Phase-4-Report-ENG.pdf

3.4. La denuncia anónima como mecanismo ideal para la protección

Insistiendo en la necesidad de cuidar el concepto dado que es una denuncia de hechos, la RAE reconoce a la denuncia como un documento en el que se da noticia a la autoridad competente de la comisión de un delito o de una falta, reconociendo que la acción de denunciar significa participar o declarar oficialmente el estado ilegal o irregular sobre acciones. Asimismo, también implica dar a la autoridad judicial o administrativa la noticia de una actuación ilícita o de un suceso irregular. En torno al anonimato, la RAE la define como un adjetivo que se refiere a otra persona, de nombre desconocido o que se oculta. Por lo tanto, como conclusión, la denuncia anónima es una noticia ante autoridades competentes que se presenta con carácter desconocido y oculto, sin tener acceso a la identidad de la persona que lo ha presentado. Es decir, no existe confidencialidad porque la identidad es también desconocida para el receptor de la denuncia.

Como indica la OCDE, tanto la confidencialidad como el anonimato son considerados incentivos y nuevas formas de protección a los denunciantes. En esa línea ha actuado la *WPA,* en la que se prohíbe a la Oficina del Asesor Especial revelar la identidad de las personas denunciantes[600].

Teniendo en cuenta la definición y conjugando con lo expresado por las personas denunciantes entrevistadas, hay una amplia mayoría favorable a la consideración del anonimato, aunque optasen en sus denuncias por confidencialidad. Sin

---

600 20 Anti-corruption Action Plan. Study on Whistleblower Protection Frameworks, Compendium of Best Practices and Guiding Principles for Legislation, 2010, pág. 21. Disponible online en: https://www.oecd.org/g20/topics/anti-corruption/48972967.pdf
[Recuperado el 20 de junio de 2023].

embargo, hay varios puntos que nos llaman la atención en cuanto a sus consideraciones respecto a la denuncia anónima:

i) Por un lado, el Sujeto 11, afirma que: "creo que la ley o una buena ley de denunciantes deba hacer innecesario el anonimato, porque el anonimato no es real. Al final no se consigue, es algo que se puede volver contra el denunciante. En el momento en el que haya una filtración a nivel policial o judicial y el sistema sepa quién es, líbrate del mal que te caiga. Cuando te dicen "denuncia anónima" si hoy todos los hackers están contratados para saber la información". Por este motivo, deberemos plantear en el anonimato técnicas de anonimización de datos que protejan a la persona denunciante.

ii) En el caso de Sujeto 4: "Para muchas personas si lo que pasa es que también es cierto que ese anonimato se puede convertir en un arma de doble filo, para qué los propios políticos, dentro de su actividad de oposición puedan pues fiscalizar o erosionar, o gastar, al contrario, con denuncias sobre hechos que a lo mejor ellos mismos ya han realizado". En este punto, la utilización política de las denuncias anónimas solapa buena parte de la función de las agencias externas, que tratan de discernir qué denuncias pueden abrir una investigación y aquellas que carecen de información fundada. Sin embargo, no ha sido así del todo en cuanto a la particularidad presentada por la AVAF, que, aunque se establece que la denuncia es anónima, la condición o naturaleza del comunicante sí se indica, resultando en un total de 12 cargos políticos que han realizado denuncias anónimas desde el año 2021 hasta el 2022[601].

---

601 Agencia de Prevención y Lucha contra el Fraude y la Corrupción de la Comunitat Valenciana. Memoria de actividad: Ejercicio 2022. Valèn-

iii) Sujeto 5: "Yo creo que por lo menos saber que existe luego cada denunciante que o alertador que decida, pero por lo menos tener la opción creo que es importante." En cuanto a lo afirmado por Sujeto 5, es precisamente la opción que se ha elegido por parte de la Ley 2/2023 y el argumento seguido por la AVAF. Precisamente, en el caso de la AVAF, en el año 2022 se mostró un aumento importante de denuncias anónimas desde el año 2017 al 2022, cifrándose en un 58,3% de denuncias anónimas recibidas.

A las indicaciones aportadas por los mismos, parte de la doctrina señala el anonimato como un instrumento peligroso[602]. Entre las posibles razones de su peligrosidad, se encuentra la posibilidad de presentar denuncias falsas sin consecuencias sobre la persona que la presenta, la incapacidad de dar protección a la persona denunciante si no se conoce su identidad, el menoscabo al principio de contradicción en un proceso, o la

---

cia, 28 de marzo de 2023. https://www.antifraucv.es/wp-content/uploads/2023/03/MEMORIA_AVAF_2022_CAS.pdf

602 Cotino Hueso remarca la diferencia de confidencialidad, la reserva de la identidad, el máximo secreto y el anonimato. El marco jurídico legal español no permitía el anonimato en el ámbito penal. Por ello remarca que los "denunciantes" no presentan una denuncia, sino que dan noticia o alertan a las autoridades: pero el artículo 308 de la Ley de Enjuiciamiento Criminal si que abre la puerta a que el Ministerio Fiscal actúe cuando conozca hechos susceptibles de delitos.
Información extraída de las Jornadas celebradas el 16 de noviembre de 2021 en Torrent, disponibles online: Cotino Hueso, L. (2020). La protección de las personas alertadoras y el buzón de denuncias en la Directiva 2019/1937 relativa a la protección de las personas que denuncian infracciones del Derecho de la Unión". https://www.youtube.com/watch?v=z_s60hxsBPc&list=PLEM4Z9f8tfOxbLLG-Sk2yEhKCMg8EoyqQ&index=21&t=1205s&ab_channel=AgenciaValencianaAntifraude [Recuperado el 9 de abril de 2023]

instrumentalización del anonimato para otras causas perjudiciales a la Democracia[603].

Así se especificaba en la Instrucción 3/1993, de 16 de marzo, sobre el Ministerio Fiscal y la defensa de los ciudadanos a la tutela judicial efectiva y a un proceso público sin dilaciones indebida, donde se indica que la denuncia anónima, tras el velo del anonimato y una ausencia notable de transparencia en la identidad de la persona que informa, tiende a generar sospechas de "espurios propósitos encaminados a la descalificación pública y al descrédito social del denunciado"[604].

Sin embargo, las denuncias anónimas, como bien indica MONTERO AROCA, no dependen tanto de los postulados jurídicos sino de "caracteres políticos y morales reveladores de la situación ética de una sociedad"[605]. Así se puede extraer de la necesidad política de combatir problemas relacionados con el terrorismo y el blanqueo de capitales, entre las que se admite la denuncia anónima desde el año 2018[606]. Por ese motivo, en consonancia con lo afirmado por COTINO HUESO y por la propia FGE, la denuncia anónima sólo será considerada en si-

---

603 Así lo afirma Montero Aroca cuando indica que el sentido peyorativo del anonimato no sólo es exclusivo de los juristas, sino también se asocia al proceso inquisitivo en el mal sentido de la palabra, llegando a asociarse a etapas oscuras de nuestro país. En Montero Aroca, ibid., pág. 15

604 Instrucción 3/1993, de 16 de marzo, sobre el Ministerio Fiscal y la defensa de los derechos de los ciudadanos a la tutela judicial efectiva y a un proceso público sin dilaciones indebidas. Su deber de velar por el secreto del sumario. La denuncia anónima: su virtualidad como "noticia criminis".

605 Montero Aroca Ibid., pág. 17

606 En el propio preámbulo de la ley 2/2023 se recogen distintas acepciones en cuanto a la denuncia anónima y los motivos por los cuales se ha decidido incorporar en la propia ley. En este sentir, se analiza que, aunque existía un discurso que rechazaba las mismas, la denuncia anónima ha estado vigente en nuestro país desde el año 2018.

tuaciones especiales que puedan dar lugar a una investigación preliminar, con el objeto de contrastar la veracidad y adecuar los detalles acusatorios[607].

Así se manifestó con la Sentencia del Tribunal Supremo 35/2020, en la que se validó la denuncia anónima, y también antes de la aprobación de la misma en ordenamientos jurídicos actuales, cuando el Consejo de Estado celebrado en 2017 para tratar el Anteproyecto de Ley Orgánica de Protección de Datos de Carácter Personal, exponía un asunto importante en cuanto a la denuncia anónima:

> "La admisión de la denuncia anónima, sin embargo, puede fomentar un uso fraudulento del tratamiento, y presenta ciertas limitaciones prácticas a la hora de presentar testimonios ante la justicia penal; por estas y otras razones, ha sido desaconsejada, entre otros, por el Grupo de Trabajo del artículo 29. En línea con estas observaciones, considera el Consejo de Estado que sería más adecuado limitar la posibilidad de las denuncias anónimas a supuestos excepcionales (lo que no garantiza la mera utilización, en el artículo 25.1 del Anteproyecto, del adverbio "incluso"), dado que la regulación proyectada ya prevé la confidencialidad de los datos del denunciante"[608].

Por consiguiente, en el año 2022, en el Consejo de Estado relativo a la transposición de la Directiva (UE) 2019/1937, se trataba de que, ya que en la Ley Orgánica 3/2018 se ha admitido la denuncia anónima, se debe manifestar que:

---

607 Cotino Hueso, Ibid y en Circular 1/2000, de 18 de diciembre, relativa a los criterios de aplicación de la Ley Orgánica 5/2000, de 12 de enero, por la que se regula la responsabilidad penal de los menores. Disponible en: https://www.boe.es/buscar/doc.php?id=FIS-C-2000-00001. [Recuperado el 20 de mayo de 2023].

608 Dictamen del Consejo de Estado 757/2017 (Justicia). Relativo al Anteproyecto de L.O. de Protección de datos de Carácter Personal. Disponible en: https://www.boe.es/buscar/doc.php?id=CE-D-2017-757 [Recuperado el 23 de junio de 2023]

> "la admisión de la comunicación anónima no debería considerarse una vía ordinaria o regla general de inicio de procedimiento de información, ni promoverse como tal, sino como una vía a la que podrá recurrirse de forma excepcional y cada vez más limitada habida cuenta del incremento de las garantías de la confidencialidad del informante que prevé el anteproyecto".[609]

Tal y como hemos visto, dicha aclaración entra en discordancia con la situación vivida en la Comunidad Valenciana: un entorno con garantías de confidencialidad donde se ha logrado destapar la imagen de los denunciantes, incluso en los propios medios de comunicación, y las medidas de protección tampoco han sido suficientes. Más bien, a través de los propios organismos judiciales se ha tratado de averiguar la identidad de los denunciantes alegando el principio a la contradicción o el acceso, como representante público, a toda información recopilada por otros organismos públicos: en este caso, la AVAF.

PRIETO GONZÁLEZ indica en esa línea que uno de los cuestionamientos a la aceptación de la denuncia anónima es similar al encontrado en las investigaciones internas corporativas: la Fiscalía utiliza estos métodos "para obtener pruebas que de otro modo no podría conseguir sin violentar los derechos constitucionales de los investigados"[610].

---

609 Dictamen del Consejo de Estado 1361/2022 (Hacienda y Función Pública), relativo al Anteproyecto de Ley reguladora de la protección de las personas que informen sobre infracciones normativas y de lucha contra la corrupción por la que se transpone la Directiva (UE) 2019/1937 del Parlamento Europeo y del Consejo, de 23 de octubre de 2019, relativa a la protección de las personas que informen sobre infracciones del Derecho de la Unión. https://www.boe.es/buscar/doc.php?id=CE-D-2022-1361 [Recuperado el 23 de junio de 2023]

610 Prieto González, H. M. (2018). La cooperación público-privada en la prevención, detección y persecución de los delitos empresariales: Las investigaciones internas. En C. Gómez-Jara Díez (Ed.), *Persuadir y razo-*

El problema inicial no se encontraba en las denuncias anónimas de carácter interno en la Administración o entidades de derecho privado, sino que se traslada hacia el inicio del proceso penal a través de una denuncia anónima, o el uso de esa denuncia para dictar una sentencia basada en pruebas obtenidas a través de tácticas de cuestionable licitud: realizar una denuncia anónima con pruebas ilícitas y posteriormente aportar las lícitas. ARES GONZÁLEZ incluye el argumento como principio de protección que la confidencialidad o el anonimato en relación al denunciante y al denunciado tiene dos puntos a considerar: por un lado, la protección total a la identidad del denunciante, frente a los derechos de las personas afectadas por las denuncias[611]. El equilibrio entre la protección de los principios de la persona denunciada y el objetivo de los canales se encuentra precisamente en superponer la confidencialidad por encima del anonimato: la denuncia anónima como opción en aquellos casos donde el denunciante lo precise, pero con la preferencia de la confidencialidad.

A este respecto, y tras los riesgos que presenta la confidencialidad para muchos de los sujetos que hemos entrevistado, hemos optado por defender e instar que se promueva y mues-

---

nar: Estudios jurídicos en homenaje a José Manuel Maza Martín (Vol. II, pp. 1114-1130). Thomson Reuters Aranzadi.

611 En Ares González, B. (2021). El estatuto del denunciante en el ámbito público. En N. Rodríguez-García & F. Rodríguez-López (Eds.), *Compliance y responsabilidad de las personas jurídicas* (pp. 17-18). Tirant lo Blanch dado que no será el centro de nuestra investigación, hablamos de denuncias anónimas con dudosa licitud debido a que la información presentada puede vulnerar determinados derechos de los investigados: el derecho personal a la intimidad por acceso a e-mails y posterior difusión a través de esa denuncia, el derecho de los propios investigados de forma interna por no estar en presencia de un abogado, etc. Toda duda que se genere en relación con las investigaciones internas se encuentra más extendido en el punto IV., de la obra magistral Neira Peña, A. M. (2017). *La instrucción de los procesos penales frente a las personas jurídicas.* Tirant lo Blanch.

tre la opción de la anonimidad, enseñando a nuestros servidores la utilización de los métodos de anonimización. Todo ello por dos motivos: por un lado, porque si existe un requerimiento judicial, tendrán que enviar toda documentación según lo establecido en el artículo 11 de la ley 11/2016 reguladora de la actividad de la AVAF.

El otro motivo tiene que ver, precisamente, por las peticiones de información hacia la AVAF en cuanto a la demanda de transparencia y conocimiento al que, aparentemente, tienen derecho los miembros de *Les Corts*. Para poner en contexto, la Síndica adjunta del Partido Popular, solicitaba la copia íntegra del expediente de investigación que la AVAF había abierto en el año 2019, teniendo por asunto "Subvenciones familiares Ximo Puig". Dado que de los asuntos denunciados se presumía malversación, el Juzgado de Instrucción n°4 de Valencia abrió diligencias previas en el asunto, encontrándose en ese momento en fase de instrucción. Iniciado ese proceso, el grupo parlamentario popular solicitó a la AVAF toda la documentación hasta la apertura de diligencias. Teniendo en cuenta su independencia orgánica y que los asuntos se encuentran judicializados, la AVAF se niega a entregar la documentación, comprendiendo que, entre ella, se encuentra la identidad de la persona denunciante que inicia todo el proceso de investigación.

La Síndica, en su caso, solicitó el expediente íntegro alegando su derecho como cargo público del parlamento autonómico, en asuntos que relacionaban a un cargo representativo autonómico, en este caso al Presidente de la Comunidad Valenciana.

Debido a una independencia orgánica que no es total, el TSJ de la Comunidad Valenciana otorgó a la Síndica del Partido Popular la potestad de acceder a esa información, y, por ende, a la AVAF la obligación de entregar toda la documentación respectiva al caso. El motivo se presenta debido a que en el artículo 12.1 del *Reglament de Les Corts* se indica que las diputadas y diputados de las Cortes valencianas tendrán derecho a recabar datos, informes o documentos administrativos que obren en poder de cualquier administración pública de la *Generalitat*, sin establecer límites ni distinciones en cuanto a la AVAF.

Finalmente, en la propia Sentencia, se discute la aplicación directa o no de la Directiva (UE) 2019/1937, argumento utilizado por la AVAF para no entregar toda la documentación al grupo popular, esgrimiendo que en dicha documentación se encontraban los datos de la persona que habría presentado la denuncia: la propia portavoz del grupo parlamentario a la que la Síndica pertenece. A tal efecto, teniendo en cuenta la confidencialidad de los datos y un asunto judicializado, el TSJ falla en contra de la AVAF y reconoce haberse vulnerado el derecho fundamental de la Síndica al acceso a la información y el derecho de acceso a la documentación solicitada[612].

Por este motivo, y por las distintas opiniones emitidas por los denunciantes entrevistados, creemos firmemente que establecer la opción de denuncia anónima es un incentivo más a considerar, y no debe ser un desaliento para la sociedad, como indica CLEMENTE GARCÍA al manifestarse en contra del ne-

---

612 Toda la información en cuanto a esta sentencia se encuentra en Tribunal Superior de Justicia de la Comunidad Valenciana. Sentencia del Recurso Contencioso-Administrativo núm. 347/2019. Procedimiento especial Derechos fundamentales. Sala Contencioso-Administrativo, Sección 4ª Disponible en: https://www.poderjudicial.es/search/AN/openDocument/150951855019d3df/20200610 https://www.poderjudicial.es/search/AN/openDocument/150951855019d3df/20200610 y en alusión a la noticia, se notifica a la prensa la situación en la que se encontraba la agencia con respecto a *Les Corts*. Disponible en: https://www.lasprovincias.es/politica/letrados-corts-avalan-20210302131839-nt.html [Recuperado el 23 de junio de 2023]

gacionismo hacia la denuncia anónima[613]. Aunque con cuestionamientos éticos, la realidad es que la confidencialidad ha expuesto a muchos de los denunciantes a sufrir golpes jurídicos y represalias, a ser utilizados políticamente, por lo que, ante una ausencia de educación de no represaliar las denuncias, se deben tomar respuestas temporales que favorezcan a la persona denunciante: sobre todo teniendo en cuenta que el propio Estado delega sobre los mismos para destapar las tramas corruptas.

Asimismo, y teniendo en cuenta lo indicado por ZAFRA ESPINOSA DE LOS MONTEROS, nos parece adecuado aceptar la regulación de un método informal que ya existía en nuestras Autoridades policiales y judiciales. El argumento del *todo vale* para combatir la criminalidad no nos parece adecuado, pero si dentro de lo posible podemos admitir la denuncia anónima como un punto de partido para investigar bajo garantías, puede ser el elemento incentivo clave para la lucha contra la corrupción[614].

---

613 Entrada de Blog de la AVAF, donde la Directora de Asuntos Jurídicos manifiesta su opinión en cuanto a las denuncias anónimas. Clemente García, T. (2021). *Negacionistas de la denuncia anónima.* AVAF. Disponible en: https://www.antifraucv.es/negacionistas-de-la-denuncia-anonima/ [Recuperado el 23 de junio de 2023].

614 Zafra Espinosa De Los Monteros también hace alusión a Montero Aroca, pero incluye una sentencia interesante en cuanto al uso de la denuncia anónima como fuente de las Fuerzas y Cuerpos de Seguridad del Estado. La misma, STS de 7 de diciembre de 2000, indica que la denuncia anónima puede servir como base lícita para iniciar una investigación, pero no puede considerarse un elemento probatorio durante el proceso. De esta manera, vemos como también en la STS de 19 de julio de 2003, la misma autora señala como foco central de la Sentencia del Supremo que no se puede rechazar dicho instrumento "teniendo en cuenta la multitud de hechos delictivos de que las Autoridades policiales y judiciales son informadas de esta por quienes a causa de un temor razonable de represalias en ocasiones notoriamente feroces y crueles prefieren preservar

Aceptada la denuncia anónima, existen diversas formas de anonimizarla y contribuir a que el acceso a la información sea efectivo, dado que otra de las críticas a este sistema era la imposibilidad de contactar posteriormente con los denunciantes. Por un lado, la anonimización total de la identidad, y por otro, la confidencialidad a través de sistemas externos independientes.

3.4.1. Tipos de anonimización de la denuncia

Las normas hasta ahora establecidas no marcan una guía para fundar una forma de anonimización de la información. Por ese motivo, buena parte de los sistemas que han surgido en cuanto al servicio de anonimización han sido cuestionados por la oscuridad que gira en torno a los mismos. Aunque la Directiva (UE) 2019/1937 no especifica que las denuncias anónimas vayan a ser obligatorias en los Estados, tal y como se puede extraer de la siguiente afirmación:

> "Sin perjuicio de las obligaciones vigentes de disponer la denuncia anónima en virtud del Derecho de la Unión, debe ser posible para los Estados miembros decidir si se requiere a las entidades jurídicas de los sectores privado y público, y a las autoridades competentes que acepten y sigan denuncias anó-

---

su identidad, de lo cual la experiencia cotidiana nos ofrece abundantes muestras". Es decir, que en la propia experiencia del año 2000 y 2003, veíamos que este incentivo aceptado por el Supremo no era aceptado por nuestro legislador ni por nuestra Administración. Zafra Espinosa de los Monteros, R. (2010). *El policía infiltrado: Los presupuestos jurídicos en el proceso penal español* (pp. 138-139). Tirant lo Blanch..

Y también en el Caso Windisch contra Austria: Artículo 6.1 y 6.3 (Derecho al proceso justo; testigos anónimos) Sentencia de 27 de septiembre de 1990, en: https://hudoc.echr.coe.int/app/conversion/docx/pdf?library=ECHR&id=001-164831&filename=CASE%20OF%20WINDISCH%20v.%20AUSTRIA%20-%20%5BSpanish%20Translation%5D%20summary%20by%20the%20Spanish%20Cortes%20Generales.pdf&logEvent=False

> nimas de infracciones que entren en el ámbito de aplicación de la presente Directiva" (Considerando 34).

Lo que si establece es que serán los Estados miembro los que decidan si van a requerir buzones anónimos a las entidades jurídicas del sector público y privado, así como a las autoridades con competencia de recepción e investigación de las denuncias[615]. En virtud de delegar esas decisiones y dejarlo en manos de los Estados, también se incluyen medidas de protección para aquellos que hagan revelaciones públicas sin desvelar su identidad por sí mismos, y sean tanto descubiertos como víctimas de represalias[616]. La Ley 2/2023 puntualiza que serán admitidas estas denuncias, pero tampoco se especifica el método a seguir, de ahí que surjan diversos debates contrarios al anonimato que giran en torno al sistema, a la cultura de la denuncia anónima y a su percepción histórica negativa.

---

615 Considerando 34 de la Directiva (UE) 2019/1937 donde se indica este elemento en cuanto al anonimato "Sin perjuicio de las obligaciones vigentes de disponer la denuncia anónima en virtud del Derecho de la Unión, debe ser posible para los Estados miembros decidir si se requiere a las entidades jurídicas de los sectores privado y público y a las autoridades competentes que acepten y sigan denuncias anónimas de infracciones que entren en el ámbito de aplicación de la presente Directiva. No obstante, las personas que denuncien de forma anónima o hagan revelaciones públicas de forma anónima dentro del ámbito de aplicación de la presente Directiva y cumplan sus condiciones deben gozar de protección en virtud de la presente Directiva si posteriormente son identificadas y sufren represalias."

616 En la propia Directiva, continuando con el considerando 34, se establecen las condiciones de protección de los denunciantes, señalando que "Sin perjuicio de la obligación vigente de disponer de mecanismos de denuncia anónima en virtud del Derecho de la Unión, la presente Directiva no afectará a la facultad de los Estados miembros de decidir si se exige o no a las entidades jurídicas de los sectores privado o público y a las autoridades competentes aceptar y seguir las denuncias anónimas de infracciones".

Se considera, entonces, un elemento importante para tener en cuenta por nuestro Estado, tal y como afirmamos con el resto de los elementos considerados como incentivos, porque el anonimato impulsa a que las personas se atrevan a denunciar bajo una identidad no conocida. Entre tanto, y según lo establecido por la Directiva, España ya había marcado tendencia para aceptar que los canales de información puedan recoger informaciones anónimas a través de la Ley Orgánica de Protección de Datos[617], que en su artículo 24 se refiere a la creación de este tipo de canales en las entidades de derecho Privado. Todo ello renunciando a los informes que declaraban las denuncias anónimas como mecanismo que no garantizaba "la exactitud e integridad de la información"[618], siendo este el objetivo central de las denuncias.

La norma anterior tiene por ámbito de aplicación a las entidades de Derecho Privado, sin perjuicio de que pueda ser aplicado a los canales de denuncia que se crean en la Administración Pública. Y es en esa línea en la que ya se han dado pasos en las distintas Agencias incorporadas a las Comunidades Autónomas, donde han decidido incluir la opción de buzones de denuncia anónimos para la admisión de información, incluyendo la opción de hacerlo a través de mecanismos que puedan ocultar la dirección IP a través de la que se realice la denuncia[619]. Se concluye, de este modo, en que la denuncia

---

617 Sáez Lara, C. (2020). *La protección de denunciantes: Propuesta de regulación para España tras la Directiva Whistleblowing* (p. 95). Tirant lo Blanch

618 Ibid, pág. 96

619 Más conocida como la Red para entrar en la "*DarkNet o "DeepWeb"* la Red Tor se ha consolidado en este tipo de organismos como método de esconder la IP de nuestro ordenador para realizar una denuncia. En el siguiente enlace se indica de forma bastante sencilla el funcionamiento de TOR y sus peculiaridades: https://www.xataka.com/basics/red-tor-que-como-funciona-como-se-usa [Recuperado el 3 de abril de 2021]

anónima es un nuevo mecanismo más de para la apertura de una investigación, ya que por sí misma no supone un indicio, ni tampoco puede servir como única base para abrir diligencias de investigación, no llegando a plantear problema legal como un elemento para dar *notitia criminis.*

La denuncia anónima ya no se entiende como los buzones del *Palazzo Ducale* que mencionábamos en el segundo capítulo de esta investigación, ni tampoco como un buzón especifico de la empresa en el que entregar documentación en sobres anónimos. Los sistemas de información y las nuevas tecnologías han cambiado el juego del anonimato en este tipo de procedimientos, y pueden respaldar el verdadero anonimato de la comunicación anónima. Insistimos en que asegurar este anonimato es un incentivo importante para que las personas denunciantes puedan presentar información, sobre todo teniendo en cuenta lo que afirmaba Sujeto 11, en cuanto a la necesidad de plantearnos el anonimato real, por lo que las nuevas tecnologías, en nuestra ecuación, suponen en sí misma una oportunidad para la toma de la decisión. Por ese motivo, la implicación de la tecnología ha sido tan importante en cuanto a la implementación de buzones digitales, dado que permite a las personas denunciantes presentar información anónima a través de internet de forma segura, y ese anonimato forma parte del nuevo grado de resistencia[620].

Teniendo en cuenta que estas formas han evolucionado, lo que si se desprende del anonimato de la denuncia es el problema de la identificación posterior del denunciante en aquellos casos donde la información que se presente sea válida pero insuficiente. Cuando los investigadores puedan quedar estancados en la investigación, no podrán recibir más pruebas de este anónimo si no se toman una serie de medidas. A este problema

---

620 Colvin, N., et al. (2021). *Expandiendo tecnología de anonimización en Europa.* Blueprint for Free Speech y FIBGAR. p. 17

prestó solución la AVAF gracias a las nuevas tecnologías. En el artículo 90 del Reglamento de funcionamiento de la AVAF, se regula el buzón de denuncias y se afirma que se aceptan denuncias tanto nominales como anónimas. Lo que no dice es que desde el año 2018, utiliza el software libre GlobaLeaks para gestionar el buzón con total garantía de seguridad.

3.4.1.1. Anonimidad de la información con identificación numeral

Una de las opciones escogida por la AVAF y que parece estar resultando efectiva es la identificación numeral de las denuncias a través del buzón anónimo. En este sentido, el denunciante, una vez ha presentado toda la información a través de dicho canal, se emite un numero automático con el que la Dirección de Análisis e Investigación (DAI) se mantiene en contacto constante con el denunciante, en aras de percibir la mayor de las informaciones anexadas al procedimiento.

Este método de numeración otorga un código numérico de 16 cifras que se generan de forma aleatoria. Con estas cifras, existe una permisividad en cuanto a la interacción con los alertadores. En COLVIN et all, se afirmaba que, en la experiencia, el servicio de mensajería inmediato con el anónimo es fundamental, por lo que dotar al software de este servicio debería ser crucial, precisamente por la capacidad para tener una conversación entre el analista del buzón y el denunciante. En esa conversación continua, se puede solicitar más información o aclarar la misma gracias al continuo acceso[621].

Esta conversación se produce gracias a lo que GlobaLeaks califica como recibo, que es precisamente el código de 16 dígitos, que permite acceder a la interfaz del buzón y comunicarse de forma fluida con un técnico. Por su parte, el investigador encar-

621 Colvin, et al., ibid. pág 38

gado de dirigir el canal cuenta con un correo genérico al que le llega información cada vez que hay movimiento en el buzón de denuncias. Este correo es el genérico del área de investigación.

Ilustración 4: Codificación numérica de la denuncia anónima

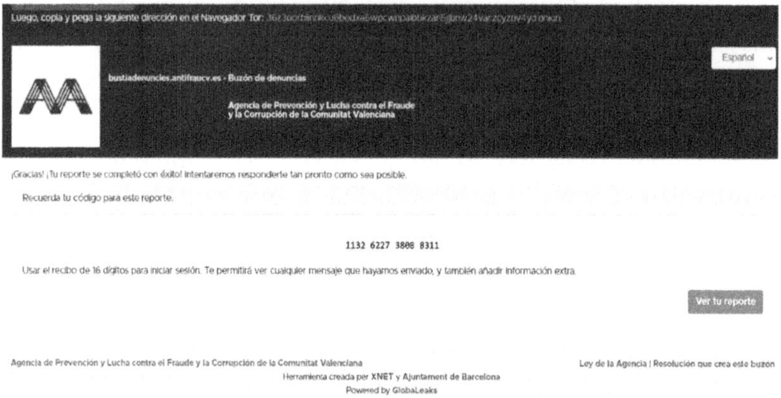

Fuente: Propia a partir de la Bustia GlobaLeaks- AVAF

El software aplicado por la AVAF, GlobaLeaks, otorgará siempre un cifrado en la conexión, por lo que la conexión de la persona denunciante siempre estará encriptada a través de la red Tor, siempre y cuando se utilice dicho navegador. Si no es el caso, si se accede a través de un navegador común, se accederá a través de TLS. En tal caso, el acceso a través de TLS establece una conexión segura que no pueda ser intercedida por terceros, pero la identidad del servidor al que estás conectado si se puede rastrear a través de certificados: es decir, la IP.

Como se indica en el estudio de EAT, los nuevos sistemas de buzón digital suelen aplicar la red Tor, lo que requiere que la persona denunciante tenga unos mínimos conocimientos en el manejo de las nuevas tecnologías. Aunque algunos académicos han mostrado su desacuerdo dado que la red Tor no es una red oficial y se aplica generalmente para el acceso a las redes oscuras, la misma ha resultado como punto de equilibrio para dar mayor accesibilidad a las personas denunciantes, y también mayor seguridad en aquellas tramas que precisen este tipo de métodos[622]. Asimismo, GlobaLeaks, a pesar de ser un software libre, también puede aplicarse institucionalmente debido a que cumple con la norma ISO 37002, la Directiva (UE) 2019/1937 y con la Regulación (UE) 2016/679 relativa a la protección de datos, por lo que no es un método inseguro para la Administración, ni tampoco para el denunciante.

3.4.2. Utilización de redes Tor para la anonimización del sistema numeral

La anonimización numeral realizada por parte de la AVAF también incluye el anonimato computacional. A través de este método de anonimización se intenta renunciar al sistema que ofrece un formulario en línea para el envío de mensajes de denuncia sin requerir nombres, pero registrando la IP del individuo, por lo que se puede detectar el momento y lugar en el que se ha enviado la notificación.

A este sistema se le califica como un protocolo de Transferencia Anónima, donde se describe una interacción entre el remitente (servidor público) y un receptor (el funcionario encargado de la gestión del canal de denuncias de la AVAF) a través de un canal anónimo. De lo que se trata con este sistema es, como bien indican AGRIKOLA et al, es de anonimizar y ocultar tanto la identidad en un grupo, de forma que incluso aunque existan sospechas sobre una persona, no haya ningún elemento computacional que pueda probar que un sujeto determinado es el que ha realizado la denuncia[623].

---

622 Colvin et all. Ibid., pág. 9

623 Agrikola, T., Couteau, G., & Maier, S. (2022). Anonymous whistleblowing over authenticated channels. En *Theory of Cryptography Conference* (pp. 2-7). Cham: Springer Nature Switzerland.

El sistema Tor utiliza esta estrategia de anonimización total, como afirman BERENDT y SCHIFFNER: la información enviada a través de TOR se encripta y circula a través de diferentes computadoras/redes, por lo que hace difícil conocer la red que ha emitido el mensaje y cuadrar una ruta a seguir[624]. En el Ayuntamiento de Barcelona, ámbito local donde también se ha utilizado, se le califica a esa ruta como un "túnel cifrado", ya que, en lugar de presentarse la información de forma directa, cruza por varias IP para que su rastreo sea materialmente imposible[625]. De esta forma, conscientes de lo indicado por L.G. en cuanto a la incapacidad de que exista un anonimato total, parece que la realidad entra en contradicción con lo que el denunciante nos indica, dado que, a través de estas técnicas, se han logrado anonimizar una importante cantidad de denuncias.

A través de la red TOR, que es un software gratuito de código abierto, la anonimización del sistema numeral, así como la opacidad de la IP, se logra. Esta red consiste en la selección de diferentes *nodos* que dan la posibilidad al usuario o denunciante de verse provistos por distintos nodos activos que conforman un circuito. Este circuito se constituye por un nodo de entrada, el nodo intermedio y el nodo de salida, de modo que estos tres

---

624 Berendt, B., & Schiffner, S. (2022). Whistleblower protection in the digital age—Why "anonymous" is not enough: From technology to a wider view of governance. *The International Review of Information Ethics, 31*(1).

625 Información disponible en la web del Buzón Ético y de Buen Gobierno del Ayuntamiento de Barcelona, en el que se explica cómo funciona la red de anonimización de TOR. Disponible en: https://ajuntament.barcelona.cat/bustiaetica/es/comunicaciones-anonimas [Recuperado el 2 de junio de 2023] Y respecto a la red Tor y su efecto sobre el anonimato, también se encuentra disponible bastante información al respecto en: MCCOY, Damon, et al. Shining light in dark places: Understanding the Tor network. En *Privacy Enhancing Technologies: 8th International Symposium, PETS 2008 Leuven, Belgium, July 23-25, 2008 Proceedings. (2008). Springer Berlin Heidelberg. pp. 63-76..*

nodos son puertas cerradas que impiden el acceso a la IP desde donde se ha emitido la denuncia.

Lo que la AVAF ha construido es una plataforma para la realización de denuncias basadas en un software libre, GlobaLeaks, o en palabras de JAYAKRISHNAN y MURALI, atendiendo a lo explicado por SEGURA: "una plataforma de denuncia de irregularidades basada en software, que promete anonimato y confidencialidad de los datos"[626].

Contando con la existencia de un lenguaje numérico de comunicación, el funcionario de la AVAF y el denunciante anónimo mantienen una comunicación a través del buzón, a modo de simulación de chat online. Lo que hace esta plataforma es otorgar una interfaz para los denunciantes a través de las cuales pueden enviar sus divulgaciones, y otra interfaz para el organismo a través del cual pueden recibir las mismas. Todo ello, a través del servicio TOR, que permite anonimizar el servicio de ambos computadores[627].

Cuando el denunciante anónimo entrega la información, necesariamente el sistema encripta los documentos adjuntados antes de ser almacenado en el servidor, por lo que los documentos se codifican en un formato ilegible, y sólo se podrá descifrar el formato a través de una clave específica que tiene el encargado del canal externo. Es decir: cada funcionario tiene su contraseña personal para desencriptar los documentos que se han anonimizado y encriptado.

---

626 Jayakrishnan, H., & Murali, R. (2019). A simple and robust end-to-end encryption architecture for anonymous and secure whistleblowing. En *2019 Twelfth International Conference on Contemporary Computing (IC3)*. IEEE. y también en la conferencia realizada sobre la "bústia de denúncies" de la AVAF. Disponible para su consulta en: https://www.youtube.com/watch?v=E5S_jPCbkjM&ab_channel=AgenciaValencianaAntifraude [Recuperado el 23 de junio de 2023].

627 Ibid

Un sistema similar ha sido elegido también por Alemania, donde se implementó una línea directa y anónima que permitía interactuar al denunciante con el investigador, facilitando el intercambio de información que facilitase la investigación. Todo ello, a pesar de las reticencias a la denuncia anónima influidas por las experiencias negativas durante el Tercer Reich, influyendo en este sentido lo que indicábamos en el segundo capítulo: la influencia de etapas oscuras que instrumentalizaron a nuestros ciudadanos tiene incidencia sobre la lucha legítima contra la corrupción[628]. En este punto, y en consonancia con España, los informes anónimos tuvieron una serie de consecuencias negativas de carácter estructural debido a la instrumentalización de la denuncia anónima. Sin embargo, parece haberse vuelto a adoptar como un nuevo intento en un nuevo sistema político, democrático, que arrastra la corrupción estructural en ambos países.

En esta dudosa técnica que ha generado malestar en buena parte de la doctrina, el funcionario de la AVAF encargado del Buzón que nos ha explicado todo el procedimiento enfatiza sobre la detección de denuncias falsas: la mayoría de las denun-

---

628 G-20. (2010). *Anti-corruption action plan: Study on whistleblower protection frameworks, compendium of best practices and guiding principles for legislation* (p. 21). Disponible en https://www.oecd.org/g20/topics/anti-corruption/48972967.pdf
[recuperado el 23 de junio de 2023]. Toda esta información, además de incluirse en el segundo capítulo cuando analizamos la instrumentalización negativa de las personas denunciantes, también se analiza en el estigma histórico asociado precisamente a etapas regidas por el autoritarismo. Rauhofer, J. (2007). Blowing the whistle on Sarbanes-Oxley: Anonymous hotlines and the historical stigma of denunciation in modern Germany. *International Review of Law, Computers & Technology, 21*(3), 363-376. En este punto, aunque en España vemos como triunfa el sistema GlobaLeaks en algunas autonomías, en Alemania ya se han encontrado hasta 57 *software* libres y de pago para la anonimización de las web. Información disponible en: https://sourceforge.net/software/whistleblowing/germany/

cias anónimas que de forma subjetiva se extrae que pueden ser falsas, se inadmiten. En el plazo de un mes, la denuncia debe ser vista con verosimilitud o no a través de un análisis exhaustivo, bien sea solicitando mayor información al denunciante, manteniendo el contacto con él a través de la plataforma o realizando diligencias de investigación. Tal y como luego desarrollaba, la experiencia del uso e investigación en el canal es la que otorga o no la veracidad, ya que el propio investigador, con la evolución de la investigación, a través de la solicitud de información, puede tener conclusiones reveladoras en cuanto a la veracidad de la denuncia.

A modo de conclusión, son numerosos los estudios que han indicado y que hemos recopilado, que la presencia, aunque sea con carácter opcional de un mecanismo de anonimización de información, aumenta la confianza de los denunciantes por una percepción de protección. La disponibilidad de un canal de denuncias anónimo que de la posibilidad a los denunciantes de informar a través del anonimato tiende a ser mucho más efectivo que un buzón no anónimo, precisamente, en la acción de denunciar, dado que hay un mayor sentimiento de protección y de que su identidad no se revele[629]. Este sentimiento aumenta cuando el canal de denuncias es gestionado por un órgano externo. Especialmente en una red corrupta amplia que pueda tener conexión con la Administración Pública, el anonimato tiene efectos incentivadores en la denuncia, dado que las consecuencias de conocer la identidad de la persona denunciante pueden acarrear, incluso, represalias personales severas[630].

---

629 Culiberg, B., & Mihelič, K. K. (2017). The evolution of whistleblowing studies: A critical review and research agenda. *Journal of Business Ethics, 146*, 797-799.

630 Elliston ha defendido que generalmente, la justificación para acceder a la denuncia anónima se produce cuanta mayor gravedad tienen las conductas indebidas (los delitos) y cuanto mayor es la distancia social entre el denunciante y el infractor (distancia medida en cuotas de poder).

Tras la lectura de estas pinceladas informáticas, uno puede pensar que la utilización de estos canales requiere especialización. No obstante, conscientes de las barreras generacionales existentes incluso dentro del sector público español, debe aplicarse una formación específica en cómo utilizar estos canales e instalar las redes necesarias. Para esta formación, la futura AAI y el resto de las entidades deberá realizar programas formativos de accesibilidad, dado que como vimos, también es preciso hacer que los denunciantes conozcan sus opciones y sepan cómo funcionan para ampliar su utilización. Sin embargo, esta formación no debe ser exclusiva en materia informática, sino también en otros aspectos relativos a la lucha y combate contra la corrupción desde la reconsideración de la figura del denunciante, atendiendo a que la socialización primaria es crucial para la prevención de muchos delitos.

4. *Formación y cambio pedagógico de imagen: labor educativa como prevención primaria*

Aunque el anonimato y el apoyo psicosocial son importantes fuentes de protección para los denunciantes, según se recoge en la Memoria Anual de 2022 de la AVAF, también es necesario considerar el impacto de un entorno externo en la decisión del denunciante: la imagen popular del *whistleblower*. Esta imagen está directamente relacionada con un clima hostil dentro de la Administración, donde las personas denunciantes que son trasladadas suelen optar por guardar silencio en sus nuevos destinos debido a la exclusión o rechazo social que enfrentan al ser considerados "chivatos". Por lo tanto, se puede decir que esta imagen popular influye significativamente en las

---

Elliston, F. A. (1982). Anonymity and whistleblowing. *Journal of Business Ethics, 1*, 167-177.

decisiones de los denunciantes y puede afectar su disposición a presentar denuncias.

Para paliar el problema social o cultural que se encuentra enraizado en nuestras sociedades, una de las soluciones propuestas por la AVAF en sus múltiples declaraciones ha sido la compartida por VILLORIA MENDIETA: la necesidad de políticas educativas positivas con normas compartidas donde se dé prioridad al sector público[631]. Unificar esta política educativa, con el bueno gobierno y la transparencia puede dar resultados efectivos en materia de prevención situacional, mejorando la arquitectura de nuestras instituciones desde la base de nuestra sociedad.

4.1. Utilización de la AAI para actividades formativas

Decía Aristóteles, y citaba posteriormente GARZÓN que "es deber de los gobernantes formar a los ciudadanos en la virtud y habituarle a ella"[632]. Tras la multitud de escándalos sociopolíticos experimentados en nuestras instituciones, ha vuelto a la palestra la necesidad de incorporar la ética a nuestras instituciones, para intentar erradicar aquellas conductas inmorales que destruyen la confianza de los gobernados.

La AVAF, así como el restante de organismos antifraude, en el desarrollo y finalización de esta investigación ha firmado un convenio conjunto de formación con la Fiscalía General del Estado, pero a la fecha de presentación de esta investigación no se ha publicado. En su propósito de coordinación y colaboración entre distintas instituciones dedicadas a la prevención y erradicación de la corrupción, también se encuentra su función de redactar dictámenes, informes y actuaciones técnicas

---

[631] Villoria Mendieta, M. (2019). *Combatir la corrupción* (p. 114). Gedisa.

[632] Garzón, B. (2015). *El fango* (p. 466). Editorial Debate.

que puedan surgir en el desarrollo de investigaciones futuras. El propósito de estas actividades formativas es demostrar el poder que puede tener la información con la que se cuenta, pero también se persigue una formación ética para los miembros del sector público.

La denuncia de actos de corrupción conocidos se considera uno de los elementos más importantes en la lucha contra este problema y un evento prosocial y ético, por lo que la promoción de una formación en integridad llevada a cabo por expertos puede ser un aliciente para eliminar las represalias culturales existentes sobre el denunciante, así como también prevenir la corrupción.

Como indica NAVARRO, la corrupción es un problema que no surge sólo dentro del ámbito político o privado en virtud de sus posiciones, sino que pueden ser prácticas arraigadas en la propia sociedad civil[633]. Al igual que hemos detectado en nuestras entrevistas, no está relacionada con las ideas políticas, tampoco, sino que en muchos casos se ha asociado al sentido o respeto a los servicios públicos. Como resultado, la corrupción afecta a multitud de ámbitos, pero es mayoritariamente un problema de ética social. Lo que analiza NAVARRO es que es crucial poder identificar la raíz del problema de la corrupción para poder prestar soluciones eficaces. GARZÓN también señala que la Administración debe estar dirigida por organizaciones públicas, transparentes y creíbles, con servidores públicos que sean honestos e íntegros[634].

En la Comunidad Valenciana uno de los problemas era la ausencia de mecanismos de control y prevención para la detec-

---

633 Navarro Cardoso, F. (2018). El derecho de acceso a la información pública como instrumento de transparencia en la lucha contra la corrupción y su tutela penal. En Á. Matallín (Dir.), *Compliance y prevención de delitos de corrupción* (p. 275). Tirant lo Blanch.

634 Garzón, ibid, págs. 466-468

ción de tales irregularidades, así como la impunidad percibida por los que ostentaban el poder ejecutivo autonómico. Sin embargo, ahora que la AVAF existe, que se han creado respuestas legislativas y también organismos para controlar a los poderes públicos y cualquier financiación pública, vemos como además también existe una falta de ética pública en nuestros servidores públicos. Esta falta de ética se atribuye en muchos casos a la ausencia de una socialización primaria hacia el rechazo de determinados hechos. VILLORIA MENDIETA[635] hace hincapié en que es en esa socialización donde se induce generalmente la ausencia de integridad como algo normal en nuestros círculos, e incluso deseable, recordando casos como el del Sujeto 10 donde se le promovía a participar en las ilegalidades: "cállate y si tienes un *hermanico* para enchufar, pues en un momento te lo colocan".

La OCDE también indica la necesidad de construir una base educativa para la adecuada integridad pública[636]. A pesar de que no existen pruebas contundentes en cuanto al impacto sobre la corrupción de una escasa base educativa cívica, el aumento de los programas y del fomento de estos tiene resultados positivos en cuanto a la formación de valores robustos. Estos principios no solo pueden tener incidencia a la hora de rechazar oportunidades de corromperse, sino para el aumento de probabilidades de denunciar bajo la influencia de principios.

Estos planes de formación deben incluir el objetivo, la metodología, y los resultados esperados. Para tal labor, en el caso de la AVAF, se ha realizado un plan estratégico formativo de tres años (PEF 2021-2024), con la perspectiva de que la AVAF

---

635 Villoria Mendieta, ibid., pág. 121

636 OECD. (2018). *Education for integrity: Teaching on anti-corruption, values and the rule of law.* Disponible en https://www.oecd.org/gov/ethics/integrity-education.htm
[Recuperado el 23 de junio de 2023].

cumpla su propio propósito, el que da nombre a la institución: Agencia de Prevención[637]. En la memoria del año 2022, se indica que han tenido influencia sobre este plan las distintas modificaciones legislativas a nivel autonómico y europeo, por lo que se modificó el plan añadiendo esas modificaciones, así como también tendrá influencia sobre el año 2023 las modificaciones a nivel nacional. A las exigencias de Next-Generation sobre la realización de planes antifraude para la solicitud de los fondos, la AVAF colaboró en establecer vías de colaboración para ayudar a los ayuntamientos a comprender los requisitos, y a elaborar estas herramientas de prevención[638].

La AVAF ha realizado dicha formación en la Comunidad Valenciana. Como indicábamos previamente, los encargados de realizar estas actividades formativas recaen sobre el Servicio de Formación, que desempeña un papel crucial en el cumplimiento de las funciones educativas con cinco funcionarios. En primer lugar, se encarga de proporcionar formación a los funcionarios públicos de todas las administraciones valencianas en temas de integridad y ética pública[639]. Además, se dedica a la

---

637 Agencia de Prevención y Lucha contra el Fraude y la Corrupción de la Comunitat Valenciana. Memoria de actividad: Ejercicio 2022. València, 28 de marzo de 2023. https://www.antifraucv.es/wp-content/uploads/2023/03/MEMORIA_AVAF_2022_CAS.pdf

638 AVAF. "La federación Valenciana de Municipios y Provincias y la Agencia Antifraude Valenciana, colaborarán para ayudar a los ayuntamientos a elaborar planes antifraude". Disponible en: https://www.antifraucv.es/la-federacion-valencia-de-municipios-y-provincias-y-la-agencia-antifraude-valenciana-colaboraran-para-ayudar-a-los-ayuntamientos-a-elaborar-sus-planes-antifraude/
[Recuperado el 23 de junio de 2023]

639 No solo participan técnicos formativos de la AVAF, sino que existe una colaboración académica con Universidades Públicas para la formación del Personal de Administración y Servicios. Toda la información a continuación sobre las formaciones al PAS de la Administración Pública se encuentra en la web de Antifrau, dedicando buena parte de esta formación al PAS de

realización de programas de sensibilización dirigidos a la ciudadanía, con especial atención en estudiantes universitarios, niños, adolescentes, sociedad civil organizada y personas involucradas en iniciativas educativas populares. Y, por último, brinda apoyo a iniciativas que promueven la capacitación técnica y la formación continua del personal de la Agencia, acudiendo a Congresos formativos o actividades universitarias para la actualización de los conocimientos y su posterior desarrollo. Con todas estas labores, debe tenerse en cuenta el número de funcionaros dedicados a tal función, dado que su aumento debe conllevar un aumento de presupuesto ante *Les Corts*, órgano que aprueba los presupuestos de la AVAF.

Con todo, el objetivo fundamental de la Agencia es contribuir a crear una cultura social y cívica que rechace la corrupción, y la promoción de una ética pública sólida. En paralelismo a movimientos de concienciación como la eliminación del tabaco de interiores, así como también las normas de reciclado, trata de seguir un patrón a largo plazo que termine por implementar un rechazo hacia la corrupción, y por lo tanto, un aumento de confianza en la denuncia sin represalias. Para esta labor, se ha realizado precisamente un plan estratégico estructurado, de tal forma que se cumplan los objetivos en una estrategia a largo plazo.

Esta estrategia no solo la cumplen en el ámbito educativo, sino que, además, contribuyen a la formación del resto de empleados públicos para informar en el uso de los canales internos y externos de denuncia, siendo este uno de los elementos que también han presentado importancia en nuestras entrevistas y en nuestras

---

entidades locales y de las Universidades Públicas. Disponible en https://www.antifraucv.es/finaliza-el-curso-interuniversitario-prevencion-de-riesgos-de-corrupcion-en-la-gestion-publica-en-la-universidad-de-alicante/
[Recuperado el 23 de junio de 2023]

instituciones. En otras palabras: los canales de denuncia no son efectivos si no se enseña a nuestros ciudadanos o servidores públicos a utilizarlos y no se toman respuestas en materia educativa.

4.1.1. Ámbito educativo primario, secundario y universitario

Entre los propósitos que comprende la OCDE, indica unos posibles programas y objetivos para el estudiantado del ámbito primario. En nuestro caso, hablamos desde el ámbito escolar, secundario y universitario.

En el ámbito de las asignaturas dedicadas a la ciudadanía o a la filosofía, el plan de estudios puede incluir un apartado específico dedicado al civismo y a la corrupción. Entre las desventajas previstas por la OCDE, esto requerirá un diseño de materiales que puede ser costoso y llevar mucho tiempo, elemento que la AVAF ya ha trabajado y que, en colaboración con las Agencias disponibles, puede prevenirse y reducirse tanto el coste como el tiempo de realización. En cuanto a la capacitación de docentes, lo unimos respecto a los cambios legislativos que pueden producirse: por un lado, podemos requerir la existencia de criminólogos especializados en el ámbito de la corrupción para la capacitación de docentes[640]; y, por otro

---

640 Desde el año 2021, existe una batalla intensa con el Ministerio de Justicia para la inclusión de los criminólogos en los centros educativos, penitenciarios y se les reconozca su labor preventiva. En cuanto al ámbito escolar, se realizó un decálogo del criminólogo por parte del Colegio de Criminólogos de la Comunidad de Madrid a través del cual se incluía la formación a los agentes integrantes de los centros escolares en cuanto a los tipos delictivos. Entre ellas, se hablaba de aportar conocimiento de interés para la prevención futura de conductas en el ámbito escolar, a través de una educación en valores. Información disponible en el Colegio de Criminólogos de Madrid: https://colegiocriminologosmadrid.es/decalogo-criminologo-centros-educativos/
[Recuperado el 23 de junio de 2023].

lado, podemos capacitar al profesorado a través de los programas formativos de las Agencias, que pueden distinguirse hacia el profesorado y hacia el alumnado.

Entre las ventajas de adoptar estos modelos de educación en integridad, la propia OCDE habla de que estos sistemas aportan un enfoque sólido desde los inicios educativos en materia de integridad, y se garantiza una cobertura total hacia todo el estudiantado, sobre todo en aquellos países donde la educación es obligatoria hasta secundaria, cubriendo aquellas edades clave para la socialización. Si se introduce en asignaturas ya creadas, como la filosofía y la ciudadanía, las lecciones se pueden complementar con esas asignaturas fácilmente, reduciendo la posible sobrecarga curricular sobre el docente y el alumnado. Esto, además, puede ir acompañado de los seminarios ya realizados por la AVAF, mostrando la dureza de la corrupción – debido al impacto sobre esas edades – y las consecuencias que tiene a largo plazo.

El objetivo de esta educación en valores, según SUKIDIN et al[641], es hacer que los estudiantes asuman la vergüenza frente a la corrupción y puedan generar emociones negativas si son testigo de estas prácticas. Estas emociones se buscan a través de la inclusión de la educación en valores y la educación anticorrupción, que se integran en el programa educativo de secundaria y bachillerato. Con esto, se pretende promover valores positivos y generar conciencia sobre la corrupción, prestando énfasis sobre tres actitudes morales clave: honestidad, justicia y responsabilidad. En este sentido, los estudiantes aprenden a rechazar la deshonestidad y a respetar los derechos de los demás, valorando mucho más el valor de los servicios públicos,

---

641 Sukidin, S., Hartanto, W., Zulianto, M., Suharso, P., & Hudori, R. F. A. (2022). The Education Of Anti-Corruption In Secondary School. *JURNAL PENDIDIKAN EKONOMI: Jurnal Ilmiah Ilmu Pendidikan, Ilmu Ekonomi Dan Ilmu Sosial, 16*(1), 144-154.

y rechazando aquellas actitudes que puedan comprometer los mismos.

SUKIDIN et al[642]. añaden a esa formación varias líneas que se tendrán en cuenta a la hora de implementar a la formación escolar. Respecto a ello, se refiere a que la educación cívica contextual se centrará en el valor educativo utilizando diferentes enfoques que posteriormente se incluirán en el programa académico. En la enumeración se recogen dos aspectos fundamentales: la formación en personalidad y comportamiento; y el comportamiento que regula las normas. En cuanto al primer punto, se abordan temas relacionados con la personalidad y el comportamiento, como el autoconocimiento, los valores y principios personales, el propósito de la vida y los factores externos que influyen. También se exploran los criterios para distinguir entre comportamientos adecuados e inadecuados, se analizan las decisiones y elecciones y se reflexiona sobre la responsabilidad personal. Este punto es importante, pero depende de los factores externos de protección que ya hemos visto: la percepción de represalias, la confianza en los canales de denuncia y la eficacia de eventos similares en su entorno, entendiendo este punto como la comprobación de que la justicia actuará contra posibles ilícitos.

Respecto al segundo punto, en cuanto al comportamiento regulador de las normas, se incluyen el concepto de norma moral, la moralidad y la convención. Se examinan los hábitos, costumbres, tradiciones y normas sociales, y se analiza el comportamiento desviado y normal, tal y como puede reflexionar BECKER[643]. En este punto, es importante analizar la visión que

---

642 Ibid

643 En cuanto a los impulsos de la clase social a corromperse, analizados en la delincuencia de cuello blanco y cómo también los funcionarios pueden caer en esa delincuencia por la presión económica, las normas sociales, las presiones y las expectativas pueden influir en el comportamiento

BECKER aporta en cuanto a etiquetar a través de una construcción social que la corrupción es un comportamiento desviado en una sociedad. Al hilo de nuestro estudio y entrevistas, siguiendo precisamente la exclusión hacia la persona denunciante, es preciso cambiar el enfoque sufrido por Sujeto 10 en cuanto a que la falta de honestidad se atribuya a la persona que puede aprovecharse de la situación de forma suspicaz. Se especifica, además, la relación entre moralidad y ley, se aborda la imperfección legal, recordando lo dictado por PEARCE en cuanto a la criminalidad de los poderosos[644] y se explora la relación entre las normas sociales y la libertad personal.

En esta materia es difícil encontrar buenas prácticas que sirvan de ejemplo contundente a tener en cuenta. No obstante, podemos discernir ejemplos de paises que han comenzado esta andadura y que OCDE ha puesto de ejemplo en sus reportes, teniendo en cuenta ventajas y desventajas, como buenas prácticas en la materia. En el caso de Hong Kong[645], da ciertas

---

ético de las personas y cómo la búsqueda de la libertad individual puede estar en conflicto con los valores colectivos de integridad y honestidad. Por ese motivo, el enfoque de Becker también destaca la influencia del poder y las estructuras sociales en la construcción de la desviación. En el caso de la corrupción, se puede observar cómo las dinámicas de poder, la falta de rendición de cuentas y los incentivos distorsionados pueden contribuir a la perpetuación de comportamientos corruptos. Becker, H. (2018). *Outsiders: Hacia una sociología de la desviación.* Siglo Veintiuno Editores.

644 En el capítulo 1 indicábamos la influencia de los poderosos sobre las mismas leyes, analizando precisamente, desde la criminología crítica, como la delincuencia de cuello blanco apenas se perseguía dado que muchas de las normas adoptadas permitían resquicios de prácticas ilegales. Toda información se encuentra en el punto 4 del capítulo 1, relativo al problema de la falta de datos en la criminalidad económica. Pearce op.cit.

645 En el caso de Hong Kong, al igual que la autonomía valenciana, pero con sus diferencias sustanciales, la corrupción había llegado a copar de-

pinceladas que consideramos importantes a tener en cuenta en este apartado educativo:

i) Promoción de valores positivos entre los más jóvenes, determinando que puedan convivir con un sistema estricto o recto que se base en los principios de integridad, equidad, honestidad y se resistan a la corrupción. De esta forma, la corrupción será concebida como un desvío de la norma que han asumido.

ii) Equilibrio y estructura acorde a la juventud: separar la formación desde la escuela primaria hasta la educación secundaria y superior distinguiendo en niveles de dificultad. Es decir: crear mensajes simples para los más pequeños, y aumentar la dificultad y capacitación. En el ámbito universitario, la formación se dedicará a indagar sobre cómo resolver los dilemas éticos que pueden producirse, debido a la inteligencia ya desarrollada.

iii) La formación la pueden llevar a cabo funcionarios empleados de la Oficina Anticorrupción, pero también el profesorado.

En conclusión, la educación en la lucha contra la corrupción en escuelas y universidades deberá centrarse en promover la acción moral. Los estudiantes pasan por etapas de conocimiento moral, conciencia moral y acción moral, y esto implica adquirir conocimientos éticos, desarrollar la conciencia y llevar a cabo acciones basadas en principios éticos que en su desarro-

---

masiadas esferas, se había generalizado, era arraigada y además tolerada por la propia ciudadanía. Desde el año 1974, con el objetivo de limpiar las instituciones de corrupción, se crea la Comisión Independiente contra la Corrupción, viéndose influenciada por Singapur y Sri Lanka. Doig, A., & Riley, S. (1998). Corruption and anti-corruption strategies: Issues and case studies from developing countries. *Corruption and Integrity Improvement Initiatives in Developing Countries, 45*, 52-54.

llo laboral pueden ser efectivas. Es decir: se trata de favorecer una medida a largo plazo para que estos resultados se vuelvan estructurales y modifiquen sustancialmente nuestra sociedad con unos ciudadanos comprometidos y principios adquiridos.

En esta base inicial, denunciar injusticias y hostilidades tendrá su primer fundamento: validar y apoyar al denunciante por sus acciones en favor de los servicios públicos y su lucha contra las acciones desviadas de lo correcto, de la corrupción. A ese objetivo, acompaña también la OCDE con la creación de conciencia en la sociedad sobre los beneficios de la integridad pública y la reducción de tolerancia hacia actitudes corruptas o la violación de los estándares marcados por la integridad[646]. Este papel, en la Comunidad Valenciana, ha dado pequeños pasos hacia el reconocimiento de una mejora sustancial en la imagen institucional por parte de la ciudadanía, y en el aumento

---

646 OCDE. Public Integrity: recommendation of the council on public integrity. París, 2017, Disponible en: https://www.oecd.org/gov/ethics/OECD-Recommendation-Public-Integrity.pdf [Recuperado el 23 de junio de 2023]. Un elemento no considerado de forma específica por la OCDE pero sí en entornos donde se ha llevado a cabo, también es la inclusión de la socialización terciaria en este escenario. Hacer atractiva la lucha contra la corrupción a través de su difusión en redes sociales y medios de comunicación también debe ser una labor a llevar a cabo por la propia Agencia Anticorrupción. Actualmente, al menos en el caso de la AVAF, se cuenta con especialistas de comunicación y se realiza un trabajo determinado en redes, pero tras las encuestas que mencionamos previamente, no parece ser suficiente, dado que los más jóvenes no conocen la labor de la AVAF. Por tanto, habria que repensar la estrategia de las redes y trabajar con los medios de comunicación de masas tradicionales, para posteriormente, hacer una labor de difusión de redes sociales. WONG, Corinna. Effective practices of anti-corruption education. Hong Konng's experience. 21ST Unafei UNCAC training programme. Visiting experts' papers (s.f.). Disponible online en: https://www.unafei.or.jp/publications/pdf/RS_No107/No107_23_VE_Wong_2.pdf [Recuperado el 20 de mayo de 2023].

de intolerancia hacia la corrupción, como analiza la Comisión Europea[647].

4.1.2. Ámbito laboral del sector público

En cuanto a las buenas prácticas una vez hemos superado los campos formativos obligatorios y no obligatorios, entramos en la necesidad de formar a nuestros servidores públicos. Teniendo en cuenta la necesidad de implantar una buena base inicial formativa, como hemos indicado anteriormente, debemos suplir la otra carencia: la formación en el ámbito laboral. Por un lado, la formación en integridad, y por otro, la utilización de los canales de denuncias y su funcionamiento. En esta formación, la OCDE insta a que los Estados cuenten con una agencia líder de coordinación y capacitación ética, siendo en nuestro caso la AAI, pero en el caso valenciano, la AVAF. Considerando la existencia de cinco autoridades autonómicas, y una nueva autoridad nacional, se indica la necesidad de establecer una coordinación efectiva para brindar capacitación ética local y central, pero también para establecer las responsabilidades claras[648].

---

647 HUSS, et all op cit., analizan precisamente que, en 2016, la corrupción en la Comunidad Valenciana era sistémica y aceptada. No obstante, con el trabajo realizado por la AVAF, esta visión se ha modificado sustancialmente, y las instituciones han logrado ser percibidas de otra forma por parte de la ciudadanía. Disponible en https://www.antifraucv.es/wp-content/uploads/2023/02/handbook-of-good-practices-in-the-fight-against-corruption-DR0723008ENN-2.pdf [Recuperado el 23 de junio de 2023]

648 OCDE. *Ethics training for public officials.* ECD Anti-Corruption Network for Eastern Europe and Central Asia (ACN) y SIGMA (iniciativa conjunta UE-OECD, financiada principalmente por la UE), 2013. Disponible en: https://www.oecd.org/corruption/acn/resources/EthicsTrainingforPublicOfficialsBrochureEN.pdf [Recuperado el 23 de junio de 2023].

En torno a la primera línea, es importante analizar la cultura ética dentro de la administración gubernamental. Sobre la formación en integridad, esto implica analizar los departamentos, las áreas con mayor riesgo de corrupción y los sectores más vulnerables. En esta tarea, como indicamos en el inicio respecto a los códigos éticos corporativos, y siguiendo lo señalado por PINTOR[649], es efectivo que los planes de integridad partan de los propios servidores públicos. De esta manera, hay una mayor predicción para su cumplimiento, dado que son más aceptados por ellos mismos, que trabajan siguiendo una serie de principios y costumbres aceptados por el grupo.

El papel de las instituciones de prevención, en este punto, tienen como objetivo ayudar y colaborar en su redacción para ajustar aquellas costumbres que puedan incitar a corromper, como, por ejemplo, entes locales donde los concursos públicos se otorgan con carácter general a familiares de los propios funcionarios. Aunque esta práctica pueda parecernos positiva en entornos pequeños donde los pueblos tienden a organizarse de esa forma, es un entorno proclive a la justificación de la corrupción, y aquellos que la denuncian sufren represalias de todo tipo, agudizándose mucho más si los propios ciudadanos también le castigan socialmente. Así lo señala RODRÍGUEZ SÁNCHEZ cuando afirma que, en el mundo rural, máxima extensión en España debido a nuestra formación territorial, las normas y la actividad administrativa de este tipo carece de controles similares al resto del entorno, dado que las cuantías o los eventos apenas tienen relevancia económica[650]. Por ese

---

649 Pintor, op.cit.

650 Rodríguez-Sánchez, A. (2022). Un análisis en contra del fraude y la corrupción en la gobernanza municipal a la luz del plan de Recuperación, Transformación y Resiliencia: La prevención frente al castigo. En *Rural renaissance: Acción, promoción y resiliencia* (p. 633). Aranzadi Thomson Reuters.

motivo, la AVAF ha aumentado su carga formativa en los entes locales, no solo por este elemento justificativo de la actividad económica rural, sino también por las ya mencionadas exigencias de Next-Generation, que acertaron exponiendo al mundo rural como entorno oscuro para la integridad y la protección a *whistleblowers.*

Respecto a este ámbito, la Comunidad Valenciana es un buen ejemplo gracias a las prácticas llevadas a cabo por la AVAF en cuanto a formación a servidores públicos. Sin embargo, sus resultados aun no son palpables, dado que la propia institución tiene siete años de creación. No obstante, parece haber modificaciones sustanciales en aquellos lugares donde se ha formado a los servidores públicos desde autoridades dedicadas específicamente a esta labor. Por un lado, Hong Kong presenta ciertos resultados en casi cincuenta años de seguimiento: tras el trabajo llevado a cabo por la ICAC, los resultados en el servicio civil de Hong Kong son positivos. Sin embargo, no se especifica nada sobre las denuncias de irregularidades en esa formación, punto que nos parece importante para entender que culturalmente y políticamente presenta diferencias que debemos tener en cuenta a la hora de implementar estas prácticas que en sus países funcionan[651].

En torno a la utilización de los canales, Clemente García hacía alusión a que, si los canales no se perciben como confiables o no se conoce dicho procedimiento, la existencia de

---

651 En cuanto al sistema política y estructural de Gobierno, así como a su desarrollo histórico y cultural, debemos considerar que Hong Kong fue una colonia británica y actualmente es una Región Administrativa de la República Popular de China, pero independiente. En el caso español, con una monarquía parlamentaria, no rompió sus lazos estructurales, tal y como analiza BOSCH en su obra, con el régimen autoritario finalizado en 1978. Sin profundizar mucho más, estas diferencias también son importantes, sobre todo considerado que la autonomía de Hong Kong es relativamente nueva, del año 1997-. Wong, ibid.

los mismos y los derechos con lo sé que se cuentan no tendrán ningún efecto. Por ese motivo, la formación de la AVAF en la presente materia es tan importante, dado que la divulgación de su trabajo puede aportar confianza, pero también mostrar la existencia y el funcionamiento adecuado de los canales[652]. Asimismo, en esa línea, la AVAF está realizando un trabajo de divulgación no solo de sí misma como autoridad competente externa, sino también de los sistemas internos en cada ayuntamiento, registrando a aquellas personas encargadas de la recepción de las denuncias, y de formar a los ayuntamientos en este sistema interno.

4.2. Modificación de la norma informal en el servicio público

Se ha mostrado que, en algunas sociedades, teniendo en cuenta la diversidad de opiniones, la defensa de los bienes públicos es tan importante que existen dimisiones por causas no relacionadas con los mismos, y que las personas que informen sobre irregularidades relacionadas con el servicio público son socialmente apreciadas. Es decir, son sociedades donde la integridad es un concepto muy asumido por los ciudadanos y por el servicio público. Sin embargo, en otras, la lealtad se malentiende, y se asocia a los vínculos laborales, políticos-ideológicos

---

652 Todas estas declaraciones fueron recogidas por la Directora del Departamento de Asuntos jurídicos, Teresa Clemente García, indicando los motivos por los cuales los servidores públicos no denuncian, entre los que se encuentran los que ya mencionábamos previamente: el temor a las represalias, la desconfianza ante las autoridades de denuncia y el desconocimiento de su utilización. Las declaraciones se encuentran disponibles en el seminario realizado en el día internacional del alertador, organizado por la AVAF y la Universidad CEU. Disponible entre 3:12:37 y 3:16:00 en: https://www.youtube.com/live/83R63uGrsM8?app=desktop&feature=share
[Recuperado el 25 de junio de 2023]

o personales. De esta forma, se genera un clima hostil contra el denunciante, dado que las normas informales malentienden la lealtad hacia las organizaciones delincuenciales, y no hacia las normas formales del servicio público y nuestras instituciones.

Parte de este problema, MONTEIRO DA SILVA lo trata desde la propia influencia de la ausencia del primer punto: de una socialización primaria eficaz que castigue las trampas. Desde su visión, la cultura de un país también influye sobre la propia cultura de la corrupción y su denuncia. Por ese motivo, hace alusión a los valores morales de todo un conjunto de la sociedad, en la que si todo un conjunto social acepta las pequeñas actividades ilegales y el agente público acepta las mismas, se está produciendo la condición necesaria para que se produzcan actos corruptos. Por lo tanto, la corrupción en niveles cotidianos, aquella que cometen en bajos niveles los ciudadanos, consigue dañar la estructura básica de la sociedad. Esta calificación se produce desde lo que él recuerda como *jeitinho brasileiro*, una práctica arraigada en la sociedad que busca ventajas sociales sin haber sido obtenidas de forma justa y objetiva. En España, el *jeitinho*[653] no está lejos de estar presente:

> Sujeto 10: "Yo círculo familiar sí que claro, no me entendían por qué había denunciado... y eso, pues incluso me decían que, como si yo fuera el culpable: "*chacho* pues haz como todo el mundo, haber cogido el ascenso, te callas y no denuncias, y sigues con tu vida y ahora serias oficial".

Ese paralelismo se atribuye a la picaresca española, a que precisamente la denuncia es un acto de "tontos", y la corrupción la cometen aquellas personas que son astutas. COLOMER analizaba precisamente que la cultura de la picaresca española se encuentra arraigada en nuestra sociedad, en la que, aun-

---

653 Monteiro da Silva, R. (2016). *Corrupção e controle social: A transparência como elemento de aperfeiçoamento da administração pública* (p. 41)

que se emitan críticas hacia la corrupción de unos y de otros, siguen existiendo círculos de favoritismo donde se premia la astucia frente al castigo de la honestidad. Solo cuando se recibe un castigo severo, el circulo puede emitir una crítica o sentencia de castigo hacia el ingenioso que se había visto reforzado por la picaresca de nuestra literatura[654]. Volviendo al ejemplo expuesto por Sujeto 10, en muchos casos, continúa esta picaresca que hay que modificar para que la honestidad sea, precisamente, la norma informal general.

GRANT añadía a los debates en cuanto al *whistleblower* una puntualización que hemos realizado a la hora de hablar de la doble vertiente de la imagen del denunciante. Por un lado, amamos al empleado público que denuncia corrupción y que se enfrenta a todo un entramado de delincuencia en forma de individuo desvalido contra todo un sistema, pero ese entramado, y nosotros mismos, odiamos a los delatores, chivatos y sapos[655]. Entre la tesitura de héroe o villano, la formación pedagógica desde la socialización primaria debe servir a que la cultura de la denuncia sea la regla de actuación general, y no la excepción.

Teniendo en cuenta que la narrativa popular ha depositado grandes expectativas en esta especie de héroes del sector público que cumplen sus obligaciones, pero a su vez son castigados, la disidencia debe irse trasladando hacia la corrupción.

---

654 Toda la información relativa a la picaresca española se puede apreciar precisamente en el Lazarillo de Tormes y la picaresca de las trampas cometidas por el menor hacia el personaje ciego sobre el que el servía. No obstante, Colomer da breves pinceladas sobre su influencia en la corrupción. Colomer, J. (2017). *La picaresca inmortal.* El País. Disponible en https://elpais.com/elpais/2017/06/01/opinion/1496344519_836158.html
[recuperado el 20 de junio de 2023].

655 Grant, C. (2002). Whistle blowers: Saints of secular culture. *Journal of Business Ethics, 39,* 391-399.

Es decir, que los disidentes, los *outsiders*, sean aquellos que corrompen el servicio público. BECKER indica que "la desviación, (...) una mala acción etiquetada públicamente como tal, es siempre resultado de la iniciativa de alguien"[656]. A continuación, en la misma línea, BECKER añade que "antes de que un acto sea visto como desviado y antes de que ningún tipo de persona sea etiquetada y tratada como marginal por la comisión de ese acto, alguien tiene que haber creado la norma que establece que ese comportamiento es desviado". A veces, no necesariamente son normas formales dictadas por nuestras instituciones, sino que teniendo en cuenta lo que indica BOSCH, parece que en nuestro país no ha habido una ruptura total en el año 78 con la corrupción del régimen franquista, por lo que la desviación es la denuncia (los chivatos), y no el provecho de los fondos públicos en beneficio propio o colectivo entre el grupo de iguales (los corruptos)[657].

Esta desviación se produce, sobre todo, cuando hay una jerarquía, unos lazos sociales fuertes y con una red amplia de poder. En esa jerarquía, hay normas informales, y una de ellas es precisamente el valor del silencio y la comunicación limitada. La discreción y la comunicación son elementos de una organización eficiente a la hora de delinquir, tal y como indica MARTENS. Precisamente, aunque las prácticas no han llegado a ser violentas y la estructura no ha cometido aparentemente crímenes violentos, las similitudes con determinadas prácticas mafiosas siguen vigentes en muchas de las represalias que su-

---

656 Becker, H. (2018). *Outsiders: Hacia una sociología de la desviación* (p. 181). Siglo XXI Editores.

657 Bosch, J. La patria... op.cit., págs. 190 y siguientes, donde se analizan las dificultades del periodo de la transición en las que el propio autor, en otras entrevistas realizadas, enfoca que buena parte del problema de la corrupción en nuestro servicio público es que no se ha roto con la corrupción estructural del régimen de franco.

fren las personas denunciantes. Por tal motivo, es preciso aumentar la carga moral en la protección del servicio público[658].

Los incentivos morales y prosociales de los que habla GRANT son, precisamente, aquellos elementos que contribuyen a frenar actitudes represaliadores en el entorno de la denuncia y a que se resuelvan los dilemas éticos acorde a los principios de integridad del servicio público[659]. Los distintos estudios indicados por ASH indican que los comportamientos altruistas, motivados por la protección de los servicios públicos, sociales y de nuestra Democracia, así como grupos donde estos comportamientos son la norma, son entornos donde la denuncia de irregularidades se ve reforzada en ausencia de contexto represaliador[660]. Si inculcamos el proceso informal de creación de esta norma, contribuimos a que el contexto sea un entorno prosocial que busque proteger nuestro servicio público contra las personas que puedan atacarlo.

En el mismo estudio, ASH hablaba de dos puntos importantes para entender el dato solicitado en cuanto a la edad de nuestras entrevistas: las personas con menor tiempo en el servicio público y más jóvenes eran personas con menor influencia prosocial del servicio público y su cuidado[661]. Recordemos que, la media de las entrevistas realizadas eran edades comprendidas entre los 38 a los 68 años, y que desempeñaban sus cargos públicos desde etapas post universitarias o al haber terminado sus estudios no obligatorios.

---

658 Martens, F. T. (2021). Mafia organizations: The visible hand of criminal enterprise. *Journal of Illicit Economies and Development, 2*(1).

659 Grant, ibid, pág. 394

660 Ash, A. (2016). *Whistleblowing and ethics in health and social care* (p. 32). Jessica Kingsley Publishers.

661 Ibid

Una de las buenas prácticas se ha desarrollado precisamente en Dinamarca, apoyada por los datos de Transparencia Internacional[662]. El trabajo realizado por Dinamarca no solo se ha centrado en las reformas legales, sino que además se ha organizado en una política pública de Estado. El proceso ha sido lento, al igual que en Hong Kong[663], pero su organización estatal es mucho más similar a España que el país oriental.

En cuanto a lo que nos corresponde incluir para concluir este punto, en el contexto de Dinamarca, JOHNSTON señala que existen dos sutilezas importantes que a menudo no se toman en cuenta cuando se analiza el control de la corrupción. Estas sutilezas se refieren a la importancia de lo que se llama los controles suaves[664]. Los controles suaves hacen referencia a elementos intangibles pero significativos en la sociedad danesa que contribuyen al control de la corrupción. Estos controles suaves incluyen valores sociales arraigados, un consenso de trabajo compartido, un énfasis en la equidad y la presencia de metas comunes en la sociedad, que se ven magnificadas y representadas en su servicio público a través de normas informales. A través de las mismas normas, posteriormente se cumplen

---

662 Desde hace una buena temporada, Dinamarca es el pais con mejores puntuaciones en cuanto a la escasa percepción de corrupción existente en el país. Estos datos se encuentran precisamente en la web de TI. Disponible https://www.transparency.org/en/countries/denmark [último acceso el 20 de junio de 2023]. Y también en Albisú Ardigó, I. (2018). Denmark–Overview of corruption and anti-corruption. *Transparency International Anti-Corruption Helpdesk Answer.* Disponible en*https://knowledgehub. transparency. org/assets/uploads/helpdesk/Country-profile-Denmark-2018-PR. pdf (27. 6. 2020)*, 2018.

663 Johnston señala que debido al tamaño de Dinamarca y a la cantidad de población, ha sido mucho más fácil establecer medidas globales. Johnston, M. (2013). The great Danes: Successes and subtleties of corruption control in Denmark. *Different Paths to Curbing Corruption, 23.*

664 Ibid

las normas formales con mayor perspectiva, y en ambos casos, la corrupción es una lacra social.

En Dinamarca, se valora mucho la honestidad, la transparencia y la confianza en las instituciones. Estos valores sociales se transmiten y se internalizan en la sociedad, lo que crea una cultura en la que la corrupción es menos aceptada y más difícil de ocultar. Además, hay un consenso general entre los ciudadanos y las organizaciones en cuanto a la importancia de luchar contra la corrupción y mantener altos estándares éticos sin tener que recurrir a la legislación para su implementación. Estas son, precisamente, las normas informales presentes en la sociedad danesa.

Considerando que en España aceptamos la picaresca, es preciso modificar sustancialmente nuestras normas informales, teniendo en cuenta que las normas establecidas por el Estado (formales) no tienen más repercusión que las informales (el derecho vivo), y que son precisamente estas últimas las que tienen mayor influencia significativa en nuestras vidas[665]. Cuando una persona decide denunciar conductas incorrectas o ilegales, está actuando en función de las normas y valores éticos que pueden no estar respaldados directamente por la ley, la norma viva. El whistleblower estaría guiado por una conciencia moral y social que lo lleva a revelar la verdad y buscar la rendición de cuentas, por lo que, si la norma viva favorece su conducta, es más probable que no sufra represalias.

Indudablemente, igual que el punto pedagógico en cuanto a la socialización primaria de colegios, institutos y universidades, esta medida es *largoplacista*, poco electoralista y requiere de una implicación en la modificación cultural. Por lo que sería atrevido por nuestra parte esperar a que estas modificaciones

---

665 Ehrlich, E. (2002). *Fundamental principles of the sociology of law.* New Brunswick; London (UK).

se lleven a cabo en la futura estrategia nacional de lucha contra la corrupción y protección de los denunciantes, tal y como se indica en la Ley 2/2023. Con ella, se ha establecido un plazo difícil, atendiendo a las peculiaridades sociopolíticas de nuestro país: es probable que durante la presentación de esta investigación haya otro rumbo político, y, por tanto, la estrategia anticorrupción sea redactada o bien por otras ideas distintas a las que han aprobado la legislación, o quede a disposición de nuevas medidas a desarrollar por la propia Comisión Europea.

Conclusiones

Tras un profundo análisis de la política criminal en torno a las acciones consideradas como corruptas, hemos llevado a cabo una investigación centrada en el objeto de estudio del *whistleblower* desde una perspectiva criminológica. Nuestro interés ha sido analizar la motivación, los factores, para denunciar, considerando la ausencia legislativa de protección específica hasta el año 2023, así como el contexto de la persona denunciante y los distintos elementos sociales en su denuncia.

Con el objetivo de aportar mejoras en la protección de estas personas, consideramos que las reglas de protección de la persona informante deben basarse en la realidad que sufren las personas que alertan sobre la existencia de casos de corrupción en el sector público, específicamente, y no exclusivamente en dictámenes marcados por una Directiva o por la tradición jurídica internacional. Quisimos dar respuesta a esta cuestión a través de las entrevistas y consideramos que, en reglas generales, hemos dado luz a la situación de la Comunidad Valenciana, pero no debe descartarse que sea la misma en otras autonomías.

Primera: la corrupción siempre ha presentado como problema principal la opacidad y el silencio permisivo por parte de la propia sociedad. Se han tomado distintas respuestas en cuanto a este problema, y son multitud los organismos que han emitido informes y recomendaciones a los Estados firmantes y pertenecientes a esos organismos. Sin embargo, entendemos que buena parte de las recomendaciones han sido basadas en buenas prácticas de países donde han podido resultar eficaces, y que, además, tienen cierta presencia sobre los organismos encargados de emitir los Convenios Internacionales. Por ese motivo se habla de una *mcdonalización* de estas recomendaciones, dado que existe cierta armonización de las medidas tomadas en los mercados de Estados Unidos y que posteriormente se toman como respuesta en el resto de los mercados, siendo el *compliance* y la estrategia *whistleblowing* uno de esos efectos.

Segunda: Los elementos del *criminal compliance* dedicados a la responsabilidad penal de las personas jurídicas se han decidido incorporar al sector público como una especie de *public compliance.* Sin embargo, con determinadas peculiaridades, dado que en nuestro caso no contamos con incentivos para evadir la responsabilidad ante un proceso, elemento significativo de la implementación de estos programas de cumplimiento. En este caso, la determinación está en la integridad del servicio público, los canales internos y externos, así como el compromiso ético derivado tanto del Estatuto Básico del Empleado Público, como de los posibles códigos que se aprueben en cada institución atendiendo a que no todos los empleados de dicho sector son funcionarios públicos que se rigen por el TREBEP.

Tercera: Parte de los problemas que giran en torno a la persona denunciante provienen de un utilitarismo negativo a través de su evolución histórica. Vemos la influencia de la delación del Derecho Romano sobre las acciones *qui tam* posteriormente eliminadas en el derecho anglosajón, y como a pesar de que en Inglaterra fueron erradicadas, se incorporaron como método efectivo en EEUU. Ante este fenómeno, hubo una verdadera profesionalización de los llamados *cazarrecompensas* y que, a pesar de que ya no cuenten con esa imagen influenciada por el mundo cinematográfico americano, continúan existiendo en las agencias y departamentos norteamericanos. No obstante, en el ámbito europeo, no se produce esa similitud precisamente porque en el ámbito europeo no se han tomado en cuenta premios o recompensas económicas por dicha labor.

Esta influencia también ha tenido consecuencias sobre el anonimato y los premios económicos o reconocimiento de apoyo social tras su utilización como método de control social. Amparados en que determinadas prácticas eran delito, en los regímenes autoritarios se han utilizado para paliar los déficits de cada gobierno: desde la segunda guerra mundial, el fascismo italiano, e incluso la Unión Soviética debido a su amplitud de territorio, incluyendo las denuncias influencia del proceso inquisitorial durante el franquismo, han favorecido a que la práctica de la denuncia presente problemas de percepción y aceptación cultural. De esta forma, las denuncias anónimas no han sido aceptadas del todo hasta el año 2023, que en la Ley 2/2023, sorprendentemente, se han aceptado sin peculiaridades específicas ni la explicación de un sistema como sí ocurre en la AVAF.

A pesar de esa aceptación legal, se reconoce su uso en la jurisprudencia que hemos incorporado, y en la propia práctica de nuestras Fuerzas y Cuerpos de Seguridad, que aceptaban como *notitia criminis* la notificación anónima bien fundada. Considerando que ya se ponía en práctica, solo se precisaba una regulación que, si tenemos oportunidad a largo plazo, podremos analizar si finalmente es un elemento incentivador de denuncias de buena fe.

Cuarta: Hasta el año 2023, los denunciantes de corrupción sufrían la división autonómica en cuanto a la protección de estos. Sólo cuatro autonomías tenían agencias u oficinas anticorrupción, y en solo una de ellas había un Estatuto de Protección de denunciantes que, además, se había llevado a cabo en 29 ocasiones desde su creación: la Agencia Valenciana Antifraude. En 2024, el panorama sigue manteniéndose de manera similar, con la salvedad de que la Oficina Balear ha sido eliminada por el vigente gobierno autonómico y el actual Director de la Agencia Valenciana Antifraude ha cesado a los directores de las áreas más importantes: investigación y servicio jurídico.

Se creía la existencia de una autoridad aparentemente independiente en la Comunidad Valenciana, pero las represalias contra los denunciantes se han conseguido llevar a cabo en siete denunciantes de los que hemos entrevistado, así como en los propios funcionarios de la AVAF. La cifra parece menor si lo comparamos con los once entrevistados, pero recordando el objeto de dichas entrevistas: cuatro de los once denunciantes de corrupción no son sujetos protegidos por la AVAF debido a que su alerta se remonta a tiempos anteriores a su denuncia.

Por lo tanto, a pesar de esta aparente independencia y las medidas incorporadas, notamos como la AVAF no puede llegar a cumplir del todo su función de protección. Sus recursos económicos dependen de *Les Corts*, como hemos indicado, encontrándose en una situación difícil ante los cambios de gobiernos y las dependencias de mayorías parlamentarias, sobre todo y especialmente tras el rumbo tomado durante el 2024. De esta forma, los límites a su protección se marcan desde el propio organismo de decisión gubernamental: si los recursos no son amplios, no puede haber una protección efectiva y un amplio número de trabajadores del sector público dedicados a proteger de forma efectiva a los mismos. Aunque las reglas y el Estatuto son claros, en la práctica cuentan con varias limitaciones: las represalias ya se han podido producir sobre el denunciante, su identidad ha podido verse comprometida y se han podido abrir innumerables procesos administrativos contra la persona que informa a la AVAF.

La futura Agencia Nacional deberá, por lo tanto, incorporar mecanismos de apoyo previo a la denuncia oficial, para evitar que se produzcan las represalias y poder actuar *ex ante* a que existan consecuencias negativas sobre el denunciante. Con todo, el anonimato y el apoyo socioeconómico parecen ser los dos elementos clave para prevenir consecuencias personales.

Quinta: En consonancia con las afirmaciones de la OCDE y buena parte de la bibliografía analizada, la situación de la Comunidad Valenciana es una demostración práctica de la aprobación de una autoridad de lucha y combate a la corrupción para responder de forma eficaz al problema inminente de la corrupción sistémica. En los primeros años fueron adaptándose a las circunstancias financieras y estudiando formas para desempeñar su labor, constituyéndose actualmente por cincuenta y dos funcionarios, cuatro departamentos para el desempeño de sus labores, y una posición importante reconocida por la propia Comisión Europea.

Sin embargo, su independencia ha quedado en entredicho debido a la nueva situación política de la Comunidad Valenciana, lo que nos deja entrever nuevamente que la autoridad no es del todo independiente. A pesar de su actividad en su participación en la transposición de la Directiva (UE) 2019/1937, en la aprobación de la Ley 2/2023 y en su coordinación con multitud de instituciones nacionales – como el INAP o la FGE – y el restante de actividades, existe discordancia política en cuanto a la necesidad de la misma.

Con esta situación en la AVAF y en otras autonomías, no es de extrañar que también dudemos de la independencia de la nueva AAI y su efectividad en lo que nos compete: la protección a la persona denunciante. En términos reales, la Autoridad Independiente depende del Ministerio de Justicia, y, por lo tanto, del Poder Ejecutivo. De esta forma, las injerencias políticas son posibles y esperables, dado que, ante el cambio de poder en el Ministerio, los funcionarios destinados en dicha autoridad también pueden ser víctimas pasivas de esos cambios. Visto este error, esta falta de independencia puede repercutir en la confianza del organismo externo para con el denunciante, en la credibilidad de su papel en la lucha contra la corrupción, y en la asociación de la misma a ser considerada un instrumento político. Por este motivo, confiamos en que con el tiempo se trate de buscar una respuesta estructural ante este problema.

Sexta: Las medidas de apoyo que se recogen en la Ley 2/2023 no parecen ser suficientes, dado que parecen las mismas incorporadas por el Reglamento que da funcionamiento a la Agencia Valenciana Antifraude, y que en dicha autonomía tampoco se han producido con éxito. El apoyo económico esperable por parte del denunciante no es el que en Holanda se intentó incorporar en la transposición de la Directiva 2019/1937 a través de la creación de un fondo específico para posibles problemas económicos. Así se ha manifestado en todas las entrevistas realizadas: lo esperado por el denunciante no es una recompensa económica similar al sistema norteamericano, sino un acompañamiento económico que evite notables perdidas para el mismo, dado que en varios casos los costes económicos por denunciar han sido incluso superiores a los esperados.

En cuanto al apoyo social, que en Holanda se efectúa a través de un psicólogo especializado y empleado por la propia Oficina encargada de proteger a los denunciantes, se señala en el Reglamento de la AVAF que será derivado ante el servicio público pertinente. En tal caso, y considerando que esta sea la medida a incorporar por la AAI, debemos especificar que el tratamiento psicológico en nuestro sistema sanitario es ineficaz, tal y como extraemos por parte de los denunciantes entrevistados. Las esperas son largas, y en cada autonomía los recursos de salud destinados son distintos, por lo que debería optarse por la inclusión, en dichas oficinas o autoridades, de una plaza destinadas específicamente a un profesional del ámbito psicológico. En su labor, no sólo estaría el trato o apoyo psicosocial, sino también la posible realización de las primeras entrevistas, y la creación de un perfil posible de denunciantes, para analizar de forma objetiva qué elementos han influido en su denuncia. De esta manera, analizando su toma de decisiones y qué factores han tenido incidencia, se pueden proponer reformas en cuanto al canal o a futuras mejoras legislativas, teniendo en cuenta los escenarios cambiantes.

Séptima: No todo son críticas ante la situación. El lado positivo de la transposición de la Directiva es la incorporación del anonimato. Aunque no podemos prever qué sistemas se van a incorporar, hemos descrito el sistema de la AVAF, dependiente de un software libre creado de manera específica para la lucha contra la corrupción y empleado en países como Alemania o Italia. GlobaLeaks ha parecido efectivo, por lo que la AAI deberá considerar mantener formación en dicha materia, de manera coordinada con el resto de las autoridades, para poder implementar el sistema en su futuro buzón.

Octava: En otras materias también relevantes para nuestros entrevistados, no se incluye entre la información que podrá ser protegida en la Ley 2/2023 aquella respecto a Fuerzas y Cuerpos de Seguridad del Estado. El dato de nuestras entrevistas es demoledor en este punto: el 70% de los servidores públicos entrevistados pertenecen al cuerpo policial de la Comunidad Valenciana, y han realizado denuncias respecto a casos que comprometen a los Ayuntamientos, a organizaciones delictivas y a personas jurídicas relacionadas con el ámbito de la delincuencia organizada. En estos entramados de corrupción del mediterráneo, esperamos que se reconsidere la posibilidad de dar protección a estas informaciones.

Novena: Aunque los denunciantes entrevistados no manifestaron, en su mayoría, haber realizado un cálculo de coste-beneficio a la hora de denunciar, sí que hemos visto que lo han realizado de forma instintiva. Vemos como es un cálculo inconsciente, como afirma buena parte de la academia consultada, y que este cálculo dependía de la confianza en el canal, la esperanza de obtener justicia y protección, así como también la influencia de sus deberes y principios como servidor público. Al menos, en el caso del denunciante internacional, perteneciente a la banca privada, vimos fuertes convicciones de su deber de actuación ante algo ilegal, sin existir el deber como servidor público, pero si un deber moral manifestado.

De esta manera, se precisa una incidencia en la formación educativa en cuanto a aspectos filosóficos que hemos visto a lo largo de las entrevistas, siendo preciso que se tome una respuesta legislativa educativa de alto calado, tal y como se ha producido en contexto de buena praxis como Hong Kong.

Décima: el papel de los incentivos a la hora de realizar la denuncia puede tener efectos desincentivadores. En la toma de decisiones que hemos propuesto analizando las distintas teorías criminológicas como la oportunidad delictiva y el coste-beneficio, los incentivos apenas han tenido cabida en las once entrevistas. Solo en dos de ellas se afirmaba que, ante un sistema de protección no eficaz, los incentivos podrían tener un papel importante en nuestro sistema. Sin embargo, en el servicio público, campo sobre el que hemos trabajado, los incentivos pueden desincentivar el deber de la denuncia: pueden trasladar la obligación a una instrumentalización de la denuncia para obtener beneficios. De esta forma, podemos volver a los debates en cuanto a la instrumentalización de la delación y los aspectos negativos de dar premios o recompensas económicas a los empleados que denunciando cumplen con uno de sus deberes: proteger los bienes públicos.

Por lo tanto, aunque es cierto que EEUU ha tenido cierta influencia en la agenda regulatoria europea en cuanto a los *whistleblowers* de forma indirecta a través de los organismos y recomendaciones internacionales, no ha incluido en esa agenda el sistema de incentivos. Podríamos plantearnos lo mismo que ocurría con la URSS: debido a la amplitud geográfica del país, es más necesario contar con estos métodos de colaboración premiados, la dificultad y división de su Administración Pública, así como la posible escasez de recursos suficientes para investigación, pueden formar parte de los motivos por los cuáles en EEUU se tome esa respuesta, y no en otros Estados miembros de la UE. Sin embargo, estos elementos pueden producir otras investigaciones paralelas.

Décimo primera: No hemos visto una influencia notable del género en las denuncias. Analizamos que, entre los once miembros entrevistados, dos de ellas eran mujeres, y una de las mismas ocupaba un estatus relativamente alto en la función pública. A pesar de su estatus, sufrió posteriormente represalias, dado que lo que si hemos visto ha sido como en las dos tramas que hemos analizado, los hombres ocupaban los altos puestos en las jerarquías formales e informales, aspecto que no nos pareció relevante en la realización de las preguntas, pero sí tras su análisis. No podemos dar conclusiones sobre los aspectos relevantes en cuanto a la influencia del género en la denuncia, pero sí en cuanto a su relación con la clase social, su papel en los grupos discordantes de la corrupción y su tolerancia o intolerancia hacia la misma.

La verdadera influencia la vemos, precisamente, en lo que veíamos desde el inicio de la investigación: la influencia de la ley del silencio (*omertá)* sobre la percepción de represalias. La influencia de prácticas mafiosas también se incorporó en un determinado momento en la Comunidad Valenciana, dado que buena parte de los denunciantes mostraron temor a saltarse, precisamente, el silencio imperante y la tolerancia hacia los eventos corruptos sucedidos en la Administración Pública. Por lo tanto, implementar la denuncia anónima y facilitar el acceso a autoridades externas para realizar la denuncia es una estrategia a tener en cuenta para acabar con el silencio imperante y tolerante a la corrupción.

Décimo segunda: En cuanto a las medidas a largo plazo, la capacitación ética en el ámbito educativo y en el ejercicio del servicio público sólo va a brindar resultados a largo plazo. Estas estrategias precisan, además, de modificaciones legislativas y un aumento de partidas presupuestarias hacia organismos verdaderamente independientes que sirvan como método de prevención de la corrupción. Tal y como exponíamos en esta arquitectura de prevención: códigos éticos, facilitación de los canales de denuncia y capacitación formativa para transformar la imagen de la persona denunciante. Estas medidas no van a tener nunca resultados a corto plazo, no se consideran medidas que encuentren respuestas rápidas al problema, por lo que la voluntad política por implementarlos tiende a ser escasa. Esto se debe a que los resultados rápidos, es decir, las respuestas legislativas y metodológicas, suelen tener resultados a corto plazo, y, por tanto, generan una confianza en la clase politica que las realice. Sin embargo, esto no soluciona un problema estructural, ni tampoco significa realmente un compromiso político contra la corrupción, más si con la continuidad en el poder.

Por ese motivo, es preciso que haya un acuerdo en aumentar el liderazgo político en soluciones a largo plazo y en integrar estas respuestas necesarias a la sociedad. Aunque parezca un desafío y pueda generar cierto malestar entre docentes, servidores públicos o ciudadanos que ven un posible derroche en este aumento de gasto, debe indicarse que estas medidas pueden tener resultados mucho más fructíferos que la inacción, aportando datos del coste de la corrupción, y la posibilidad de recuperar una buena parte de la misma.

Además, debe haber un refuerzo superior en la modificación de las normas informales sociales. Como vimos en los últimos puntos, en sociedades donde la corrupción tuvo amplia presencia, se tomaron respuestas analizadas desde la sociología del derecho, incluyéndose determinadas modificaciones culturales que promovieron una distinta norma informal. La norma viva, aquella que tiene mayor influencia sobre nuestra sociedad, se basó en el rechazo a la corrupción. Con esta idea, la denuncia de corrupción puede que no sea socialmente castigada y defendida de manera correcta.

Décimo tercera: La transposición española de la Directiva se ha producido de forma inminente, lo que no ha dado tiempo a madurar determinadas ideas como la estrategia nacional de lucha contra la corrupción. Mucho menos, otorgando un plazo de 18 meses en el que la situación política y social del país ya no es la misma que en el mes de marzo, tiempo en el que se aprobó la Ley 2/2023.

De esta manera, se incumple precisamente lo que hemos intentado analizar en el tercer capítulo: estas respuestas, para que sean efectivas, necesitan de un debate político que busque consenso y en el que la respuesta se produzca con la esperanza de un acuerdo nacional. Sin embargo, la estrategia nacional precisa por esta ley quedará probablemente sujeta a una situación de olvido. Con ello, debemos sumar que, al término de esta investigación, aun no se ha conformado la estructura de la Autoridad Independiente de Protección del Informante, por lo que, a nivel nacional, las medidas de protección y el apoyo a los denunciantes siguen en el mismo estado previo a la transposición de la Directiva, con la excepción de la incorporación de sistemas internos de información y los planes antifraude de distintas instituciones perceptoras de fondos Next Generation.

Décimo cuarta: Debe barajarse una protección extrapenal sobre las personas denunciantes que la Ley 2/2023 no ha considerado. Buena parte de los denunciantes se ven inmiscuidos en lo que analizábamos en la introducción: ataques por parte de los represaliadores con todas las herramientas legales disponibles. Una de ellas, el derecho penal.

Sin entrar en valoraciones jurídicas, y manteniéndonos en nuestra posición criminológica, en varios de los casos que hemos entrevistado se han visto sometidos a procesos penales que, hoy en día, siguen abiertos. Nos interesa concluir en que el legislador español aclare en qué supuestos se podrá o no acudir al proceso penal contra la persona denunciante para aportar una mayor protección o sensación de protección del mismo. Si ante una denuncia, se revelan secretos, teniendo en cuenta lo que hemos inferido de la Ley 2/2023 y la propia Directiva, puede haber consecuencias penales sobre aquellos supuestos como las Fuerzas y Cuerpos de Seguridad del Estado. Incluso, aunque posteriormente sea muy difícil condenar a la persona denunciante por hechos que recaigan sobre él, pero quede amparado por la Ley 2/2023, la apertura del propio proceso en sí puede resultar en una represalia, en tanto que el denunciante tenga que acudir a una defensa privada, le genere una situación de tensión social y psicológica, etc.

Décimo quinta: Respondiendo a nuestra hipótesis inicial, y considerando lo analizado y las conclusiones a las que hemos llegado, es necesario terminar las mismas realizando una breve consideración. Si somos conscientes de que queremos una política anticorrupción a nivel nacional, una tolerancia cero a la corrupción, una colaboración cívica de los servidores públicos y también de la ciudadanía, lo coherente es que haya un acuerdo político y un liderazgo del mismo hacia estas buenas prácticas. Puede parecer, tras la rápida y sancionada aprobación de la ley 2/2023, que el objetivo de transponer la presente ley era evitar más sanciones, contar con un salvoconducto para la solicitud de fondos a la CE y evitar que se pusiera en entredicho el compromiso de España en el combate a la corrupción. No vemos, con la no especificidad de las medidas de apoyo, o la falta de independencia de la Autoridad Independiente, que haya una voluntad real en nuestro poder ejecutivo de cambiar de forma eficaz la política de protección a estos denunciantes.

Por lo tanto, aunque se solicita la colaboración de los mismos, no apreciamos que se haya hecho un trabajo adecuado en la materia, convirtiéndose esta legislación en un dicho popular: ¿Van a poner los cazadores a las liebres a legislar sobre sus derechos en el juego de la caza?

Bibliografía

Agència Valenciana Antifrau (AVAF). (2023, March 28). *Memoria de actividad: Ejercicio 2022.* https://www.antifraucv.es/wp-content/uploads/2023/03/MEMORIA_AVAF_2022_CAS.pdf

Agrikola, T., Couteau, G., & Maier, S. (2022). Anonymous whistleblowing over authenticated channels. In *Theory of Cryptography Conference.* Springer Nature Switzerland.

Aldao, M., & Pérez, E. (2018). Las investigaciones internas del modelo de prevención penal. In C. Gómez-Jara Díez & J. M. Maza Martín (Eds.), *Persuadir y razonar: Estudios jurídicos en homenaje a José Manuel Maza Martín* (Vol. II). Aranzadi Thomson Reuters.

Algaba Garrido, E. (2020). Formación: La base de una cultura empresarial de cumplimiento. *Encuentros Multidisciplinares,* 22(66).

Aller, G. (2011). *Criminalidad del poder económico: Ciencia y práxis.* B de F.

Anguita Olmedo, C. (2010). La delincuencia organizada, un asunto interior de la Unión Europea: Concepto, características e instrumentos para su neutralización. *Revista Española de Relaciones Internacionales,* (2).

Arciniegas, J. (2020). La protección jurídica de los denunciantes de actos de corrupción. *Revista Criterio Libre Jurídico,* 17(2).

Arendt, H. (1973). *The origins of totalitarianism.* Houghton Mifflin Harcourt.

Ares González, B. (2021). El estatuto del denunciante en el ámbito público. In N. Rodríguez-García & F. Rodríguez-López (Eds.), *Compliance y responsabilidad de las personas jurídicas.* Tirant lo Blanch.

Armenta, T. (2021). *Derivas de la justicia: Tutela de los derechos y solución de controversias en tiempos de cambio.* Marcial Pons.

Arnold, J. R. (2019). *Whistleblowers, leakers, and their networks: From Snowden to Samizdat.* Rowman & Littlefield.

Artemiev, R. (2017). *Qui Tam legal concept and practice: Evolution of the legislation in the United Kingdom and the United States of America.* Westminster.

Ash, A. (2016). *Whistleblowing and ethics in health and social care.* Jessica Kingsley Publishers.

Bacon, M., et al. (2022). *A new abridgment of the law: With considerable additions by Henry Gwillim* (Vols. 3–7).

Baigún, D., & Biscay, P. (2006). Actuación preventiva de los organismos estatales y no estatales en el ámbito de la corrupción y la criminalidad económica. In D. Baigún & N. García Rivas (Eds.), *Delincuencia económica y corrupción*. Ediar.

Balcarce, F., & Berruezo, R. (2016). *Criminal compliance y personas jurídicas*. B de F.

Ballbé, M. (2007). El futuro del derecho administrativo en la globalización: Entre la americanización y la europeización. *Revista de Administración Pública*, (174).

Banks, L. J., & Filoromo, M. A. (2020). *The SEC Whistleblower Practice Guide*. Katz Marshall & Banks LLP.

Barona Vilar, S. (2017). Proceso civil y penal ¿líquido? En el siglo XXI. In S. Barona Vilar (Ed.), *Justicia civil y penal en la era global*. Tirant lo Blanch.

Barona Vilar, S. (2017). *Proceso penal desde la historia*. Tirant lo Blanch.

Bauman, Z. (1998). *La globalización: consecuencias humanas*. Fondo de Cultura Económica.

Beck, R. (1999). The False Claims Act and the English eradication of qui tam legislation. *North Carolina Law Review*, 78.

Beck, U. (2008). *¿Qué es la globalización?: Falacias del globalismo, respuestas a la globalización*. Paidós.

Becker, H. (2018). *Outsiders: Hacia una sociología de la desviación*. Siglo XXI Editores.

Benítez Palma, E. (2017). La convivencia entre los órganos de control externo (OCEx) y las agencias autonómicas de prevención y lucha contra la corrupción. *Auditoría Pública*, 69.

Benito Sánchez, D. (2016). La corrupción de funcionario público extranjero en transacciones comerciales internacionales: Especial referencia al papel de la Foreign Corrupt Practices Act. In A. Castro Moreno & L. V. Graffe González (Eds.), *Prevención y tratamiento punitivo de la corrupción en la contratación pública y privada*. Dykinson.

Benson, M., & Simpson, S. (2018). *White-collar crime: An opportunity perspective* (3rd ed.). Routledge.

Berdugo Gómez de la Torre, I., et al. (1999). *Lecciones de derecho penal: Parte general* (2nd ed.). Editorial Praxis.

Berendt, B., & Schiffner, S. (2022). Whistleblower protection in the digital age—Why "anonymous" is not enough: From technology to a wider view of governance. *The International Review of Information Ethics*, 31(1). https://doi.org/10.29173/irie479

Bergemann, P. (2019). *Judge thy neighbor: Denunciations in the Spanish Inquisition, Romanov Russia, and Nazi Germany*. Columbia University Press.

Berger, L., et al. (2017). Hijacking the moral imperative: How financial incentives can discourage whistleblower reporting. *Auditing: A Journal of Practice & Theory*, 36(3). http://dx.doi.org/10.2308/ajpt-51663

Berzak, W. P. (1971). Rights accorded federal employees against whom adverse personnel actions are taken. *Notre Dame Law Review*, 47.

Bevía, J. (2018). De Falciani a Birkenfeld: La evolución del delator en un cazarrecompensas. Aspectos procesales e incidencia frente a las personas jurídicas (whistleblower vs. bounty hunter). *Diario La Ley*, (9).

Blanco Cordero, I. (2004). La corrupción desde una perspectiva criminológica: Un estudio de sus causas desde las teorías de las actividades rutinarias y de la elección racional. In *Serta: In memoriam Alexandri Baratta* (pp. 267–296). Ediciones Universidad de Salamanca.

Bonger, W. A. (1905). *Criminalité et conditions économiques*. G. P. Tierie.

Bosch, J. (2022). *La patria en la cartera: Pasado y presente de la corrupción en España*. Ariel.

Brody, R. G., & Kiehl, K. A. (2010). From white-collar crime to red-collar crime. *Journal of Financial Crime*. https://doi.org/10.1108/13590791011056318

Busato, P. C. (2019). *Tres tesis sobre la responsabilidad penal de personas jurídicas*. Tirant lo Blanch.

Cabezas, V. (2015). La ley FCPA: ¿Un caso de jurisdicción universal? *USFQ Law Review*, 2(1).

Caminker, E. (1989). The constitutionality of qui tam actions. *Yale Law Journal*, 99.

Carranza Figón, L. (2017). *Crimen organizado corporativo* [Tesis de doctorado no publicada]. Universitat de Barcelona. http://diposit.ub.edu/dspace/bitstream/2445/121348/1/LCF_TESIS.pdf

Carrillo del Teso, A. E. (2020). El diálogo judicial sobre las "listas Falciani": Los diferentes criterios de su admisión como prueba. In *Derecho probatorio y otros estudios procesales: Vicente Gimeno Sendra. Liber amicorum* (pp. 419–434). Ediciones Jurídicas Castillo de Luna.

Castillo Prats, S. (2016). *Yonquis del dinero: Las diez grandes historias de la corrupción valenciana*. Lectio Ediciones.

Castillo Prats, S. (2018). *Tierra de saqueo: La trama valenciana de Gürtel* (3ª ed.). Lectio Ediciones.

Cerina, G. (2022). *El bien jurídico protegido en el delito de cohecho.* Tirant lo Blanch.

Cerina, G. D. (2021). *La insoportable levedad del concepto de corrupción: Una propuesta desde el derecho penal.* Tirant lo Blanch.

Ceva, E., & Bocchiola, M. (2019). Is whistleblowing a duty? *Political Theory Today.*

Chang, Y., et al. (2017). Determinants of whistleblowing intention: Evidence from the South Korean government. *Public Performance & Management Review,* 40(4). http://dx.doi.org/10.1080/15309576.2017.1318761

Charron, N., et al. (2022). Change and continuity in quality of government: Trends in subnational quality of government in EU member states. *Investigaciones Regionales–Journal of Regional Research,* 53.

Chen, C.-P., & Lai, C.-T. (2014). To blow or not to blow the whistle: The effects of potential harm, social pressure and organisational commitment on whistleblowing intention and behaviour. *Business Ethics: A European Review,* 23(3). https://doi.org/10.1111/beer.12053

Cigüela, J. (2021). Génesis y desarrollo de la sociedad del control: Del panóptico a la pantalla digital. In M. Á. Belmonte (Ed.), *Posmodernidad y control social.* Tirant lo Blanch.

Clarke, R. V., & Cornish, D. B. (1985). Modeling offenders' decisions: A framework for research and policy. *Crime and Justice,* 6.

Clemente García, T. (2021). Negacionistas de la denuncia anónima. AVAF. https://www.antifraucv.es/negacionistas-de-la-denuncia-anonima/

Clemente García, T. (2022). Las Agencias de prevención y lucha contra el fraude y la corrupción en la Agenda 2030 de las Naciones Unidas: Un posible modelo: La Agencia Valenciana Antifraude (AVAF). In L. Abad Alcalá & I. Serrano Maíllo (Eds.), *La integridad en la administración: Contratación pública y lucha contra la corrupción.* Thomson Reuters Aranzadi.

Colvin, N., et al. (2021). *Expandiendo tecnología de anonimización en Europa.* Blueprint for Free Speech y FIBGAR.

Comisión Nacional del Mercado de Valores. (2006). *Código unificado de buen gobierno de las sociedades cotizadas.* Madrid.

Cotino Hueso, L. (n.d.). La protección de las personas alertadores y el buzón de denuncias en la Directiva 2019/1937 relativa a la protección de las personas que denuncian infracciones del Derecho de la Unión. *Agencia Valenciana Antifraude.* https://www.youtube.com/watch?v=z

s60hxsBPc&list=PLEM4Z9f8tfOxbLLG-Sk2yEhKCMg8EoyqQ&index=21&t=1205s&ab_channel=AgenciaValencianaAntifraude

Cressey, D. R. (1953). *Other people's money: A study of the social psychology of embezzlement.*

Cressey, D. R. (1967). Methodological problems in the study of organized crime as a social problem. *The Annals of the American Academy of Political and Social Science*, 374(1). https://doi.org/10.1177/000271626737400110

Cressey, D. R. (1970). Bet taking, Cosa Nostra, and negotiated social order. *Journal of Public Law*, 19.

Cressey, D. R. (1970). Organized crime and inner-city youth. *Crime & Delinquency*, 16(2).

Croall, H. (2001). *Understanding white collar crime.* McGraw-Hill Education (UK).

Cuerda Arnau, M. L. (2015). Corrupción pública en la Comunitat Valenciana, dilaciones procesales y nuevas figuras delictivas (especial referencia a la administración desleal de fondos públicos). In A. Jareño Leal (Ed.), *Corrupción pública. Cuestiones de política criminal (II): La Comunitat Valenciana.* Iustel.

Cuesta Aguado, M. P., et al. (2021). *Tratado de derecho penal: Parte especial (I). Delitos contra las personas.* Tirant lo Blanch.

Culiberg, B., & Mihelič, K. K. (2017). The evolution of whistleblowing studies: A critical review and research agenda. *Journal of Business Ethics*, 146. https://link.springer.com/article/10.1007/s10551-016-3237-0

De la Cuesta Arzamendi, J. L. (2006). Responsabilidad penal de las personas jurídicas en el derecho español. *Revista de Derecho Penal y Criminología*, 18.

De la Cuesta Arzamendi, J. L., & Pérez Machío, A. I. (2013). La responsabilidad penal de las personas jurídicas en el marco europeo: Las directrices comunitarias y su implementación por los estados. In N. de la Mata Barranco (Ed.), *Responsabilidad penal de las personas jurídicas.* Thomson Reuters/Aranzadi.

De Sousa, L. (2010). Anti-corruption agencies: Between empowerment and irrelevance. *Crime, Law, and Social Change*, 53. http://dx.doi.org/10.1007/s10611-009-9211-3

Debski, J., et al. (2018). Gender and corruption: The neglected role of culture. *European Journal of Political Economy*, 55. https://doi.org/10.1016/j.ejpoleco.2018.05.002

Detkova, P., Tkachenko, A., & Yakovlev, A. (2021). Gender heterogeneity of bureaucrats in attitude to corruption: Evidence from list experiment.

Journal of Economic Behavior & Organization, 189. https://doi.org/10.1016/j.jebo.2021.06.034

Devine, M. (2022). *Intelligence community whistleblower protections* (Brief R45345). Congressional Research Service.

Díaz Martínez, J. A. (2022). Percepción de la sociedad española hacia la corrupción y demanda de transparencia política. In L. Abad Alcalá & I. Serrano Maíllo (Eds.), *La integridad en la administración: Contratación pública y lucha contra la corrupción*. Thomson Reuters Aranzadi.

Doig, A., & Riley, S. (1998). Corruption and anti-corruption strategies: Issues and case studies from developing countries. *Corruption and Integrity Improvement Initiatives in Developing Countries*, 45.

Dugan, L., & Gibbs, C. (2009). The role of organizational structure in the control of corporate crime and terrorism. In S. Simpson & D. Weisburd (Eds.), *The criminology of white-collar crime*. Springer.

Dworkin, T. M., & Baucus, M. S. (1998). Internal vs. external whistleblowers: A comparison of whistleblowing processes. *Journal of Business Ethics*, 17(12).

Ebner, M. (2006). The political police and denunciation during fascism: A review of recent historical literature. *Journal of Modern Italian Studies*, 11(2). https://doi.org/10.1080/13545710600658602

Echeverría Bereciartua, E. (2021). *Las modalidades de responsabilidad penal de las personas jurídicas en el marco del proceso penal*. Tirant lo Blanch.

Edwards, J. Ll J. (1951). Common Informers Act, 1951. *The Modern Law Review*, 14.

Ehrlich, E. (2002). *Fundamental principles of the sociology of law*. New Brunswick/London (UK).

Elliston, F. A. (1982). Anonymity and whistleblowing. *Journal of Business Ethics*, 1.

Fabián Caparrós, E. (1997). Criminalidad organizada. In M. L. Gutiérrez Francés (Coord.), *El nuevo código penal: Primeros problemas de aplicación*. Universidad de Salamanca.

Faure, M. G., & Svatikova, K. (2012). Criminal or administrative law to protect the environment? Evidence from Western Europe. *Journal of Environmental Law*, 24. https://doi.org/10.1093/jel/eqs005

Feldman, Y., & Lobel, O. (2009). The incentives matrix: The comparative effectiveness of rewards, liabilities, duties, and protections for reporting illegality. *Texas Law Review*, 88. https://dx.doi.org/10.2139/ssrn.1415663

Felps, W., Mitchell, T. R., & Byington, E. (2006). How, when, and why bad apples spoil the barrel: Negative group members and dysfunctional groups. *Research in Organizational Behavior*, 27. http://dx.doi.org/10.1016/S0191-3085(06)27005-9

Felson, M., & Boba, R. L. (Eds.). (2010). *Crime and everyday life.* Sage.

Fernández Ajenjo, J. A. (2020). Comentarios a la Directiva UE 2019/1937 relativa a la protección de las personas que informen sobre infracciones del derecho de la Unión. In N. Rodríguez-García & F. Rodríguez-López (Eds.), *Compliance y justicia colaborativa en la prevención de la corrupción.* Tirant lo Blanch.

Fernández Ajenjo, J. A. (2022). *Instituciones de investigación administrativa y auditoría forense para la prevención del fraude y la corrupción en las administraciones públicas.* Tirant lo Blanch.

Fernández González, C. (2020). Luces y sombras sobre el caso "Bradley Birkenfeld": Apuntes sobre su verdadera consideración. In N. Rodríguez García & I. Berdugo Gómez de la Torre (Eds.), *Decomiso y recuperación de activos. Crime doesn't pay.* Tirant lo Blanch.

Fernández González, C. (2021). Proteção aos denunciantes e opacidade institucional: Uma análise do caso Wikileaks. *Da Publicação.*

Fernández Prado, M., & Rodríguez-García, N. (2019). Derecho penal económico y cooperación judicial supranacional e internacional. In A. Camacho Vizcaíno (Ed.), *Tratado de derecho penal económico.* Tirant lo Blanch.

Fernández Steinko, A. (2008). Crimen organizado y unilateralismo norteamericano. *El Viejo Topo,* (251).

Fernández-Dussaq, E., & Terroba, U. (2019). *Del caos a la organización evolutiva: Metodología management by activity de gestión organizacional.*

Fernando Pablo, M., & Domínguez Álvarez, J. L. (2022). *Rural renaissance: Acción, promoción y resiliencia.* Thomson Reuters Aranzadi.

Ferrell, O. C., Leclair, D. T., & Ferrell, L. (1998). The federal sentencing guidelines for organizations: A framework for ethical compliance. *Journal of Business Ethics,* 17(4). http://dx.doi.org/10.1007/s10551-011-1193-2

Fisher, R. R. (2009). The history of American bounty hunting as a study in stunted legal growth. *NYU Review of Law & Social Change,* 33.

Flint, W. W. (1912). The Delatores in the reign of Tiberius, as described by Tacitus. *The Classical Journal,* 8(1).

Flor, V. (2015). *Societat anónima: Els valencians, els diners i la política.* Editorial Afers.

Fotaki, M., et al. (2015). Whistleblowing and mental health: A new weapon for retaliation. *Developments in Whistleblowing Research*, 10.

Franzinelli, M. (2001). *Delatori: Spie e confidenti anonimi: L'arma segreta del regime fascista.* Mondadori.

Gabriel Rodríguez, V. (2019). *Delación premiada: Límites éticos al Estado.* Editorial Temis S.A.

García Camiñas, J. (1983). *Delator: Una aproximación al estudio del delator en las fuentes romanas.* Santiago.

García Moreno, B. (2015). Whistleblowing y canales institucionales de denuncia. In A. Nieto Martín (Ed.), *Manual de cumplimiento penal en la empresa.*

García-Moreno, B. (2020). *Del whistleblower al alertador: La regulación europea de los canales de denuncia.* Tirant lo Blanch.

Garzón, B. (2015). *El fango.* Editorial Debate.

Gimeno Beviá, J. (2019). Problems posed by incorporation of the American model of rewarding the whistleblower in the Spanish legal system and in regulatory compliance. In I. López-Barajas Perea & M. Díaz Martínez (Eds.), *The recent reform of Spanish criminal procedure: Fundamental rights and technological innovations.*

Gimeno Beviá, J. (2022). Protección del denunciante y garantías procesales. In *La Directiva de protección de los denunciantes y su aplicación práctica al sector público.* Tirant lo Blanch.

Gomes Castilho, D. (2017). Whistleblowing: Una política eficaz en la recuperación de activos. In I. Ómez Berdugo de la Torre, E. Fabián Caparrós, & N. Rodríguez García (Eds.), *Recuperación de activos y decomiso: Reflexiones desde los sistemas penales iberoamericanos.* Tirant lo Blanch.

Gómez Colomer, J. L. (2020). *La contracción del derecho procesal penal: Reflexiones de política criminal, jurídico-dogmáticas y pragmáticas sobre la necesidad de una reforma integral del enjuiciamiento criminal en España.* Tirant lo Blanch.

González Cussac, J. L. (2014). De la corrupción considerada como una de las bellas artes. In *Crímenes y castigos: Miradas al derecho penal a través del arte y la cultura.* Tirant lo Blanch.

González Cussac, J. L. (2018). El plano político criminal en la responsabilidad penal de las personas jurídicas. In Á. Matallín (Ed.), *Compliance y prevención de delitos de corrupción.* Tirant lo Blanch.

González Cussac, J. L. (2022). La expansión de la categoría de seguridad nacional. In V. Gómez Martín et al. (Eds.), *Un modelo integral de derecho penal: Libro homenaje a la profesora Mirentxu Corcoy Bidasolo.* Agencia Estatal Boletín Oficial del Estado.

Gorshunov, M. A., et al. (2020). The Sarbanes-Oxley Act of 2002: Relationship to magnitude of financial corruption and corrupt organizational cultures. *Journal of Management,* 21(2). https://doi.org/10.33423/jmpp.v21i2.2929

Gottschalk, P. (2020). Types of harm, extent of harm, and the victims of occupational crimes. In M. L. Rorie (Ed.), *The Handbook of White-Collar Crime.* Wiley Blackwell.

Grant, C. (2002). Whistle blowers: Saints of secular culture. *Journal of Business Ethics,* 39. https://doi.org/10.1023/A:1019771212846

Grant, R. (2021). *Los hilos que nos mueven: Desenmarañando la ética de los incentivos.* AVARIGANI.

Guillen, J. (1986). *Epigramas de Marco Valerio Marcial.* Institución Fernando El Católico.

Gutiérrez Pérez, E. (2018). Corrupción pública: Concepto y mediciones. Hacia el public compliance como herramienta de prevención de riesgos penales. *Política Criminal,* 13(25). http://dx.doi.org/10.4067/S0718-33992018000100104

Haidt, J. (2003). The moral emotions. In *Handbook of affective sciences.* Oxford University Press.

Hellman, J., & Kaufmann, D. (2001). La captura del Estado en las economías en transición. *Finanzas y Desarrollo,* 38(3).

Helmer Jr, J. B. (2012). False claims act: Incentivizing integrity for 150 years for rogues, privateers, parasites, and patriots. *University of Cincinnati Law Review,* 81, 1261.

Hernández, P. (2015). Plan de acción e implantación del compliance program: Plan de prevención, detección y reacción. In C. A. Sáiz (Coord.), *Compliance: Cómo gestionar los riesgos normativos en la empresa.* Thomson Reuters Aranzadi.

Herrnstein, R., & Wilson, J. Q. (1985). *Crime and human nature* (Vol. 9). Simon and Shuster.

Hobfoll, S. E. (1989). Conservation of resources: A new attempt at conceptualizing stress. *American Psychologist,* 44(3), 513. https://psycnet.apa.org/doi/10.1037/0003-066X.44.3.513

Hofstadter, R. (1965). What happened to the antitrust movement? In *The paranoid style in American politics and other essays* (Vol. 107).

Huisman, W. (2019). Blurred lines: Collusions between legitimate and illegitimate organizations. In M. L. Rorie (Ed.), *The Handbook of White-Collar Crime*. Wiley Blackwell.

Huss, O., et al. (2023). *Handbook of good practices in the fight against corruption*. European Commission. https://www.antifraucv.es/wp-content/uploads/2023/02/handbook-of-good-practices-in-the-fight-against-corruption-DR0723008ENN-2.pdf

Iglesias Rey, P. (2022). Canales de denuncia en los órganos de control. In J. Gimeno Beviá & B. López Donaire (Eds.), *La directiva de protección de los denunciantes y su aplicación práctica al sector público*. Tirant lo Blanch.

Iglesias Rey, P. (2022). El desafío del sector público ante la aplicación de la Directiva de protección del informante: Los canales de denuncia. *REGAP: Revista Galega de Administración Pública*, 1(64). https://doi.org/10.36402/regap.v2i64.5001

Jalan, I. (2020). Treason or reason? Psychoanalytical insights on whistleblowing. *International Journal of Management Reviews*, 22(3). https://doi.org/10.1111/ijmr.12224

Jareño Leal, Á. (2015). Prólogo. In *Corrupción pública: Cuestiones de política criminal (II): La Comunitat Valenciana*. Iustel.

Jayakrishnan, H., & Murali, R. (2019). A simple and robust end-to-end encryption architecture for anonymous and secure whistleblowing. In *Twelfth International Conference on Contemporary Computing (IC3)*. IEEE. https://doi.org/10.1109/IC3.2019.8844917

Jiménez Franco, E. (2017). El derecho a saber y su control como exigencia de efectividad del desarrollo sostenible. In N. Rodríguez-García & F. Rodríguez-López (Eds.), *Corrupción y desarrollo*. Tirant lo Blanch.

Jiménez Sánchez, F. (2014). La corrupción en un país sin corrupción sistémica: Un análisis de los casos Bárcenas, Palau y ERE. In *Informe sobre la democracia en España/2014: Democracia sin política*.

Jiménez Villarejo, C. (2022). *Corrupción y fraudes*. Utopía.

Jiménez, M. del M. S., et al. (2007). *Corrupción y actividad económica: Una visión panorámica*. Universidad de Extremadura e Instituto de Estudios Fiscales.

Johnson, B. R., & Warchol, G. L. (2003). Bail agents and bounty hunters: Adversaries or allies of the justice system? *American Journal of Criminal Justice*, 27(2).

Johnston, M. (2013). The great Danes: Successes and subtleties of corruption control in Denmark. In *Different paths to curbing corruption* (Vol. 23).

Johnston, M. (2017). Right and wrong in American politics: Popular conceptions of corruption. In *Political corruption*. Routledge.

Jordanoska, A., & Schoultz, I. (2019). The discovery of white-collar crime: The legacy of Edwin Sutherland. In M. L. Rorie (Ed.), *The Handbook of White-Collar Crime*. Wiley Blackwell.

Joseph, M. F., Poznansky, M., & Spaniel, W. (2022). Shooting the messenger: The challenge of national security whistleblowing. *The Journal of Politics*, 84(2). https://doi.org/10.1086/715595

Jubb, P. (1999). Whistleblowing: A restrictive definition and interpretation. *Journal of Business Ethics*, 21. https://doi.org/10.1023/A:1005922701763

Kagan, R. A. (2007). Globalization and legal change: The "Americanization" of European law? *Regulation & Governance*, 1(2). https://doi.org/10.1111/j.1748-5991.2007.00009.x

Kamarunzaman, N. Z., et al. (2012). Whistle blowing intention in relation to perceived organizational support, attitude to whistle blow, channel of communication among public servant. In *2012 IEEE Symposium on Business, Engineering and Industrial Applications*. IEEE. http://dx.doi.org/10.1109/ISBEIA.2012.6422888

Kanter, R. M. (1977). Some effects of proportions on group life: Skewed sex ratios and responses to token women. *American Journal of Sociology*, 82(5).

Kelly, M. A. (1999). Slaves as criminal informers in ancient Rome. *International Journal of Comparative and Applied Criminal Justice*, 23(2). https://doi.org/10.1080/01924036.1999.9678647

Kenny, K., & Fotaki, M. (2023). The costs and labour of whistleblowing: Bodily vulnerability and post-disclosure survival. *Journal of Business Ethics*, 182. https://doi.org/10.1007/s10551-021-05012-x

Köbis, N. C., et al. (2016). Prospection in individual and interpersonal corruption dilemmas. *Review of General Psychology*, 20(1). https://doi.org/10.1037/gpr0000069

Kohn, S. M. (2007). *Federal whistleblower laws and regulations*. United States Government officer or employee.

Kubli García, F. (2019). *Instituciones de rendición de cuentas en Estados Unidos de América*. Tirant lo Blanch.

Kumagai, J. (2004). The whistle-blower's dilemma. *IEEE Spectrum*, 41(4).

Kunich, J. C. (1990). Qui tam—White knight or Trojan horse? *Air Force Law Review*, 33.

Lago, M. J. (2020). Comentario Sentencia Caso Gürtel. *Diario La Ley*, (9751).

Lampert, N. (1985). *Whistle-blowing in the Soviet Union: Complaints and abuses under state socialism.* Springer.

Le Quang, J.-L. (2019). Snitches and informers: Popular involvement regarding the "High Police" under the Consulate and the First Empire (1799–1815). *Rechtskultur. Zeitschrift für Europäische Rechtsgeschichte,* 8.

Leo Castela, J. I. (2018). Compliance y whistleblowing en América Latina: El tratamiento en los medios de la corrupción transnacional. In N. Rodríguez García, et al. *Justicia penal pública y medios de comunicación.* Tirant lo Blanch.

Leo Castela, J. I. (2021). *Gestión de riesgos legales y compliance corporativo.* Tirant lo Blanch.

Liñán, A. (2012). El control preventivo de la responsabilidad penal de las personas jurídicas. In C. Albiñana (Coord.), *Cuadernos de derecho para ingenieros: Cumplimiento normativo—compliance.* La Ley.

Lipman, F. D. (2011). *Whistleblowers: Incentives, disincentives, and protection strategies.* John Wiley & Sons.

Lisuchova, H. (2012). *Gender dimensions of corruption.* GRECO. https://rm.coe.int/16806cd01e

Lobato Prado, F. (2013). *Corrupção pública e violação dos direitos humanos.* Paka-tatu.

Lorenzo, J., et al. (2018). *Compliance: La responsabilidad penal de las personas jurídicas y la mediación organizacional.* Editorial Las Flores.

Lousada, J. F. (2022). *Igualdad y diversidad en las relaciones laborales.* Tirant lo Blanch.

Loyens, K., & Vandekerckhove, W. (2018). Whistleblowing from an international perspective: A comparative analysis of institutional arrangements. *Administrative Sciences,* 8(3). https://doi.org/10.3390/admsci8030030

Machado de Souza, R. (2020). Personas jurídicas y corrupción: Análisis comparado de su responsabilidad y de los sistemas de cumplimiento y colaboración en Alemania, España e Italia. In N. Rodríguez García & I. Berdugo Gómez (Eds.), *Decomiso y recuperación de activos: Crime doesn't pay.* Tirant lo Blanch.

Marriott, L. (2017). The construction of crime: The presumption of blue-collar guilt and white-collar innocence. *Social Policy and Society,* 16(2). https://doi.org/10.1017/S1474746416000063

Martens, F. T. (2021). Mafia organizations: The visible hand of criminal enterprise. *Journal of Illicit Economies and Development,* 2(1). http://dx.doi.org/10.31389/jied.78

Martínez Moya, J. (2020). Denuncia anónima, fraude empresarial e incumplimientos laborales: La jurisprudencia penal se pronuncia sobre el whistleblowing: El fin de la ley del silencio. *Revista de Jurisprudencia Laboral (RJL),* (7).

Martos Núñez, J. A. (1994). El proceso de Cristo: Aspectos jurídico-penales y procesales. *Revista de Derecho Penal y Criminología,* (4).

Matellanes Rodríguez, N. (2019). Derecho penal económico y derecho administrativo sancionador. In A. Camacho Vizcaíno (Ed.), *Tratado de derecho penal económico.* Tirant lo Blanch.

McCoy, D., et al. (2008). Shining light in dark places: Understanding the Tor network. In *Privacy Enhancing Technologies: 8th International Symposium, PETS 2008 Leuven, Belgium, July 23-25, 2008 Proceedings 8.* Springer Berlin Heidelberg.

Mendoza, J. F. (2021). De la criminalidad organizada a la organización delictiva. *Revi. Derecho,* 6(2).

Miceli, M. P., & Near, J. P. (1985). Characteristics of organizational climate and perceived wrongdoing associated with whistle-blowing decisions. *Personnel Psychology,* 38. https://doi.org/10.1111/j.1744-6570.1985.tb00558.x

Miceli, M. P., & Near, J. P. (1989). The incidence of wrongdoing, whistle-blowing, and retaliation: Results of a naturally occurring field experiment. *Employee Responsibilities and Rights Journal.* https://doi.org/10.1007/BF01384940

Miceli, M. P., et al. (1991). Who blows the whistle and why? *ILR Review,* 45(1). https://doi.org/10.1177/001979399104500108

Minker, E. (1989). The constitutionality of qui tam actions. *The Yale Law Journal,* 99(2).

Molina, R. (2008). La McDonalización del proceso penal: La indemnización de perjuicios en el proceso penal como sustituto de la pretensión punitiva. *Revista Facultad de Derecho y Ciencias Políticas,* 38(108).

Monteiro Da Silva, R. (2018). *Corrupção e controle social: A transparência como elemento de aperfeiçoamento da administração pública.* Lumen Juris.

Morales Prats, F. (2009). La responsabilidad penal de las personas jurídicas: Perspectivas de reforma en el derecho penal español. In F. J. Álvarez

García (Ed.), *La adecuación del derecho penal español al ordenamiento de la Unión Europea: La política criminal europea.* Tirant lo Blanch.

Moreno García, P. (2022). Género y corrupción. *Transparencia Internacional España: Blog AVAF.* https://www.antifraucv.es/genero-y-corrupcion-transparencia-internacional-espana/

Moriconi, M., & De Cima, C. (2020). To report, or not to report? From code of silence suppositions within sport to public secrecy realities. *Crime, Law and Social Change,* 74.

Mrowiec, D. (2022). Factors influencing internal whistleblowing: A systematic review of the literature. *Journal of Economics and Management,* 44(1).

Muñoz Ruiz, J. (2021). *Respuesta jurídico-penal al crimen organizado.* Tirant lo Blanch.

Navarro Cardoso, F. (2018). El derecho de acceso a la información pública como instrumento de transparencia en la lucha contra la corrupción y su tutela penal. In Á. Matallín (Ed.), *Compliance y prevención de delitos de corrupción.* Tirant lo Blanch.

Near, J. P., & Miceli, M. P. (1985). Organizational dissidence: The case of whistleblowing. *Journal of Business Ethics,* 4.

Neira Pena, A. (2017). *La instrucción de los procesos penales frente a las personas jurídicas.* Tirant lo Blanch.

Nieto Martín, A., & García Moreno, B. (2019). De la ética pública al public compliance: Sobre la prevención de la corrupción en las administraciones públicas. In J. L. Gómez Colomer (Ed.), *Tratado sobre compliance penal: Responsabilidad penal de las personas jurídicas y modelos de organización y gestión.* Tirant lo Blanch.

Nieto, A. (2015). Código ético, evaluación de riesgos y formación. In A. Nieto Martín (Dir.), *Manual de cumplimiento penal en la empresa.* Tirant lo Blanch.

Ochman, M. (2022). Recompensar la denuncia: Apuntes para una política pública informada. *Secuencia,* (113). https://doi.org/10.18234/secuencia.v0i113.1937

OECD. (2008). *Specialised Anti-Corruption Institutions: Review of Models—Anti-Corruption Network for Eastern Europe and Central Asia.* OCDE.

OECD. (2010). *G-20 Anti-corruption Action Plan: Study on Whistleblower Protection Frameworks. Compendium of Best Practices and Guiding Principles for Legislation.*

OECD. (2013). *Ethics Training for Public Officials.* ECD Anti-Corruption Network for Eastern Europe and Central Asia (ACN) y SIGMA (iniciativa conjunta UE-OECD, financiada principalmente por la UE).

OECD. (2017). *Public Integrity: Recommendation of the Council on Public Integrity.* OECD Publishing.

OECD. (2018). *Education for Integrity: Teaching on Anti-Corruption, Values and the Rule of Law.*

Ontiveros, M. (2018). *Manual básico para la elaboración de un criminal compliance program.* Tirant lo Blanch.

Ordóñez Solís, D. (2017). ¿Ciudadanos, soplones y príncipes clementes en una sociedad democrática? *RDUNED: Revista de Derecho UNED*, 21.

Ortiz de Urbina Gimeno, I. (2015). To much of a good thing? Marcus Felson, la teoría de las actividades cotidianas y la delincuencia de cuello blanco. In F. Miró Llinares et al., *Crimen, oportunidad y vida diaria.* Dykinson.

Ortiz Pradillo, J. C. (2015). El difícil encaje del delator en el proceso penal. *Diario La Ley*, (5860). https://diariolaley.laleynext.es/content/Documento.aspx?params=H4sIAAAAAAAEAO29B2AcSZYlJi9tynt_SvVK1-B0oQiAYBMk2JBAEOzBiM3mkuwdaUcjKasqgcplVmVdZhZAzO2dvPfee—999577733ujudTif33_8_XGZkAWz2zkrayZ4hgKrIHz9-fB8_IorZ7LOnb3bo2du7t__w3i-8zOumqJaf7e3s3t_5dIc_KM6vn1bTN9er_LPzrGzyX5hPqupt8N7vb9r_P8b7p9tRAAAAWKE

Ortiz Pradillo, J. C. (2018). *Los delatores en el proceso penal: Recompensas, anonimato, protección y otras medidas para incentivar una colaboración eficaz con la justicia.* Wolters Kluwer.

Oudegeest, C. (2015). *Een filosofische benadering van klokkenluidersbescherming in Nederland* [Tesis de licenciatura, Universidad de Utrecht]. https://studenttheses.uu.nl/handle/20.500.12932/23289

Parajó Calvo, M. (2022). Análisis del proyecto de ley reguladora de la protección de las personas que informen sobre infracciones normativas y de lucha contra la corrupción. *Documentación Administrativa.* https://doi.org/10.24965/da.11151

Park, H., & Lewis, D. (2018). The negative health effects of external whistleblowing: A study of some key factors. *The Social Science Journal*, 55(4), 389. http://dx.doi.org/10.1016/j.soscij.2018.04.002

Park, V. R. (1990). The False Claims Act, Qui Tam Relators, and the Government: Which is the Real Party to the Action. *Stanford Law Review*, 43, 1061.

Pavón, D. N. (1975). Sobre la naturaleza de la corrupción política. *Revista de Estudios Políticos.*

Pearce, F. (1976). *Crimes of the powerful: Marxism, crime and deviance.* Pluto Press.

Peffer, S., et al. (2015). Whistle where you work? The ineffectiveness of the Federal Whistleblower Protection Act of 1989 and the promise of the Whistleblower Protection Enhancement Act of 2012. *Review of Public Personnel Administration,* 35(1). http://dx.doi.org/10.1177/0734371X13508414

Peñas, J. L. (2016). *Uno de los suyos: Confesiones del delator del caso Gürtel.* Península Realidad.

Petraccia, M. F. (2014). *Índices y delatores en la antigua Roma. Índice oculto proditus; en ocultas delatus insidias.* Ediciones Universitarias LED.

Petraccia, M. F. (2014). *Índices y delatores en la antigua Roma. Índice oculto proditus; en ocultas delatus insidias.* Ediciones Universitarias LED.

Pintor, M. (2019). Fundamentos criminológicos para el análisis y prevención de la corrupción. In Ó. Capdeferro Villagrasa (Ed.), *Compliance urbanístico: Fundamentos teóricos, estudio de casos y desarrollo de herramientas anticorrupción.* Thomson Reuters Aranzadi.

Podgor, E. S., et al. (2018). *White collar crime* (2nd ed.). West Academic Publishing.

Ponce Solé, J. (2017). Las agencias anticorrupción: Una propuesta de lista de comprobación en la calidad de su diseño normativo. *Revista Internacional de Transparencia e Integridad,* (3).

Prieto González, H. M. (2018). La cooperación público-privada en la prevención, detección y persecución de los delitos empresariales: Las investigaciones internas. In C. Gómez-Jara Díez (Ed.), *Persuadir y razonar: Estudios jurídicos en homenaje a José Manuel Maza Martín* (Vol. II). Thomson Reuters Aranzadi.

Puni, A., & Hilton, S. K. (2020). Power distance culture and whistleblowing intentions: The moderating effect of gender. *International Journal of Ethics and Systems,* 36(2).

Puyol, J. (2016). *Criterios prácticos para la elaboración de un código de compliance.* Tirant lo Blanch.

Puyol, J. (2017). *El funcionamiento práctico del canal de compliance "whistleblowing".* Tirant lo Blanch.

Ragués i Vallès, R. (2013). Los procedimientos internos de denuncia como medida de prevención de delitos en la empresa. *Revista Eletrônica de Direito Penal e Política Criminal.*

Ragués i Vallès, R. (2013). *Whistleblowing: Una aproximación desde el derecho penal.* Marcial Pons.

Rauhofer, J. (2007). Blowing the whistle on Sarbanes-Oxley: Anonymous hotlines and the historical stigma of denunciation in modern Germany. *International Review of Law, Computers and Technology,* 21(3). https://www.tandfonline.com/doi/abs/10.1080/13600860701714507

Redondo, S., Garrido, V., & Beristain, A. (2023). *Principios de criminología.* Tirant lo Blanch.

Rehg, M. T., et al. (2008). Antecedents and outcomes of retaliation against whistleblowers: Gender differences and power relationships. *Organization Science,* 19(2). http://dx.doi.org/10.1287/orsc.1070.0310

Rendtorff, J. D. (2010). The concept of corruption: Moral and political perspectives. In A. Stachowicz-Stanusch (Ed.), *Organizational immunity to corruption: Building theoretical and research foundations.*

Rincón Angarita, D. (2018). *Corrupción y captura del Estado: La responsabilidad penal de los servidores públicos que toman parte en el crimen organizado.* Prolegómenos.

Rivera Vélez, F., & Sansó-Rubert Pascual, D. (2021). *Crimen organizado y seguridad multidimensional.* Tirant lo Blanch.

Rodríguez García, N. (2004). ¡La necesaria flexibilización del concepto de soberanía en pro del control judicial de la corrupción! In N. Rodríguez García & E. Fabián Caparrós (Eds.), *La corrupción en un mundo globalizado: Análisis interdisciplinar.* Ratio Legis.

Rodríguez García, N. (2021). Tendencia supranacional e internacional hacia una justicia penal colaborativa. En la búsqueda del equilibrio perfecto entre fines y límites. In L. Bujosa Vadell (Ed.), *Derecho procesal: Retos y transformaciones.* Atelier.

Rodríguez García, N., & Machado de Souza, R. (2019). El "acuerdo de lenidad" como mecanismo privilegiado para combatir y prevenir actos de corrupción en Brasil. In N. Rodríguez García et al. *Corrupción: Compliance, represión y recuperación de activos.* Tirant lo Blanch.

Rodríguez García, N., & Orsi, O. (2021). Las investigaciones defensivas en el compliance penal corporativo. In N. Rodríguez García & F. Rodríguez López (Eds.), *Compliance y responsabilidad de las personas jurídicas.* Tirant lo Blanch.

Rodríguez-Flores, J. R. S. (2020). Aquellos días, estas realidades. *InterdisciplinARS,* (1).

Rodríguez-Sánchez, A. (2022). Un análisis en contra del fraude y la corrupción en la gobernanza municipal a la luz del plan de recuperación, transformación y resiliencia: La prevención frente a el castigo. In *Rural renaissance: Acción, promoción y resiliencia.* Aranzadi Thomson Reuters.

Rorie, M. L. (Ed.). (2019). *The handbook of white-collar crime.* John Wiley & Sons.

Rose-Ackerman, S. (2001). Desarrollo y corrupción. *Gestión y análisis de políticas públicas.* https://doi.org/10.24965/gapp.vi21.260

Rose-Ackerman, S., & Palifka, B. J. (2016). *Corruption and government: Causes, consequences, and reform.* Cambridge University Press.

Ruiz, R. (2019). Globalización: ¿Fin del orden westfaliano? In A. García Inda (Ed.), *Cultura jurídica y globalización: Crítica de una teoría imperfecta del derecho.* Tirant lo Blanch.

Rutledge, S. H. (2002). *Imperial inquisitions: Prosecutors and informants from Tiberius to Domitian.* Routledge.

Sáez Lara, C. (2020). *La protección de denunciantes: Propuesta de regulación para España tras la Directiva Whistleblowing.* Tirant lo Blanch.

Sáiz, C. A. (2015). ¿Qué es el compliance? Claves para la comprensión de esta obra. Grandes confusiones sobre el compliance. Futuro del compliance. La ISO 19600. In *Compliance: Cómo gestionar los riesgos normativos en la empresa.* Thomson Reuters Aranzadi.

Saldaña, M. N. (2017). Implementación de la perspectiva de género en la acción del Consejo de Europa contra la corrupción: Dimensiones de género de la corrupción, monitorización y evaluación. In *Regeneración democrática y estrategias penales en la lucha contra la corrupción.* Tirant lo Blanch.

Sánchez Bernal, J. (2010). La corrupción en el sector privado: Debate en torno a su inclusión en el Código Penal. *Cuadernos del Tomás,* (2).

Sánchez Tomás, J. M. (2021). In M. P. Cuesta Aguado et al. *Tratado de derecho penal parte especial (I): Delitos contra las personas.* Tirant lo Blanch.

Santoro, D., & Kumar, M. (2018). *Speaking truth to power—A theory of whistleblowing.* Springer.

Schünemann, B. (2002). *Temas actuales y permanentes del derecho penal después del milenio.* Tecnos.

Schünemann, B. (2014). La responsabilidad penal de las empresas: Para una necesaria síntesis entre dogmática y política criminal. In M. Ontiveros Alonso (Ed.), *La responsabilidad penal de las personas jurídicas: Fortalezas, debilidades y perspectivas de cara al futuro.* Tirant lo Blanch.

Sherwin-White, A. N. (1952). The early persecutions and Roman law again. *The Journal of Theological Studies,* 3(2).

Sierra Rodríguez, J. (2022). La autoridad independiente de protección del informante en la ley 2/2023. *Revista Española de Control Externo,* 24(72).

Simpson, S. S., & Weisburd, D. (Eds.). (2009). *The criminology of white-collar crime.* Springer.

Smaili, N., & Arroyo, P. (2019). Categorization of whistleblowers using the whistleblowing triangle. *Journal of Business Ethics,* 157.

Soares, M., & Tenshin, T. (2017). Moral & incentives: Should corruption whistleblowing be rewarded? *DIREITO GV Law Review,* 13.

Standing, A. (2003). Rival views of organised crime. *Institute for Security Studies Monographs,* (77).

Sukidin, S., Hartanto, W., Zulianto, M., Suharso, P., & Hudori, R. F. A. (2022). The education of anti-corruption in secondary school. *Jurnal Pendidikan Ekonomi: Jurnal Ilmiah Ilmu Pendidikan, Ilmu Ekonomi Dan Ilmu Sosial,* 16(1), 144-154.

Sutherland, E. H. (1945). Is "white collar crime" crime? *American Sociological Review,* 10(2).

Sutherland, E. H. (1961). *White collar crime* (1949). Dryden Press.

Sutherland, E. H. (1983). *White collar crime.* Yale University Press.

Thrasher, F. (1966). *The gang.* University of Chicago Press.

Tiedemann, K. (1985). *Poder económico y delito* (Trad. A. A. Mantilla Villegas). Ariel.

Tiedemann, K. (1996). La armonización del derecho penal en los Estados miembros de la Unión Europea. *Anuario de derecho penal y ciencias penales,* 49.

Tiedemann, K. (2015). *Manual de derecho penal económico.* Tirant lo Blanch.

Tilton, C. (2017). Women and whistleblowing: Exploring gender effects in policy design. *Columbia Journal of Gender & Law,* 35. https://go.gale.com/ps/i.do?id=GALE%7CA537267810&sid=googleScholar&v=2.1&it=r&linkaccess=abs&issn=10626220&p=AONE&sw=w&userGroupName=anon%7Efbaa84ff&aty=open+web+entry

Van der Velden, P. G., et al. (2019). Mental health problems among whistleblowers: A comparative study. *Psychological Reports, 122*(2). https://journals.sagepub.com/doi/10.1177/0033294118757681

Vandekerckhove, W. (2022). Is it freedom? The coming about of the EU Directive on whistleblower protection. *Journal of Business Ethics, 179*(1).

Vega, J. (2021). La Agencia Valenciana Antifraude y su estatuto de protección a personas denunciantes: La Sentencia de 20 de diciembre de 2020 del Juzgado de lo Contencioso núm. 1 de Elche. *HayDerecho.com.* https://www.hayderecho.com/2021/02/14/la-agencia-valenciana-antifraude-y-su-estatuto-de-proteccion-a-personas-denunciantes-la-sentencia-de-20-de-diciembre-de-2020-del-juzgado-de-lo-contencioso-num-1-de-elche/

Veríssimo, C. (2018). *Compliance: Incentivo à adoção de medidas anticorrupção.* SaraivaJur.

Vigil, A. A. (2001). Las clases medias republicanas en el franquismo: represión y control social. *Ayer.*

Villegas García, M. Á. (2016). *La responsabilidad criminal de las personas jurídicas. La experiencia de Estados Unidos.* Aranzadi.

Villoria Mendieta, M. (2019). *Combatir la corrupción.* Editorial Gedisa.

Villoria, M., & Jiménez, F. (2012). La corrupción en España (2004-2010): Datos, percepción y efectos. *Revista Española de Investigaciones Sociológicas (REIS), 138.*

Wallerstein, I. (1999). *El capitalismo ¿qué es? Un problema de conceptualización.* Aprender. Centro de Investigaciones Interdisciplinarias en Ciencias y Humanidades.

Wallis, J. J. (2004). The concept of systematic corruption in American political and economic history. *National Bureau of Economic Research.* https://doi.org/10.3386/w10952

Weber, M. (1993). *Economía y Sociedad. S.L.* Fondo de Cultura Económica de España.

Westman, D. P. (2005). The significance of the Sarbanes-Oxley whistleblower provisions. *The Labor Lawyer.*

Whitelock, D. (Ed.). (1996). *English Historical Documents, 500-1042.* Psychology Press.

Wong, C. (n.d.). Effective practices of anti-corruption education. Hong Kong's experience. *21ST Unafei UNCAC training programme.* https://www.unafei.or.jp/publications/pdf/RS_No107/No107_23_VE_Wong_2.pdf

Young, J. (2013). Working-class criminology. In *Critical Criminology (Routledge Revivals)*. Routledge. https://doi.org/10.4324/9780203122655

Zafra Espinosa de los Monteros, R. (2010). *El policía infiltrado: Los presupuestos jurídicos en el proceso penal español.* Tirant lo Blanch.

Zapf, D. (2007). IV Mobbing und Whistleblowing in Organisationen. *Zivilcourage trainieren!*: Theorie und Praxis.

Zuckerman, J. (2017). *Sarbanes-Oxley whistleblower law: Robust protection for corporate whistleblowers.*

INFORMES Y JURISPRUDENCIA

Tribunal Supremo. Expte. Núm. 507/2020. Ponente Juan Ramón Berdugo Gómez de la Torre. Sala de lo Penal (TOL10.074.140)

Tribunal Supremo. Expte. núm. 10/2021; Recurso núm. 10575/2018. Sala Segunda del Tribunal Supremo. Secretaría de Sala: Sra. Ma del Carmen Calvo Velasco. Audiencia Nacional, Sala de lo Penal; Sección Segunda. Rollo de Sala núm. 5/2015. Expediente de Indulto núm. 10/2021 (TOL9.955.859)

Tribunal Superior de Justicia de la Comunidad Valenciana. Sentencia del Recurso Contencioso-Administrativo núm. 347/2019. Procedimiento especial Derechos fundamentales. Sala Contencioso-Administrativo (TOL7.959.657)

Tribunal Superior de Justicia de la Comunidad Valenciana. Sentencia del Tribunal Superior de Justicia (TSJ) de la Comunidad Valenciana (n4/2014), 27 de mayo de 2014 (TOL4.359.739)

Organisation for Economic Co-operation and Development. (2018). *Education for integrity: Teaching on anti-corruption, values and the rule of law.* https://www.oecd.org/gov/ethics/integrity-education.htm

Organisation for Economic Co-operation and Development. (2016). *Committing to effective whistleblower protection.* OECD Publishing.

Naciones Unidas. (2004). *Convención de Naciones Unidas contra la Corrupción.* Nueva York.

Garcetti v. Ceballos. (n.d.). https://www.oyez.org/cases/2005/04-473